Udo Bullmann
Kommunale Strategien
gegen Massenarbeitslosigkeit

D1666517

Udo Bullmann

Kommunale Strategien gegen Massenarbeitslosigkeit

Ein Einstieg in die sozialökologische Erneuerung

Leske + Budrich, Opladen 1991

CIP-Titelaufnahme der Deutschen Bibliothek

Bullmann, Udo:
Kommunale Strategien gegen Massenarbeitslosigkeit : ein Einstieg in die sozialökologische Erneuerung / Udo Bullmann.
— Opladen : Leske und Budrich, 1991
3-8100-0795-1

Druck und Verarbeitung: Druckpartner Rübelmann GmbH, Hemsbach

Printed in Germany

ÜBERSICHT

Seite

Inhaltsverzeichnis   V

Verzeichnis der Abbildungen und Tabellen   XII

EINLEITUNG   1

I.   ZENTRALSTAATLICHE MODERNISIERUNG   7
     ODER DEZENTRALE INNOVATION

II. CHANCEN LOKALER GEGENMACHT   93

III. ZWISCHEN NEUEN HANDLUNGSANFORDERUNGEN   162
     UND ALTEN REZEPTUREN: ZUR PRAXIS
     KOMMUNALEN KRISENMANAGEMENTS

IV. DIE AUSEINANDERSETZUNG UM EINE   221
     BESCHÄFTIGUNGSSICHERNDE LOKALE STRATEGIE

Literatur   293

INHALTSVERZEICHNIS

Seite

EINLEITUNG   1

I.   ZENTRALSTAATLICHE MODERNISIERUNG   7
     ODER DEZENTRALE INNOVATION

I.A. Veränderte Akkumulationsbedingungen und neokonservative   7
      Regulation

1.   Prosperität und Krise: Erfolg und Einbruch des keynesianisch-   7
      sozialdemokratischen Projekts

1.1. Ein Blick zurück   7

1.2. Die Voraussetzungen der langanhaltenden Wachstumsproduktion   9

1.3. Die keynesianisch-sozialdemokratische Ausweitung staatlicher   11
      Intervention

1.4. Zwischen Anerkennung und Adaption: Die verkürzte   14
      Interessenwahrung der Lohnabhängigen

1.5. Der Weg in die Krise   17

2.   Vor einem neuen kapitalorientierten Akkumulationsmodell   23

2.1. Die Konturen   23

2.2. Der dominante ökonomisch-technische Entwicklungspfad   24

2.3. Mikroökonomische Fundierung: Neue Produktionskonzepte   27
      und neue innerbetriebliche Hierarchien

2.4. Staatspolitische Regulation und die Veränderung des   30
      Kräftegleichgewichts

2.4.1. Die Durchsetzung kapitalorientierter   30
       Modernisierungsstrategien

2.4.2.   Die Abwendung vom keynesianischen Klassenkompromiß   33

2.5.   Das sozialreformerische Spektrum vor der Diffusion ?   36

3.   Der Wandel zentralstaatlicher Regulierungsstrategien   38
         in der Bundesrepublik

3.1.   Das Ende sozial-liberaler Reformpolitik in der Phase   38
         der Stagnation

3.2.   Die Neuausrichtung staatlicher Krisenpolitik durch   42
         die konservativ-liberale Koalition

3.2.1.   Modernisierung im konservativ-technokratischen Staat   42

3.2.2.   Sozial- und arbeitsmarktpolitische Deregulation   45

3.3.   Die Verschiebung der Krisenlasten auf Kommune und Region   53

3.3.1.   Neue Disparitäten zwischen den Regionen   53

3.3.2.   Regionale Konkurrenz als Teil des neokonservativen Konzepts 58

3.3.3.   Staatspolitische Problemverlagerung und lokale Polarisierungen 61

I.B.   Ein alternativer gesellschaftlicher Entwicklungstyp   71

1.   Die soziale Trägerschaft – ein noch lückenhaftes Fundament   71

2.   Eckpunkte einer arbeitsorientierten Umbaukonzeption   75

3.   Die Felder des qualitativen Programmbedarfs   81

4.   Zum Verhältnis von zentraler und dezentraler Politik   85

5.   Mobilisierung und Demokratisierung als Erfolgsbedingungen   89

II.	**CHANCEN LOKALER GEGENMACHT**	**93**
II.A.	**Lokale Politik als abhängiger und offener Prozeß**	**93**
1.	Der Stellenwert lokaler Politik in der Bundesrepublik	93
1.1.	Die Rahmenbedingungen	93
1.2.	Die Politisierung »von unten« hat Konjunkturen	97
2.	Zentralstaatliche Determinierung oder strukturelle Autonomie? Eine unfruchtbare Kontroverse in den Hauptströmungen der kommunalwissenschaftlichen Theorie	104
2.1.	Die kommunale Ebene als Instrument zentralstaatlicher Strategien	104
2.2.	Die Kommune als notwendig progressiver Teil einer dualistischen Staatsstruktur	107
2.3.	Wider einseitige Festlegungen des lokalen Politikgehalts	111
3.	Lokale Politik als Bestandteil interessengeleiteter gesellschaftlicher Auseinandersetzungen	115
3.1.	Relative Autonomie durch lokalspezifische Kräfteverhältnisse im ungleichzeitigen Entwicklungsprozeß	115
3.2.	Lokale Gegenmachtpolitik – eine historische Reminiszenz?	120
3.3.	Die Vernachlässigung der kommunalen Ebene bei der Formulierung sozialreformerischer Strategien	123
3.4.	Voraussetzungen lokaler Gegenmachtpolitik in der aktuellen gesellschaftlichen Situation	128

II.B. Exkurs: Lokale Gegenmachtpolitik in der aktuellen   133
Restrukturierungskrise. Das Beispiel der radikalen
Stadtregionen Großbritanniens

1.   Die Politik der britischen Zentralregierung im Umgang   133
mit den Kommunen

2.   »Restructuring for Labour« als dezentrale Gegenstrategie   139

3.   Konzepte und Praxis der Kommunalregierungen   142

3.1.   Erste Erfahrungen in den West Midlands und in Sheffield   142

3.1.1.   West Midlands County Council   142

3.1.2.   Sheffield City   144

3.2.   Der strategische Gesamtansatz des Greater London Council   146

3.2.1.   Neue Konzepte und Organisationsstrukturen   146

3.2.2.   Demokratische Formen der Bedarfsermittlung und   152
Planungsbeteiligung

3.2.3.   Technologieberatung und Produktinnovation   154

4.   Erfolge und Grenzen der neuen lokalpolitischen   156
Ansätze

III. ZWISCHEN NEUEN HANDLUNGSANFORDERUNGEN UND   162
ALTEN REZEPTUREN: ZUR PRAXIS
KOMMUNALEN KRISENMANAGEMENTS

1.   Kommunale Haushaltspolitik: Staatsstrukturelle Belastungen   162
und örtliche Konsolidierungsstrategien

1.1.   Prozyklische Haushaltskonjunkturen   162

1.2.   Die staatliche Aushöhlung der kommunalen Finanzposition   167

1.3.	Die Polarisierung der finanziellen Handlungsspielräume	172
1.4.	Krisenverschärfung durch kameralistische Budgetpolitik	173
2.	Alte und neue Wege kapitalorientierter lokaler Wirtschaftsförderung	175
2.1.	Kommunale Interventionsmuster im Zeichen der traditionellen Ämter- und »Policystruktur«	175
2.2.	Der halbherzige Wechsel von der Neuansiedlungsförderung zur bestandsorientierten Politik	176
2.3.	Die Modernisierungsvariante: Kommunale Technologie- und Gründerparks	182
3.	Die Wiederentdeckung der Arbeitsbeschaffung als kommunales Aufgabengebiet	192
3.1.	Die beiden Säulen des »zweiten Arbeitsmarktes«	192
3.2.	Die staatspolitische Progammierung von ABM	192
3.3.	Kommunale »Hilfe zur Arbeit« – ein ambivalentes Instrument	203
3.4.	Der »zweite Arbeitsmarkt« als entpolitisierter Maßnahmenvollzug. Zur praktischen Ausgestaltung der Arbeitsbeschaffung in der kommunalen Politik	212
IV.	DIE AUSEINANDERSETZUNG UM EINE BESCHÄFTIGUNGSSICHERNDE LOKALE STRATEGIE	221
1.	Ein neues Paradigma in der lokalen Diskussion: Das Konzept gewerkschaftlicher Entwicklungszentren als Anstoß für eine integrierte kommunale Politik	221

2.	Das Zentrum Arbeit, Technik, Umwelt in Mittelfranken	222
2.1.	Ursprungskonzeption	222
2.2.	Realisierungsstand	226
2.3.	Nur als Anbieter von Qualifizierungsmaßnahmen toleriert	227
3.	Das Entwicklungs-Centrum Osnabrück	231
3.1.	Die ECOS-Idee	231
3.2.	Widrige Bedingungen der Verwirklichung	233
3.3.	ECOS als Beratungsagentur	236
4.	Das Entwicklungszentrum Dortmund	240
4.1.	Beschäftigungssichernde Kommunalpolitik als Thema der gewerkschaftlichen Diskussion	240
4.2.	Das EWZ-Konzept	243
4.3.	Der praktische Versuch, Entwicklung, Qualifizierung und Beratung zu integrieren	246
4.4.	Die Abhängigkeit von »Fördertöpfen« bleibt bestehen	252
4.5.	Wo Rat und Verwaltung Prioritäten setzen	254
4.5.1.	Aktivitätszuwachs ohne integratives Konzept	254
4.5.2.	Das »neue Mix« der unternehmensorientierten Dortmunder Wirtschaftsförderungspolitik	254
4.5.3.	Die Förderung des »Faktors Arbeit« bleibt zurück	260

4.6. Das EWZ als Randprojekt der Dortmunder   266
Modernisierungspolitik ?

5. Konzeptioneller Anspruch und kommunalpolitische Realität — 270
Erfahrungen aus der ersten Phase lokaler Auseinandersetzungen

6. Programm und Perspektiven einer dezentralen Innovations-   274
und Beschäftigungsstrategie

6.1. Vor einer neuen Etappe des Konflikts   274

6.2. Den lokalen Handlungsbedarf ermitteln und seine   277
fachpolitische Umsetzung organisieren

6.3. Die kommunalen Ressourcen umfassend mobilisieren   279

6.4. Wirtschafts- und arbeitsmarktpolitische Strategien   285
zusammenführen

6.5. Betrieb und Kommune politisieren   288

Literatur   293

Verzeichnis der Abbildungen und Tabellen

Abbildungen (Abb.)

Abb. 1:   Aktualisierte Arbeitsmarktbilanz 1965 - 2000   20

Abb. 2:   Bruttoinlandsprodukt in Mio. DM – in Preisen von 1980   55
            Abweichung vom Bund in %-Pkt.

Abb. 3:   Eingriffe des Bundesgesetzgebers in die Gewerbesteuern   62
            seit Mitte der 70er Jahre

Abb. 4:   Überblick zu den Steuerreformmaßnahmen   64
            1986/1988 und 1990

Abb. 5:   Entwicklung der Ausgaben für Sozialhilfe   67

Abb. 6:   Die beschäftigungspolitischen Instanzen des   147
            Greater London Council (GLC)

Abb. 7:   Organisationsaufbau des Greater London Enterprise   149
            Board (GLEB)

Abb. 8:   Veränderungen des AFG (Arbeits-   200
            beschaffungsmaßnahmen)

Abb. 9:   Hilfe zur Arbeit (§§ 18-20 BSHG)   205

Abb. 10:   Zentrum Arbeit, Technik, Umwelt (ZATU) Mittelfranken   223

Abb. 11:   Entwicklungs-Centrum Osnabrück (ECOS)   232

Abb. 12:   Entwicklungszentrum Dortmund –   245
            Modell Östliches Ruhrgebiet (EWZ)

Abb. 13:   EWZ – die Weiterentwicklung des Konzepts   248

Abb. 14: Stadt Dortmund, Investionen für die   256
          Wirtschaftsförderung

Abb. 15: Beschäftigungswirksame Handlungsmöglichkeiten   280
          beim Umweltschutz

Tabellen (Tab.):

Tab. 1:   Arbeitslose nach Art des Leistungsbezuges   47

Tab. 2:   Haushalte, die laufende Hilfen zum Lebensunterhalt   49
          empfangen, nach Hauptursache der Hilfegewährung

Tab. 3:   Entwicklung der Lohnquote   50

Tab. 4:   Entwicklung der Arbeitslosenquote 1985 - 1988   57
          nach Landesarbeitsamtsbezirken und Bundesländern

Tab. 5:   Städtische Sozialhilfebelastung durch Arbeitslosigkeit am   69
          Beispiel einzelner Mitgliedstädte des Deutschen Städtetages

Tab. 6:   Ausgaben, Einnahmen und Finanzierungssalden   163
          der Gemeinden (Gv)

Tab. 7:   Ausgewählte Ausgaben und Einnahmen der Gemeinden   165
          (Gv)

Tab. 8:   Kosten und Finanzierung der Technologie-   186
          und Gründerzentren

Tab. 9:   In ABM beschäftigte geförderte Arbeitnehmer –   197
          Jahresdurchschnittszahlen 1970 - 1989

Tab. 10: Verteilung der in der E-Variante beschäftigten   217
          Hilfeempfänger auf Beschäftigungsorte

EINLEITUNG

Seit Mitte der 70er Jahre ist die Massenarbeitslosigkeit in die westlichen Industriegesellschaften zurückgekehrt. Langjährige konjunkturelle Aufwärtsbewegungen, wenn auch auf relativ niedrigem Niveau, haben hieran ebensowenig geändert wie emsige Bemühungen von Regierungsseite, die Ergebnisse der Arbeitslosenstatistik zu retuschieren.

Nach offiziellen Angaben sind Anfang der 90er Jahre in den Staaten der Europäischen Gemeinschaft rund 9 % der Lohnabhängigen, insgesamt mehr als 14 Millionen Menschen, als arbeitslos zu registrieren. Allein für die Bundesrepublik Deutschland ist bei einer Arbeitslosenquote von 7 - 8 % weiterhin von etwa 2 Millionen Arbeitslosen auszugehen. Ein rückhaltloser ökonomischer Ausverkauf der DDR würde im Rahmen einer gesamtdeutschen Entwicklung noch zu sehr viel höheren Arbeitslosenziffern führen. Realistische Annahmen, die die »stille Reserve« miteinbeziehen, hätten, auf das Gebiet der Bundesrepublik bezogen, bereits heute Aufschläge zu den veröffentlichten Zahlen von mindestens 30 - 40 % zu kalkulieren.

Arbeitslosigkeit als Massenphänomen, das sich während der langen Phase der Nachkriegsprosperität bereits auf die Länder der kapitalistischen Peripherie zurückzuziehen schien, taucht damit auch als strukturelles Problem der entwickelten Metropolen wieder auf. Betroffen davon sind Gesellschaften, in denen lohnabhängige Erwerbsarbeit für den weitaus überwiegenden Teil der Bevölkerung die entscheidende Grundlage für Einkommen und soziale Integration darstellt. Selbst in den hochindustrialisierten Staaten konnten soziale Sicherungsleistungen diesen doppelten Effekt bislang nicht kompensieren. Im Gegenteil: Steuerstaatlich bzw. beitragsfinanzierte Systeme der sozialen Sicherung drohen vielmehr gerade in Krisenzeiten zu versagen und ihre Leistungsniveaus einschneidend zu reduzieren. Die Verweigerung oder der Verlust von Erwerbsarbeit müssen daher nach wie vor zu einer ernsthaften materiellen wie psychischen Existenzgefährdung, wenn nicht gar zur Existenzvernichtung führen.

Die massenhafte Brachlegung menschlicher Phantasie und Arbeitskraft wird dabei während der letzten 15 Jahre noch durch die konservative Austeritäts- und Modernisierungspolitik einer Mehrzahl der westlichen Industriestaaten unterstützt. Im Schatten dieser Fehlsteuerungen »von oben« brechen dafür »unten«, in den Kommunen, nahe der Lebenswelt der Hauptbetroffenen Armut und Unterversorgung wieder offen auf.

1

In der Bundesrepublik, einem der reichsten Länder dieser Erde, schätzen die Wohlfahrtsverbände das Armutspotential inzwischen auf 5-6 Millionen Menschen ein. Allein aufgrund arbeitslosigkeitsbedingter Verarmung müssen die Kommunen hier für mehr als 3 Mrd. DM jährlich Hilfen zum Lebensunterhalt finanzieren.

Die privaten Versorgungslücken, die dabei häufig verdrängt von der öffentlichen Wahrnehmung entstehen, werden allerdings noch um ein Vielfaches von dem akuten Handlungsbedarf übertroffen, der insbesondere auf lokaler Ebene im Bereich kollektiver Güter und bei der Pflege der natürlichen Lebensgrundlagen existiert. Die Steigerungsraten der notwendigen, aber unterlassenen Investitionen vor allem im Umweltschutz, in der Wohnungsversorgung und bei den sozialen Diensten explodieren. Allein das kurzfristige Programmvolumen einer sozial-ökologischen Umrüstung in der Bundesrepublik würde sich mühelos zu dreistelligen Milliardenbeträgen aufaddieren.

Dem Einkommensproblem, das die westlichen Gesellschaften dabei trotz ihres erreichten Wohlstandsniveaus aufs neue produzieren, muß vor allem durch eine auf zentraler Ebene anzusiedelnde, umfassende soziale Grundsicherung begegnet werden. Die aktuelle Debatte um eine weiterreichende sozial-ökologische Wende darf sich jedoch *gerade nicht* auf die Frage einer angemessenen Alimentation »freigesetzter Arbeit« reduzieren. Der notwendige Umbau deformierter Produktions- und Dienstleistungsanlagen, die dringend erforderliche Einführung ressourcenschonender Verfahren, der immense Entwicklungsbedarf auf nationaler wie auf internationaler Ebene lassen einen solchen problemverkürzenden Blickwinkel nicht zu. Angesichts der Gefahren menschheitsbedrohender Umweltkatastrophen und eines wachsenden Gefälles zwischen Arm und Reich geht es vielmehr gerade auch darum, die Auseinandersetzung um eine *sinnvolle Verwendung des gesellschaftlichen Arbeitsreichtums* neu zu führen.

Akuter Bedarf und brachliegende Potentiale markieren eine Situation, in der in den wirtschaftlichen und politischen Steuerungszentren offenkundig widersinnige Entscheidungen über den Einsatz der vorhandenen Ressourcen gefällt werden. Die Verwertungsschranken der (in Geld, Maschinerie und Beton geronnenen) »toten Arbeit« scheinen hier die volle Entfaltung der Bedürfnisse und Möglichkeiten »lebendiger Arbeit« zu blockieren (O. Negt 1987).

Forderungen nach drastischer Arbeitszeitverkürzung und qualitativer Beschäftigungsförderung, wie sie im Rahmen alternativer Entwicklungskonzepte erhoben werden, wollen diese Hürden staatsbürokratischer Ver-

2

krustung und einseitiger privater Verwertungslogik transzendieren. Ihr Programm ist die Ausdehnung und gleichmäßige Verteilung selbstverantwortlich-kritischer Berufsarbeit, ebenso wie die Wiederaneignung von Lebensraum durch eine Ausweitung der für Muße und kontemplative Regeneration zur Verfügung stehenden freien Zeit. Sie stellen gleichzeitig auf ein selbstbestimmteres Freizeitleben und einen gleichberechtigten Austausch zwischen Produzenten und Verbrauchern ab und setzen am Arbeitsplatz auf die Überwindung verdummender Arbeitsinhalte und entmündigender Hierarchien (D. Eißel 1986a).

Der Kampf gegen die Massenarbeitslosigkeit und für qualifizierte Beschäftigung kann deshalb auch nicht als rückwärtsgewandtes Gefecht zur Wiederherstellung eines in vielerlei Hinsicht überkommenen Industriesystems begriffen werden. Im Zuge des öko-sozialen Umbaus kommt es stattdessen darauf an, eine Abkehr von globalen Modernisierungsplänen durchzusetzen, die für aggressive Exportorientierung, Hyperindustrialisierung und eine fortschreitende Vernutzung der natürlichen und sozialen Lebensumwelt stehen. Einen nach innen wie außen solidarischen Entwicklungsweg mit regionsbezogenen ökologischen Wirtschaftskreisläufen, angepaßten Techniken und dem Anspruch auf umfassende soziale und kulturelle Emanzipation wird es nur insoweit geben, als es gerade in den reichen Industrieländern gelingt, die vorhandenen technologischen und ökonomischen Entwicklungspotentiale neu auf *bedarfswirtschaftliche Ziele* und *nutzenstiftende Proportionen* hin zu orientieren.

Dies verweist auf die doppelt fatale Dimension der Beschäftigungskrise mit ihrer massenhaften Vernichtung menschlicher Kreativität und Arbeitskraft. Ein Großteil des gesellschaftlichen Arbeitsvermögens liegt eben nicht nur im Hinblick auf seine einkommenssichernden Funktionen, sondern gleichfalls als Quelle sozialer Innovationsprozesse brach. Ein am »Maßstab lebendiger Arbeit« (J. Strasser/K. Traube 1984) ausgerichteter Umbau der Gesellschaft läßt sich aber gerade nicht »von oben«, als »Top-down-Strategie«, vorbei an den betroffenen und handelnden Menschen einführen. Er setzt vielmehr einen Prozeß der partizipativen Entfaltung von kreativen Potentialen im Berufs- und Alltagsleben geradezu voraus.

Die Ablösung konservativer Modernisierungskonzepte durch eine andere Fortschrittslogik wird letztlich nur mit Umsteuerungen auf zentraler und supranationaler Ebene zu erreichen sein. Unterdessen gewinnen jedoch *dezentrale Strategien* für die Entwicklung und praktische Verwirklichung alternativer Ansätze besonders an Gewicht. Sowohl als stofflich-technische wie als politische Gestaltungsaufgabe ist der sozial-ökologische Umbau nur vor Ort, im Hinblick auf die Bedingungen und Probleme der jeweiligen Betriebe, Gemeinden und Regionen, durchzuführen. Bei der Konversion zu umweltgerechten Produkten und Verfahren wie beim Aufbau eines befriedigenden sozialen Dienstleistungssystems gilt es mehr und mehr, *integrierte,* dem jeweiligen Einzelfall angemessene Problemlösungen und Formen der Bearbeitung zu präsentieren. Programme der sozialökologischen Erneuerung kommen daher ohne lokalen und regionalen Kompetenzgewinn nicht aus. Sie sind vielmehr auf die Mobilisierung der regionseigenen Kräfte angewiesen und müssen insbesondere auch die teils verschütteten Potenzen an fachlicher Qualifikation und lokal vorhandenem Arbeits- und Alltagswissen aktivieren.

Eine sozial-ökologische Entwicklungskonzeption muß schon aus diesem Grunde in prinzipieller Opposition zur Zerstörung beruflicher und persönlicher Fähigkeiten stehen. Sie muß aber darüber hinaus auch gerade unter dem Einsatz aller dezentralen Handlungschancen den Versuch unternehmen, sinnvolle Maßnahmen der Beschäftigungsförderung zu organisieren, und diese Projekte gleichzeitig mit Schritten zu einem gebrauchswertorientierten Umbau der örtlichen Produktions- und Dienstleistungsbasis kombinieren. Nur so können lokale und regionale Beschäftigungsinitiativen etwa der Gefahr entgehen, »Sonderarbeitsmärkte« einzurichten, und andererseits dem Anspruch genügen, als *kommunale Strategien gegen die Massenarbeitslosigkeit* auch einen dezentralen Beitrag zum *Einstieg in die sozial-ökologische Erneuerung* darzustellen.

Bei der Frage, wie erfolgreich eine solche dezentrale Strategie unter den gegenwärtigen Bedingungen sein kann, rücken die materielle Ausstattung der Kommunen, aber auch die Handlungsorientierungen der lokalen Akteure in den Blick. Die Kommune ist hier zweifelsfrei der Ort, an dem sich der Zentralstaat durch Problemverschiebung und Ressourcenkürzungen entlastet und wo die sozialen und ökologischen Krisenfolgen kumulieren. Allerdings kann sich unter dem Eindruck des lokal aufbrechenden Handlungsbedarfs dennoch gerade Betroffenheit regen und Widerstand artikulieren. Wie historische und aktuelle Beispiele belegen, können sich von kommunaler Ebene aus sogar Ansätze von »Gegenmacht« gegen das gesellschaftlich vorherrschende Modernisierungsprogramm formieren.

Dies bedeutet jedoch keineswegs, daß die lokale Ebene schon von vornherein als für oppositionelle Strategien prädestiniert und vorbereitet anzusehen wäre. Sie ist vielmehr selbst Schauplatz von Kämpfen und Auseinandersetzungen, deren Ausgang nicht vorab zu bestimmen ist. Um wirklich eine beschäftigungsorientierte Erneuerung »von unten« durchzusetzen, müßte die inzwischen aufkeimende Vielzahl an Maßnahmen lokaler

4

Arbeits- und Qualifizierungsförderung in der nächsten Etappe zu einer »*dezentralen Politik der sozialen Innovation*« verdichtet werden. Hierzu ist aber neben der Phantasie zu experimentellem Probehandeln auch Mut zu strukturellen Reformen in den »Kernbereichen« kommunaler Politik erforderlich, wie er meist nur unter dem Druck neuer gesellschaftlicher Koalitionen wächst. Inwieweit hier letztendlich staatsbürokratische bzw. privatwirtschaftliche Vorgaben und Zwänge nachvollzogen werden oder ob die Kommune als »Strukturtyp politischer Produktion« (R.-R. Grauhan 1978) Freiräume für »sozietäre« Formen des Lebens und Arbeitens zurückerobern kann, steht in den gegenwärtigen und zukünftigen Konflikten noch zur Entscheidung an.

*

Die vorliegende Arbeit will die Bewegungen der lokalen Politik im Kontext gesamtgesellschaftlicher Veränderungen diskutieren. Von daher ist es erforderlich, zunächst die Bruchstellen und Dimensionen des gesellschaftlichen Wandels zu skizzieren, denen das sozio-ökonomische Grundmodell der Bundesrepublik wie das anderer westlicher Industriegesellschaften gegenwärtig unterliegt. Dies geschieht hier unter Rückgriff auf Ansätze der neueren Regulations- und Fordismusdebatte, die sich dadurch auszeichnet, daß sie der Wechselwirkung zwischen ökonomischen Strukturbedingungen, politisch-institutionellen Regulierungen sowie den Dispositionen und Verhaltensweisen der handelnden Subjekte und Gruppierungen besondere Beachtung schenkt.

Auch für die Bundesrepublik ist dabei seit längerem eine Ablösung von keynesianisch geprägten Entwicklungsmustern auszumachen, die den Hintergrund für die aktuelle Auseinandersetzung um die Massenarbeitslosigkeit abgibt. Daß der Ansatz neokonservativer Modernisierung und Entsolidarisierung hier nicht die einzige Antwort auf die Probleme des herkömmlichen Wachstumsmodells bleiben muß, zeigt sich deutlich, wenn man die gegenwärtig auf zentraler Ebene zur Durchsetzung gebrachte Politik mit einer sozial-ökologischen Programmalternative konfrontiert (vgl. Kapitel I, *Zentralstaatliche Modernisierung oder dezentrale Innovation*).

Die zentralstaatliche Blockade einer sozial-ökologischen Erneuerung wirft allerdings schon heute die Frage nach der Reichweite und Innovationskraft dezentraler Strategien auf. Die Politikfähigkeit der lokalen Ebene, die damit auf dem Prüfstand steht, scheint im historischen Längsschnitt erheblichen konjunkturellen Schwankungen ausgesetzt zu sein. Die

Entfaltung eigener sozialreformerischer Ansätze oder gar die Herausbildung »kommunaler Gegenmacht« ist offenbar, wie nicht zuletzt am Beispiel britischer Gemeindepolitik ersichtlich, sowohl mit materiellen und politisch-institutionellen, aber auch mit konzeptionellen und politisch-kulturellen Vorbedingungen verknüpft (vgl. Kapitel II, *Chancen lokaler Gegenmacht*).

Wie ist es daher angesichts des drängenden Umsteuerungsbedarfs »von unten« um die Praxis bundesrepublikanischer Kommunalpolitik bestellt? Zwar ist hier seit der Zuspitzung der Beschäftigungskrise anfangs der 80er Jahre eine verstärkte Hinwendung zu wirtschafts- und arbeitsmarktpolitischen Handlungsfeldern zu verzeichnen, doch haben die Kommunen dabei wohl bislang vor allem auf dem Wege einer relativ »emotionslosen« und entpolitisierten Ausweitung traditonellen Verwaltungshandelns reagiert. Im wesentlichen verharren sie bei bereits früher geläufigen Konzepten, die klar nach ökonomischen bzw. sozialpolitischen Interventionsabsichten unterscheiden und in der konkreten Umsetzung nur äußerst selten nach handlungsstrategischen Vorgaben vermittelt werden (vgl. Kapitel III, *Zwischen neuen Handlungsanforderungen und alten Rezepturen: Zur Praxis kommunalen Krisenmanagements*).

Im Gegensatz zum kommunalen »Mainstream« gehen neue Anstöße für die inhaltliche Debatte in der jüngeren Entwicklung in erster Linie von gewerkschaftlich getragenen Initiativen und verschiedenen lokalen »Vorreiterprojekten« aus. In zahlreichen Städten und Kreisen kommt es beispielsweise zur Gründung von »Entwicklungszentren«, die den Anspruch auf eine zielgerichtete Abstimmung lokaler Wirtschafts-, Technik- und Arbeitsmarktförderung formulieren. Die Erfahrungen, die diese Pilotprojekte einer neuausgerichteten lokalen Handlungsphilosophie im Umgang mit den hartnäckigen Strukturen des kommunalen Politikterrains sammeln, sollen im Mittelpunkt des Schlußkapitels stehen. Sie werden von erheblicher Bedeutung für die nächste Phase der politischen Auseinandersetzung sein, wenn es sowohl auf lokaler wie auf überregionaler Ebene um sozial-ökologischen Umbau und die Durchsetzung von integrierten und innovationsorientierten Beschäftigungsstrategien geht (vgl. Kapitel IV, *Die Auseinandersetzung um eine beschäftigungssichernde lokale Strategie*).

I. ZENTRALSTAATLICHE MODERNISIERUNG ODER DEZENTRALE INNOVATION

I.A. Veränderte Akkumulationsbedingungen und neokonservative Regulation[1]

1. Prosperität und Krise: Erfolg und Einbruch des keynesianisch-sozialdemokratischen Projekts

1.1. Ein Blick zurück

Die *Phase der Nachkriegsprosperität* hat weltweit, aber insbesondere in den westlichen Industrieländern, eine Entwicklung der Produktionskapazitäten und der Güterherstellung in historisch niemals zuvor erreichtem Ausmaß mit sich gebracht. Auf der Grundlage bereits seit längerem bekannter Basisinnovationen konnte die *Rationalisierung der Massenproduktion* vorangetrieben und mit einer *nach innen und außen gerichteten Marktexpansion* verbunden werden. Ein hohes Produktivitätsniveau und eine noch darüber hinausschießende Wachstumsentwicklung erlaubten eine gleichzeitige Anhebung von Massenkaufkraft und privatwirtschaftlichem Gewinn. In der Mehrzahl der westlichen Industrienationen gelang mit der gewachsenen Bedeutung von Gewerkschaften und sozialdemokratischen Parteien ein Ausbau *keynesianisch-wohlfahrtsstaatlicher Elemente* und damit auch eine erhebliche Verbesserung des Lebensstandards breiter Kreise der Bevölkerung.

---

1 Die Begriffe *Regulation* und *Akkumulationsbedingungen* bzw. *Akkumulationsmodell* werden hier in der Abgrenzung benutzt, die sich in neueren Beiträgen zur Kapitalismusanalyse zwischen der späten westdeutschen Staatsableitungsdebatte (vgl. bspw. J. Hirsch 1980) und der französischen Regulationsschule (vgl. bspw. M. Aglietta 1987 (1979) und A. Lipietz 1985) herausgebildet hat. Unter *Akkumulationsmodell* ist danach die *periodenprägende Form der gesellschaftlichen Organisation von Produktion und Arbeit* zu verstehen. Ihm liegen jeweils spezifische Technologien zugrunde, die die Produktion und Realisierung von Mehrwert erlauben. Das Akkumulationsmodell umfaßt u.a. die Formen der Kapitalreproduktion und des Lohnverhältnisses, die Beziehung zwischen kapitalistischen und nichtkapitalistischen Sektoren, die Form der Weltmarktintegration sowie den allgemeinen Typus der nationalstaatlichen Intervention. Die *Regulierung* oder *Regulationsweise* stellt die *konkrete Beziehung* zwischen diesen strukturellen Bedingungen her. Sie umfaßt vielfältige ökonomische und politisch-institutionelle Organisationsformen, Steuerungsmechanismen und normative Orientierungen, die insgesamt eine gewisse Stabilität erzeugen. Sie kann insofern als *spezifisch-historische und nationale Konkretisierung des Akkumulationsmodells* angesehen werden, vgl. etwa J. Esser/ J. Hirsch 1984; J. Hirsch/R. Roth 1986; J. Häusler/J. Hirsch 1987; B. Jessop 1988 (kritisch).

7

Im Zuge der Ausweitung von Güterproduktion und Warentausch wurden aber auch die *destruktiven Momente* kapitalistischen Wirtschaftens potenziert. Ein qualitativ ungesteuertes Wachstumsmodell führte nicht nur zu einem ungeahnten Produktmengenreichtum, sondern auch zur warenförmigen Aufbereitung und zunehmenden Vernutzung der natürlichen und sozialen Produktionsressourcen. Der »*Gestaltwandel der Ökonomie*« (C. Leipert 1987) überschritt dabei die Pufferqualitäten des ökologischen Systems bei weitem und ging mit Umweltschädigungen einher, die inzwischen nicht nur regionale und nationale, sondern auch globale Dimensionen angenommen haben. Parallel dazu stiegen die »*auf der Subjektseite*« anfallenden Kosten des gesellschaftlichen Produktionssystems. Veränderte Arbeitsbedingungen schufen neue Gefährdungsbereiche am Arbeitsplatz, und eine fortschreitende Vermarktung der Reproduktionssphäre beförderte die für den »Konsumismus« entwickelter Industriegesellschaften typischen »Alltagspathologien« (K.W. Kapp 1979: XII; C. Leipert 1985; O. Ullrich 1986).

Die *Durchkapitalisierung von Natur und Lebenswelt* war dabei bislang auf eine ständige Erweiterung staatlicher Handlungsfelder angewiesen (»*Durchstaatlichung*«, J. Hirsch 1980). Der moderne *Interventions- und Sozialstaat,* der auf diese Weise entstand, brachte aus Sicht der lohnabhängigen Bevölkerung enorme Errungenschaften mit sich, blieb in seinen Wirkungen allerdings auch ambivalent. Steigende Reallöhne und weitgehend bürokratisierte, auf materielle Kompensation bereits erlittener Schäden angelegte Sozialleistungen sicherten zwar eine breite Teilhabe am kommerziellen Waren- und Dienstleistungsverkehr, bedeuteten aber damit keineswegs auch schon einen Durchbruch zur demokratischen Gestaltung oder auch nur zur substantiellen Beeinflussung des sozial-ökonomischen Entwicklungswegs. Insbesondere waren durch den aufkumulierten gesellschaftlichen Reichtum noch keinesfalls durchgängig befriedigendere Arbeits- und Lebensverhältnisse erreicht. Die Art und Weise, wie die Arbeitnehmer und ihre Interessenvertretungen in den »*produktivistisch-industrialistischen*« *Konsens* der Nachkriegsperiode einbezogen wurden, bereitete stattdessen bereits die Bedingungen für eine erfolgreiche Durchsetzung konservativer Konzepte in der darauffolgenden Restrukturierungskrise vor (J. Hirsch/R. Roth 1986; C. Buci-Glucksmann/G. Therborn 1982; B. Jessop 1986).

1.2. Die Voraussetzungen der langanhaltenden Wachstumsproduktion

In den Ländern, in denen der zweite Weltkrieg erhebliche Teile der Infrastruktur und des Produktionsapparates zerstört hatte, war der Boom der frühen Nachkriegsjahre sicherlich zum einen durch den Wiederaufbaubedarf bestimmt. Insgesamt lassen sich das Ausmaß und die Dauer der Nachkriegsprosperität jedoch damit nicht hinreichend erklären. Die vergangene Periode mit überdurchschnittlich hohen Wachstumsraten und relativer Vollbeschäftigung kam vielmehr durch neue Formen *intensiver Kapitalakkumulation* zustande, die globalpolitisch und militärstrategisch abgesichert wurden.

Nachdem der Weltmarktzusammenhang unter Führung der USA wiederhergestellt worden war, konnte der in dreißig Jahren von Krisen und Krieg aufgelaufene »technische Fortschritt« nun systematisch auch in der zivilen Produktion angewandt und weiterentwickelt werden. Allseitige Produktions- und Absatzbeziehungen wurden geknüpft, neue Organisations-, Kommunikations- und Transporttechniken eingeführt und billige Rohstoffe und Energien (vor allem Erdöl) in großem Maßstab erschlossen. Der ungehinderte Zugang zu leicht ausbeutbaren Rohstoffquellen sowie die Dominanz der altindustrialisierten Länder auf den weltwirtschaftlich verflochtenen Märkten konnten durch die militärische und ökonomische Hegemonie der USA gesichert werden. Im Zeichen der »pax americana« (C. Buci-Glucksmann/G. Therborn 1982) und nicht selten unter dem Schutz diktatorischer Regime wurden durch Produktionsverlagerungen und die selektive Industrialisierung abhängiger Volkswirtschaften an der kapitalistischen Peripherie »Werkstattstaaten« als »Inseln der Überausbeutung« und Zonen eines »bloody taylorism« installiert (J. Hirsch/R. Roth 1986: 86). Mit der beschleunigten Durchkapitalisierung der natürlichen und sozialen Produktionsbedingungen, einer Auflösung vorindustrieller Reproduktionszusammenhänge und der Ausweitung von Warentauschbeziehungen fand das auf eine Ausdehnung der Massenproduktion gerichtete Akkumulationsmodell hier wie in den kapitalistischen Zentren seine wesentlichen Stützen vor.

Erst im Zuge der Internationalisierung der Produktion und der Erweiterung von Absatzsphären kamen in den altindustrialisierten Ländern die produktionstechnischen Voraussetzungen der Massenfertigung voll zum Tragen. *Technologische Basisinnovationen* und *neue Formen der Arbeitsorganisation* konnten jetzt umfassend zur Entfaltung kommen. Die neuen Techniken etwa der Elektronik und der Kunststoffproduktion sowie die verallgemeinerte Nutzung des Verbrennungsmotors boten weitreichende

Möglichkeiten sowohl zur Erhöhung der Arbeitsproduktivität durch Prozeßinnovationen als auch zur Steigerung der Beschäftigung durch die Schaffung einer ganzen Palette immer neuer Produkte. In einer Phase intensiver Rationalisierung wurden tayloristische Arbeitsmethoden verallgemeinert und auf höherer Stufenleiter reorganisiert. Durch zunehmende Arbeitsteilung, die Zerlegung qualifizierter Arbeit in einfache Verrichtungen und den anschließenden Einsatz von spezialisierten automatischen Maschinen für die vereinfachten Arbeitsvorgänge ließen sich bei hohen Absatzziffern steigende Ertragszuwächse realisieren. Jede Verringerung der Stückkosten machte dabei die produzierten Güter für einen größeren Käuferkreis erschwinglich, erbrachte die Kosten für die neuesten Investitionen in Spezialmaschinen und Organisationstechnologien und bereitete die nächste Rationalisierungswelle vor.

Die Durchsetzung weiterentwickelter Formen der tayloristischen Arbeitsorganisation löste damit gleichzeitig in wachsendem Umfang das alte Problem, »der eigensinnigen lebendigen Arbeit das Gesetz des Handelns aufzuzwingen« (P. Brödner 1986: 38). Sie steigerte die Arbeitspräzision, standardisierte die Produkte und zerschlug mit der Einführung effizienterer betrieblicher Kontroll- und Überwachungstechniken traditionell handwerkliche Formen von Arbeitermacht und Widerständigkeit. Für die Masse der im industriellen Sektor Beschäftigten ging damit eine Enteignung von produktiven Fähigkeiten einher. Produktionswissen und die eigenen handwerklichen Fertigkeiten traten ihnen zunehmend in Form des »fixen Kapitals«, der Maschinerie, oder in Gestalt eines an Bedeutung gewinnenden Managements entgegen. Die stärkere Trennung zwischen Planungs- und ausführenden Produktionstätigkeiten konnte zwar die direkte Kontrolle der Arbeitsintensität verbessern, ließ sich jedoch nur um den Preis eines weitgehenden Verzichts auf die breite Entfaltung des informellen produktionstechnischen Know-hows und der selbstorganisatorischen Initiativen der Lohnabhängigen realisieren. Von einem großen Teil der Beschäftigten wurden die Produktivitätssteigerungen und der wachsende Konsumgüterreichtum dieser Phase so am Arbeitsplatz mit einer intensivierten Verausgabung ihrer Arbeitskraft und dem Verlust ganzheitlicher Qualifikationen und individueller Dispositionsspielräume erkauft (H. Bravermann 1977; R. Boyer 1987).

1.3. Die keynesianisch-sozialdemokratische Ausweitung staatlicher Intervention[2]

Wie auf internationaler Ebene so war auch national die langanhaltende Prosperitätsperiode keineswegs nur das Ergebnis marktgesteuerter Prozesse. Sorgten strukturelle Abhängigkeiten und machtpolitische Interventionen für eine Expansion internationaler Absatzmöglichkeiten, so wurden in den meisten westlichen Industrieländern vorwiegend über eine »Erweiterung des Staates« *neue Formen der politischen Regulierung* eingeführt (C. Buci-Glucksmann/G. Therborn 1982).

In den westlichen Metropolen waren »vorkapitalistische« Lebensformen und Sozialbeziehungen im Unterschied zu den halbkolonialen und abhängigen kapitalistischen Ländern der »Dritten Welt« schon weitgehend zerstört. Die breite Durchsetzung des Lohnarbeitsverhältnisses als vorherrschende Form der Reproduktion hatte hier die typischen Arbeitnehmerrisiken bereits verallgemeinert. Durch aufgezwungene Mobilität und die Schwächung der sozialen Funktionen von Familie und Gemeinde waren neue Probleme der Existenzsicherung geschaffen worden, die nach einer gesellschaftlichen Bearbeitung verlangten.

Zudem hatte erst die Wirtschaftskrise der 20er und 30er Jahre erwiesen, wie erheblich die erweiterte Warenproduktion durch Überakkumulation und diskontinuierliche Nachfrageentwicklung zu gefährden war. Die »Janusköpfigkeit« des Niveaus von Löhnen und Beschäftigung für den kapitalistischen Verwertungsprozeß wurde offenbar: Lohn war ersichtlich nicht nur betriebswirtschaftlicher Kostenfaktor, sondern auch kaufkraftbestimmende Revenue. Blieb die krisenhafte Produktion einer »industriellen Reservearmee« im Rahmen kapitalgebundener Logik weiterhin von Vorteil (M. Kalecki 1971), so drängten die Starrheiten des Massenproduktionssystems auf eine stetige und berechenbare Ausweitung der Märkte, die größere Schwankungen in der Auslastung wachsender Kapazitäten zu verhindern versprach. Dem kam entgegen, daß neue Techniken und tayloristische Arbeitsmethoden die Basis für eine Durchdringung des gesell-

---

2   Die Begriffe *keynesianisch-sozialdemokratisch* bzw. *keynesianisch-sozialdemokratischer Interventionstyp* werden hier nicht nur im Hinblick auf die Praxis sozialdemokratisch geführter Staatsregierungen verwandt. Sie bezeichnen vielmehr im umfassenderen Sinne ein *Konzept sozialstaatlicher Regulierung*, wie es sich in der Mehrheit der westlichen Industriegesellschaften in der zurückliegenden Prosperitätsperiode unter dem gewachsenen Einfluß von Gewerkschaften und sozialdemokratischen Parteien herausgebildet hat, vgl. bspw. C. Buci-Glucksmann/G. Therborn 1982.

schaftlichen Produktions- und Reproduktionszusammenhangs[3], insbesondere für ein Erstarken der Konsumgüter- und Dienstleistungsindustrien, geschaffen hatten. Denn dies war schließlich die Voraussetzung dafür, daß die Reproduktion der Arbeitskraft in einem *Prozeß der »inneren Landnahme«* (B. Lutz 1984) als kapitalistische Anlage- und Verwertungssphäre erschlossen werden konnte.

Unter dieser Konstellation wurde der moderne Interventions- und Sozialstaat weiter ausgebaut. Eine erfolgreiche Weiterführung des Akkumulationsmodells war von Mechanismen abhängig geworden, die eine *Anpassung von Massenproduktion und Konsumtion* halbwegs sicherstellen konnten. Neue Formen staatlicher Intervention und Regulierung betrafen vornehmlich auch die *Arbeitsbeziehungen* und die *Reproduktion der Arbeitskraft*. Staatliche Lohn-, Arbeitsmarkt- und Nachfragepolitik sowie die Erweiterung »sekundär« verteilender Systeme (Renten-, Krankenversicherung, Arbeitslosenunterstützung) sollten für eine kalkulierbare Erhaltung, Zurichtung und Steuerung von Konsumtionsfähigkeit und Arbeitsvermögen Sorge tragen. Die politisch oder tarifvertraglich erwirkte Anpassung von Löhnen und Sozialeinkommen ermöglichte die Teilhabe breiter Schichten an einer zwar immer noch *ungleichen* aber zunehmend *universalisierten* und *uniformisierenden* Verteilung der Güter des Massenkonsums. Wenn auch unterschiedlich rezipiert und angewendet, gewann die »keynesianische Botschaft« Einfluß auf die nationalen Politikstrategien. Sie schien Konzepte zur Verfügung zu stellen, mit denen die Vermittlung der Interessen von Kapital und Arbeit als Verknüpfung *komplementärer* (und nicht prinzipiell *konfligierender*) Anliegen in einem von beiden Seiten getragenen produktivistischen Wachstums- und Fortschritts-

---

3 Während sich der Begriff des *Taylorismus* auf die wissenschaftlich angeleitete Zergliederung und Zersplitterung des *Arbeitsvorgangs* selbst bezieht, wird das gesamte *produktionsorganisatorische* Konzept, das mit der Durchsetzung der tayloristischen Arbeitsorganisation verbunden war, auch als *fordistisch* bezeichnet. Der (unscharf abgegrenzte) Begriff des *Fordismus* wird dabei von unterschiedlichen Autoren für verschiedene Aspekte des kapitalistischen Vergesellschaftungszusammenhangs der zurückliegenden Periode verwandt. Er steht generell für das gesamte Akkumulationsmodell mit ausgeglichenerem Wachstum von Massenproduktion und Konsumtion, wird aber auch häufig nur für die in dieser Epoche vorherrschende keynesianisch-sozialdemokratische Regulationsweise eingesetzt. Mit dem Etikett *fordistisch* werden daneben auch gelegentlich periodentypische gesellschaftliche Organisationsmuster (massenintegrative Apparate wie Einheitsgewerkschaften und bürokratisierte Volksparteien bspw.) belegt. Die Verwendung des Begriffs *Postfordismus* soll auf die Umbruchtendenzen in den westlichen Industriegesellschaften während der 70er und 80er Jahre hinweisen und den Beginn einer neuen, noch nicht näher bestimmbaren kapitalistischen Formation signalisieren, vgl. J. Hirsch/R. Roth 1986; R. Delorme 1987; B. Jessop 1988.

konsens möglich war. Eine (nach innen) bürgerlich-demokratische Form des Krisenmanagements bot sich an, mit dem sich anscheinend »uno actu« eine Vermehrung von Profit, Investitionstätigkeit und sozialer Wohlfahrt realisieren ließ.(R. Boyer 1987; J. Hirsch 1985).

Bei der Definition des staatlichen Regulierungsbedarfs wurden der Gang der technologischen Entwicklung ebenso wie die zugehörigen Formen industrieller Arbeitsorganisation selbstredend als *fortschrittlich* und *alternativlos* angesehen. Die Vernutzung der natürlichen Ressourcen als »Gratisproduktivkräfte« und die Multiplikation der krankmachenden externen Effekte in Arbeitsbedingungen, Umwelt und Konsumgewohnheiten wurden, wenn überhaupt, lediglich Gegenstand kompensatorischer Intervention. Mit der Ausweitung öffentlicher Planungsinstrumente und dem Ausbau von Infrastruktur-, Konjunktur-, Technologie- und Subventionspolitik sollte technisch-ökonomischer Fortschritt im wesentlichen *reibungsloser organisiert*, aber keineswegs *qualitativ gestaltet* werden. Neben den wachsenden öffentlichen Aufgaben bei der Sozialisation und Wiederherstellung des Faktors Arbeitskraft erstreckten sich die expandierenden Felder der Staatsintervention auf die Entwicklung zweifelsfrei als zukunftsträchtig erachteter Technikbereiche (Luft- und Raumfahrtindustrie, Atomtechnologie, Computerisierung, vgl. W. Bruder 1982) sowie auf eine parallele Abfederung von Modernisierungsfolgen. Wo keynesianisches Instrumentarium wirtschaftspolitisch zum Einsatz kam, waren die politischen Lenkungs- und Steuerungsversuche größtenteils auf die Beeinflussung *globaler quantitativer* Einkommens- und Beschäftigungseffekte beschränkt. Diese Verkürzung der praktischen Wirtschaftspolitik auf quantitative Zielvorgaben war dabei oftmals auch Ausdruck einer eher oberflächlichen und kruden Rezeption der keynesschen Lehre, die in dieser Phase gerade bei Sozialdemokraten und Gewerkschaften an die Stelle der sehr ambitionierteren Wirtschafsreformdebatte der Zwischenkriegsjahre getreten war. Der damit einhergehende Verlust einer *ganzheitlichen, notwendig qualitativ angelegten, Reformperspektive* markierte so aber auch gleichzeitig die *entscheidende Lücke* der wirtschaftspolitischen Konzeption - gleichsam die (nach der Depression der 30er Jahre) »zweite große Krise der ökonomischen Theorie« (Joan Robinson): »Als Keynes orthodox wurde, vergaß man die Frage zu ändern und zu diskutieren, wozu Beschäftigung dienen sollte« (J. Robinson 1973: 52).

Vor diesem Hintergrund geriet »Wachstum« zu einer fragwürdigen Kategorie, die als Maß für die Chancen individueller und kollektiver Emanzipation nur noch bedingte Aussagekraft besaß. Die »einfache Reproduktion« der Arbeitskraft »in exakt der Menge und Qualität, wie sie vom Kapital jeweils benötigt wird« (C. Offe 1972: 160), blieb zusehends hinter den dynamisch steigenden gesellschaftlichen Kosten einer »erweiterten Reproduktion des Kapitals«, also den Risiken und Belastungen zurück, die »der anarchische Fortschritt kapitalistischer Industrialisierung« den arbeitenden Menschen auferlegte (C. Offe 1972: 156, 160). Insbesondere die nicht durch private Kaufentscheidungen, sondern nur durch kollektiven Konsum zu befriedigenden Bedürfnisse wurden im Rahmen einer »disparitären« gesellschaftlichen Reichtumsentwicklung unterdrückt.

1.4. Zwischen Anerkennung und Adaption: Die verkürzte Interessenwahrung der Lohnabhängigen

Der wirkliche Erfolg der abhängig Beschäftigten und ihrer Organisationen bestand in der sozialdemokratisch-keynesianisch geprägten Phase von Vollbeschäftigung und Prosperität denn auch nicht etwa in der Überwindung der für die bürgerliche Gesellschaft charakteristischen Klassenverhältnisse und Verfügungsrechte, sondern in deren *sozialstaatlicher Reformierung* durch *neue Aushandlungs- und Kompromißbildungsverfahren.* Dabei unterlag die Interessenwahrnehmung der Lohnabhängigen selber einem widersprüchlichen Veränderungsprozeß, der für die Bestimmung der eigenen Zielvorstellungen und letztlich auch für die Strukturen und Ausrichtungen des gesamten gesellschaftlichen Oppositionspotentials von Bedeutung war.

Mit dem wachsenden Einfluß sozialdemokratischer Parteien und der gestiegenen Bedeutung zentralisierter Gewerkschaftsorganisationen war zwar der Ausbau wohlfahrtsstaatlichen Leistungsniveaus verbunden, kaum jedoch eine Entfaltung »politisch-kultureller Hegemonie«, die die gesellschaftliche Entwicklungsdynamik grundlegend beeinflußt hätte. Die Auflösung traditioneller Lager und Sozialmilieus, die Verallgemeinerung lohnabhängiger Arbeitsverhältnisse und die Universalisierung von Konsum- und Lebensmustern hatten aus »sozialmoralischen Gesinnungsmeinschaften« eher Einrichtungen individualistischer und instrumentell begriffener Interessenvertretung werden lassen (C. Buci-Glucksmann/G. Therborn 1982; J. Mooser 1983).

Die Anerkennung der Gewerkschaften als konfliktfähiger Widerpart verbesserte nicht nur die Repräsentanz der Lohnabhängigeninteressen gegenüber Staat und Unternehmerverbänden, sondern verlagerte ihre Formulierung und Durchsetzung zunehmend in »tripartistische« *zentrale Aushandlungsverfahren.* In einem »institutionellen Dreieck« zwischen Staat

14

(etatisierten Parteien), Unternehmen und Gewerkschaften waren Formen der korporativen Verständigung entstanden, die die kapitalverwertungsgefährdenden Effekte von Vollbeschäftigung und wohlfahrtsstaatlicher Sicherung durch die Einbindung in »gesamtgesellschaftliche Verantungszusammenhänge« mindern sollten (J. Hirsch/R. Roth 1986: 72). Die Artikulation gewerkschaftlicher Gegenmacht wurde dabei sukzessive auf die Vorgaben des vorherrschenden Wachstumsmodells reduziert. Neben der Forderung nach einer »angemessenen Verteilung« des wachsenden materiellen Wohlstands waren umfassendere gesellschaftliche Gestaltungsansprüche, Forderungen zur Bestimmung von Inhalt und Form der Produktion, aber auch die politisch-kulturelle Kritik zur Vermittlung solidarischer Lageinterpretationen in den Hintergrund getreten[4].

Auch die sozialdemokratischen Parteien wurden weitgehend in den produktivistisch-industrialistischen Fortschrittskonsens integriert. Die »passive Revolutionierung« der gesellschaftlichen Verhältnisse durch das vorherrschende Akkumulationsmodell hatte die Arbeitsbedingungen und Lebensentwürfe ihrer Mitgliedschaft, die Formen interner politischer Willensbildung sowie ihre Stellung zum politisch-administrativen System verändert. Mit einer stärkeren Verankerung im Macht- und Verwaltungsapparat waren sie zunehmend klientelabhängig und technokratisch geworden. Politisch damit an der Nahtstelle zwischen Massenintegration und systemischen Funktionsimperativen angesiedelt, gelang ihnen je nach nationaler Tradition und vorhandener Bündniskonstellation eine mehr oder weniger fortschrittliche Version »staatsreformistischer« Einflußnahme, die vornehmlich auf zentralstaatliche Handlungsparameter ausgerichtet war. Ihre Durchsetzungsstrategien blieben dabei in aller Regel an die steuerstaatliche Rekrutierung und Verteilung der in privater Produktion erwirtschafteten Zuwächse gebunden und mußten so am Ende der Prosperitätsphase auf verengte politische Handlungsspielräume stoßen[5]. Im aufkeimenden Widerspruch zwischen politischem Vollbeschäftigungspro-

---

4   In der bundesdeutschen Gewerkschaftsdiskussion wurden erst mit der internationalen Arbeitstagung der IG Metall zum Thema »Aufgabe Zukunft: Qualität des Lebens« im Jahr 1972 andere Akzente gesetzt, vgl. bspw. G. Leminsky 1972. Die Diskussion um qualitative Ziele gewerkschaftlicher Arbeit ebbte jedoch mit Eintritt der Wirtschaftskrise 1974/75 wieder rapide ab. Gewerkschaftlich angestoßene Programme zur »Humanisierung der Arbeitswelt« erwiesen sich etwa schnell eher als staatliche Rationalisierungshilfe denn als Gelegenheit für steuernde Eingriffe im Interesse der abhängig Beschäftigten, vgl. F. Naschold 1980.

5   Vgl. für die wachstumsgebundenen Reformvorstellungen der bundesdeutschen Sozialdemokratie insbesondere die ersten Fassungen des Orientierungsrahmens '85, SPD-Parteivorstand (Hrsg.) 1975.

gramm und privaten Verwertungsinteressen konnten sie als staatsbezogene, in das dominierende Fortschrittsmodell eingebundene Parteien ihrer
sozialen Basis nur selten ökonomische, technologische oder soziale Ge-
staltungsalternativen präsentieren. Sie bereiteten ihre Anhängerschaft
vielmehr häufig noch politisch wie ideologisch auf die Alternativlosigkeit
nachfolgender Austeritäts- und Modernisierungsstrategien vor (C. Buci-
Glucksmann/G. Therborn 1982)[6].

Die langanhaltende Prosperitätsperiode der Nachkriegszeit wurde so zu
der historischen Phase, in der sich der *Widerspruch zwischen Kapitalver-
wertungslogik und den Interessen lebendiger Arbeit* in bis dahin nie gekann-
tem Ausmaß sowohl in die Sphäre sozialer Reproduktion wie in die natür-
liche Umwelt hinein *»vervielfältigt«* hat. Demgegenüber blieb die *Interessenvertretung der Lohnabhängigen* eine *reduzierte*, in der die Sicht auf die
ganze Dimension des Gegensatzes tendenziell verloren ging. Die relative
Stärke der abhängig Beschäftigten, der Ausbau ihrer betrieblichen
Position und ihre Involution in das staatliche Regulierungsgefüge, konnten
zwar über weite Strecken Vollbeschäftigung und breite Konsumteilhabe
sichern. Forderungen nach qualitativen Veränderungen, der ganzheitliche
Anspruch auf eine andere Logik im Umgang mit den Ressourcen von
Natur und Arbeitskraft standen dahinter allerdings zurück (R. Delorme
1987; J. Hirsch/R. Roth 1986).

Ein breiter Konsens über Form und Inhalt der Produktivkraftentfaltung
ließ vielmehr auch regierende Arbeitnehmerparteien die Durchsetzung
umstrittener Techniklinien und umweltzerstörender Großprojekte betreiben (»Atom- und Betonpolitik«) und brachte sie damit nicht selten in Gegensatz zu neuformierten oppositionellen Basisgruppierungen. Wo Sozialdemokraten und Gewerkschaften die steigenden sozialen und ökologischen Risiken des ungesteuerten Wachstums häufig für unumgänglich
bzw. kompensierbar hielten, waren es zunehmend eigenständige Initiativen und Bewegungen, die die destruktiven Seiten des alten Fortschrittskonzepts zum Thema machten. So wurden am Ende der Vollbeschäfti-
gungsperiode einerseits die Verteilungsergebnisse und andererseits die
stofflichen Auswirkungen des traditionellen Entwicklungsmodells von jeweils unterschiedlichen politischen und sozialen Gruppen kritisiert.
Das *gesellschaftliche Oppositionspotential* hatte sich mit gewachsener

---

6 Aus sozialdemokratischer Sicht wurden die sozialpolitischen »Anpassungszwänge«
seit Mitte der 70er Jahre etwa bei A. Fuchs/H. Ehrenberg 1980, die technologischen
und ökonomischen "Modernisierungserfordernisse" bei V. Hauff/F.W. Scharpf 1975
formuliert.

Komplexität der Krisenanzeichen *entlang neuer Widerspruchslinien* auch *neu polarisiert.*

1.5. Der Weg in die Krise

Trotz konjunktureller Zwischenhochs läßt die Verschärfung zahlreicher Krisenphänomene seit Mitte der 70er Jahre auf ein Ende dieser Nachkriegskonfiguration schließen. Weltweit treten die ökologischen Probleme seither noch drängender und offensichtlicher zutage. Zusammen mit der Massenarbeitslosigkeit sind Armut und Unterversorgung auch in die entwickelten Industrieländer zurückgekehrt.

Zwar gehörte die Internationalisierung der Warentauschbeziehungen zu den Grundlagen der zurückliegenden Wachstumsphase, doch waren damit die Stabilitätsbedingungen der Prosperität jenseits nationalstaatlicher Grenzen noch nicht notwendig gegeben. In den Jahrzehnten nach dem zweiten Weltkrieg lagen die Wachstumsraten des Welthandels höher als jemals zuvor. Seit den 70er Jahren ist jedoch ein Rückgang der Zuwächse zu verzeichnen (E. Altvater/K. Hübner/M. Stanger 1983: 32, 56). Die steigende Verschuldung und drohende Zahlungsunfähigkeit zahlreicher Länder der »Dritten Welt« belegen, daß deren partielle Industrialisierung für sie keineswegs mit einem selbsttragenden Aufschwung und einer stabilen ökonomischen Entwicklung verbunden war. Auch die Einbeziehung fortgeschrittener »Schwellenländer« in den Produktionszusammenhang der Metropolen mußte ohne dort vorhandene technologische Autonomie und ausgleichende Formen innerstaatlicher Regulierung von begrenzter Reichweite bleiben. Wachsende politische Krisen und soziale Unruhen waren auch durch imperialistisch gestützte Terrorregime nur noch mühsam zu »befrieden«. Wo auf der Suche nach Extraprofiten eine »erfolgreiche« Verlagerung der Produktion an die Peripherie gelang, führte das Angebot aus den »Billiglohnländern« schon bald, wenn nicht zu vermehrter Importkonkurrenz, so doch zu einer fühlbaren Exportsubstitution und darüber zur Vernichtung von Arbeitsplätzen in den entwickelten Ländern selbst (G. Simonis 1979; G. Junne 1979; F. Fröbel/J. Heinrichs/O. Kreye 1984).

Gleichzeitig waren hier mit dem Streben nach steigenden Ertragszuwächsen Produktionseinheiten in gigantischen Ausmaßen gebildet worden, die auf eine zunehmende metropolitane Anbieterkonkurrenz und tendenziell schrumpfende internationale Märkte stießen. Zusätzlich verminderte ein starkes Anwachsen von »Unteilbarkeiten« die Fähigkeiten der Betriebe, auf heftige und unerwartete Schwankungen von Nachfrage und relativen Preisen zu reagieren. Ein großer Teil der Arbeit war »indirekt« geworden und konnte nicht mit dem Produktionsvolumen variiert werden, so daß die Produktivitätsentwicklung während konjunktureller Abschwünge deutlich unter den technischen Möglichkeiten blieb. Was nationalstaatlich in Ansätzen gelungen war, die Auslastung wachsender Kapazitäten durch eine keynesianisch inspirierte staatliche Stützung der Binnenkonjunktur, konnte auf internationaler Ebene kaum gewährleistet werden. Ernste Versuche einer supranationalen ökonomischen Steuerung hätten auch Überlegungen zur Kontrolle multinationaler Finanz- und Produktionskapitale miteinbeziehen müssen und wären damit als Aufwertung des »politischen Interventionismus« auf den fundamentalen Widerstand privater Wirtschaftsinteressen gestoßen. »Rigiditäten« bei der Anpassung an stagnierende Märkte wurden so zur Achillesferse des Produktionssystems (K.G. Zinn 1987; R. Boyer 1987).

Schon unabhängig von technologischen Neuerungen hatte die Internationalisierung der Produktion eine Fülle von *Rationalisierungs- und »Freisetzungsmöglichkeiten«* mit sich gebracht. Eine verstärkte Produktion für den Weltmarkt setzte häufig größere Einzelkapitale voraus als die Produktion allein für den Inlandsmarkt. Gleichzeitig führte eine weitere Öffnung des Binnenmarktes für ausländische Unternehmen zu einer stärkeren Konkurrenz im Innern, wodurch sich auch die Konzentrationsentwicklung unter Firmen beschleunigte, die nicht selbst für die Auslandsproduktion tätig waren. Im Zuge fortschreitender Konzentrationsprozesse konnten zumeist verschiedene Funktionsbereiche arbeitssparend zusammengelegt sowie Produktpaletten aufeinander abgestimmt und reorganisiert werden. Nicht zuletzt unter weltmarktbedingtem Modernisierungsdruck setzte jedoch mit den 70er Jahren eine Rationalisierungswelle von sehr viel weitreichenderem Ausmaß ein. Innovationen im Produktionsprozeß stiegen zu Lasten der Produktinnovationen und ließen so die mittelfristige Wachstumsrate schneller sinken als die Produktivitätsrate. Dasselbe reale Gewinnvolumen (cash-flow) schuf immer weniger Arbeitsplätze (G. Junne 1979; R. Boyer 1987: 252)[7].

---

7 Robert Boyers empirische Ergebnisse belegen dabei einen »Trendbruch« Mitte der 70er Jahre. Für den Bereich der OECD-Länder zeigt seine Untersuchung, daß vor 1973 in nationalen Unternehmen mit hoher Produktivität mehr Arbeitsplätze geschaffen wurden, während Industriezweige mit niedriger Produktivität eher einen Abbau hinzunehmen hatten. Je schneller die Modernisierung durchgeführt wurde, umso größer waren offenbar die Anteile am Weltmarkt und desto stärker fiel das nationale Wachstum aus. Positive Produktivitätsunterschiede haben dagegen nach 1973 möglicherweise noch die externe Position verbessert, jedoch augenscheinlich auf Kosten des Beschäftigungs-

Auf dem Hintergrund nachlassender Endnachfragedynamik und mehr oder minder dauerhafter Überkapazitäten wurde seither statt um expandierende Märkte zunehmend um Marktanteile konkurriert. Angesichts international an Schranken stoßender Absatzmöglichkeiten und national zurückbleibender Masseneinkommen ist aus dem *Expansionswettbewerb* der Prosperitätsphase vielfach ein *Flexibilisierungs- und Kostensenkungswettbewerb* geworden.

Sozialdemokratisch-keynesianische Vorstellungen von einer natürlichen Identität ökonomisch-technischen und sozialen Fortschritts wurden dabei nachhaltig zerstört. Zum einen ist es auch in reichen Industrieländern zu einer *Abkopplung von wirtschaftlicher Entwicklung und Beschäftigung* gekommen. Das traditionelle Wachstumsmodell kann offenbar selbst hier auf Dauer keine Vollbeschäftigung mehr garantieren. So weisen für die Bundesrepublik erstellte Modellrechnungen trotz anhaltender Konjunktur noch bis ins nächste Jahrtausend Arbeitslosenziffern von um die zwei Millionen aus (mittleres Szenario). Studien die in ihren Prognosen die neuere deutsch-deutsche Entwicklung einbeziehen, korrigieren zwar einzelne Modellannahmen, bestätigen dabei aber für die absehbare Zukunft das deutliche Auseinanderklaffen von Arbeitssuche und Arbeitsplatzangebot[8]. Möglichen positiven Auswirkungen aus der Vereinigung im Westen können dabei leicht krasse Beschäftigungseinbrüche im Osten Deutschlands gegenüberstehen.

---

wachstums. Boyer folgert daraus, daß sich eine stärkere Exportorientierung der nationalen Wirtschaften auch im Gegensatz zu den 60er Jahren für die Beschäftigungslage eher nachteilig auswirken kann, vgl. R. Boyer 1987: 254 ff. Für die bundesrepublikanische Entwicklung vgl. W. Glastetter u.a. 1983: 281 ff.

8 Vgl. die Berechnungen des Instituts für Arbeitsmarkt- und Berufsforschung (IAB) und der Prognos AG, W. Klauder u.a. 1985, sowie das neuere Szenario des IAB auf der Basis von 1989, W. Klauder 1990.
Da die Zahl der zukünftig in der Bundesrepublik arbeitsuchenden Personen mit der neueren Entwicklung in der vormaligen DDR und den osteuropäischen Staaten gänzlich unkalkulierbar geworden ist, werden verläßliche Prognosen in Zukunft nur noch schwerlich möglich sein. Allerdings gehen selbst Projektionen, die eine extrem günstige wirtschaftliche Entwicklung in den 90er Jahren unterstellen, bezogen auf das Jahr 2000 alleine für das frühere Gebiet der Bundesrepublik noch von rd. zwei Millionen Arbeitslosen aus (W. Klauder 1990). Kritische Stimmen von Gewerkschaftsseite schätzen die vorliegenden Szenarien als wesentlich zu optimistisch ein und verweisen auf die Notwendigkeit wirtschaftspolitischer Kurskorrekturen und einer forcierten Arbeitszeitverkürzungspolitik, vgl. C. Schäfer 1986; W. Adamy / G. Bosch 1990; R. Kuda / N. Schmidt 1990.

Abb. 1: Aktualisierte Arbeitsmarktbilanz 1965-2000

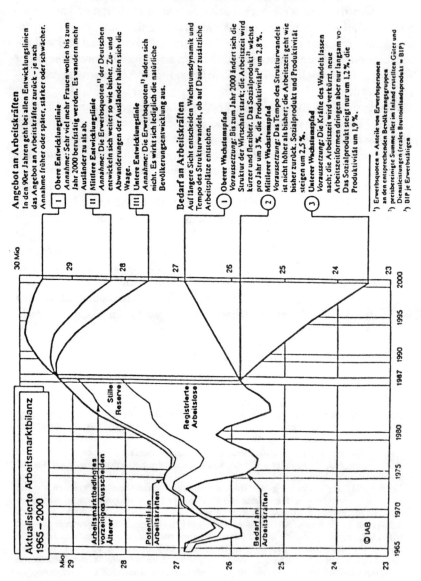

Quelle: J. Kühl 1988

Fraglich geworden ist aber nicht nur der Umfang und die Verteilung der vorhandenen Erwerbsarbeit. Mit den Folgen extensiver Rohstoffausbeutung und dem inzwischen errreichten Ausmaß von *Umwelt- und Naturzerstörung* sind die destruktiven Begleiterscheinungen ungezügelter ökonomischer Expansion offen zutage getreten. Die bewertbaren ökologischen Schäden werden für ein Land wie die Bundesrepublik inzwischen bis auf 100 Mrd. DM pro Jahr geschätzt (rd. 6 % des Bruttosozialprodukts, vgl. L. Wicke 1986). *Technologische Innovationen, wissenschaftliche Forschung* und *staatliche Modernisierungspolitik weisen dabei immer weniger Verbindungen zu lebensweltlichen Verbesserungen auf.* Über die am Arbeitsmarkt auftretenden Allokationsprobleme hinaus ist daher als gegenläufige Tendenz eine umfassende Diskussion um die *ökologischen und sozialen Implikationen des industrialistischen Wachstumsmodells* in Gang gekommen (vgl. bspw. A. Gorz 1980; H. C. Binswanger/H. Frisch/ H.G. Nutzinger u.a. 1983; J. Strasser/K. Traube 1984). Vorschläge zur Beschäftigungsförderung werden seither auf die Felder und Formen hinterfragt, in denen sich eine Ausdehnung von Produktion und Konsumtion noch vollziehen soll. Möglichen quantitativen Effekten werden zu erwartende qualitative Veränderungen in den Arbeits- und Lebensbedingungen gegenübergestellt. Das Verhältnis von Natur- und Technikgestaltung, Vorstellungen darüber, welche gesellschaftlichen Probleme unter kollektiver Anstrengung gelöst werden sollen, *das »Was«, »Wie« und »Wozu« der Produktion* rücken in öffentlichen Debatten stärker in den Vordergrund.

Dabei wirft die anhaltende Beschäftigungskrise für den überwiegenden Teil der betroffenen Lohnabhängigen gleichzeitig immer größere *existentielle soziale Probleme* auf. Abgestufte Sicherungssysteme versagen aufgrund eingebauter Konstruktionsmängel und regelmäßig vorgenommener politischer Manipulationen in Krisenzeiten systematisch und können insbesondere keine auskömmlichen Leistungen für längerfristig Arbeitslose zur Verfügung stellen (W. Adamy/J. Steffen 1983; E.-U. Huster 1985). Die Verweigerung und Entwertung von Berufsqualifikationen, die Kumulation psycho-sozialer Belastungen, soziale Desintegration sowie materielle Depravation bis hin zu neuen Verarmungstendenzen zeigen hier die komplexen Dimensionen des neu angelegten Konfliktstoffs an (A. Wacker 1976, 1978; H. Welzer/A. Wacker/H.Heinelt 1988; T. Klein 1987).

Gleichwohl bleiben die gesellschaftlichen Auswirkungen der Massenarbeitslosigkeit nicht auf die Anhäufung individueller Risiken beschränkt. Die hohe Sockelarbeitslosigkeit und dauerhafte »Freisetzung« von (in der Bundesrepublik) etwa 8 % der Arbeitnehmerschaft beeinflussen ebenso die *Kräfteverhältnisse zwischen den unterschiedlichen Klassen und Gruppierungen* und wirken auf die *Struktur der gesellschaftlichen Beziehungen* zurück. So bringt etwa die Aufspaltung der Arbeitspopulation in Erwerbstätige und vom Arbeitsprozeß Ausgeschlossene neue Differenzierungen mit sich, verstärkt die Unterschiede in den jeweiligen Reproduktionsniveaus und entkoppelt die Erfahrungswelten von arbeitenden und nichtarbeitenden Lohnabhängigen. Dies hat auch Folgen für die Ausgangsposition in Auseinandersetzungen um die Aufteilung des gesellschaftlichen Mehrprodukts, wie sie sich in Konflikten in und um den Staatsapparat oder zwischen den Tarifparteien niederschlagen.

Vor diesem Hintergrund geht es gegenwärtig nicht mehr nur um die Bewältigung von Detailproblemen im Umweltschutz, in der sozialen Sicherung oder am Arbeitsmarkt. Die *Komplexität der aktuellen gesellschaftlichen Restrukturierungskrise* läßt sich nicht auf einzelne, isolierbare Phänomene reduzieren. Vormals weitgehend unumstrittene Methoden der Wachstumsproduktion verfehlen vielmehr zunehmend den gesellschaftlichen Bedarf und sehen sich gleichzeitig mit einer umfassenden *»materialen Politisierung«* (H. Kitschelt 1985) konfrontiert.

Parallel dazu brechen verstärkt *traditionelle Verteilungskonflikte* auf, deren Bedeutung in Zeiten konstant höherer Wachstumsraten vorübergehend zurückgetreten war. *Strukturelle ökonomische Veränderungen* verbinden sich so gegenwärtig mit der *Krise von Industrialismus und sozialstaatlicher Regulierung* zu einer *tiefgreifenden Erosion bis vor kurzem noch konsensstiftender Fortschritts- und Entwicklungsmuster, hinter der sich die gesellschaftliche Produktivkraftentwicklung vom Ziel der Steigerung sozialer Wohlfahrt endgültig abzukoppeln droht.*

2. Vor einem neuen kapitalorientierten Akkumulationsmodell

2.1 Die Konturen

In der Mehrzahl der westlichen Industriestaaten deutet gegenwärtig wenig darauf hin, daß der vorhandene sozial-ökonomische Umbau- und Entwicklungsbedarf zum Ausgangspunkt grundlegender Umsteuerungen wird. Gerade in den ökonomisch führenden Nationen richten sich die dominierenden ökonomischen und politischen Modernisierungsstrategien vielmehr auf das Ziel einer anonymisierten »Weltmarkttüchtigkeit«, die letztlich nur nach den Kriterien einzelwirtschaftlicher Gewinnrechnung bemessen werden kann. War privatwirtschaftliche Expansion im alten Wachstumsmodell noch mit einem Ausbau von Massenkaufkraft und Sozialstaatlichkeit verbunden, so werden hier unter dem Druck internationaler Modernisierungskonkurrenz die Umrisse eines *neuen Akkumulationstyps* sichtbar, der die Produktivitäts- und Wachstumsentwicklung tendenziell von den nationalen Beschäftigungs- und Reproduktionsniveaus unabhängig macht (Arbeitsgruppe Alternative Wirtschaftspolitik 1984: 95 ff., 1987: 89; J. Hirsch/R. Roth 1986: 144).

Die Formen, in denen der technisch-ökonomische Wandel dabei vorangetrieben wird, hat die Krisentendenzen noch verstärkt. Mit der forcierten Durchsetzung und einseitigen Nutzung von neuen Techniken sind eher schärfere Polarisierungen und Aufspaltungen von Qualifikationsprofilen, Konsum- und Lebensmustern zu erwarten. Eine damit absehbare *»soziale Entflechtung der Ökonomie«* wird in der Mehrheit der westlichen Industrieländer von einem *Wechsel staatlicher Regulierungskonzepte* unterstützt (W. Lecher 1987; J. Hirsch/R. Roth 1986: 138). Maßnahmen zur Privatisierung, der Abbau von sozialen Schutz- und Sicherungsleistungen sowie die Deregulierung von Arbeitsverhältnissen markieren eine Abkehr vom Postulat der Verteilungsgerechtigkeit und dem sozialintegrativen Interventionsmodus der zurückliegenden Prosperitätsperiode. Dadurch wird ein *Prozeß umfassender gesellschaftlicher Entsolidarisierung* in Gang gesetzt, der neuen Schichtungen und Hierarchisierungen längerfristige Stabilität verleihen kann. Die potentiellen Träger eines opposionellen Gegenentwurfs drohen dabei selber zwischen Anpassungszwängen und Ausgrenzungsdruck an Bedeutung zu verlieren. Werden privilegierte Kernbelegschaften aber im Rahmen ökonomischer und politischer Restrukturierungen nahtlos adaptiert und wird die qualitative Kritik am vorherrschenden Entwicklungsmodell aussichtslos marginalisiert, so hätten alternative

Konzepte einer ökologisch und sozial orientierten Gebrauchswertproduktion kaum noch eine Realisierungschance.

2.2. Der dominante ökonomisch-technische Entwicklungspfad

Im Unterschied zur traditionellen Wachstumsweise wäre der neue Typ der Kapitalakkumulation wesentlich durch das gleichzeitige Auftreten hoher Arbeitslosigkeit, niedrigerer Wachstumsziffern und einer dessen ungeachtet weiter voranschreitenden technologischen Umwälzung der Güter- und Dienstleistungsproduktion geprägt (E. Altvater/K. Hübner/M. Stanger 1985: 96 ff.; Arbeitsgruppe Alternative Wirtschaftspolitik 1984: 95 ff.; K. Schroeder 1984: 304 f.; R. Hickel 1987a). Maßgebliche Wachstumsbarrieren gehen dabei von einer profitwirtschaftlich dominierten Einkommensverteilung und von veränderten Anlagemustern beim Einsatz akkumulierter Gewinne aus. Die Internationalisierung der Geld- und Kapitalmärkte war (mit wenigen Ausnahmen) in den 70er Jahren institutionell vollendet worden. Staatliche Kontrollen des Kapitalverkehrs wurden abgebaut oder verloren ihre Wirkung auf die international eng verflochtenen Geldinstitute und die nach Investitionsmöglichkeiten suchenden Unternehmen. Als Ende der 70er Jahre, nicht zuletzt aufgrund der US-amerikanischen Hochrüstungspolitik, weltweit ein immenser Anstieg des Zinsniveaus zu verzeichnen war, hatte dies für die westlichen Industrieländer in mehrfacher Hinsicht krisenverschärfende Folgen. Zum einen dämpfte die internationale Verschuldungslawine (allein in Lateinamerika stieg die Summe der öffentlichen Auslandsschulden von 59 Mrd. Dollar 1975 auf 257 Mrd. Dollar 1983, vgl. F. W. Scharpf 1987: 299) zusätzlich die Absatzchancen gerade der exportorientierten Volkswirtschaften. Zum anderen stieg im Sog der Hochzinspolitik der USA (und vorher schon der Bundesrepublik) die Attraktivität weitgehend risikoloser Geldanlagen im Vergleich zur Bildung von Sachkapital. Die Einkommensinteressen der Kapitalbesitzer ließen sich, abgekoppelt von einer unmittelbaren Verknüpfung mit Wachstum und Beschäftigung, auch auf den nationalen und internationalen Geldmärkten befriedigen.

Gerade am Beispiel der Bundesrepublik läßt sich zeigen, daß die Geldvermögensbildung im Unternehmenssektor gegenüber einer sachinvestiven Kapitalverwertung in der zweiten Hälfte der 70er Jahre einen neuen

Stellenwert gewinnt (R. Hickel 1987a: 110 ff.; S. Welzk 1986)[9]. Die zunehmend als »graues Eigenkapital« (in Form von Rückstellungen und Forderungen) »geparkten« Gewinne sowie der gewachsene Umfang insbesondere im Ausland getätigter Finanzlagen verminderten dabei aber die Transformation von Produktionserlösen in effektive Nachfrage und verstärkten die binnenwirtschaftliche Kontraktion[10].

Gleichzeitig wurde mit den verbliebenen Sachinvestitionen, deren Umfang nur noch zu einer verlangsamten Ausweitung des Kapitalstocks führen konnte, eine *effizienzsteigernde Restrukturierung der Produktionsapparate* betrieben. In der tiefgreifenden Rezession Anfang der 80er Jahre wie in dem darauffolgenden abgeflachten konjunkturellen Aufschwung ist eine von der Produktions- und Nachfrageentwicklung relativ »autonome Modernisierungskomponente« zutage getreten, die erfolgreiche einzelwirtschaftliche Gewinnstrategien auch noch bei tendenziell sinkenden Lohn- und Gehaltssummen erlaubt. Die jüngste Etappe der Kapitalakkumulation ist bereits deutlich von der Einführung und Diffusion neuer Produktionstechniken bestimmt, deren volle Entfaltung zukünftig noch eine weitere Öffnung der Schere zwischen Produktivitäts- und Produktionswachstum erwarten läßt (R. Hickel 1987a: 71, 84).

Dabei können im Gegensatz zu früheren Phasen technologischer Entwicklung aufgrund der universellen Verwendbarkeit von Mikroelektronik und Telekommunikation umfassende Rationalisierungspotentiale in allen alten und neuen Wirtschaftssektoren, in Verwaltungen und privaten

---

9   Während der Anteil der Nettosachanlageinvestitionen an der gesamten Vermögensbildung zwischen 1954 und 1964 im Durchschnitt bei fast 75 % lag, ist dieser Anteilswert in der zweiten Hälfte der 70er Jahre auf nahezu 50 % bei den Unternehmen (ohne Wohnungswirtschaft) zurückgegangen, vgl. R. Hickel 1987a: 110. Hickel beziffert den Anteil der Geldvermögensbildung der Unternehmen (ohne Wohnungswirtschaft) auf 23,1 % (1961-1970), 25,6 % (in den 70er Jahren) und 28,3 % (1981-1984), vgl. R. Hickel 1987a: 113. Diese Tendenz wird auch durch eine Berechnung des Rheinisch-Westfälischen-Instituts für Wirtschaftsforschung (RWI) bestätigt, nach der sich das Verhältnis von ausgewiesenem Geld- und Sachvermögen im Unternehmensbereich zwischen 1965 und 1985 von 56 % auf 70 % erhöht hat, vgl. RWI 1983: 144.

10 So erzielte beispielsweise der Siemens-Konzern hier allein im Geschäftsjahr 1983 einen Zinsüberschuß von 1,4 Mrd. DM. Der vom Konzern ausgewiesene Jahresüberschuß betrug demgegenüber nur 1,1 Mrd. DM. Während die »flüssigen Mittel« innerhalb eines Jahres um 2,9 Mrd. DM zunahmen, stiegen die Sachinvestitionen lediglich um 634 Mio DM an, vgl. E. Kutscher 1987: 93. Zur Verdeutlichung der Größenordnung brachliegender Ressourcen weist Kutscher darauf hin, daß schon allein Siemens leicht in der Lage gewesen wäre, mit seinen »flüssigen Mitteln« (1983/84 19,8 Mrd. DM im Vergleich zu 1980/81 noch 8,5 Mrd. DM) zwei Jahresraten des vom Deutschen Gewerkschaftsbund geforderten 50 Mrd. DM-Programms zur Bekämpfung der Massenarbeitslosigkeit zu bezahlen, ebd.

Haushalten gleichzeitig erschlossen werden. Ist im Zuge einer vollen Verbreitung neuer Technologien deshalb bei gesamtwirtschaftlicher Betrachtungsweise von weiteren erheblichen »Freisetzungseffekten« auszugehen, so sind *kompensierende Produktinnovationen* bislang noch nicht abzusehen. Durch die Flexibilisierung von Produktionsaggregaten und den Rückgang an interindustrieller Nachfrage bei neuen Produktionen (Verringerung der volkswirtschaftlichen »Fertigungstiefe«) wird vielmehr gerade für den zentralen Bereich des verarbeitenden Gewerbes auf lange Sicht mit einer weiteren technologiebedingten Abschwächung der Expansionskräfte zu rechnen sein (H. Kubicek/A. Rolf 1986: 241 ff.; R. Hickel 1987: 142 ff., 174 f.).

Daß der arbeits- und vielfach auch kapitalsparende technologische Wandel damit unter der Dominanz gewinnwirtschaftlicher Interessen automatisch zu gesellschaftlichem Fortschritt, zu einer solidarischen Aufteilung von Arbeit und Einkommen und zur zielgerichteten Lösung ökologischer Probleme führt, scheint gegenwärtig mehr als zweifelhaft zu sein. Statt einen »langanhaltenden Aufschwung« einzuleiten, läuft das neue Akkumulationsmodell vielmehr Gefahr, die gesellschaftliche Krisendynamik zu verschärfen. Werden nicht ergiebige langfristige Anlagefelder okkupiert, wie sie etwa erst mit einer noch tieferen »Durchkommerzialisierung« der westlichen Industriegesellschaften oder einer kapitalorientierten Umrüstung der östlichen Volkswirtschaften abzusehen wären, drohte der Westen letztlich gar bei einer weiteren Zuspitzung von Überakkumulationstendenzen in einen »Stagnationszirkel« (R. Hickel 1987a: 172) zu geraten. Eine wenn auch nur vorübergehende Entkopplung von Kapitalakkumulation und Masseneinkommen gepaart mit einer von einzelbetrieblichen Rentabilitätskalkülen gesteuerten Modernisierung hat auf jeden Fall die Wirkung, die vorhandenen Ressourcen und die Erschließung neuer technischer Möglichkeiten für qualitative Entwicklungsziele zu blockieren. Der *technologische Modernisierungsprozeß* könnte damit in der »nachkeynesianischen« Periode, anstelle den steigenden ökologischen und sozialen Handlungsbedarf zu bedienen, sogar zum *Vehikel für einen weiteren neo-konservativen Umbau der Gesellschaft* werden.

2.3. Mikroökonomische Fundierung: Neue Produktionskonzepte und neue innerbetriebliche Hierarchien

Dies zeigt sich umso deutlicher, wenn die *mikroökonomische Ebene* und die sich hier anbahnenden Umwälzungen in Produktionsstrukturen und Arbeitsverhältnissen in die Betrachtung einbezogen werden. Standen traditionelle Formen der Massenfertigung mit steigender Kapitalintensität und kaum flexibilisierbaren Überkapazitäten in der Gefahr, einer gedrosselten und ausdifferenzierten Nachfrage gegenüber unwirtschaftlich zu werden, so liefert insbesondere die Anwendung neuer Informationstechnologien ein flexibles Regelungs- und Steuerungspotential, das weitere Prozeßrationalisierungen bei gleichzeitiger Erhöhung der betrieblichen Elastizitäten möglich macht. Arbeitsintensive Fertigungsbereiche, bislang aufgrund spezialisierter Einzelherstellung, kleiner Losgrößen oder diffiziler Anforderungen handwerklich geprägt, werden auf der Basis der »mikroelektronischen Revolution« automatisierbar[11]. Bei der Fertigung homogenisierter Massengüter sorgt die Durchsetzung neuer Rationalisierungstechniken für eine Schließung noch vorhandener Automatisierungslücken und hilft, technische Inelastizitäten zu überbrücken. Der Auslastungsgrad des Maschinenparks kann erhöht, der Materialeinsatz optimiert und die Umstellungs- und Stillegungszeiten können minimiert werden. *Die automatisierte Herstellung einer diversifizierten und differenzierten Produktpalette in kleinen Serien wird rentabel.* Vorteile der »economies of scope« lassen sich realisieren, ohne daß die der »economies of scale« an Bedeutung verlieren müssen (S. Ryll 1986: 306; B. Coriat/P. Zarifian 1986).

Bei der *Organisation der Arbeitsprozesse* wird die unternehmerische Gestaltungsfreiheit mit der mikroelektronischen Durchrationalisierung bedeutend erhöht. Menschen und Maschinen werden in völlig neuen Dimensionen zeitlich und räumlich entkoppelbar. Der Einsatz von lebendiger Arbeit wird zunehmend weniger von technischen Sachzwängen bestimmt, sondern kann flexibel auf dem Hintergrund betriebswirtschaftlicher und arbeitspolitischer Kalküle erfolgen. Mit dem Übergang von »intra-« zu »intersektoraler« Automatisierung und der »systemischen« informationstechnischen Verknüpfung aller relevanten betrieblichen Abläufe in Fertigung und Verwaltung bieten sich dem Management völlig neue Möglichkeiten der Überwachung und Rationalisierung an. Wo handwerkliche

---

11 Vgl. bspw. zur Bedeutung neuer Technologien im Maschinenbau der Bundesrepublik F. Manske 1987.

Qualifikationsprofile noch einer tayloristischen Zersplitterung widerstanden haben, läßt sich die Kontrolle des Betriebsprozesses durch Technik und Arbeitsorganisation integrieren. Insbesondere in Klein- und Mittelbetrieben mit qualifizierter Facharbeiterschaft eröffnet sich den Unternehmensleitungen (und bei abhängigen Zulieferern und Vertreibern häufig auch den jeweiligen großen Unternehmenspartnern, vgl. G. Junne 1987) die Chance, noch nicht enteignetes Produktionswissen zu reglementieren und berechenbar zu machen.

Wo Formen der tayloristischen Arbeitskontrolle vormals an soziale Grenzen stießen (hohe Fluktuation und Absentismus, offene und versteckte Arbeitsverweigerungen, Störungen durch partielle Streiks etc., R. Boyer 1987: 251), tritt jetzt ein Wechsel im Überwachungsmodus ein. Die Unternehmen können sich mit der Organisation der eigentlichen Arbeitsausführung begnügen, wenn eine zentralistische Prozeßbeherrschung durch den Einsatz neuer Informations- und Kommunikationstechniken weitaus besser durchzuführen ist (R. Bispinck/M. Helfert 1987).

Die der mikroelektronischen Durchdringung des Produktionsprozesses zugesprochenen Potentiale der Dezentralisierung, Kompetenzanreicherung und Wiederherstellung ganzheitlicher Qualifikationsstrukturen (H. Kern/M. Schumann 1984) blieben dagegen bisher auf kleine Gruppen von innerbetrieblichen Technikgewinnern beschränkt. Kreative und angereicherte Arbeitsplätze entstehen häufig an jenen Schnittstellen des betrieblichen und zwischenbetrieblichen Produktionszusammenhangs, wo gravierende Probleme zeitökonomischer Rationalisierung auftreten, deren Lösung durch den Einsatz neuer Techniken besonders hohe Rationalisierungspotentiale verspricht. Hier kommt es noch am ehesten zu einer (möglicherweise nur vorübergehenden) Neustrukturierung von Arbeitsabläufen und »emanzipativen« Formen des Arbeitskräfteeinsatzes. Allerdings handelt es sich dabei kaum um Inseln »befreiter, selbstregulierter Arbeit« (K. Dohse/U. Jürgens/T. Malsch 1984: 49 ff., 76). Der insulare Charakter dieser neuen Produktionskonzepte ergibt sich vielmehr aus der Logik privatwirtschaftlicher Rationalisierung, die Produktivitätsfortschritte durch die Neukombination von Arbeit und Technik zu gewinnen vermag, ohne dabei jedoch die Möglichkeit betrieblicher Kontrolle über Produktionsprozesse und Arbeitskräfteeinsatz zu vermindern (E. Brumlop 1987: 245 f.).

Eine auf die Gesamtheit der innerbetrieblichen Fertigungsbereiche (und Arbeitsplätze bei den Zulieferfirmen) bezogene Sichtweise zeigt stattdessen, daß mit der Einführung neuer Techniken und Organisationskonzepte neben »Freisetzungen« menschlicher Arbeitskraft auch neue Hierarchiebildungen unter den Lohnabhängigen in bisher unbekanntem

Umfang möglich werden. Wo die Modernisierungstechniken noch strukturelle Offenheiten bieten, gelangen aufgrund unternehmerischer Disposi-
tionsmacht in der betrieblichen Praxis Rationalisierungsmuster zur
Durchsetzung, die zu einer *weiteren Polarisierung von Tätigkeits- und Qualifikationsprofilen* führen. Auf der einen Seite entstehen wenige aufgewer-
tete Arbeitsplätze mit erweiterten Handlungsspielräumen und integrierten
ganzheitlichen Anforderungen, auf der anderen Seite einfache und ein-
fachste Beschäftigungen unter restriktiven Arbeitsbedingungen. Weitere
Ausdifferenzierungen von Einkommen, sozialer Sicherung, Aufstiegs- und
Qualifikationschancen gehören damit zu den absehbaren Folgen (R.
Bispinck/M. Helfert 1987; S. Ryll 1986; E. Brumlop 1987).

Anstelle einer breiten Requalifikation durch neue Produktionskonzepte
scheint der Einzug neuer Technologien in Werkstätten und Büros so eher
die *arbeitsorganisatorischen Voraussetzungen für neue gesellschaftliche
Spaltungen* zu schaffen. Mit ihrer Einführung entlang der Vorgaben der
innerbetrieblichen Machtstruktur könnte in einem »Taylorismus auf höherer Stufe« neben erheblich reduzierten Kernbelegschaften ein »neuer Typ
des Massenarbeiters« entstehen, der gerade nicht räumlich konzentriert
und vereinheitlicht unter homogenen Arbeitsbedingungen beschäftigt ist.
Gerade unter dem Druck eines dauerhaften Überangebots billiger Arbeitskräfte würde sich beim Übergang zu kontinuierlichen und marktan-
gepaßten Formen informatisierter Produktion die Akzeptanz für peri-
phere, unsichere und flexibilisierte Arbeitsplätze erheblich steigern lassen.
Neue Varianten computerisierter Heimarbeit, eine unternehmensgerechte
Flexibilisierung der Arbeitszeiten sowie eine radikale Individualisierung
von Arbeitsplatzgestaltung, Löhnen und arbeitsvertraglichen Bedingungen
wären geeignet, die Widerstandsmöglichkeiten zu unterlaufen, die die tayloristische Arbeitsorganisation noch bot. Die Gewerkschaften würden
letztlich vom Verlust ihrer betrieblichen Basis bedroht (J. Hirsch 1985).
Eine *Neuzusammensetzung im Arbeitskräftekörper* verspricht mit einer
automatisierten Reorganisation des Produktionsablaufs und einem betriebswirtschaftlich optimalen Faktoreinsatz Einsparungen nicht zuletzt im
Lohnkostenbereich. Die forcierte Einführung neuer Technologien könnte
einzelwirtschaftlich erhebliche Produktivitätssprünge und Wettbewerbs-
vorteile auf nationalen und internationalen Märkten nach sich ziehen. Mit
dem Konkurrenzvorsprung der flexiblen Spezialisierung und Automatisierung zuvor rigide standardisierter oder noch handwerklich geprägter Fertigung sind Avantgarde-Firmen in der Lage, als »prosperierende Unternehmen in einer stagnierenden Welt« zu bestehen (A. Lipietz 1985: 133).

Damit können sich insbesondere in exportorientierten Volkswirtschaften privatwirtschaftliche Unternehmensstrategien und nationalstaatliche Konzepte zur Förderung der einzelwirtschaftlichen Gewinnposition von den gesamtgesellschaftlichen Reproduktionsbedingungen der zurückliegenden sozial-ökonomischen Formation entfernen. Eine gleichzeitige Entfaltung der Massenproduktion *und* des Massenkonsums ist (jedenfalls vorübergehend) auf nationaler Basis nicht erforderlich. Das durch die informatisierte Produktion in Gang gekommene Entwicklungsmodell benötigt zunächst keinen Anstieg der Kaufkraft der Arbeitnehmer und führt, anders als die zurückliegende Prosperitätsphase, auch nicht zu einer tendenziellen Vereinheitlichung und Stärkung ihrer Organisationsformen. Die Struktur des »nachtayloristischen Massenarbeiters« erleichtert es vielmehr, die Produktivitätsfortschritte von den Reallöhnen und dem Reproduktionsniveau der Lohnabhängigen auf nationaler Ebene abzukoppeln (J. Hirsch/R. Roth 1986: 144).

2.4. Staatspolitische Regulation und die Veränderung des Kräftegleichgewichts

2.4.1. Die Durchsetzung kapitalorientierter Modernisierungsstrategien

Neben dem privatwirtschaftlichen Sektor sind die westlichen Nationalstaaten dabei selbst zum Promotor des internationalen Wettbewerbs geworden. Aus der Konkurrenz der Unternehmen um das Automatisierungstempo hat sich zunehmend eine Rivalität der Industrieländer um die Geschwindigkeit der weltmarktorientierten Durchmodernisierung ihrer jeweiligen Gesellschaften entwickelt (G. Junne 1985). Zu Veränderungen kommt es dabei nicht nur durch den technischen Strukturwandel, sondern ebenso durch einen Wechsel staatlicher Eingriffsmuster und Verschiebungen im Kräfteverhältnis sozialer Klassen und Gruppierungen. In den meisten westlichen Industrieländern wird die Durchsetzung des neuen Akkumulationstyps von einer *Mischung aus Modernisierungs- und Austeritätspolitik* befördert, die vornehmlich von konservativen und wirtschaftsliberalen Parteien entworfen und verwirklicht wird.

Ökonomisch stellt sich hier eine unspezifische keynesianische Wachstumspolitik allein nicht länger als gangbarer Weg aus der Krise dar, sondern erscheint in ihren sozialpolitischen Implikationen zunehmend als hinderlich. Anders als in der vorausgegangenen Prosperitätsperiode wird die Verantwortung für die Verteilungsergebnisse des Produktionsprozesses jetzt staatlicherseits dementiert, und altindustrialisierte Sektoren (wie Stahl, Kohle, Schiffbau) bleiben im wesentlichen den branchenbestimmenden Schrumpfungs- und Kontraktionstendenzen überlassen. Um in der »dritten Phase der industriellen Revolution« den internationalen Modernisierungswettlauf zu gewinnen, wird stattdessen vorrangig die *Expansion und Diffusion des Kapitals in neue Sphären* (z.b. Mikroelektronik, Informations- und Kommunikationstechniken, Biotechnologie) unterstützt.

Auch konservative Regierungen greifen dabei ersichtlich nicht mehr auf die neoliberale Vorstellung einer nahezu »staatsfreien« ökonomischen Entwicklung zurück. Dem privatwirtschaftlichen Sektor gegenüber sehen sie sich vielmehr gleich in mehrfacher Hinsicht mit Bedarf nach aktiver Unterstützung konfrontiert. Angesichts nachfragelabiler westeuropäischer Binnenmärkte geht es zum einen darum, nationalen Unternehmen durch die Beschleunigung der Diffusionsgeschwindigkeit neuer Techniken komparative Vorteile insbesondere auf internationaler Ebene zu verschaffen. Außer einer Verbesserung der Rahmenbedingungen unternehmerischen Handelns zur »Revitalisierung der Marktkräfte« wurde deshalb meistens eine gesonderte *»innovationsorientierte« Forschungs- und Technologiepolitik* entwickelt, die auf breiterer Basis als in der zurückliegenden Prosperitätsphase projekt- und unternehmensspezifische Förderungen anbietet (von der Forschungssubventionierung über die Bereitstellung von Risikokapital bis zum direkten Wissens- und Technologietransfer) und dabei vornehmlich auf rationalisierungsrelevante Hochtechnologie-Verfahren und Produkte zielt (Informationstechnik, Mikroelektronik, Fertigungstechnik, Materialforschung etc., vgl. für die Bundesrepublik W. Väth 1984; J. Esser/J. Hirsch 1984).

Doch ist das Problem auch auf internationaler Ebene begrenzter bzw. stagnierender Absatzmärkte damit noch keinesfalls gelöst. Da effizienzsteigernden Prozeßrationalisierungen und aufkumulierten Konzerngewinnen in der ökonomischen Wirklichkeit nicht in gleichem Maße expandierende Felder der Endnachfrageinnovation gegenüberstehen, stellt sich zudem die Aufgabe, *durch staatliche Interventionen lukrative Anlagefelder für das Inlands- wie das Auslandsgeschäft zu erschließen.* Soll die »mikroelektronische Revolution« und die von ihr bewirkte Entfaltung neuer Produktionstechniken doch noch zu einem »langwelligen« Aufwärtstrend der Kapitalakkumulation führen, so müßte dieser auf quantitativ ergiebige und qualitativ neue Dimensionen der warenförmigen Durchdringung des Reproduktionsbereichs gegründet sein. *»Erfolgreiche« staatliche Modernisierungsstrategien müssen daher zum einen den Ausbau* *einer unternehmensbezogenen Förderinfrastruktur betreiben, zum anderen aber die Voraussetzung für eine Durchkapitalisierung neuer Lebensbereiche schaffen und für den kapitalrationalen Umbau oder die Privatisierung traditionell öffentlicher Infrastruktursektoren sorgen.* Beide Formen staatlicher Intervention gewinnen (etwa gegenüber »sozialkonsumtiven« Aufgabensteigerungen) in neokonservativen Modernisierungskonzepten an Gewicht.

Dies zeigt sich deutlich etwa am Beispiel der *Erweiterung der nachrichten- und fernmeldetechnischen Infrastruktur,* die gegenwärtig national wie international auf die Belange von privaten Investoren und Kapitalanlegern zugeschnitten wird. Die Wachstumshoffnungen der Hersteller und Anwenderfirmen neuer Techniken richten sich hier nicht nur auf die Automatisierung der Warenproduktion und die Rationalisierung von Verwaltungstätigkeit, sondern gerade auch auf die Eroberung des riesigen Marktes der privaten Haushalte. Wurde die Expansionskraft der zurückliegenden Prosperitätsphase durch die Verbreitung homogenisierter Massengüter wie Kühlschränke, Waschmaschinen, Fernseher und Automobile erreicht und droht aufgrund spezifischer Sättigungstendenzen und polarisierter Einkommen ohnehin eine Erosion dieser Massenabsatzmärkte, so könnte aufgrund der technischen Konvergenz von Rationalisierungs- und Unterhaltungselektronik ein neuer Schub der Dienstleistungs-Industrialisierung eingeleitet werden, der beim Endverbraucher neue (sozial differenzierbare) Konsummuster verspricht. Im Zeichen der »Informationsgesellschaft« wird daher in allen westlichen Industrieländern unter massivem öffentlichem Aufwand ein Ausbau der Fernmeldenetze betrieben.

Doch erst eine perfekte Verknüpfung aller technischen Informations- und Kommunikationskanäle in einem *universalen dienstintegrierten Netz* (wie in der Bundesrepublik geplant) wäre dabei in der Lage, den beteiligten Unternehmensinteressen durch eine Verbindung betrieblicher und privater Systeme optimal gerecht zu werden. Während die fernmeldetechnische Industrie nach der absehbaren Vollversorgung mit Fernsprechanschlüssen neue Absatzmärkte sucht, hoffen die Gerätehersteller auf einen rapiden Anstieg der privaten und betrieblichen Nachfrage nach Endgeräten. Medienkonzerne planen neue elektronische Informations- und Kommunikationsdienste, und Banken wie Versicherungen setzen auf weitere Rationalisierung im kundennahen Bereich. Durch elektronische Fernarbeit auf der Basis von Zeit- oder Werkverträgen ließen sich die von allen Arbeitgebern als zu hoch kritisierten Personalnebenkosten senken, und die betriebliche und gewerkschaftliche Interessenvertretung der Arbeitnehmer würde geschwächt. Eine völlig neue warenförmige »Kommodifizierung« der Lebensverhältnisse wäre damit möglich geworden: »Video statt Massentourismus, Pay-TV statt Kino und Theater, 'Teleshopping' statt Einkaufsbummel« würden aber die neuen Individualisierungs- und Hierarchisierungstendenzen der Arbeitswelt durch veränderte Konsummuster in den Freizeit- und Privatbereich verlängern und so die »Entgesellschaftung der Gesellschaft« weiter vorantreiben (H. Kubicek/A. Rolf 1986: 32; J. Hirsch/R. Roth 1986: 119).

32

Intensivierte Methoden der Arbeitskraft- und Naturausnutzung würden so im Rahmen eines kapitalorientierten Durchstaatlichungsprogramms noch durch neuartige Formen der Ausbeutung der sozialen Welt ergänzt. Während die Ausweitung der Rationalisierungsinfrastruktur die Arbeitslosigkeit verbreitert und die Ängste der Beschäftigten verstärkt, könnten mehr Fernsehprogramme mit mehr Unterhaltung die entsprechende Betäubung liefern und die kritische Funktion der Massenmedien noch weiter zurückdrängen. Die Einrichtung universaler dienstintegrierter Vermittlungsnetze würde schließlich gleichzeitig die Möglichkeit einer totalen elektronischen Kommunikationsüberwachung und nahezu absoluten Kontrolle oppositioneller oder normabweichender Gruppen und Individuen bieten (R. Saage 1985, 1986; H. Kubicek/A. Rolf 1986).

Mit diesem Szenario wird offensichtlich, daß es bei der Entscheidung über technologisch-ökonomische Modernisierungslinien um mehr als um die Entwicklung betriebswirtschaftlich effizienter Herstellungsmethoden geht. *Privatwirtschaftlich wie staatlich vorangetriebene Modernisierungsprozesse prägen vielmehr bereits jetzt die Konturen der zukünftigen Gesellschaftsformation. Hier deuten viele Veränderungstendenzen auf einen qualitativen Umbau der »keynesianischen« Gesellschaft hin, bei dem sich mögliche neue Hierarchisierungen im Betrieb in den außerbetrieblichen Sphären der Konsumtion und des Alltagslebens als neue soziale Differenzierungen und Entdemokratisierungen fortzusetzen drohen.*

2.4.2. Die Abwendung vom keynesianischen Klassenkompromiß

Neue Akkumulationsmodelle realisieren sich allerdings nicht mit historischer Zwangsläufigkeit aus sich selbst heraus. Vielmehr wächst staatlicher Politik in der Übergangsphase nach der langanhaltenden Prosperitätsperiode eine Schlüsselrolle bei der Bestimmung des weiteren Verlaufs gesellschaftlicher Entwicklung zu. Dies gilt nicht nur für das privatwirtschaftliche Interesse am Aufbau einer unternehmensbezogenen Förderstruktur und der Öffnung neuer Anlagefelder, sondern auch für die *Anpassung gesellschaftlicher Beziehungen und rechtlich fixierter sozialer Übereinkünfte* an die veränderten Formen und Bedingungen der Kapitalakkumulation.

So ist gerade der korporative, auf keynesianische Klassenkompromisse angelegte Sozialstaat seit Mitte der 70er Jahre in allen westlichen Industrieländern unter erheblichen Veränderungsdruck geraten. Die eingetretene ökonomische Stagnation hatte die Widersprüche zwischen den Anforderungen einer weltmarktorientierten »Wachstumspolitik« und einem auf breite materielle Konzessionen und Kompensationen angelegten Integrationsmodus verschärft. Das Netz sozialstaatlicher Regelungen und Apparaturen der vorausgegangenen Jahre war häufig mit Formen der Institutionalisierung und Verrechtlichung sozialer Ansprüche und Leistungen verbunden, die einer geschmeidigen Reduktion des materiellen Reproduktionsniveaus im Wege standen. Angesichts schrumpfender Wachstumsraten und steigender Arbeitslosenziffern mußte das soziale Sicherungssystem gleichzeitig größere Finanzmassen absorbieren.

Zentralisierte und mit vereinheitlichenden Tarifverträgen operierende Gewerkschaften machten darüber hinaus auf der Arbeitnehmerseite Defensivpositionen möglich, die die Flexibilisierung des Arbeitskräfteeinsatzes und eine abrupte Senkung des Lohnniveaus behinderten. Zudem war der betriebsübergreifend verflochtene Produktionsapparat durch organisierte Streiks auch kleinerer Belegschaften verwundbarer geworden (»neue Beweglichkeit«). Weder eine Festschreibung des Lohn- und Reproduktionsniveaus der Arbeitnehmer noch die Einschränkung staatlichen oder unternehmerischen Modernisierungsspielraums sind jedoch in der gegenwärtigen Umbruchphase aus der Sicht einzelwirtschaftlicher Gewinnkalküle zu tolerieren. *Mit der Dauer der Beschäftigungskrise wurde der soziale Wohlfahrtsstaat und das Feld der unter gewerkschaftlichem Einfluß entwickelten Arbeitsbeziehungen so zum Hauptaustragungsort von Auseinandersetzungen um die »innerstaatliche Hegemonie«* (B. Jessop 1986: 8; J. Hirsch 1985: 170 f.).

Spätestens seit Anfang der 80er Jahre ist dabei in der Mehrzahl der westlichen Industrieländer eine *nachhaltige Veränderung des Kräftegleichgewichts zwischen Staat, Gewerkschaften und Unternehmern* auszumachen. Während die Gewerkschaften durch Arbeitslosigkeit und teils sinkende Organisationsquoten in ihrer Verhandlungsstärke zunehmend geschwächt werden, haben sich nationalstaatliche Regulierungskonzepte von sozialdemokratisch-keynesianischen Ausgleichsansprüchen weitgehend entfernt. Privatwirtschaftliche Interessen können mit anhaltender Dauer der Massenarbeitslosigkeit Positionsgewinne verbuchen und üben bei der Formulierung der entscheidenden wirtschafts- und sozialpolitischen Strategien wieder alleine strukturell bestimmenden Einfluß aus.

Wo, wie in den meisten westlichen Industrienationen, eine neokonservative Austeritäts- und Modernisierungspolitik zur Durchsetzung kommt, wird allerdings nicht nur einfach die Kürzung sozialstaatlichen Leistungsniveaus verfolgt. Es geht vielmehr um die Verwirklichung *umfassender Maßnahmen der Deregulierung,* die je nach nationaler Besonderheit mehr auf den Abbau sozialer Schutzrechte, die Schwächung kollektiver Interessenvertretungen oder die Privatisierung öffentlicher Einrichtungen gerichtet sind (W. Lecher 1987). Das in der zurückliegenden Prosperitätsphase erweiterte System wohlfahrtsstaatlicher Regulierung wird damit keineswegs vollends *abgeschafft*, sondern entlang der Handlungsimperative veränderter Verwertungsbedingungen *reorganisiert*. Bei häufig geringeren materiellen Leistungen wird die Tendenz zur Spaltung und Segmentierung der Gesellschaft durch schärfer auseinanderklaffende Privilegierungen und Benachteiligungen verstärkt.

So geht etwa der Rückzug des Staates von den Aufgaben der sozialen Sicherung mit einer massiven einkommenspolitischen Bevorteilung bessergestellter Gruppen einher, die auch Teile der Arbeitnehmerschaft in die Lage versetzt, Lebensplanung und Vorsorge auf privater Basis zu betreiben. Untere Einkommensgruppen werden dagegen in ihren Lebenschancen von zentralstaatlichen Leistungseinschränkungen sehr viel härter berührt. Nachdem der materielle Konsens und die Gleichheitsversprechungen des alten Entwicklungsmodells brüchig geworden sind, sehen sie sich in zahlreichen Bereichen nur noch durch bestenfalls dürftig ausgestattete und mit kontrollierenden Auflagen belegte »Hilfen zur Selbsthilfe« unterstützt.

Eine zentrale Funktion kommt im Zuge dieser nachkeynesianischen Umschichtung der Gesellschaft der *Deregulierung des Arbeitsmarktes* zu. Im Schatten der computergestützten Rationalisierung der Industrieproduktion, der Staats- und Unternehmensverwaltungen und der damit verbundenen Industrialisierung persönlicher Dienste entsteht ein peripherer Produktions- und Dienstleistungssektor, der durch in der Regel unsichere und schlecht bezahlte, meist weniger qualifizierte Jobs mit minimaler oder oft ganz fehlender sozialer Absicherung gekennzeichnet ist. *Diese Dualisierung in einen weltmarktorientierten hyperindustrialisierten Kern und einen Bereich abhängiger Nischenproduktion erscheint im Rahmen des neuen Akkumulationsmodells als »naturwüchsig«, wird jedoch in der gegenwärtigen Umbruchphase von zentralstaatlicher Seite aus massiv protegiert.* Erst die Aushöhlung des unter Vollbeschäftigungsbedingungen verallgemeinerten, sozial- und arbeitsrechtlich geschützten »Normalarbeitsverhältnisses« und die Durchsetzung flexibler Verfügbarkeiten, ausdifferenzierter Arbeits- und Entlohnungsbedingungen sowie die (legalisierte) Ausdehnung der »Grauzonenbeschäftigung« ermöglichen eine reibungslose Anpassung und Aufspaltung der Arbeitnehmerschaft. Selbst neue Formen eigenwilliger Subsistenzarbeit (»neue Selbständigkeit«, überausgebeutete Arbeit im »informellen Sektor«, häusliche »Eigenarbeit«) können so wider Willen zum Element systemspezifischer Handlungslogik werden und als Beitrag

»von unten« einer Dualisierung »von oben« durchaus dienlich sein (J. Hirsch 1985; B. Jessop 1986; R. Wahsner 1986).

2.5. Das sozialreformerische Spektrum vor der Diffusion?

In der Übergangsphase nach der langanhaltenden Prosperitätsperiode nehmen die nationalstaatlichen Bewältigungsstrategien damit mehrheitlich Bezug auf die gesellschaftlichen Spaltungslinien, die mit den veränderten technischen und ökonomischen Bedingungen der Kapitalverwertung angelegt sind. Eine weithin dominierende neokonservative Modernisierungs- und Austeritätspolitik trägt wesentlich zur Auflösung keynesianisch begründeter Kompromiß- und Verteilungsstrukturen bei und wird - jenseits aller nationalen Spezifika - zu einem entscheidenden Faktor des kapitalrationalen Umbaus einer vormals eher sozialintegrativen Gesellschaftsformation.

Doch muß auch der Neustrukturierung des Kapitalismus *die Neukomposition und dauerhafte Stabilisierung gesellschaftlicher Machtverhältnisse* jeweils noch gelingen. Ebensowenig wie sich eine unzweideutige und unvermeidliche Logik des Kapitals in irgendeiner Weise ungehindert durchsetzen muß, sind politische Reaktionen auf veränderte privatwirtschaftliche Akkumulationsstrategien nur auf ein und dieselbe Form der Bewältigung verwiesen. Wie die Interpretation des Krisenzusammenhangs ist die Reorganisation der Akkumulationsstruktur selbst vielmehr *Gegenstand gesellschaftlicher Auseinandersetzungen* und wird auch *im konkreten historischen Prozeß* erst entschieden.

Auch auf dem Hintergrund der gegenwärtig (zu Recht) stärker vermerkten außenwirtschaftlichen Verflechtung der nationalen Ökonomien stellt sich die in den westlichen Industriestaaten mehrheitlich praktizierte Politik dabei keineswegs als alternativloses, quasi unter neuen Weltmarktbedingungen erzwungenes Regulierungsmuster dar[12]. Das Beispiel einzelner Länder wie etwa Österreich oder Schweden belegt, daß abweichende Strategien auch in der Krise durchaus praktizierbar sind (M.G. Schmidt

---

12   Für die jüngere Krisenentwicklung seit Anfang der 80er Jahre wird eine solche Position beispielsweise von Scharpf vertreten, vgl. F.W. Scharpf 1987. Seine Analyse setzt allerdings die gegebene Industriestruktur und Teile des staatlichen bzw. parastaatlichen Regulierungsapparats (wie etwa die hohe Autonomie der Bundesbank) weitgehend voraus und kommt daher zu der Schlußfolgerung, daß eine erfolgreiche oppositionelle Strategie nur im Rahmen der Umverteilung zwischen den Lohnabhängigen als *»Sozialismus in einer Klasse«* möglich sei, vgl. F.W. Scharpf 1987: 329 ff.

1983; G. Therborn 1985, 1987). Zudem eröffnet sich gerade für die westeuropäischen Staaten mit ihrer wachsenden ökonomischen Interdependenz die Möglichkeit, *keynesianische Ansätze auf der Basis des europäischen Binnenmarktes neu zu konzipieren.* Die Handlungsspielräume für eine ökologisch und sozial orientierte Beschäftigungsförderung sind offenbar weniger *ökonomisch-technisch* als *politisch* limitiert.

Unter den national vorherrschenden Bedingungen drohen die potentiellen Träger eines oppositionellen Gegenentwurfs jedoch schon vor »Wiedererringung der Machtbalance« (K.G. Zinn 1987b) *entscheidend an Einfluß zu verlieren.* Sozialdemokratische Parteien schwanken häufig zwischen der hilfslosen Verteidigung des gesellschaftlichen Status quo der Prosperitätsperiode und einer konzeptionslosen Anpassung an neokonservative Modernisierungsstrategien. Während die Spaltung der Arbeitnehmerschaft die sozialdemokratische Wählerbasis vielfach zu reduzieren droht, laufen die Gewerkschaften Gefahr, endgültig zu berufsständischen Interessenwaltern noch relativ privilegierter »Kernbeschäftigter« zu werden. Eine Ausbreitung grün-alternativer Selbsthilfe- und Sparsamkeitskultur könnte daneben im Rahmen der konservativen Umgestaltung von Sozialstaat und Arbeitsbeziehungen noch die Rolle eines unfreiwilligen Erfüllungsgehilfen der »von oben« verordneten Segmentierung übernehmen.

Auf der anderen Seite sind »keynesianische« Wertvorstellungen und Regulierungsformen im Vergleich etwa mit den USA in den westeuropäischen Ländern noch eher resistent. Politisch-kulturelle Besonderheiten sowie ein »noch nicht vollends gerissenes Band« zwischen alten und neuen Bewegungen haben hier bislang verhindert, daß sozialstaatliche Grundwerte ebenso leicht wie dort kapitalrationalen Modernisierungs- und Deregulierungsphantasien geopfert werden (J. Hirsch 1985). Hierin liegt auch immer noch die Chance zur Durchsetzung eines *alternativen Entwicklungstyps,* der angesichts der bereits eingeleiteten Aufspaltungen und Fragmentierungen allerdings kaum noch auf die Herausbildung eines *homogenen »progressiven Lagers«* rechnen kann. *Politische Alternativen sind inzwischen vielmehr auf langwierige Lern- und Auseinandersetzungsprozesse angewiesen, in denen die exemplarische Verwirklichung einer anderen Entwicklungslogik für die Ausbildung von Konsensfähigkeit und gemeinsamer Identität zunehmend an Bedeutung gewinnen wird.*

3. Der Wandel zentralstaatlicher Regulierungsstrategien in der Bundesrepublik

3.1. Das Ende sozial-liberaler Reformpolitik in der Phase der Stagnation

Die staatlichen Reaktionen auf die eingetretene Phase krisenhafter Stagnation werden zwischen veränderten Akkumulationsbedingungen und Kapitalstrategien einerseits und den jeweiligen sozio-politischen und institutionellen Kräfteverhältnissen andererseits definiert. Die Unterschiedlichkeit der in den westlichen Industrieländern entwickelten Eingriffsmuster läßt sich dabei nur mit einem breiten Bündel politischer Faktoren erklären. Entscheidend für die Reichweite und Qualität der politischen Intervention ist nicht nur das eingesetzte Arsenal materieller Politik (etwa der Finanz-, Geld- oder Lohnpolitik), wichtig sind ebenso der Verlauf weiterer Konflikt- und Konsensprozesse zwischen den gesellschaftlichen Gruppen und Institutionen sowie die Ausrichtung ideologischer Diskurse mit einstellungsprägender Kraft (M.G. Schmidt 1987).

Danach scheint sich innerhalb der westlichen Industriestaaten zunehmend eine Zweiteilung zu etablieren. Die Länder, in denen die Sicherung von Vollbeschäftigung und Sozialstaatlichkeit keynesianischen Zuschnitts weiterhin Priorität behält, sind gegenüber denjenigen in die Minderheit geraten, in denen ein neokonservativer Umbau zügig vollzogen wird (G. Therborn 1987). Empirische Untersuchungen deuten darauf hin, daß politische Systeme mit langjähriger sozialdemokratischer Regierungsbeteiligung und starkem Gewerkschaftseinfluß (»solidarisch-korporatistischer Typ«, R. Czada 1987) etwa in der zentralen Frage der Bekämpfung der Arbeitslosigkeit immer noch weitaus mehr Erfolg erzielen konnten, als unter anderen politischen Konstellationen möglich war (R. Czada 1987; K.W. Rothschild 1986)[13].

Dagegen schied die *Bundesrepublik* trotz maßgeblicher sozialdemokratischer Regierungsbeteiligung frühzeitig aus dem Kreis der Staaten mit keynesianisch-interventionistischer Handlungsphilosophie und stabiler Be-

---

13 Rothschild resümiert seine vergleichende Studie westeuropäischer Länder folgendermaßen: »The data suggest that while differences between Left and Right with regard to growth, unemployment and inflation were slight and irregular during the booming sixties, they became quite distinct with the turn in economic conditions and policies after 1970/1973. This is particularly true for unemployment where the change in policy emphasis between Left and Right has been greatest. Partly as a consequence of this and partly directly, a similar, though less pronounced division can be seen in the development of growth rates.« Vgl. K.W.Rothschild 1986: 372.

schäftigungslage aus. Hier blieb die Phase der sozialstaatlich ambitionierten Regierungspolitik im wesentlichen auf die erste Hälfte der 70er Jahre beschränkt. In den Vollbeschäftigungsjahren von 1969-1974 führte der durch die SPD/FDP-Koalition bewirkte *Innovationsschub »innerer Reformen«* noch zu einer erheblichen Ausweitung der sozialen Konsumtion, wobei den Gewerkschaften eine breite korporatistische Aufwertung ihrer Verhandlungsmacht gelang[14]. Aber schon mit der *Krise 1974/75* traten signifikante Veränderungen in den staatlichen Regulierungsformen ein. Seit der ersten Kanzlerschaft Helmut Schmidts (1974) erklärten alle folgenden Bundesregierungen die »Konsolidierung der Staatsfinanzen« zum vorrangigen politischen Entwicklungsziel.

In der Folge davon wurde für eine Vielzahl sozialreformerischer Initiativen die Mitte der 70er Jahre zum Wendepunkt. Im Gegensatz zur Vorperiode gingen beispielsweise im Bereich der *Sozialpolitik* mit der Mehrheit der nach 1975 erlassenen Gesetze *Leistungseinschränkungen* einher (J. Alber 1986)[15]. Zur Überwindung der Stagnation setzte die sozialdemo-

---

14 Während der erste Rang in den Ausgaben des Bundes vor 1970 noch von den Verteidigungsausgaben beansprucht wurde, avancierten die Sozialleistungen in der Phase von 1970-75 zur größten Etatposition. Das Sozialbudget stieg (in v.H. des Sozialprodukts) von 24,6 % (1965) auf 29,1 % (1974) und 31,7 % (1976). Gleichzeitig wurden im Bereich der sozialen Sicherung wesentliche Reformmaßnahmen in Gang gesetzt (Rentenreform, flexible Altersgrenze, Kriegsopferversorgung, Kindergeld, Vermögensbildung usw.). Quantiative Umverteilungsmaßnahmen wurden durch den Ausbau von Schutz- und Partizipationsrechten der sozial Unterprivilegierten und Lohnabhängigen ergänzt (Mitbestimmungsgesetze, Jugendarbeitsschutzgesetz, Mieterschutzgesetz etc.), vgl. M.G. Schmidt 1978. Gerade die »modernen« Kapitale der Wachstumsindustrien waren hier aufgrund ihrer Produktivitätsgewinne durchaus in der Lage, eine Erhöhung der Sozialkosten zu akzeptieren. Schließlich waren ihre Träger durch die hohen in Technologieinvestitionen und technischen Anlagen fixierten Kapitalmassen an kontinuierliche Produktion (hohe Auslastungsgrade) angewiesen und daher zugleich am »sozialen Konsens« und auch an absatzsichernden Formen der wirtschaftlichen Regulierung interessiert, vgl. J. Hoffmann 1987: 348.

15 Alber verfolgt die wichtigsten Gesetzgebungswerke auf dem Gebiet der Einkommenssicherung, der Gesundheitspolitik sowie des Wohnungs- und Bildungswesens in der Bundesrepublik und registriert im Zeitraum von 1950-1983 130 wohlfahrtsstaatliche Schlüsselgesetze. Bis 1974 wurden 60 % dieser Schlüsselgesetze verabschiedet, 40 % danach. Von den 78 Gesetzen der früheren Periode brachten nur 6 (8 %) Leistungseinschränkungen mit sich, 63 (81 %) führten zu erweiterten Leistungen, 9 (11 %) hatten organisatorische oder sonstige Umstellungen zum Gegenstand, die nicht eindeutig zuzuordnen sind. Die Mehrheit der seit 1975 erlassenen Gesetze bestand dagegen aus Leistungsbeschränkungen (29), 9 Gesetze beinhalteten unklassifizierbare Veränderungen und lediglich 14 (27 %) führten zu Leistungserweiterungen. Eingeleitet mit dem Haushaltsstrukturgesetz vom Dezember 1975 (Reduktion der Ansprüche auf Leistungen nach dem AFG, Umstellungen bei der Ausbildungsfinanzierung etc.) entfielen somit 4/5 aller wichtigen Beschrän-

kratische Variante der *Modernisierung der Volkswirtschaft* (V. Hauff/
F.W. Scharpf 1975) gleichzeitig auf eine *exportorientierte Branchen- und
Technologiepolitik,* in der nur noch eine selektiv-korporative Einbeziehung
der Gewerkschaften (auf Branchen- und Betriebsebene) in den gesamtgesellschaftlichen Umstrukturierungsprozeß vorgesehen war (J. Hoffmann
1987). Die später konsequent durchgesetzte Trennung staatlicher Krisenbearbeitung in (kapitalfördernde) Modernisierungsmaßnahmen einerseits
und eine Politik der Begrenzung »sozialstaatlichen Anspruchsdenkens«
auf der anderen Seite war hier im nachreformerischen »Modell Deutschland« der zweiten Hälfte der 70er Jahre bereits angelegt (J. Esser/W.
Fach/G. Simonis 1980). Bei vergleichsweise günstigen ökonomischen
Rahmenbedingungen wurden die vorhandenen Handlungsspielräume
nicht annähernd für eine Weiterentwicklung keynesianischer Instrumentarien zu zielgerichteten Problemlösungsstrategien genutzt.

Die politischen Steuerungsinstanzen trugen vielmehr entscheidend dazu
bei, daß die stagnierende ökonomische Entwicklung zur größten und dau-
erhaftesten Beschäftigungskrise der Bundesrepublik eskalierte. 1973/74
wie 1980/81 hatte die *Bundesbank* in Ausnutzung ihres hohen Freiheits-
grades eine ausschließlich auf die Inflationsbekämpfung zielende Politik
hoher Zinsen und knappen Geldes verfolgt und damit die Arbeitslosenziffern in dem jeweils nachfolgenden Wirtschaftseinbruch über die 1-Mil-
lionen bzw. 2-Millionen-Grenze schießen lassen. Expansive fiskalpolitische
Impulse wurden dadurch weitgehend konterkariert. Daneben fiel auch die
staatliche Haushaltspolitik seit dem Kriseneintritt Mitte der 70er Jahre
keineswegs durchgängig nachfragestabilisierend aus. Schon für die sozial-
liberale Regierungszeit war vielmehr kennzeichnend, daß es eine einheitli-
che, die gesamtwirtschaftliche Entwicklung verstetigende und arbeitsplatz-
sichernde Ausrichtung öffentlicher Budgets nicht gab. Die Gestaltung der
Bundeshaushalte war von einer kurzlebigen Stop-and-Go-Politik bestimmt, die von den unteren Gebietskörperschaften im besten Fall noch
zeitverzögert nachvollzogen werden konnte. Eher expansive Phasen der
Finanzpolitik (1974/1975; 1978-1980/1981) wurden zwischenzeitlich rapide abgebremst (1976/1977; 1981/1982), so daß auf diesem Weg weder
die Überwindung struktureller Nachfragelücken noch die Erschließung
qualitativ neuer Bedarfsfelder möglich war. Zudem sollte bei expansivem
Kurs ein Großteil der Nachfragestimulierung aus dem Einsatz indirekter
Instrumente resultieren (allgemeine, meist noch progressiv angelegte

---

kungen des Wohlfahrtsstaates in der Nachkriegszeit auf die jüngere Phase mit niedrigeren Wachstumsraten und hoher Massenarbeitslosigkeit, vgl. J. Alber 1986: 31.

Steuererleichterungen, Unternehmenssubventionen), über die sich weder Beschäftigungs- noch Produktionsstrukturen gezielt verändern ließen (F.W. Scharpf 1987; R. Hickel/J. Priewe 1985, 1986)[16].

Die sozial-liberale Koalition hatte so bereits nach dem Kriseneintritt 1974/75 einen Kurswechsel vollzogen, wie er schon Jahre zuvor im Zuge der Renaissance neokonservativer Theoreme von der offiziellen Politikberatung gefordert worden war (vgl. Sachverständigenrat 1972/73). Die einzige Ausnahme eines qualitativen, investitionssteuernden und beschäftigungsfördernden Politikansatzes blieb das Zukunftsinvestitionsprogramm (ZIP 1978-1981), dessen positiver Arbeitsmarkteffekt jedoch gleichzeitig noch die Folgen vorausgegangener Haushaltskürzungen kompensieren mußte[17].

Auch die *vollständige Abkehr vom keynesianisch-sozialstaatlichen Interventionsmodus* Anfang der 80er Jahre begann noch während der sozial-liberalen Regierungszeit. Waren Kapital- und Arbeitnehmerinteressen während der Phase beständiger Wachstumsraten trotz allgegenwärtiger Verteilungsauseinandersetzungen noch gemeinsam zu verfolgen, so wurden Ziele der Wachstumspolitik bei anhaltender Stagnation für die Klientel der FDP weniger wichtig als eine Umorientierung in der Steuer- und Verteilungspolitik. Weil hier schließlich darüber befunden wurde, wieviel vom nicht mehr beliebig vermehrbaren Kapitaleinkommen abzugeben war, geriet die sozial-liberale Zusammenarbeit zunehmend zum »Nullsummenkonflikt«.

So kam es denn, daß bei der Reaktion der Bundesrepublik auf die anfangs der 80er Jahre verschlechterte ökonomische Situation sozialdemokratische Handlungsmuster der Krisenbewältigung kaum noch zu erken-

---

16   Hickel und Priewe beziffern das Gesamtvolumen von direkten finanzpolitischen Impulsen im Zeitraum von 1974-1981 auf rund 73 Mrd. DM. Davon flossen nach ihren Angaben nur ca. 42 % (31 Mrd. DM) in direkte Ausgabenprogramme (direkte investitive und konsumtive Mehrausgaben der Gebietskörperschaften). Die Zulagen und Zuschüsse an Unternehmen machten mit rd. 22,5 Mrd. DM etwa 30 % des gesamten Finanzvolumens aus. Mit weiteren rd. 20 Mrd. DM wurden private Haushalte und Unternehmen steuerlich entlastet oder über Transferzahlungen begünstigt, R. Hickel/J. Priewe 1986: 6.

17   Das Zukunftsinvestitionsprogramm (ZIP) wurde mit 16 Mrd. DM ausgestattet und floß vornehmlich in die Investitionsbereiche »Verbesserung des Verkehrssystems«, »rationelle und umweltfreundliche Energieversorgung«, »wasserwirtschaftliche Zukunftsvorsorge«, »Wohnumfeldverbesserung« und »Berufsbildung«. Der »Umweltanteil« dieses qualitativen Wachstumsprogramms wird im nachhinein auf 62 % geschätzt. Das Bundesfinanzministerium bezifferte die Beschäftigungseffekte schon nach einem Jahr auf 70.000 - 80.000, das Deutsche Institut für Wirtschaftsforschung rechnete 1978 mit einer Beschäftigungswirkung von 150.000 - 180.000 Personen, R. Hickel/J. Priewe 1986: 8.

nen waren. Während die Bemühungen zur Haushaltskonsolidierung fast ausschließlich auf eine Senkung des sozialen Konsums gerichtet waren (»Operation '82«), wurde die Ankurbelung der Konjunktur über das Instrument zeitlich befristeter Investitionszulagen und den Abbau mietrechtlicher Schutzbestimmungen versucht. Anders als etwa die schwedischen Sozialdemokraten 1976 konnte die SPD so bei ihrem Abtritt aus der Regierungsverantwortung nicht darauf verweisen, dem Anstieg der Massenarbeitslosigkeit bis zur 2-Millionen-Grenze mit einer »Vollbeschäftigungspolitik um jeden Preis« entgegengetreten zu sein. Vielmehr hatte sie einschneidenden Kürzungen sozialer Transferleistungen und dem ersten Maßnahmenbündel zur Deregulation sozialstaatlicher Schutzrechte bereits zugestimmt (F.W. Scharpf 1987).

3.2. Die Neuausrichtung staatlicher Krisenpolitik durch die konservativ-liberale Koalition

3.2.1. Modernisierung im konservativ-technokratischen Staat

Die danach installierte konservativ-liberale Bundesregierung konnte die Politik einer kapitalfreundlichen Restrukturierung damit weiter vorantreiben, ohne entscheidende Legitimationsprobleme fürchten zu müssen. Was die Rolle des Staates im Prozeß der ökonomischen Modernisierung anbelangt, so schien sie bei oberflächlicher Betrachtung zunächst ohnehin in der Kontinuität der alten Regierungspolitik zu stehen. Nicht nur konservativ »modernistische« Kräfte (um das Bundesministerium für Forschung und Technologie), sondern ebenso Stimmen aus dem wirtschaftsliberalen Lager (des Außen- und Wirtschaftsministeriums) konstatierten angesichts weltweit veränderter Bedingungen einen wachsenden staatlichen Handlungsbedarf (H.-D. Genscher 1984, 1985). Die sozial-liberalen Technologieprojekte wurden forciert fortgeführt, die indirekten Leistungen für innovationswillige Unternehmen weiter ausgebaut, direkte Transfers aber, entgegen der verlautbarten Programmatik, keinesfalls nennenswert reduziert (vgl. Bundesbericht Forschung 1984, Faktenbericht 1986). Allerdings zeigen sich inzwischen hinter einer Reihe von forschungs-, technologie- und industriepolitischen Übereinstimmungen mit der vormaligen Regierungslinie immer deutlicher *die Konturen eines eigenständigen konservativ-liberalen Modernisierungstyps,* der qualitative, gesellschaftsstrukturelle Veränderungen mit sich bringt (W. Väth 1984).

So werden bei der Festlegung der Schwerpunkte öffentlicher Forschungs- und Technikförderung zum einen zunehmend mehr Mittel in weltmarktorientierte High-Technology-Sektoren gelenkt[18]. Staatlich vermittelte Angebote für eine demokratisch-konsensuale Abstimmung über die verschiedenen Technologiepfade existieren dafür kaum. Die gesellschaftlichen Implikationen des technischen Wandels werden stattdessen entthematisiert und potentiell oppositionelle Gruppen wie die Gewerkschaften bei der Konzeption staatlicher Programme ausgeschlossen[19]. Über Planung, Entwicklung und Durchsetzung neuer Techniken wird vielmehr in einem Dreieck zwischen Unternehmen, staatlichen Instanzen und »kooperativen Teilen« der Wissenschaft entschieden.

Die zentralen Unterschiede zur Vorperiode liegen dabei nicht im Ausmaß staatlichen Engagements, sondern bei der Frage, ob und in welcher Weise mit dem Einsatz öffentlicher Mittel eine sachlich-selektive Beeinflussung der Entwicklungsrichtung von Forschung und Technik auch nur ansatzweise vorgenommen werden soll. Mit dem Übergang zur konservativ-liberalen Regierungsära haben sich marktradikale und staatsbezogene Verwertungsinteressen in Gestalt eines *neuen »technokratischen Konservatismus«* formiert, der technologische Neuerungen als autonome, nicht zu politisierende Fortschrittsprozesse definiert und die Handlungsmöglichkeiten aller staatlichen Ebenen zu deren Durchsetzung bündeln will (R. Saage 1985, 1986). Wurde sozialdemokratisch inspirierte Modernisierungspolitik noch in struktur- und verteilungspolitischer Absicht formuliert, so steht jetzt umgekehrt die Anpassung gesellschaftlicher und institutioneller Strukturen an die Eigendynamik ökonomisch-technischer Entwicklungen auf dem Programm.

Ohne sich in einer vordergründigen Kontroverse zwischen Staats- oder Marktfunktionen zu verlieren, prägt eine an Bedeutung gewinnende neokonservative Forschungs- und Technologiepolitik dabei *»subsidiär-subven-*

---

18 So lagen 1987 die Fördermittel für Materialforschung um rund 38 % über denen des Jahres 1982. Auf dem Gebiet der Biotechnologie betrug die Steigerung im gleichen Zeitraum 256 %, bei der Informationstechnik 69 % und auf dem Gebiet der Weltraumforschung nahezu 60 %, vgl. R. Schneider 1987: 209. Rückläufig war die Förderung seit dem Regierungsantritt der konservativ-liberalen Regierungskoalition dagegen in den Bereichen Energieforschung, bodengebundener Transport und Verkehr, Raumordnungs-, Bau- und Wohnungswesen, Bildungs- und Berufsbildungsforschung, vgl. R. Schneider 1985: 233; Faktenbericht 1986.

19 So beklagte etwa der DGB bei dem mit rd. 3 Mrd. DM ausgestatteten und auf 5 Jahre angelegten Programm »Zur Förderung der Entwicklung der Mikroelektronik, der Informations- und Kommunikationstechniken« (1984) nicht nur dessen Ausrichtung, sondern auch die fehlende Beteiligung der Gewerkschaften in der Konzeptphase, vgl. W. Väth 1984: 94.

tionistische« Handlungsmuster aus, mit denen politische Gestaltungsansprüche von vornherein der Förderung gewinnwirtschaftlicher Interessen unterworfen sind (V. Ronge 1986). Als prototypisches (dezentrales) Beispiel für dieses Interventionsprofil kann die Innovationsförderungspolitik des Bundeslandes Baden-Württemberg gelten, wo Ministerpräsident Lothar Späth eine technologieorientierte Infrastrukturpolitik »an den Nahtstellen von Wirtschaft, Wissenschaft und Gesellschaft« propagiert (L. Späth 1985: 104). Hier reichen die Akvititäten vom Aufbau unzähliger Beratungs- und Transferangebote für kleinere und mittlere Unternehmen über die Gründung von Technologieparks im Umkreis von Universitäten und Forschungseinrichtungen bis hin zu Fusionshilfen für Großkonzerne wie Daimler und Dornier.

Die Grenzen des kapitalfreundlichen Staatsinterventionismus sind allerdings eindeutig gezogen. Als Voraussetzung der ungehinderten Modernisierung des Produktionsapparates und der Diffusion des Kapitals in neue Anlagefelder stellt der Aufbau einer (stofflich wie informationell) optimalen Infrastruktur eine *politisch zu lösende Aufgabe* dar. Die Festlegung der Produktionspalette, die inhaltliche Bestimmung der Technikentwicklung, jedwede Entscheidung über deren gesellschaftliche Nützlichkeit bleibt dagegen *dem Marktmechanismus überantwortet.* Wo sozialdemokratisch geprägte Innovationsförderung gelegentlich noch die Defizite marktwirtschaftlicher Steuerung hervorhob und, wenigstens dem Vorsatz nach, eine »Lücke« für die Lenkungsaufgaben staatlicher Forschungs- und Technologiepolitik folgerte (V. Ronge 1986: 326; H. Matthöfer 1978: 23, 60), wird im neokonservativen Modernisierungskonzept die Rolle des unternehmerischen Innovators idealisiert. Der »Pionierwettbewerber«, ein neu verklärter Unternehmertyp, avanciert in der auf High-Tech-Förderung und Exportoffensiven gestützten Wirtschaftsphilosophie zum eigentlichen Träger gesellschaftlicher Entwicklungsdynamik (Sachverständigenrat 1984/85; kritisch D. Eißel 1986b). »Denn welche Produkte zu produzieren, welche neuen Produktionsverfahren einzuführen sind, das können nur der Erfindergeist der Forscher und der Innovationswille der Unternehmer herausfinden, das kann nur der Markt entscheiden« (H.-D. Genscher 1984: 8).

Die technologische Durchmodernisierung der Gesellschaft ist für ihre Protagonisten dabei mehr als nur ein arbeits- oder produktionspolitisches Konzept. Die umfassende Weiterentwicklung und der allseitige Einsatz neuer Techniken gelten inzwischen als quasi automatischer Problemlöser, werden zu Vehikeln sowohl für Umweltsanierung wie für Arbeitsplatzsicherung gemacht (H.-D. Genscher 1984; kritisch R. Hickel 1987b; W. Rü-

gemer 1985 und P. Schille 1985). Durch neokonservative Modernisierungsstrategien soll gar die Schwelle zu einer neuen Zeit überschritten
werden, mit der die »sozialdemokratische Epoche der Massen« zu Ende
geht (H.-D. Genscher 1985). War die zurückliegende Phase mit
»standardisierter Massenproduktion«, »Massenmedien, die zur gleichen
Stunde die gleichen Programme an Millionen von Fernsehzuschauer sen-
den« und einer vereinheitlichten Lebensweise »außengeleiteter Menschen« verbunden, so soll die gegenwärtig einsetzende »Ent-Massung«
eine »individualisierte Produktion« ermöglichen, für den Aufbau einer
»freien Kommunikationsgesellschaft« sorgen und mit einer »Bildungspolitik Schluß machen, die die Begabungsunterschiede unter den Menschen
nicht wahrhaben« will (ebd.). Gegenüber früheren »keynesianischen«
Werten der Gleichheit, Solidarität, kollektiven Wohlfahrt und materiellen
Sicherheit gewinnt ein *individualisiertes Erfolgs- und Leistungsethos* an
Gewicht (J. Hirsch 1985; U. Beck 1986).

3.2.2. Sozial- und arbeitsmarktpolitische Deregulation

Dies verweist auf den Kern der politischen »Wende« in der Bundesrepublik, die im wesentlichen *eine kapitalfreundliche Restrukturierung der Arbeits-
und Sozialordnung* zu leisten hat. Nahmen Sozialdemokraten aus vermeintlichen ökonomischen Zwängen heraus Sparmaßnahmen vor, um die
soziale Substanz der keynesianischen Klassenkompromisse durch die
Krise zu retten, so sieht konservative und wirtschaftsliberale Programmatik einen nachhaltigen Umbau gesellschaftlicher Macht- und Verteilungsverhältnisse vor (O. Lambsdorff 1985 (1982); H. George 1985 (1983); E.
Albrecht 1985 (1983).
  Ressourcensteuernde qualitative Beschäftigungsstrategien werden von
seiten der CDU/CSU wie von der FDP ausdrücklich abgelehnt. In Übereinstimmung mit der Standardökonomie und den etablierten Organen der
Politikberatung ist die wirtschaftliche Dynamik nach Ansicht der Regie-
rungsparteien durch zu umfangreiche »konsumtive« Sozialleistungen, nach
wie vor zu hohe Lohnniveaus und unzeitgemäße staatliche wie kollektiv-
vertragliche Regulierungen blockiert (J. Göbel 1986; für viele bspw. Sachverständigenrat 1985/86: 115 ff., 1986/87: 115 ff.)[20]. Konservative und li-

---

20 Der Sachverständigenrat betont aus seiner Sicht schon in der zweiten Hälfte der 70er
   Jahre den »letzten Grund« aller ökonomischen Probleme: »Was das Investitionskalkül
   auch immer belasten mag, es gibt jeweils ein Lohnniveau, bei dem keine Ange-
   botsprobleme, die aus anderen Gründen bestehen mögen, so stark zu Buche schla-

berale Politikprogramme sollen dagegen die Gesetzmäßigkeiten der Marktwirtschaft auch politisch durchsetzen und Verhältnisse schaffen, in denen sich jeder gegen »bürokratische« (staatliche) Bevormundung und den vereinheitlichenden Zwang »anonymer Großorganisationen« (Gewerkschaften) frei entfalten kann. Es gelingt ihnen damit, nahtlos an ökonomisch-technische Veränderungen anzuknüpfen, zu deren Versprechungen gerade ein Mehr an »Flexibilität« und »Individualität« gehört.

Folgerichtig geht mit dem neokonservativen Sozialstaatsumbau eine *Individualisierung sozialer Risiken* einher. So wurden insbesondere in der ersten Hälfte der 80er Jahre weitreichende Kürzungen im sozialen Sicherungssystem vorgenommen und bereits hier gesellschaftliche Umverteilungseffekte zu Lasten mittlerer und niedriger Einkommensgruppen produziert. Während die Neuorientierung staatlicher Haushaltspolitik in den Jahren 1982-1985 insgesamt steuerliche Entlastungen in Höhe von rd. 5,2 Mrd. DM für Unternehmen (3 Mrd. DM) sowie für Selbständige und Wohnungseigentümer (2,2 Mrd. DM) mit sich brachte, wurden die Masseneinkommen der abhängig Beschäftigten (65 Mrd. DM), Sozialeinkommensbezieher (75 Mrd. DM), Konsumenten und Mieter (42 Mrd. DM) im gleichen Zeitraum mit ca. 182 Mrd. DM zusätzlich belastet (Arbeitsgruppe Alternative Wirtschaftspolitik 1984: 18 f., 60 ff.).

Einsparungsmaßnahmen im Bereich der *Lohnersatzleistungen* (Arbeitslosengeld, Arbeitslosenhilfe) sind dabei von besonderer strategischer Relevanz. Durch die »Haushaltsoperationen« 1982-1984 wurde der Kreis der Bezugsberechtigten eingeschränkt und das Leistungsniveau (bei Anspruchsberechtigten ohne Kinder) absolut gesenkt. Ein Großteil des »Konsolidierungsvolumens« wurde dadurch allein in der Arbeitslosenversicherung mobilisiert. 1985, angesichts einer offiziell registrierten Arbeitslosenzahl von über 2,3 Millionen, stieg der bei der Bundesanstalt für Arbeit aufgelaufene Beitragsüberschuß auf knapp 6 Mrd. DM an. Während die Bundeskasse auf diese Weise direkte und indirekte Entlastungen erfuhr (Eindämmung der vom Bund zu finanzierenden Arbeitslosenhilfe, Nichtinanspruchnahme der bundesstaatlichen Deckungspflicht bei eigenen Haushaltsüberschüssen der Bundesanstalt) wurde ein immer größerer Kreis von Erwerbslosen aus dem Leistungsbereich der Arbeitslosenunterstützung ausgegrenzt.

Bei Kriseneintritt 1975 bezogen noch zwei Drittel aller Arbeitslosen Arbeitslosengeld. Weitere 10 % erhielten Arbeitslosenhilfe, so daß insge-

---

gen, daß Vollbeschäftigung unmöglich würde«, vgl. Sachverständigenrat 1977/78: Ziff. 288.

samt noch gut drei Viertel der Erwerbslosen Empfänger von Arbeitslosenunterstützung waren. Gut zehn Jahre später, 1986, bezogen nur noch knapp 36 % der Arbeitslosen Arbeitslosengeld und 27 % waren auf Arbeitslosenhilfe angewiesen. Mehr als ein Drittel der Betroffenen (inklusive der noch nicht entschiedenen Anträge ca. 37 %) blieb von zentralen Unterstützungsleistungen ausgesperrt. 1987 beschloß die Bundesregierung die Höchstbezugsdauer beim Arbeitslosengeld für ältere Arbeitslose (über 42 Jahre) gestaffelt nach Alter und Beitragsdauer zu verlängern, so daß ein über 54 Jahre alter Arbeitsloser inzwischen max. 32 Monate Arbeitslosengeld erhalten kann. Auf diese Änderung ist es zurückzuführen, daß der Kreis der Arbeitslosengeldbezieher seitdem wieder leicht angestiegen ist. Doch zeigt die nachfolgende Statistik, daß der *strukturelle Ausgrenzungsmechanismus* dadurch nicht aufgehoben worden ist. Noch immer verhindern überlange Anwartschaftszeiten, zu kurze Leistungszeiten (insbesondere bei jüngeren Arbeitslosen) und restriktive Bedürftigkeitsprüfungen bei der Arbeitslosenhilfe, daß mehr als 66 % der registrierten Arbeitslosen Leistungsempfänger werden. Über ein Drittel der Betroffenen bleibt weiter außen vor (J. Alber 1986; MittAB 2/87; Arbeitsgruppe Alternative Wirtschaftspolitik 1989).

Tab. 1: Arbeitslose nach Art des Leistungsbezugs
(Leistungsgefälle im Jahresdurchschnitt)

Jahr	registrierte Arbeitslose in 1 000		Leistungsfälle in 1 000				Leistungsfälle in %				Keine Leistungen oder Antrag noch nicht entschieden in %	
			Alg[1]		Alhi[2]		Alg[1]		Alhi[2]			
	insges.	davon Frauen	insges.	davon Frauen	insges.	davon Frauen	insges.	davon Frauen	insges.	davon Frauen	insges	davon Frauen
1980	889	462	454	246	122	38	51,1	53,2	13,7	8,2	35,2	38,5
1981	1 272	619	698	344	170	51	54,9	55,6	13,3	8,2	31,8	36,2
1982	1 833	812	926	402	291	79	50,5	49,5	15,9	9,7	33,6	40,8
1983	2 258	985	1 014	441	485	127	44,9	44,8	21,5	12,9	33,6	42,3
1984	2 266	989	859	376	598	157	37,9	38,0	26,4	15,9	35,7	46,1
1985	2 304	1 015	836	366	617	162	36,3	36,1	26,8	16,0	36,9	48,0
1986	2 228	1 028	800	371	601	164	35,9	36,1	27,0	16,0	37,1	48,0
1987	2 229	1 021	834	378	579	162	37,4	37,0	26,0	15,9	36,7	47,1
1988	2 242	1 043	947	443	528	152	42,2	42,5	23,6	14,6	34,2	42,9

1 Arbeitslosengeld
2 Arbeitslosenhilfe

Quelle: Arbeitsgruppe Alternative Wirtschaftspolitik 1989

Stattdessen gerät die *kommunal finanzierte Sozialhilfe*, als unterstes soziales Sicherungssystem selbst durch eine Politik der Unteranpassung und

»Deckelung« zusammengekürzt[21], zunehmend zum Auffangbecken für die sozialen Folgen der Massenarbeitslosigkeit. Sowohl der hohe Anteil völlig ausgegrenzter Arbeitsloser wie das unzulängliche Niveau von Arbeitslosengeld und -hilfe (1988 durchschnittlich 1.055 DM bzw. 842 DM, Arbeitsgruppe Alternative Wirtschaftspolitik 1989) lassen hier die Zahlen der Leistungsbezieher steigen. Im Vergleich zu 1982 gab es 1987 weit mehr als zweieinhalbmal so viele Sozialhilfeempfänger infolge von Arbeitsplatzverlust, bezogen auf 1980 hatte sich deren Anzahl bereits mehr als verfünffacht (Statistisches Jahrbuch; G. Bäcker 1987; Arbeitsgruppe Alternative Wirtschaftspolitik 1988; vgl. Tab. 2)[22].

Die Einsparung »sozial-konsumtiver« Ausgaben hat dabei auf dem Hintergrund der verfestigten Arbeitslosigkeit der 80er Jahre einen doppelten Effekt. Das »Durchrutschen« und »Ausfiltern« des Erwerbslosenpotentials in der Hierarchie des gestutzten sozialen Sicherungssystems spaltet die Arbeitslosen noch mehrfach untereinander und führt zu einer weiteren Ausdifferenzierung der unterschiedlichen Reproduktionsniveaus (S. Leibfried/F. Tennstedt 1985). Gleichzeitig wird mit dem Abbau sozialstaatlicher Leistungen der lohndrückende »Reservearmee-Mechanismus« der Massenarbeitslosigkeit verstärkt. Erst die vorauseilende und parallel weiterbetriebene Absenkung der (»arbeitslosen«) Sozialeinkommen hat die nachhaltige Verschlechterung der *Verteilungsposition der abhängig Beschäftigten* während der 80er Jahre problemlos durchsetzbar gemacht.

So sank die *Lohnquote* als Index für den auf die Lohn- und Gehaltseinkommen entfallenden Teil des Volkseinkommens seit 1981 (74,4%) permanent bis am vorläufigen Tiefpunkt 1989 mit 67,4% das Niveau des Jahres 1970 unterschritten war. Bereinigt mit der Beschäftigtenstruktur von 1970 fällt der Anteil aus unselbständiger Arbeit inzwischen gar hinter den Wert der frühen 60er Jahre zurück (Arbeitsgruppe Alternative Wirtschaftspolitik 1989; vgl. Tab. 3).

---

21 Vgl. zu der Abkoppelung der Sozialhilfe vom Bedarfsprinzip J. Alber 1986. Erst mit ihrer Erhöhung 1985 und 1986 wurden die Realwerte der Regelsätze wieder auf das Kaufkraftniveau von 1977 (!) gehoben, vgl. G. Bäcker 1987: 185.

22 Die meisten Berechnungen der Anzahl von arbeitslosen Sozialhilfeempfängern orientierten sich an der Sozialhilfestatistik und der Nennung »Verlust des Arbeitsplatzes« als Hauptursache der Hilfegewährung. Dabei wird jedoch die wirkliche Zahl der Arbeitslosenhaushalte, die von den Sozialämtern unterstützt werden müssen, weil sie keine oder keine ausreichenden Arbeitslosengeld- bzw. -hilfezahlungen erhalten, nur unzureichend erfaßt. Wer nach der Ausbildung oder einer unterbrochenen Berufstätigkeit gar keinen Arbeitsplatz gefunden hat, konnte auch keinen verlieren, und wird so in der Sammelrubrik »sonstige Ursachen« geführt, vgl. G. Bäcker 1987: 182.

Tab. 2: Haushalte, die laufende Hilfen zum Lebensunterhalt empfangen, nach Hauptursache der Hilfegewährung

Jahr	Haushalte insgesamt	Unzureichende Versicherungs- oder Versorgungsansprüche	Verlust des Arbeitsplatzes/Arbeitslosigkeit	Unzureichendes Erwerbseinkommen	Ausfall des Ernährers
1978	530 829	137 175	76 580	34 040	57 970
1980	823 951	212 470	80 893	55 659	108 377
1982	969 195	234 516	158 731	56 714	121 869
1983	1 055 239	236 807	203 616	64 081	135 300
1984	1 105 994	220 823	249 729	73 723	135 677
1985	1 237 458	221 240	308 790	86 668	153 838
1986	1 336 714	209 635	417 103	88 965	160 269
1987*	1 392 000	207 000	438 000	90 000	168 000
Veränderungen bis 1987					
1978 = 100	262	151	571	264	290
1982 = 100	144	88	275	159	138

* vorl. Zahlen n. Statistisches Jahrbuch.

Quelle: Statistisches Jahrbuch, Arbeitsgruppe Alternative Wirtschaftspolitik, eigene Berechnungen

Tab. 3:   Entwickung der Lohnquote

| | Bruttolohnquote | | |
	Tatsächlich	Strukturbereinigt[2]	Arbeitnehmerquote[3]
1960	60,1	65,0	77,2
1970	68,0	68,0	83,4
1975	73,1	71,5	85,3
1979	71,5	68,5	87,0
1980	73,5	70,0	87,4
1985	69,8	66,8	87,2
1986	69,1	65,9	87,4
1987	69,0	65,7	87,5
1988	67,7	64,5	87,6
1989	67,4	64,1	87,7

1 Anteil der Bruttoeinkommen aus unselbständiger Arbeit am Volkseinkommen in Prozent
2 Bereinigt auf der Basis des Anteils der Zahl der abhängig Beschäftigten an der Zahl der Erwerbstätigen im Jahre 1970
3 Zahl der abhängig Beschäftigten in Prozent der Zahl der Erwerbstätigen

Quelle: Arbeitsgruppe Alternative Wirtschaftspolitik 1990

Haben sich die *privaten Gewinne* von 1980-1988 mit einem Zuwachs von fast 250 Mrd. DM verdoppelt, so konnten die *Nettoarbeitseinkommen* im gleichen Zeitraum lediglich um knapp 25 % (gut 100 Mrd. DM) zulegen. Die Transfereinkommen der privaten Haushalte ließen sich um ein Drittel (rd. 70 Mrd. DM) vermehren. Damit stieg die Gewinnsumme beständig in Relation zur Nettolohnentwicklung an. Machten die Gewinne 1975 noch 49 % und 1980 52 % der Nettolöhne aus, so erreichte dieses Verhältnis 1988 bereits 83 % (Arbeitsgruppe Alternative Wirtschaftspolitik 1989).

Gerade bei den Einschnitten im Bereich der Lohnersatzleistungen handelt es sich deshalb keinesfalls nur um einzelne Sparmaßnahmen zum Zwecke der Konsolidierung öffentlicher Budgets. Sie bilden vielmehr in der ersten Hälfte der 80er Jahre den Einstieg in eine umfangreichere gesellschaftliche Umverteilungsoperation zu Lasten der Empfänger von niedrigen und mittleren Einkommen aus Löhnen, Gehältern und Sozial-transfers, die nicht zuletzt mit der dreistufigen Steuerreform und zusätz-lich geplanten Entlastungen der Gewinneinkommen weiter vorangetrieben wird.

Ungeachtet der regierungsamtlich verkündeten Politik haben sich neo-konservative Zukunftsentwürfe dabei längst auf die Dauerhaftigkeit der Krisensituation eingestellt und messen angebotsseitigen Maßnahmen kaum noch per se beschäftigungsfördernde Wirkungen bei. Perspektivisch diskutierende Unionspolitiker wie der ehemalige Vorsitzende der nord-rhein-westfälischen CDU Kurt Biedenkopf oder der Ministerpräsident von Baden-Württemberg Lothar Späth halten einen ernsthaften Abbau der Arbeitslosigkeit angesichts der fortschreitenden Einführung und Dif-fusion arbeitssparender neuer Techniken auf mittlere Sicht für nicht reali-stisch (K.H. Biedenkopf 1985: 281; L. Späth 1985: 220). Der Bedarf an ei-ner *zweiten Phase neokonservativer Umbaupolitik* wird daher zunehmend unter Verweis auf ordnungspolitische Erfordernisse bzw. angebliche volkswirtschaftliche Modernisierungsrückstände geltend gemacht. Nennenswerte Beschäftigungserfolge lassen sich nach dieser Sichtweise nur erzielen, wenn es zu einer umfassenden *Entregulierung und Flexibilisie-rung von Arbeitsverhältnissen* kommt (vgl. bspw. H. George 1985 (1983); H.-D. Genscher 1985; K.H. Biedenkopf 1985).

Da dies aber auch schon alleine durch die Anforderungen der (hier als sachgesetzlich und alternativlos angesehenen) technologischen Entwick-lung geboten scheint, steht die entscheidende »Wende« eigentlich immer noch bevor. Auf dem Hintergrund veränderter Verteilungsverhältnisse wird für die nächste Etappe eine neoliberal inspirierte *Neuordnung der Arbeitsbeziehungen* anvisiert, die die Dominanz gewinnwirtschaftlicher In-teressen im gesellschaftlichen Modernisierungsprozeß langfristig zu sta-bilisieren verspricht. Hier steht allerdings keine Vollbeschäftigung unter den Bedingungen keynesianisch gesicherter »Normalarbeitsverhältnisse« mehr zur Diskussion. Neue Arbeitsmöglichkeiten könnten sich stattdessen im Rahmen des neokonservativen Politikprogramms, bei schrumpfendem Arbeitsangebot im »industriellen Kern« und noch zu erwartenden Ratio-nalisierungen in den Verwaltungen, noch am ehesten durch eine Auswei-tung ungesicherter Randbeschäftigung und, wie im US-amerikanischen Vorbild, durch einen Ausbau personenbezogener Dienstleistungen zu statusgeminderten Bedingungen ergeben (U. Mayer 1987).

Die konservativ-liberale Bundesregierung hat diesen Weg seit 1984 be-schritten. Mit einer Reihe von rechtlichen Veränderungen wurden inzwi-schen sowohl der Abbau von arbeits- und sozialrechtlichen Schutzvorschriften wie die Förderung ungesicherter Beschäftigungsverhältnisse vorangetrieben. Von zentraler Bedeutung ist dabei das 1985 in Kraft getretene *»Beschäftigungs-förderungsgesetz«*, das befristete Arbeitsverträge nahezu uneingeschränkt für zulässig erklärt, neue Arbeitszeitmodelle wie »Arbeit auf Abruf« erstmalig legalisiert und den Verleih von abhängig Beschäftigten in erweiterten Formen möglich macht. Zwar hat das Gesetz im Gegensatz zu offiziellen Ankündigungen weder einen Beschäftigungsboom ausgelöst, noch die Zahl der Überstunden reduziert, doch ist es nichtsdestotrotz nach dem Willen der Bundesregierung inzwischen bis 1995 verlängert worden. Seine wesentlichen Ergebnisse sind dabei in einem *formveränderten Berufseinstieg* sowie in einer *Vergrößerung der Randbelegschaften* zu sehen. So hat sich von Mitte 1984 bis Herbst 1986 der Prozentanteil der Zeitverträge fast verdoppelt (von 4,1 % auf 8 %), was in absoluten Zahlen einer Zunahme um rd. 800.000-900.000 Personen entspricht. Dieser Teil der Belegschaften wuchs schneller als die Beschäftigung insgesamt. Bei rund der Hälfte aller Neueinstellungen ist mittlerweile vom Abschluß befristeter Arbeitsverhältnisse auszugehen. Gleichzeitig stieg die Zahl der (legalen) Leiharbeitnehmer, die in aller Regel zu geringeren Löhnen und verschlechterten Arbeitsbedingungen beschäftigt werden, von 1984 bis 1985 um 48 % und bis 1986 um weitere 44,5 % an (B. Keller 1989; W. Adamy 1988, 1987; Arbeitsgruppe Alternative Wirtschaftspolitik 1988, 1987).

Hatten monetäre Sparstrategien die Voraussetzungen für die Absenkung der Reallohnniveaus geschaffen und die Konzessionsbereitschaft der Arbeitslosen schon erhöht, so sorgen veränderte Strategien betrieblicher Personalpolitik und ein »gelenkigeres Arbeitsrecht« für *die Aufweichung des »Normalarbeitsmarktes« von den Rändern her.* Allerdings werden in der neokonservativen Diskussion um angemessene staatliche Krisenstrategien darüber hinaus bereits Forderungen nach weiteren Deregulierungsmaßnahmen laut. So wird insbesondere beklagt, daß eine angeblich branchen- und regionalspezifisch nicht hinreichend differenzierte Lohnstruktur, immer noch vorhandene Kündigungsschutzbestimmungen und Sozialplanregelungen sowie das Arbeitsvermittlungsmonopol der Bundesanstalt für Arbeit einem Aufschwung am Arbeitsmarkt im Wege stehen (Sachverständigenrat 1987/88: 185 ff.; 1985/86: 118, 145; Kronberger Kreis 1986; W. Engels 1985).

Die *Aushöhlung und Flexibilisierung der Arbeitsverfassung* wird damit zur zentralen Aufgabe der zweite Phase neokonservativer Umgestaltungspolitik erklärt. Ihre Interventionsmuster gehen dabei einerseits hinter das in der Bundesrepublik erreichte Niveau politischer Regulierung zurück, um aber andererseits das gesellschaftliche und politische System sehr viel tiefgreifender zu verändern, als das dem sozialdemokratisch-keynesianischen Reformansatz möglich war. *Auf dem Hintergrund technologischer und ökonomischer Umwälzungen versucht konservativ-liberale Regierungspolitik einen neuen ordnungspolitischen Rahmen für gewinnwirtschaftliche Strategien zu schaffen, in dem sich der »soziale Block« noch relativ homogen organisierter Lohnarbeit langfristig auflösen und zersetzen kann.* Fraglich bleibt allerdings, ob einem solchen zentralstaatlichen Ausgrenzungs- und Modernisierungsansatz die erforderliche Integrationsleistung und Stabilisierung von Massenloyalität gelingt.

3.3. Die Verschiebung der Krisenlasten auf Kommune und Region

3.3.1. Neue Disparitäten zwischen den Regionen

Die in den 80er Jahren auf bundespolitischer Ebene verfolgten Krisenstrategien lassen somit für eine umfassende Reorganisation der sozialen Sicherung ebensowenig Platz wie für eine Orientierung der Produktivkraftentwicklung an den Feldern des ökologischen und sozialen Bedarfs. Stattdessen werden auch als Ergebnis der zentralstaatlich organisierten Mischung aus Austeritätspolitik und kapitalrationaler Wirtschafts- und Technologieförderung *neue Konturen sozial-räumlicher Polarisierung* produziert. Hatte die hohe Nachkriegsmobilität und der eher sozialintegrative Regulierungsmodus der Expansionsperiode in der Bundesrepublik im Vergleich zu anderen westlichen Industrieländern noch eine – unter regionalen wie sozialen Gesichtspunkten – relativ homogene gesellschaftliche Entwicklung zugelassen, so droht sich diese Tendenz in der gegenwärtigen Phase ökonomischer und politischer Restrukturierung zu verkehren.

So hat eine vorrangig weltmarktbezogene und am Primat privatwirtschaftlicher Gewinnerzielung orientierte Anpassung der Produktionsstrukturen die *ökonomischen Disparitäten zwischen den Regionen* neuerlich verschärft. Die Aufschwungphasen der letzten konjunkturellen Zyklen fielen mit dem Verzicht auf eine qualitative und quantitative Stärkung der Binnennachfrage häufig flacher aus und kamen in erster Linie den exportbegünstigten Industriesektoren und Standorten zugute. Die darauf einsetzenden tiefergreifenden Abschwünge haben das Feld aus den wenigen privilegierten und der Mehrzahl von besonders krisenbetroffenen Regionen eher noch entzerrt. Neben dem traditionellen Gefälle zwischen peripheren und verdichteten Räumen ist es dabei im Zuge der sogenannten Nord-

Süd-Drift auch zu neuen Differenzierungen unter den Agglomerationsgebieten selbst gekommen. Während einzelne prosperierende Zonen (etwa der Raum Stuttgart oder München) als Zentren technologieintensiver Neoindustrialisierung Wachstumsvorteile verbuchen konnten, wurden »altindustrialisierte« Ballungsräume häufig voll von Beschäftigungskrisen und ökonomischer Stagnationstendenz erfaßt.

Dies zeigt sich nicht zuletzt an der trendmäßigen Entwicklung der *Bruttoinlandsproduktion*, die schon in der Phase von 1970-1985 im Süden der Bundesrepublik (Baden-Württemberg, Bayern) und auch in der Mittelregion (Hessen, Rheinland-Pfalz, Saarland) wesentlich günstiger als im Bundesdurchschnitt verlief. Sowohl der Norden (Schleswig-Holstein, Hamburg, Niedersachsen, Bremen) als auch insbesondere Nordrhein-Westfalen fielen dahinter mit wachsendem Abstand zurück. Die neuen interregionalen Unterschiede sind dabei im wesentlichen durch Veränderungen in den maßgebenden Zentren wirtschaftlicher Produktion, den größeren Städten und Großstädten, bestimmt (M. Koller/H. Kridde 1986; H.P. Gatzweiler 1985; vgl. Abb. 2).

Vergleicht man das *Bruttoinlandsprodukt bundesdeutscher Städte* für den weiter zurückliegenden Zeitraum, so wird bereits in den 70er Jahren die Tendenz zu einem neuen Leistungsgefälle sichtbar, das sich auch in den 80er Jahren bestätigt hat. Während das Gros der Städte in seiner Wirtschaftskraft näher zusammengerückt ist, haben sich einige leistungsstarke Kommunen weiter von den übrigen abgesetzt. Dies gilt vor allem für Frankfurt a.M., das schon 1970 auf Platz 1 der Rangskala lag und den Abstand nochmals vergrößern konnte. Aber auch neun weitere Städte, deren Bruttoinlandsprodukt (pro Kopf der Wohnbevölkerung) den Bundesdurchschnitt schon 1970 um mehr als 50 % überstieg, konnten ihre Position bis 1980 noch weiter verbessern. Befanden sich hierunter lediglich zwei Großstädte aus dem Nord- und Westteil der Bundesrepublik (Hamburg, Düsseldorf), so kamen alle anderen »Gewinner« dieser Kategorie aus der Mittel- und Südregion. Dafür waren die nord- und westdeutschen Städte in der Gruppe derjenigen, die ihren 1970 erzielten Rang nicht verteidigen konnten, bei weitem in der Überzahl (Berechnungen auf der Basis von 53 Städten, vgl. H. Heuer 1985a: 29).

Das Auseinanderklaffen regionaler Entwicklungsmuster wird allerdings noch deutlicher durch *das unterschiedliche Niveau der Arbeitslosenziffern* induziert. Grundsätzlich sind seit der zweiten Hälfte der 70er Jahre alle Regionen von der Massenarbeitslosigkeit betroffen.

Abb. 2: Bruttoinlandsprodukt in Mio. DM - in Preisen von 1980 -
Abweichung vom Bund in %-Pkt. (Index: 1970 = 100)

Nordregion   = Schleswig-Holstein, Hamburg, Niedersachsen,
                 Bremen
Westregion   = Nordrhein-Westfalen
Mittelregion   = Hessen, Rheinland-Pfalz, Saarland
Südregion   = Baden-Württemberg, Bayern
Berlin (West)
Bundesgebiet   IAB/CVI/DU)

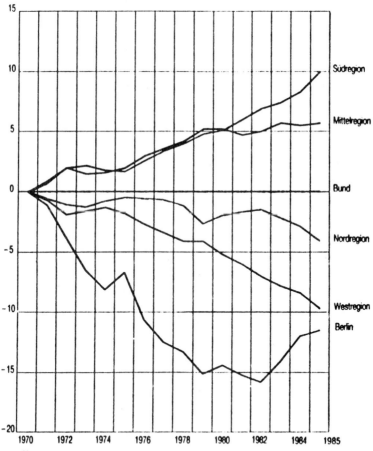

Quelle: M. Koller/H. Kridde 1986

55

Die Arbeitslosenquote hat sich zwischen 1975 und 1985 in der Hälfte der Arbeitsamtsbezirke mehr als verdoppelt und lag 1985 in fast jedem zweiten Bezirk bei über 10 %. Doch reichte die Spannweite im September 1986 von 3,3 % im Arbeitsamtsbezirk Göppingen bis zu 19 % im Bezirk Leer. Die regionalen Ungleichgewichte haben sich gemessen am Durchschnitt der Arbeitslosenquoten erheblich verstärkt[23]. Für die aktuelle Problemstruktur ist hierbei kennzeichnend, daß sich seit dem ökonomischen Strukturbruch Mitte der 70er Jahre *ein neuer Typus von Krisenregion* herausgebildet hat. Die Erwerbslosenzahlen kumulieren nicht mehr länger nur in peripheren ländlichen Regionen mit traditionell unzureichendem Arbeitsplatzangebot, sondern ebenso in den vormaligen Wachstumszonen, wie z.B. den Standorten des Bergbaus, der Stahl- und der Schiffbauindustrie.

Eine regionalisierte Betrachtung des Arbeitsmarktes zeigt dabei eine ähnliche Gewinn- und Verlustverteilung, wie sie auch bei der länderspezifisch ausgewiesenen Wachstumsdynamik sichtbar wird. Gemessen an der Arbeitslosenquote (1988) wird die Rangfolge der Bundesländer von Bremen (15,3 %), Hamburg (12,8 %) und dem Saarland (11,9 %) angeführt. Es folgen Niedersachsen (11,2 %), Nordrhein-Westfalen (11 %), Berlin (10,8 %) und Schleswig-Holstein (10 %) mit teils noch deutlich über 10 %. Dem steht eine wesentlich günstigere Entwicklung in den südlichen Bundesstaaten gegenüber mit Rheinland-Pfalz (7,6 %), Hessen (6,4 %) sowie Bayern und Baden-Württemberg, die jeweils nur 6,3 % registrierte Arbeitslose aufzuweisen haben (ANBA-Jahreszahlen).

---

23 Vgl. G. Bosch u.a. 1987: 4. Der Variationskoeffizient der Arbeitslosenquoten (Septemberwerte) in den 142 bundesdeutschen Arbeitsamtsbezirken betrug 1975 22,5 %, 1979 37,5 % und 1985 39,9 %, ebd.

Tab. 4: Entwicklung der Arbeitslosenquoten 1985 bis 1988
nach Landesarbeitsamtsbezirken und Bundesländern

Bundesländer Landesarbeitsamtbezirke	Arbeitslosenquoten in % (im Jahresdurchschnitt)			
	1985	1986	1987	1988
Schleswig-Holstein	11,1	10,9	10,3	10,0
Hamburg	12,3	13,0	13,6	12,8
Schleswig-Holstein/Hamburg	11,6	11,7	11,8	11,1
Niedersachsen	12,3	11,5	11,4	11,2
Bremen	15,2	15,5	15,6	15,3
Niedersachsen/Bremen	12,5	11,9	11,8	11,5
Nordrhein-Westfalen	11,0	10,9	11,0	11,0
Hessen	7,2	6,8	6,7	6,4
Rheinland-Pfalz	8,6	8,3	8,1	7,6
Saarland	13,4	13,3	12,7	11,9
Rheinland-Pfalz/Saarland	9,7	9,4	9,2	8,5
Baden-Württemberg	5,4	5,1	5,1	5,0
Nordbayern	8,7	7,8	7,3	7,0
Südbayern	6,9	6,4	6,1	5,8
Bayern	7,7	7,0	6,6	6,3
Berlin (West)	10,0	10,5	10,5	10,8
Bundesgebiet	9,3	9,0	8,9	8,7

Quelle: ANBA-Jahreszahlen

Da sich die Massenarbeitslosigkeit in den ländlich peripheren Arbeitsamtsbezirken des Nordens wie des Südens jeweils überdurchschnittlich bemerkbar macht (so etwa in Schwandorf, Deggendorf, Passau, Emden und Leer mit 1986 zwischen 16 % und 23 %), wird eine Untersuchung der großstädtischen Arbeitsamtsbezirke für eine Betrachtung der typischen Nord-Süd-Verschiebungen besonders relevant. Hier gelangen beispielsweise den südlichen »Gewinnerregionen« (wie Stuttgart, München, Pforzheim, Frankfurt, Darmstadt, Heilbronn und Mannheim) schon in der Phase zwischen 1972 und 1983 entscheidende Positionsgewinne, wohingegen sich die Arbeitsmarktsituation in Dortmund, Duisburg, Oldenburg, Gelsenkirchen, Bochum, Bremen und Bremerhaven im gleichen Zeitraum am heftigsten verschlechtert hat. In der zweiten Hälfte der 80er Jahre lag die Differenz der Arbeitslosenquote beider Gruppen durchgängig bei etwa 10 % (H. Heuer 1985: 27 f.; M. Koller/H. Kridde 1986: 403 ff.).

3.3.2. Regionale Konkurrenz als Teil des neokonservativen Konzepts

Während somit einer Vielzahl von städtisch wie ländlich geprägten Regionen als Standorten »minderer Qualität« die Abkoppelung von der nationalen Produktions- und Einkommensentwicklung droht, *ist das Ziel bundesweit einheitlicher Lebensverhältnisse von seiten der Bundespolitik wie der offiziellen Politikberatung bereits weitgehend abgeschrieben worden.* So vertritt die konservativ-liberale Bundesregierung in Abkehr von früheren regionalpolitischen Ansprüchen die Auffassung, daß die Bewältigung des strukturellen ökonomischen Wandels hauptsächlich eine Angelegenheit der betroffenen Regionen selber sei (Jahreswirtschaftsbericht 1985: 26).

Wird hier eine neoliberal gewendete »Regionalisierung der Regionalpolitik« noch eher defensiv vertreten und lediglich in allgemeiner Form für einen Abbau regionalspezifischer Investitionshemmnisse plädiert, so finden sich die Zielvorgaben einer grundlegenden programmatischen Umorientierung beim Sachverständigenrat zur Begutachtung der gesamtwirtschaftlichen Entwicklung prononcierter formuliert. Er verweist die Regionen mit »überholter Wirtschaftsstruktur« auf ihr angeblich zu hohes Preisniveau für Grundstücke und Humankapital und empfiehlt vorrangig, neben der *»Förderung des dynamischen Wettbewerbs«* durch Technologie- und Wissenstransfer, die *Prinzipien der Deregulation* auch auf die unteren politischen Ebenen zu übertragen (Sachverständigenrat 1984/85: 116 ff., 199 ff.).

Dabei wird mit den Forderungen des Rates das bekannte Repertoire angebotsorientierter Krisentherapie regionalpolitisch variiert. Den neoklassischen Modellvorstellungen eines lohnsatzgesteuerten Arbeitsmarktes folgend, werden »marktwidrige« Lohnstrukturen vor allem in ökonomisch schwächeren »altindustrialisierten« Räumen ausgemacht. Gerade hier ist danach eine sehr viel stärkere »Spreizung« der Tarifabschlüsse vorzusehen, die den Knappheitsbedingungen der Gebiete mit überdurchschnittlich hoher Arbeitslosigkeit Rechnung trägt und ihnen im eigenen Interesse eine Flexibilisierung der Löhne nach unten hin erlaubt. Mit niedrigeren tariflich fixierten Mindestlöhnen als andernorts und höheren Effektivverdiensten für besserqualifizierte und begehrte Arbeitskräfte könnten diese Regionen sogar die Vorreiter für eine vom Rat schon lange befürwortete schärfere Ausdifferenzierung der Arbeitsentgelte werden (Sachverständigenrat 1985/86: 145 ff)[24].

In einer solchen Konzeption wird das Ziel privatwirtschaftlicher Wachstumspflege weitaus höher als mögliche sozial- oder regionalpolitische Ausgleichsinteressen angesetzt. Da sich gegebenenfalls alle Regionen mit guten Potentialen ausgestattet sehen, muß über ihre jeweiligen Entwicklungsperspektiven verstärkt im Wettbewerb entschieden werden. Faktisch legitimiert wird dadurch nicht nur der Verzicht auf ein vom Bund getragenes Beschäftigungsprogramm. Ebenso wird Vorschlägen zur Ausweitung und umfassenden beschäftigungsorientierten Reform der staatlich finanzierten Regionalförderung von vornherein eine Absage erteilt (GRW-Förderung, vgl. Bosch u.a. 1987: 82 ff.). Nach Meinung des Sachverständigenrats hat eine Neuausrichtung der regionsbezogenen Strukturpolitik dagegen weder die private Investitionsentscheidung als wichtigstes politisches Förderkriterium zu relativieren, noch die staatlichen Ausgaben für dezentrale Wirtschaftsförderung im ganzen zu erhöhen (Sachverständigenrat 1984/85: 202 f.). Die Regionen bleiben vielmehr selbst gefordert, die Anlagebedingungen für mobiles Kapital zu optimieren. Für ihre politischen Instanzen muß es deshalb Möglichkeiten geben, vorhandene Investitionsblockaden zu überwinden und auf Regulierungen zu verzichten, die einer Einwerbung von Neuinvestitionen im Wege stehen.

Vor diesem Hintergrund gewinnt insbesondere für »absterbende« Industrieregionen die sogenannte »Free-trade-zone-policy« an Gewicht. Wie ursprünglich als Variante kapitalistischer Regionalpolitik in unterentwickelten Ländern praktiziert und seit Jahren bereits von westlichen Indu-

---

24 Vgl. zu den bisher schon erheblichen Unterschieden in den regionalen Lohnniveaus M. Koller 1987: 30 ff. und M. Koller 1988.

striestaaten wie den USA, Großbritannien und Belgien reimportiert, werden hier bestimmte Auflagen des Arbeitsschutz-, Tarif-, Bau- und Umweltrechts außer Kraft gesetzt, werden Gewerbeinfrastruktur, Grundstücke und Bauten kostengünstig bereitgestellt, diverse Steuerbefreiungen geboten und nicht zuletzt die Vorzüge eines Überschusses an billigen Reservearbeitskräften für private Unternehmungen genutzt (M. Krummacher/M. Wienemann 1985). Will sich der Sachverständigenrat zwar nicht auf die Radikalität festlegen, mit der »freie Wirtschaftszonen« Sonderkonditionen wie Zoll- und Steuerbefreiungen gewähren, so verlangt er doch, die Vorteile der »Enterprise Zones« auch für die Bundesrepublik zu überprüfen und bewegt sich mit seinen ersten Vorschlägen auch durchaus in Übereinstimmung mit deren Handlungsphilosophie. Besonders erwähnenswert scheinen ihm neben der allgemeinen Beseitigung von »Marktzugangsbarrieren« etwa der Handel mit Umweltverschmutzungsrechten (»Glockenkonzept«), die Lockerung hemmender wohnungspolitischer Vorschriften und mietrechtlicher Bindungen sowie weitere regionalspezifische steuer- und handelspolitische Vergünstigungen zu sein (Sachverständigenrat 1984/85: 200).

Eine an solchen Maßgaben orientierte Bundespolitik hat in der jüngeren Vergangenheit aber selbst in den eigenen Reihen Widerstand hervorgerufen. Wachsende Belastungen aufgrund der Massenarbeitslosigkeit haben etwa auch den vormaligen CDU-Ministerpräsidenten Albrecht die Forderung erheben lassen, der Bund müsse die Hälfte der Sozialhilfekosten finanzieren (Albrecht-Plan). Nachdem mehrere (unterschiedlich geführte) Bundesländer ähnliche Vorstellungen entwickelt hatten, geriet die Bundesregierung unter Handlungsdruck. Beschlossen wurde letztendlich, ab 1989 einen »Strukturhilfefonds« einzurichten, der den Bundesländern für die Dauer von 10 Jahren zusätzliche Mittel in Höhe von 2,45 Mrd. DM pro Jahr verspricht. Verteilt wird nach einem vorher festgelegten Länderschlüssel (Arbeitslosenquote, Beschäftigungsentwicklung, Bruttoinlandsprodukt), wobei die Gelder bei mindestens 10 % Eigenbeteiligung (Land bzw. Kommune) zweckgebunden an die Gemeinden weiterzuleiten sind.

Zwar ist dieses Programm als der erste Schritt des Bundes in die richtige Richtung anzusehen, doch wirft schon der Verteilungsschlüssel gravierende Ungereimtheiten auf. Hier wurden die Kriterien der Mittelvergabe eindeutig zugunsten unionsgeführter Bundesländer korrigiert[25].

---

25 Durch den Problemindikator »Bruttoinlandsprodukt pro Einwohner« unterbewerten die Zuweisungskriterien die Probleme städtischer Ballungsgebiete (Stadtstaaten) und bevorzugen Flächenstaaten mit ländlicher Siedlungsstruktur (bspw. Bayern), deren wirtschaftliche Entwicklung eher überdurchschnittlich positiv verläuft. Mit be-

Darüber hinaus bestehen die Hauptprobleme des Konzepts in der versuchten Zweckbindung (in erster Linie auf »wirtschaftsnahe« und »produktive« Investitionen) sowie insbesondere in der Festlegung von Quoten für die Eigenbeteiligung. Mehr als das Ziel der Stärkung krisenbetroffener Kommunen scheint hier die Befriedung landespolitischen Unmuts die Ausgestaltung des neuen Ansatzes zu motivieren. Ganz abgesehen von der generell unzureichenden Fondsausstattung bleibt daher fraglich, ob die eingesetzten Mittel überhaupt in die finanzschwachen Problemgebiete gehen (vgl. zur Kritik Arbeitsgruppe Alternative Wirtschaftspolitik 1989).

3.3.3. Staatspolitische Problemverlagerung und lokale Polarisierungen

Neokonservative Umbauvorstellungen erstrecken sich aber weiter nicht nur auf die zentrale, sondern ebenso auf die regionale Politik. Die Parallelität von unternehmerbezogenen Modernisierungsstrategien einerseits und der »passiven Sanierung« strukturbenachteiligter Räume auf der anderen Seite hat *die neue Hierarchisierung unter den Regionen* noch bestärkt. Gleichzeitig werden unteren politischen Instanzen die Imperative des konservativ-liberalen Politikprogramms des Bundes oktroyiert. Ihre eigenen Handlungspotentiale werden entgegen aller Subsidiaritäts- und Dezentralisierungsrhetorik durch staatsstrukturelle Vorgaben in Anspruch genommen und instrumentalisiert.

Dies zeigt sich deutlich in der Entwicklung der *Finanzsituation von Städten, Kreisen und Gemeinden,* den Koordinatoren und Hauptakteuren der lokalen und regionalen Politik. Im Rahmen der Ausgestaltung des staatlichen Finanzverbunds haben Bund und Länder auf die Wirtschaftskrise seit Mitte der 70er Jahre den Kommunen gegenüber mit einer über weite Strecken *restriktiven Zuweisungspraxis* reagiert (B. Reissert 1986; H. Karrenberg/E. Münstermann 1987, 1989). Darüber hinaus führten *zentrale Einschnitte in die gemeindliche Steuerbasis* zu einer erheblichen Aushöhlung der kommunalen Finanzposition:

So wurde die wichtigste originäre Gemeindesteuer, *die Gewerbesteuer,* bereits in der Zeit von 1975 - 1985 durch zehn substantielle Eingrife des

---

sonderen militärischen Belastungen wird begründet, warum Rheinland-Pfalz als einziges Bundesland einen um 40 Millionen DM erhöhten Sockelbetrag erhält. Rheinland-Pfalz wird dadurch nach vorläufigen Berechnungen um 20 Millionen DM p.a. besser als Schleswig-Holstein und um 24 Millionen DM p.a. besser als die drei Stadtstaaten Berlin, Hamburg und Bremen insgesamt gestellt, vgl. Arbeitsgruppe Alternative Wirtschaftspolitik 1989: 134.

Abb. 3: Eingriffe des Bundesgesetzgebers in die Gewerbesteuern seit Mitte der 70er Jahre

Änderung der Gewerbesteuer	Gewerbesteuer nach		
	Ertrag	Kapital	der Lohnsumme ?
Vermögensteuerreformgesetz v. 17. 4. 1974, BGBl. I S. 949	Wirksam ab 1. 1. 1975 Erhöhung des Freibetrages von 7200 DM auf 15000 DM; Erweiterung der Gewerbeertragsstufen mit ermäßigten Steuermeßzahlen von 2400 auf 3600 DM		
Steueränderungsgesetz 1977 v. 16. 8. 1977, BGBl. I S. 1586	Wirksam ab 1. 1. 1978 Anhebung des Freibetrags auf 24000 DM; Aufhebung der Stufenregelung mit ermäßigten Meßzahlen; Festsetzung einer einheitlichen Steuermeßzahl von 5%, ermäßigter Steuermeßbetrag für Hausgewerbetreibende etc. von 2,5%	Erhöhung des Freibetrags von 6000 DM auf 60000 DM	Erhöhung des Freibetrages von 9000 auf 60000 DM; Wegfall der bisherigen Höchstgrenze von 24000 DM
Gesetz zur Steuerentlastung und Investitionsförderung vom 4. 11. 1977, BGBl. I S. 1965	Wirksam ab 5. 1. 1977 Verbesserung der degressiven Abschreibung für bewegliche Wirtschaftsgüter des Anlagevermögens; Wiedereinführung der degressiven Gebäudeabschreibung		
Steueränderungsgesetz 1979 vom 30. 11. 1978, BGBl. I S. 1849	Wirksam ab 1. 1. 1980 Anhebung des Freibetrages von 24000 DM auf 36000 DM; Einführung einer Freigrenze von 5000 DM für Wirtschaftsunternehmen von juristischen Personen des öffentlichen Rechts; Wegfall der Mindestgewerbesteuer	Wirksam ab 1. 1. 1981 Anhebung des Freibetrages von 60000 DM auf 120000 DM; Einführung eines Freibetrages bei der Hinzurechnung von Dauerschulden in Höhe von 50000 DM	Wirksam ab 1. 1. 1980 Abschaffung der Lohnsummensteuer
Steuerentlastungsgesetz 1981 v. 16. 8. 1980, BGBl. I S. 1381		Wirksam ab 1. 1. 1981 Übernahme der ertragsteuerlichen Werte für Pensionsrückstellungen bei der Einheitsbewertung des Betriebsvermögens	
Subventionsabbaugesetz v. 26. 6. 1981, BGBl. I S. 537	Wirksam ab 1. 1. 1981 Erhöhung der Steuermeßzahl für den Gewerbeertrag der Sparkassen, Kreditgenossenschaften und Zentralkassen auf 5%	Wirksam ab 1. 1. 1982 – voller Ansatz des Betriebsvermögens d. Sparkassen, – Verzicht auf Kürzung des Betriebsvermögens von Kreditgenossenschaften	

Änderung der Gewerbesteuer	Gewerbesteuer nach		
	Ertrag	Kapital	der Lohnsumme
2. Haushaltsstrukturgesetz v. 22. 12. 1981, BGBl. I S. 1523	Wirksam ab 1. 1. 1982 Absenkung der steuerrechtlich zulässigen Pensionsrückstellungen; Einschränkung der Übertragungsmöglichkeit von Veräußerungsgewinnen; Wegfall der Freistellung des Gewerbeertrags aus der Betreuung von Wohnungsbauten und der Veräußerung von Eigenheimen usw. bei Grundstücksverwaltungsunternehmen; Streichung der steuerfreien Rücklagen für Kapitalanlagen in Entwicklungsländern Wirksam ab 30. 7. 1981 Verbesserung der degressiven Abschreibung für bewegliche Wirtschaftsgüter des Anlagevermögens von 25% auf 30%.; Verbesserung der degressiven Gebäudeabschreibung von 3,5% auf 5% in den ersten 8 Jahren für alle Gebäude	Wirksam ab 1. 1. 1982 Absenkung der steuerrechtlich zulässigen Pensionsrückstellungen	
Haushaltsbegleitgesetz 1983 v. 20. 12. 1982, BGBl. I S. 1857	Wegfall von 40% ab 1. 1. 1983 und von 50% ab 1. 1. 1984 der Hinzurechnung von Dauerschuldzinsen Wirksam ab 30. 9. 1982 Befristete Rücklage beim Erwerb von Betrieben, deren Fortbestand gefährdet ist	Wegfall von 40% ab 1. 1. 1983 und von 50% ab 1. 1. 1984 der Hinzurechnung von Dauerschulden	
Steuerentlastungsgesetz 1984 v. 22. 12. 1983, BGBl. I S. 1583	Wirksam ab 19. 5. 1983 Sonderabschreibungsmöglichkeiten für kleinere und mittlere Betriebe (Einheitswert von nicht mehr als 120000 DM und Gewerbekapital bis 500000 DM) in Höhe von 10% für neue bewegl. Anlagegüter; Sonderabschreibungsmöglichkeiten f. Forschungs- und Entwicklungsinvestitionen bis zu 40% f. bewegl. Wirtsch.-Güter und 15% (10%) für Gebäude, die zu mehr als 2/3 (1/3) f. F.U.E. genutzt werden; Verlängerung d. Gewährung v. Sonderabschreibungen bei Schiffen und Luftfahrzeugen bis 31. 12. 1989 Wirksam ab 1. 1. 1984 Senkung d. Schachtelgrenze v. 25% auf 10%	Wirksam ab 1. 1. 1984 Senkung der Schachtelgrenze von 25% auf 10%	
Gesetz zu. Verbesserung der Abschreibungsbedingungen für Wirtschaftsgebäude ... vom 19. 12. 1985, BGBl. I S. 2434	Verkürzung der Abschreibungsdauer für Betriebsgebäude, die nicht oder zu höchstens einem Drittel Wohnzwecken dienen, von 50 Jahre auf 25 Jahre		

1 Maßnahmen, die zum 1. 1. 1975 und später wirksam geworden sind.

Quelle: H. Karrenberg / E. Münstermann 1987

63

Abb. 4: Überblick zu den Steuerreformmaßnahmen 1986/1988 und 1990

---

1. Echte Nettoentlastung durch Maßnahmen von 1986–1990

Stufe 1 (ab 1. 1. 1986)	10,9 Mrd. DM	} 19,4 Mrd. DM
Stufe 2 (ab 1. 1. 1988)	8,5 Mrd. DM	
(Vorab aus 1990		} 13,7 Mrd. DM
ab 1. 1. 1988	5,2 Mrd. DM)	

Geplante Steuerreform
zum 1. 1. 1990 echte Entlastung* 20 Mrd. DM

Summe 44,6 Mrd. DM

* Der Gesamtrahmen der Entlastung beläuft sich auf 39 Mrd. DM. Vereinbart wurde jedoch, insgesamt 19 Mrd. DM durch Abbau von „Steuersubventionen und Sonderregelungen" zu finanzieren. Damit beträgt die Netto-Entlastung („echte" Steuerentlastung) lediglich 20 Mrd. DM.

2. Gesetzliche Grundlagen

Stufe 1 und 2:
„Gesetz zur leistungsfördernden Steuersenkung und zur Entlastung der Familie (Steuersenkungsgesetz 1986/88) vom 26. 6. 1985"

Vorab aus der Steuerreform von 1990:
„Gesetz zur Änderung des Einkommensteuergesetzes (Steuersenkungs-Erweiterungsgesetz 1988) vom 14. 7. 1987"

Geplante Steuerreform 1990:
„Koalitionsvereinbarung" der Bundesregierung vom Juli 1988 (Die Vereinbarung über die Finanzierung der 19 Mrd. DM ist hier für den Herbst 1988 festgelegt worden.)

3. Die Maßnahmen Entlastungen

Stufe 1
– Erhöhung der Kinderfreibeträge von 432 auf 2 484 DM* 5,2 Mrd. DM
– Erhöhung der Grundfreibeträge um 324/648 DM auf
4 536/9 072 (Alleinstehende/Verheiratete) 2,1 Mrd. DM
– Verbesserung im Steuertarif (Abflachung des Progressionstarifs) 3,6 Mrd. DM
* einschließlich: Haushaltsfreibetrag für Alleinstehende mit mindestens einem Kind, Erhöhung der Ausbildungsfreibeträge

Stufe 2
– Weitere Verbesserung des Steuertarifs (Abflachung der Progressionszone) 8,5 Mrd. DM

Vorab aus 1990 (zum 1. 1. 1988)
- Aufstockung bei der Abflachung des Progressionstarifs
  (Grenzsteuersätze)   3,0 Mrd. DM
- Erneute Anhebung des Grundfreibetrags um 216/432
  auf 4 752/9 504 DM (Alleinstehende/Verheiratete) sowie entsprechende Erhöhung des Haushaltsfreibetrags
  auf 4752 DM   1,4 Mrd. DM
- Erhöhung der Ausbildungsfreibeträge auf das Niveau
  von 1984 sowie der anrechnungsfrei bleibenden Beträge
  von eigenen Einkünften der Kinder   0,3 Mrd. DM
- Verbesserung der Sonderabschreibungen für kleine und
  mittlere Betriebe von 10 auf 20 % der Anschaffungs-
  oder Herstellungskosten sowie Zeitraumerweiterung
  (3 Jahre)   0,5 Mrd. DM

Koalitionsvereinbarung zur Steuerreform 1990*
(einschließlich des Vorabs zum 1. 1. 1988)
- Anhebung des Grundfreibetrags auf 5 616/11 232 DM
  (Alleinstehende/Verheiratete)   7,0 Mrd. DM
- Senkung des Eingangssatzes von bisher 22 % auf 19 %;
  Verkürzung der unteren Proportionalzone von bisher
  18 000/36 000 DM auf 8 100/16 2000 DM   6,7 Mrd. DM
- Einführung eines linear-progressiven Tarifs (Begradi-
  gung der Progression)   23,7 Mrd. DM
- Senkung des Spitzensteuersatzes von bisher 56 % auf
  53 %; Vorverlegung des Beginns des Spitzensteuersatzes
  (obere Proportionalzone) von 130 000/260 000 DM auf
  120 000/240 000 DM   1,0 Mrd. DM
- Anhebung des Kinderfreibetrags auf 3024 DM   2,0 Mrd. DM
- Anhebung sonstiger familienbezogener Freibeträge
  (Ausbildung, Haushalt, Unterhalt)   0,6 Mrd. DM
- Verbesserung des Vorwegabzugs für Versorgungsauf-
  wendungen   0,6 Mrd. DM
- Verbesserung der Sonderabschreibungen für kleine und
  mittlere Betriebe von 10 auf 20 %, verteilt auf 3 Jahre   0,5 Mrd. DM
- Absenkung der Körperschaftsteuer für einbehaltene
  Gewinne von 56 % auf 50 %   2,3 Mrd. DM

* Diese Maßnahmen führen netto zu einer Entlastung der Lohn-, Einkom-
men- und Körperschaftsteuerpflichtigen von ca. 20 Mrd. DM, denn
19 Mrd. DM sollen (vgl. u. ter 1) durch den Abbau von Steuersubventionen
und Sonderregelungen aufgebracht werden. Weiterhin werden von dem
Gesamtpaket von ca. 44 Mrd. DM in 1990 5,2 Mrd. DM mit Wirkung vom
1. 1. 1988 vorgezogen.

Quelle: Arbeitsgruppe Alternative Wirtschaftspolitik 1988

Bundesgesetzgebers geschwächt. Entlastungen des Unternehmenssektors durch die Abschaffung der Lohnsummensteuer, die mehrfache Anhebung von Freigrenzen, die Kürzung der Hinzurechnungen für Dauerschuldzinsen und Dauerschulden bei der Gewerbeertrag- bzw. Gewerbekapitalsteuer sowie weitere Abschreibungserleichterungen haben aus einer ehemals breit streuenden Steuer quasi eine Zusatzabgabe auf den Gewinn von Großbetrieben werden lassen. Gerade Gemeinden mit hoher Erwerbslosigkeit, deren Wirtschaft nicht selten auch ertragsschwach ist, wurde damit die eigenständige Steuerbasis noch verkürzt (H. Karrenberg/E. Münstermann 1986: 97 f.; 1987: 69; vgl. Abb. 3).

Daneben wurde und wird die *dreistufige Steuerreform (insbesondere Einkommensteuer 1986, 1988, 1990),* von der vorwiegend besserverdienende Personengruppen profitieren, zu hohen Anteilen aus kommunalen Kassen finanziert (vgl. Abb. 4).

Für die ersten beiden Stufen errechnet der Gemeindefinanzbericht des Deutschen Städtetages Mindereinnahmen der Kommunen von über 13,6 Mrd. DM (1986-1989). Ab 1990 lassen sich die aufkumulierten Beiträge der Gemeinden auf 7 Mrd. DM (1991 und 1992 jeweils 7,5 Mrd. DM) kalkulieren (H. Karrenberg/E. Münstermann 1986, 1989).

Weitere einschneidende Verlagerungen von Krisenlasten fanden allerdings auch *durch Ressourcenentzug auf der Ausgabenseite* statt. Die zentralstaatlich organisierte Ausgrenzung eines Großteils der Erwerbslosen aus dem Bezug von Arbeitslosengeld und Arbeitslosenhilfe sowie das hier häufig nur unzureichende Leistungsniveau haben *die kommunale Sozialhilfe* zunehmend zum »Ausfallbürgen« übergeordneter, aber in Krisenzeiten systematisch versagender Sicherungssysteme gemacht. Insgesamt wurden die kommunalen Ausgaben für soziale Leistungen im Zeitraum von 1980 (15,36 Mrd. DM) bis 1989 (29,2 Mrd. DM) knapp verdoppelt. Hauptbestandteil ist der Sozialhilfeetat, der sich dabei als »Sprengsatz« für die Kommunalhaushalte erwies. Gingen die Mehrbelastungen in diesem Bereich noch bis 1982 vor allem von der »Hilfe in Einrichtungen« (insbesondere der »Hilfe zur Pflege«) aus, so werden seither noch höhere Zuwachsraten im Bereich der »Hilfen außerhalb von Einrichtungen« (insbesondere der »Hilfe zum Lebensunterhalt«) erzielt (H. Karrenberg/E. Münstermann 1988; 1989; vgl. Abb. 5).

Ursache dieser dynamischen Entwicklung ist in erster Linie *die Belastung der Kommunen durch die Massenarbeitslosigkeit,* die auch bei stagnierenden Erwerbslosenziffern durch den wachsenden Anteil von jugendlichen und längerfristig Arbeitslosen zugenommen hat. Vorsichtige Berechnungen beziffern den hieraus entstandenen zusätzlichen kommunalen Finanz-

Abb. 5: Entwicklung der Ausgaben für Sozialhilfe

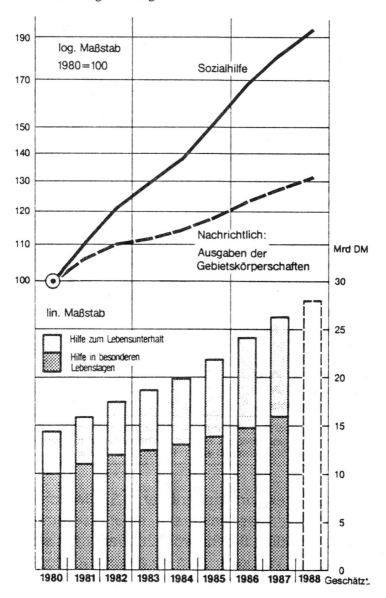

Quelle: Bundesbank 4/1989

aufwand für das Jahr 1989 *auf weit über 3 Mrd. DM* (H. Karrenberg /
E. Münstermann 1989). Doch spiegelt diese Durchschnittszahl keinesfalls
angemessen das Ausmaß der örtlichen Problemzuspitzung wider. Auch
wenn hohe Zuwächse der Sozialhilfe inzwischen gleichfalls in Städten mit
günstigerer Beschäftigungslage spürbar sind, kumulieren die Belastungen
doch in den Zentren der Erwerbslosigkeit.

Dafür bieten etwa die Städte Dortmund und Oberhausen plastisches
Anschauungsmaterial: Wurden hier 1981 noch »nur« 6,91 Mio. DM bzw.
1,64 Mio. DM an Sozialhilfe aufgrund von Arbeitslosigkeit aufgewandt,
waren es 1988 in Dortmund 52,8 Mio. DM und in Oberhausen 16,8 Mio.
DM. Dies entspricht Aufstockungen in nur 7 Jahren von über 660 bzw.
920 % (H. Karrenberg/E. Münstermann 1986, 1990).

Die schärfere »Stratifizierung« des bundesdeutschen Sozialstaats im Über-
gang zu nachkeynesianischen Regulationsformen drückt sich damit auch in
veränderten staatsstrukturellen Aufgabenteilungen und Belastungen aus.
Während sich die zentralstaatliche Ebene zunehmend von der Bürde »so-
zialkonsumtiver« Ausgaben und »überkommener« Ausgleichsverpflichtun-
gen befreit, *werden die sozialen und ökologischen Folgewirkungen gewinn-*
wirtschaftlicher Modernisierungspolitik herabgezont und dezentralisiert. Dies
gilt weit über den Bereich monetärer Pflichtleistungen zur Finanzierung
der unzureichenden »Hilfen zum Lebensunterhalt« hinaus. Bei faktisch
einer Million Langzeitarbeitslosen, mehr als 3 Millionen Sozialhilfeempfängern und einer Gesamtzahl von rund 6 Millionen Personen, die
dicht an oder unter der Armutsgrenze leben, wächst den Kommunen eine
immer bedeutendere Rolle bei der allgemeinen Reproduktionssicherung
zu. Einkommensarmut und Unterbeschäftigung, fehlende Qualifizierung
und Defizite in der Ausstattung mit Wohnraum kumulieren auf lokaler
Ebene und markieren hier den keineswegs mit kommunalen Mitteln alleine zu bewältigenden sozialstaatlichen Interventionsbedarf. Gleichzeitig
werden »kapitalferne« Bereiche der Infrastrukturversorgung und zunehmend auch Chancen für eine ökologische Umgestaltung der Produktions-
und Dienstleistungsapparate durch die Renditeorientierung privater wie
zentralstaatlicher Ressourcensteuerung verfehlt.

Wo in der zurückliegenden Prosperitätsperiode nur das Zurückbleiben
von Sozialkonsum und bevölkerungsnaher Infrastruktur hinter einer erweiterten Kapitalreproduktion zu verzeichnen war (C. Offe 1972), löst sich
der (ungleichzeitige, aber seinerzeit immerhin noch vorhandene) Zusammenhang von nationaler Produktivkraftentwicklung und allgemeiner gesellschaftlicher Wohlfahrtsmehrung unter dem Eindruck des zentralstaatlichen Strategiewechsels inzwischen sukzessive auf.

Tab. 5:   Städtische Sozialhilfebelastung durch Arbeitslosigkeit –
          am Beispiel einzelner Mitgliedstädte des Deutschen Städtetages

Stadt	Leistungen der Sozialhilfe an Arbeitslose									nachr.: Anteil 1988 an den BSHG-Leistungen insges.
	Insgesamt					darunter für ...				
	1987	1988		Januar bis September 1989		Bezieher von Arbeitslosengeld oder -hilfe		Arbeitslose ohne AFG-Ansprüche		
	Mill. DM	+/– %	DM/Einw.	Mill. DM	+/– %	1987	1988	1987	1988	
						Anteil in v. H.				
Kiel	22,6	+ 5,4	99,17	18,7	– 6,2	27,4	27,9	72,6	72,1	14,5
Lübeck	21,8	+ 10,4	114,42	20,6	+ 6,4	32,1	30,4	67,9	69,6	16,6
Braunschweig	23,2	– 0,8	90,53	17,2	– 10,7	•	•	•	•	16,4
Düsseldorf	56,8	+ 11,7	111,33	•	•	26,2	23,6	73,8	76,4	27,0
Duisburg	38,0	– 2,9	69,99	24,9	– 6,3	36,0	35,5	64,0	64,5	21,8
Essen	43,0	+ 5,1	72,83	36,0	+ 6,2	30,5	30,8	69,5	69,2	15,2
Mönchengladbach	29,8	+ 1,2	119,38	22,0	+ 0,4	30,2	33,6	69,8	66,4	27,6
Oberhausen	15,0	+ 11,8	75,94	12,5	– 1,7	35,7	35,2	64,3	64,8	23,6
Gelsenkirchen	17,2	+ 18,1	70,90	17,3	+ 13,5	22,1	22,5	77,9	77,5	12,7
Bochum	25,5	+ 2,7	67,34	18,9	– 3,8	30,9	31,4	69,1	68,6	12,6
Dortmund	46,2	+ 14,4	89,91	40,4	+ 6,0	31,0	31,7	69,0	68,3	15,7
Herne	9,3	+ 7,9	57,27	8,4	+ 23,6	32,6	33,8	67,4	66,2	9,6
Offenbach a. M	19,1	+ 25,5	213,69	20,2	+ 1,8	•	•	•	•	36,0
Heilbronn	3,1	+ 12,5	31,04	•	•	30,5	38,3	69,5	61,7	25,2
Ingolstadt	1,7	+ 7,3	18,76	•	•	15,0	15,4	85,0	84,6	13,7
München	34,3	+ 1,5	28,71	24,0	– 9,4	24,4	24,4	75,6	75,6	9,5
Passau	1,8	– 13,1	32,58	1,0	– 16,8	23,2	15,7	76,8	84,3	16,4
Amberg	0,7	+ 12,5	17,90	0,7	+ 23,6	11,0	10,4	89,0	89,6	15,0
Hof	1,2	+ 0,8	23,75	•	•	58,8	58,7	41,2	41,3	18,3

Quelle: H. Karrenberg/E. Münstermann 1990

Auf der kommunalen Ebene schlägt eine vormals disparitäre, aber kontinuierliche Wohlstandssteigerung fühlbar in *neue Polarisierungen* und *sozialräumliche Segregationsprozesse* um. Auch in den »Gewinnerregionen« werden, wenn auch auf den ersten Blick weniger sichtbar, soziale Ausgrenzungen und für einen Teil der Bevölkerung zunehmend prekäre Umwelt- und Lebensbedingungen produziert. Gerade hier sind bereits die Konturen einer Dreiteilung städtischer Räume und Lebensverhältnisse zu registrieren, die im Zuge des staatlich vorangetriebenen Modernisierungswettbewerbs noch an Schärfe gewinnen werden (H. Afheldt u.a. 1983).

In den *Wachstumsmetropolen* scheint sich eine erste, den Aufgaben des internationalen und überregionalen Austauschs zugewandte Stadtstruktur zu etablieren, die vornehmlich auf die Bedürfnisse von Geschäftsleuten, Kongreß- und Messebesuchern zugeschnitten ist. Abgeschottet von sozialer Problemkumulation und offensichtlichen ökologischen Folgeschäden hält sie außer den Flughäfen und den Kongreß-, Hotel- und Messezonen noch aufwendige Kultureinrichtungen, zentrale Verwaltungen, die Filialen transnationaler Unternehmen sowie häufiger auch wieder innerstädtisch gelegene luxuriöse Wohnkomplexe vor. Neben ihr existieren die »normalen« Arbeits-, Versorgungs- und Wohnbereiche mit den Funktionen eines regionalen Oberzentrums, wie man sie gängigerweise mit der Vorstellung einer westdeutschen Großstadt auch verknüpft. Davon immer deutlicher separiert wird das dritte Stadtsegment der marginalisierten Randgruppen, dauerhaft Arbeitslosen, Ausländer, Drogenabhängigen und neuen wie alten Armen, deren Quartiere in aller Regel gleichzeitig die Areale der Desinvestition und der höchsten Umweltbelastung sind.

Dem Gegenpol großstädtischer Entwicklung, den Städten in den stagnierenden und schrumpfenden »altindustrialisierten« Gebieten, fehlt weitgehend die erste, auf internationale Wirtschaftsverflechtungen orientierte Teilstruktur. Ihnen bleiben tendenziell nur noch die Zentrumsfunktionen von *»Ausführungsregionen«*, in denen sich nicht zuletzt aufgrund fehlender ökonomischer Zukunftsperspektiven die Spaltungen zwischen adaptierten deutschen Mittelschichten und marginalisierten Bevölkerungsgruppen forcieren (H. Häußermann/W. Siebel 1986, 1987). Überwiegend abgekoppelt von exportbegünstigten Wachstumsschüben und eingeklemmt zwischen eingeschränkten Ressourcen und steigendem dezentralen Handlungsdruck, würden gerade diese Kommunen von einem zentralstaatlichen Umsteuern hin auf einen binnenwirtschaftlichen Entwicklungstyp profitieren.

I.B. Ein alternativer gesellschaftlicher Entwicklungstyp

1. Die soziale Trägerschaft – ein noch lückenhaftes Fundament

Alternative Ansätze einer qualitativen Beschäftigungsstrategie hätten im Unterschied zu der Stop- and Go-Politik der 70er Jahre und zur kapitalorientierten Modernisierungspolitik der 80er Jahre auf den wachsenden, insbesondere auf kommunaler Ebene auflaufenden sozial-ökologischen Entwicklungsbedarf zu rekurrieren. Aus den Reihen der Gewerkschaften und dem Kreis der politischen Parteien wurden hierzu verschiedentlich Vorstellungen formuliert, doch handelt es sich dabei häufiger um eine Ansammlung von Einzelforderungen denn um ein durchgängig konstruiertes Alternativprogramm. Die Widersprüchlichkeit, mit der dessen potentielle Unterstützer gegenwärtig teils opponieren, teils aber auch in die vorherrschende Form des gesellschaftlichen Modernisierungsprozesses einbezogen sind, läßt eher schließen, daß das neokonservative Politikkonzept in naher Zukunft weder mit einem konkludenten Gegenentwurf noch mit einer einheitlichen politisch-sozialen Gegenbewegung rechnen muß.

Wo zentrale Umsteuerungen bis auf weiteres machtpolitisch blockiert bleiben, werden alternative Praxisansätze zunächst auf die Experimentierfelder der unteren politischen Ebenen verwiesen sein. Zwar lassen sich von hier aus nicht unmittelbar gesamtgesellschaftliche Veränderungen bewirken, doch können sozialreformerische Handlungsstrategien aus der Konfrontation mit dem dezentral aufbrechenden Umbaubedarf auf vielfältige Weise Kompetenzgewinne ziehen. Kommunale und regionale Politik hat gerade unter dem Druck staatsstruktureller Problemverschiebung einen erheblichen Bedeutungszuwachs zu verbuchen: Hier treten die Auswirkungen der neokonservativen Modernisierungspolitik zutage, werden entweder ruhigstellend entthematisiert oder Anlaß zu neuer Politisierung bieten. Gleichzeitig kann die Herausbildung eines arbeits- und umweltorientierten Gestaltungskonzepts nach der Auflösung des sozial-liberalen Bündnisses und der Überlebtheit seiner wachstumsabhängigen »Befriedungsstrategien« nur von neuen, in konkreten gesellschaftlichen Auseinandersetzungen gewachsenen Koalitionen geleistet werden. Ein neuer sozial-ökologischer Politikansatz ließe sich dabei ohnehin nur mit qualitativ steuernden und auch dezentral ansetzenden Interventionen realisieren.

Mehrfach und vor allen anderen hat seit dem Einbruch der Wirtschaftskrise der *Deutsche Gewerkschaftsbund* Unternehmerverbände und Bundesregierung mit Forderungen nach Arbeitszeitverkürzung, Stärkung der Massenkaufkraft und selektiver Wachstumsförderung konfrontiert (DGB

1977, 1980, 1985). Im Mai 1981 wurde von seiten des DGB ein 50-Milliarden-Programm »zur Schaffung von Arbeitsplätzen und zur Verbesserung der Lebensqualität« vorgeschlagen, in dem langfristige staatliche Investitionen in den Bereichen Energieeinsparung, Wohnungs- und Städtebau, Verkehr, Umweltschutz und Berufsausbildung vorgesehen sind. Mit dem Schwerpunktprogramm »Bekämpfung der Arbeitslosigkeit« und »Beschleunigung des qualitativen Wachstums durch mehr Umweltschutz« (1985) wurden die gewerkschaftlichen Vorstellungen ergänzt und konkretisiert. Neben den Forderungen nach der staatlichen Finanzierung sanierender und vorbeugender Umweltschutzmaßnahmen wird hier für eine verursacherbezogene Kostenzurechnung und eine investitionsfördernde Politik der Verschärfung gesetzlicher Auflagen plädiert (Grenzwerte TA-Luft, Großfeuerungsanlagenverordnung, Wasserhaushalts- bzw. Abwasserabgabengesetz etc., vgl. W. Höhnen 1982; DGB 1985; W. Schneider 1986). Vergleichbare Vorstöße zur Verknüpfung von Umwelt- und Beschäftigungspolitik finden sich je nach Zuständigkeitsbereich auch in der Programmatik verschiedener Einzelgewerkschaften wieder, wobei die IG Metall offenbar eine Vorreiterrolle eingenommen hat (z.B. IG Metall 1986, 1988, 1989; IG Bau-Steine-Erden 1985; ÖTV 1985; GdP 1985).

Gewerkschaftliche Aktivitäten bleiben allerdings häufig noch bei einer globalen oder branchenbezogenen Gegenüberstellung von Mangelbereichen und staatlichen Steuerungsdefiziten stehen. Da ihnen der unmittelbare Zugang zu politischen Gestaltungsebenen (jenseits tarifpolitischer Auseinandersetzungen) zunächst einmal entzogen ist, laufen sie in ihren Positionsbestimmungen Gefahr, sich letztlich in Appellen zu ergehen. Erst jüngere Diskussionsprozesse im DGB und verschiedenen Einzelgewerkschaften haben dazu geführt, daß Gewerkschafter die direkte Einwirkung insbesondere auf kommunale und regionale Politikgestaltung zunehmend als eigenes Handlungsfeld ansehen (G. Bosch u.a. 1987; J. Welsch 1986a; W. Adamy/B. Pollymeyer 1985; vgl. hierzu auch die Diskussion um Produktmitbestimmung in der IG Metall, B. Kaßebaum 1990 i.E.).

Ein Ausbau dieser neuen regionsbezogenen Orientierung könnte der gewerkschaftlichen Debatte dabei gleichzeitig über ihre »blinden Flecke« helfen und ließe verschiedene Einzelgewerkschaften in ihrer Rolle als Sachwalter der tagespolitischen Interessen von lohnabhängig Beschäftigten womöglich nicht länger gegen einen bedarfswirtschaftlichen Umbau opponieren. So tut sich die IG Chemie mit Konzepten für einen ökologischen Rückbau der chemischen Industrie immer noch ebenso schwer wie die IG Bergbau und Energie mit dem Ausstieg aus der Atomtechnologie oder die ÖTV in vielen Bereichen mit der qualitativ gebotenen Dezentralisierung mancher falsch proportionierten sozialen Dienstleistungsstruktur. Erst wenn regionale Entwicklungskonzepte ausweisen, daß ein sozialökologischer Strukturwandel nicht für ganze Lohnabhängigengruppen das Ende der Berufstätigkeit bedeuten muß, werden solche Arbeitnehmer und ihre Vertretungen in ihrer Mehrheit für eine Strategie der qualitativen Umsteuerung zu gewinnen sein. Von den Gewerkschaften als den Organisationen der »Arbeitsplatzbesitzer« erforderte dies aber über die betrieblichen Belange hinaus eine stärkere Wahrnehmung ihres »kulturellen Mandats« (O. Negt 1986). Wollten sie durchgängig zum Träger von Konzepten einer alternativen Produktivkraftentwicklung avancieren, so hätten sie — gerade mit Blick auf regionale und lokale Entwicklungsperspektiven — mit größerer Vehemenz auch den außerbetrieblichen Lebenszusammenhang zu politisieren. Dies bedeutete nicht zuletzt eine Öffnung ihrer organisatorischen Arbeitszusammenhänge über den Kreis der beschäftigten Kernbelegschaften hinaus.

Mit unterschiedlichem Zuschnitt und unterschiedlicher Reichweite wurden ökologisch und sozial orientierte Programme zur Krisenüberwindung auch im Bereich der *politischen Parteien* formuliert. Ähnlich der Mehrzahl der DGB-Gewerkschaften haben *insbesondere Sozialdemokraten* und *Grüne* in ihren programmatischen Erklärungen wie in den Gesetzesinitiativen ihrer Bundestagsfraktionen eine wachsende strukturelle Lücke bei der Befriedigung des gesellschaftlichen Entwicklungsbedarfs kritisiert.

So schlug beispielsweise die Bundestagsfraktion der *SPD* bereits 1984 die Einrichtung eines »Sondervermögens Arbeit und Umwelt« vor. Privaten und öffentlichen Investoren sollten auf dem Wege von Zinssubventionen und »verlorenen Zuschüssen« während einer Laufzeit von zehn Jahren zusätzlich insgesamt 55,7 Mrd. DM für Umweltinvestitionen zur Verfügung stehen (SPD-Parteivorstand 1984). Teilweise in Absetzung von der Regierungslinie der früheren SPD/FDP-Koalition fordert das »Nürn-berger Aktionsprogramm« der SPD (1986) darüber hinaus ein neues »Zukunftsinvestitionsprogramm zur Förderung des qualitativen Wachstums«, die Verkürzung der Arbeitszeit, den Ausbau der sozialen und kulturellen Dienstleistungen und daneben besondere Maßnahmen zur Überwindung der Ju-gend-, Frauen- und Langzeitarbeitslosigkeit. Die Vorhaben sind nach den Vorstellungen der SPD insbesondere durch eine zeitlich befristete Ergänzungsabgabe für Besserverdienende, die Erhöhung der Vermögensteuer und die Einführung von Zuschlägen auf Energieverbrauchsteuern (»Umweltpfennig«) zu finanzieren (SPD-Parteivorstand 1986).

Wurden Fragen der Beschäftigungsförderung und des sozial-ökologischen Umbaus danach noch durch verschiedene Initiativen der Bundestagsfraktion aufgenommen[26], so scheint sich auch die Parteidiskussion neuerdings stärker auf diese Themenpalette zu konzentrieren. Wie das Berliner Programm (1989) und die Vorgaben der Regierungsprogrammkommission »Fortschritt '90« deutlich machen, entsteht hier aber bei weitem noch keine durchgängig schlüssige Umbaukonzeption. Anleihen bei Fritz Scharpf in Auseinandersetzungen mit verteilungspolitischer Relevanz (»Sozialismus in einer Klasse«) sowie die weitgehend Reduktion der Wirtschaftsreformdebatte auf die zudem meist aufkommensneutral gedachte Umstellung des Besteuerungssystems (»Öko-Steuern«) könnten so auch eher nahelegen, daß es vorrangig um eine ökologische Anpassung veralteter sozial-liberaler Positionen geht (SPD-Parteivorstand 1989; »intern«, versch. Ausg. 1989; O. Lafontaine 1989).

Unabhängig von gesamtwirtschaftlichen Wachstumszielen tritt die *Partei der Grünen* für eine grundlegende Konversion der Industriegesellschaft nach ökologischen Prämissen ein. Neben dem Aufbau neuer Wirtschaftszweige in gesellschaftlichen Mangelbereichen (z.B. erneuerbare Energiequellen, öffentlicher Personenverkehr) ist hier ebenso die Umstellung umweltschädigender Produktionszweige (z.B. Landwirtschaft und große Teile der Chemie) sowie ein Abbau lebens- und umweltfeindlicher Wirtschaftsbereiche (Atomindustrie, teilweise auch Automobilproduktion) vorgesehen (Die Grünen 1986). Sowohl im Sindelfinger »Sofortprogramm« (Die Grünen 1983) wie im grünen »Umbauprogramm« (Die Grünen 1986) haben sich dabei eher sozialreformerische Orientierungen durchgesetzt, die neben dem zentralen Punkt einer umweltgerechten Anpassung der Produktionsverfahren auch Forderungen nach einer Demokratisierung der Wirtschaftsabläufe und einer Stärkung der Masseneinkommen anführen.

Daß aber auch eine programmatische Annäherung der beiden oppositionellen Gruppierungen in der politischen Praxis noch keine gemeinsame Handlungsfähigkeit verspricht, hat sich sowohl auf Bundesebene wie am Beispiel einzelner Bundesländer hinlänglich gezeigt (R. Meng 1987). Wo aufgrund der Mehrheitsverhältnisse die Möglichkeit bestand, die Kritik am neokonservativen Modernisierungsprogramm konstruktiv zu wenden, brachen nach wie vor existierende politisch-kulturelle Unterschiede und

---

26 Vgl. hierzu etwa das Sofortprogramm »Arbeit, Umwelt und Investitionen« sowie den Antrag »Erschließung von Beschäftigungsmöglichkeiten für Langzeitarbeitslose«, Drucksache des Deutschen Bundestages 11/1552 bzw. 11/1549.

differierende Mechanismen parteipolitischer Willensbildung auf. Die hinter der offiziellen Programmatik weiterhin vorhandene Diskrepanz zwischen industrialistischem Technikoptimismus einerseits und grün-alternativer Deindustrialisierungseuphorie auf der anderen Seite machte zudem auch in inhaltlichen Fragen deutlich, daß ein konsensfähiger und konsistenter Entwurf zur Gestaltung der zukünftigen ökonomischen, technologischen und sozialen Entwicklung noch nicht existiert. Für die SPD hat sich seit dem Machtverlust in Bonn bislang nicht abschließend entschieden, ob ihre propagierte Erneuerung, insbesondere über Verantwortung in den Kommunen, auch mit einer praxiswirksamen inhaltlichen Regeneration verbunden wird. Bei der Partei der Grünen, die in ihrem Selbstverständnis bisweilen noch zwischen tagespolitischer Abstinenz und der Rolle des Juniorpartners für konservative Modernisierungsmaßnahmen pendelt, stehen neuerliche Richtungsentscheidungen ebenso noch aus. Für die zukünftige Entwicklung beider Parteien wird jedenfalls der Ausgang weiterer Experimente dezentraler Kooperation und der Grad des darin verwirklichten sozial-ökologischen Programmprofils von erheblicher Bedeutung sein.

2. Eckpunkte einer arbeitsorientierten Umbaukonzeption

Daß es einem alternativen sozial-ökonomischen Entwicklungstyp mitunter noch an klaren inhaltlichen Konturen mangelt und er noch nicht über eine handlungs- und mehrheitsfähige Trägerschaft verfügt, entläßt aber gerade nicht aus der Aufgabe, eine konzeptionelle Synthese der verschiedenen Einzelforderungen zu einem breiter angelegten Gegenentwurf zu versuchen und dessen Realisierungsbedingungen zu analysieren. Hierum hat sich im Bereich der wissenschaftlichen Diskussion und Politikberatung nachhaltig die Arbeitsgruppe Alternative Wirtschaftspolitik bemüht, auf deren Ausarbeitungen in der folgenden Skizze auch des öfteren Bezug genommen werden wird (vgl. bspw. Arbeitsgruppe Alternative Wirtschaftspolitik 1987: 156 ff.; 1986: 227 ff.; 1985: 144 ff.; 1984: 141 ff.). Praktische Bausteine für ein Alternativkonzept liefern darüber hinaus etwa auch neuere gewerkschaftliche Beiträge sowie die Untersuchungen von Kommunalverbänden und Forschungsinstituten, mit denen in erster Linie der Umfang des aufbrechenden sozial-ökologischen Entwicklungsbedarfs nachgewiesen wird (H. Tofaute 1985; DIFU 1985; DIW-Wochenbericht 23/1984).

Im Gegensatz zum Modernisierungsprogramm der Bundesregierung, das vornehmlich auf eine vom Außenhandel getragene Gewinnexpansion gerichtet ist, wären danach *grundsätzliche Weichenstellungen für einen binnenwirtschaftlichen Entwicklungspfad* vorzunehmen. Eine Forcierung nationalstaatlich gestützter Exportoffensiven kann zukünftig lediglich zu einer Verschärfung des ruinösen Konkurrenzkampfes der Industrieländer und damit letztlich nur zu einer weiteren Zuspitzung der internationalen Wirtschaftsprobleme führen. Eine Korrektur der aggressiven Außenorientierung der bundesrepublikanischen Wirtschaft wie der anderer westlicher Industriestaaten würde dagegen die nationalen Ressourcen auf den eigenen sozialen und ökologischen Investitionsbedarf konzentrieren und den jeweiligen gesamtgesellschaftlichen Wohlstand heben. Weniger industrialisierten Ländern könnte dies im Rahmen einer solidarischen Weltwirtschaftspolitik die Chance auf eine eigenständigere Entwicklung zugestehen. Statt die nationale Politikgestaltung ständig am »Sachzwang einer Verbesserung der Wettbewerbsposition bundesdeutscher Unternehmen« zu orientieren, wäre der »Grad« der Einbindung in die Weltarbeitsteilung demnach vor dem Hintergrund bedarfswirtschaftlicher Ziele zu optimieren. Zwischenstaatliche Absprachen und die Koordination in gemeinsamen Wirtschaftsräumen wie dem der Europäischen Gemeinschaft könnten solche nationalen Umsteuerungen außenwirtschaftlich absichern helfen und gleichzeitig internationalisieren.

Angesichts der anhaltenden Beschäftigungskrise gilt es daher zunächst, eine inlandswirksame *Stärkung* der *Masseneinkommen* durchzusetzen. Um der steigenden Einkommensarmut zu begegnen und den ärgsten Folgen der Demontage der sozialen Sicherungssysteme entgegenzuwirken, ist eine *angemessene bedarfsbezogene Mindesteinkommenssicherung* vorzusehen. Eine solche am allgemeinen gesellschaftlichen Lebensstandard orientierte Grundsicherung ließe sich auch relativ problemlos schrittweise durch eine »Sockelung« der bisherigen Sicherungssysteme einführen. Eine Reform der Arbeitslosenversicherung etwa, die die Kürzungen und Ausschließungsgründe der letzten Jahre zurücknimmt und die materiellen Sicherungslücken im Fall von Arbeitslosigkeit schließt, würde die Betroffenen ihren Konsumtionsrückstand aufholen lassen, die kommunale Sozialhilfe bedeutend entlasten und eine wünschenswerte Untergrenze für Löhne und Gehälter ziehen[27]. Doch auch eine bedarforientierte

---

27 Vgl. zu den notwendigen sozialpolitischen Sofortmaßnahmen bspw. Arbeitsgruppe Alternative Wirtschaftspolitik 1987: 214 ff. Die Kosten für eine 30 % Erhöhung der Sozialhilferegelsätze und die Einbeziehung aller Arbeitslosen in eine bedarforientierte Mindestsicherung (nach Arbeitslosenhilfe und Arbeitslosengeld)

»Sockelung« des sozialen Sicherungssystems reichte alleine zur Bekämpfung von Armut und Unterversorgung nicht aus. Um den vorhandenen sozialen Grundbedarf zu befriedigen und die regelmäßig höheren Konsumtionsquoten niedriger Einkommensgruppen wachstumsfördernd nutzbar zu machen, müßte sie weiterführend mit einer grundlegenden Korrektur der bestehenden ungleichen Einkommensverhältnisse durch staatliche Sekundärverteilung und gewerkschaftliche Lohn- und Gehaltspolitik verbunden werden.

Um in den nächsten Jahren ein noch stärkeres Auseinanderfallen von Bedarf und Angebot an Arbeitskräften zu verhindern, wird eine massive *Arbeitszeitverkürzung* unabdingbar sein. Die größten Beschäftigungseffekte verspricht hier die breite Durchsetzung einer deutlich verkürzten Wochenarbeitszeit (zunächst 35-Stunden-Woche, später 30-Stunden-Woche). Ist wohl schon ein großer Teil des Beschäftigungsanstiegs nach 1984 auf das Konto der 38,5-Stunden-Woche zu verbuchen (zuerst Druck- und Metallindustrie), so würden neuerliche erhebliche Arbeitsplatzgewinne als Ergebnis einer kräftigen, in einem Schritt vollzogenen Reduktion der Arbeitswoche anstehen. Auf der Grundlage vorliegender Schätzungen wäre bei einem Übergang von der 40- bzw. 38,5-Stunden-Woche auf die 35-Stunden-Woche für alle Beschäftigten von rd. 1,3 bzw. rd. 1,7 Millionen zusätzlich geschaffenen oder gesicherten Arbeitsplätzen auszugehen[28].

Besonderen Wert gewinnt hier die Forderung nach einer *Verkürzung der Arbeitszeit bei vollem Lohnausgleich*. Der insgesamt mögliche Beschäftigungszuwachs läßt sich nur vollständig realisieren, wenn nicht ein lohnniveaubedingter Einkommensausfall das durch die Mehrbeschäftigung erzielte größere Nachfragevolumen kompensiert. Gesamtwirtschaftlich wäre nach jahrelang erfolgter Umverteilung von Lohn- und Sozialeinkünften zugunsten von Gewinneinkommen vielmehr mit einer Verknüpfung von höherer Beschäftigung und Lohnzuwächsen erstmals wieder eine Verringerung der strukturellen Nachfragelücke abzusehen[29]. Von entscheiden-

---

werden bei Anhebung der Freibeträge in der Arbeitslosenhilfe und der Abschaffung der Unterhaltspflicht von Eltern gegenüber volljährigen und verheirateten Kindern wie umgekehrt auf ca. 8 Mrd. DM geschätzt, a.a.O. 223 f. Vgl. zur Reform der Sozialhilfe auch Arbeitsgruppe »Armut und Unterversorgung« 1985 sowie G. Bäcker 1987.

28   Die unterschiedlichen Zahlenangaben beziehen sich auf verschiedene Berechnungsvarianten, nach denen der Mehrbedarf an Arbeitskräften zu 50 % bzw. zu 35 % durch zusätzliche Produktivitätssteigerungen aufgefangen wird, vgl. Arbeitsgruppe Alternative Wirtschaftspolitik 1987: 200.

29   Die Kosten der Einführung der 35-Stunden-Woche werden in absoluten Beträgen von der Arbeitsgruppe Alternative Wirtschaftspolitik auf rund 65 Mrd. DM beziffert. Daß es sich hierbei um ein Kostenvolumen handelt, das vollständig aus dem Un-

der Bedeutung ist dabei ein Anwachsen der Lohnquote (gegenüber den Gewinneinkünften) insgesamt. Lohn- und gehaltsbezogene Ausgleichsregelungen, die einen Beitrag zur Nivellierung von Einkommensunterschieden leisten, sind durchweg zu begrüßen und gerade im Rahmen eines alternativen Entwicklungsmodells als sinnvoll anzusehen. Ihre Umsetzung darf jedoch *gerade nicht* zu einer Schmälerung kleiner und mittlerer Einkommen oder zum Verzicht auf eine beschäftigungssichernde Anhebung des gesamten Lohnfonds führen.

Im Zentrum einer alternativen Strategie muß daneben eine durch die vorhandenen gesellschaftlichen Mangel- und Bedarfsbereiche *»programmgesteuerte« Beschäftigungsförderung* stehen. Sie darf nicht nur auf die zusätzliche Schaffung von Arbeitsplätzen gerichtet sein, sondern muß gleichzeitig qualitative Veränderungen in den Produktions- und Dienstleistungssektoren miteinbeziehen. Hier geht es in der »nachfordistischen« Umbruchphase vor allem darum, den traditionellen, von einer landläufigen Keynes-Interpretation inspirierten und für die Wirtschaftsreformvorstellungen der sozial-liberalen Regierungspolitik typischen Interventionsmodus der zentralen Globalsteuerung zu überwinden. Statt den politischen Gestaltungsanspruch auf indirekte Steuerung der Nachfrageströme mit gelegentlichem antizyklischen Deficit-spending durch die öffentliche Hand zu reduzieren, *wären nachfrage- und angebotswirksame Maßnahmen vielmehr zu einer bewußt gestaltenden Produktionsstrukturpolitik zu kombinieren*. Der Einsatz und die Weiterentwicklung der gesellschaftlichen Ressourcen sollten sich dabei am vorhandenen gesellschaftlichen Bedarf und den daraus gewonnenen, politisch definierten Aufgabenstellungen orientieren.

So hat etwa das Ausmaß der Umweltkrise nicht nur die nachträgliche Beseitigung aufgelaufener Altlasten und die Einführung neuer schadstoffbremsender Techniken (»End-of-the-pipe«-Technologien wie Filter und Katalysatoren), sondern eine viel grundlegendere *ökologische Reform des*

---

ternehmenssektor finanzierbar sei, halten die Alternativökonomen angesichts nachstehender Zahlen für belegt. So erreichte etwa die Differenz zwischen der volkswirtschaftlichen Geldvermögensbildung und den Nettoinvestitionen in den Jahren 1982-1985 ein vergleichbares Niveau. Die Nettoeinkommen aus Unternehmertätigkeit und Vermögen stiegen von 1981-1986 um 111 Mrd. DM und die Rückstellungen der Unternehmen für drohende, aber nach Höhe und Fälligkeit noch ungewisse Verluste nahmen im Zeitraum von 1980-1985 um 140 Mrd. DM (63 %) zu. Der Nachfrageerhöhung aufgrund von Arbeitszeitverkürzung und Lohnausgleich wird dagegen im ökonomischen Kreislauf der Effekt verbesserter Kapazitätsauslastungen, damit sinkender Kapitalfixkosten und so wiederum einer (teilweisen) Verringerung des arbeitszeitbedingten Kostenanstiegs zugesprochen, vgl. Arbeitsgruppe Alternative Wirtschaftspolitik 1987: 209 f.

Industriesystems erforderlich gemacht. Die Umwandlung von umweltschädigenden Formen der Fertigung und Konsumtion verlangt, ganz im Widerspruch zu neokonservativen Deregulierungsbemühungen, nach neuen rechtlichen Rahmenbedingungen für einen sparsamen und schonenden Umgang mit der Natur. Notwendig ist hier eine *vielfältige Erweiterung staatlicher Instrumente*, die brachliegende Gewinne aus dem Unternehmenssektor auch auf administrativem Wege für sinnvolle Investitionsfelder mobilisiert (Umweltverträglichkeitsprüfungen, -auflagen, -gebote, -verbote, -abgaben etc.).

Als Kernstück der Beschäftigungsoffensive wäre darüber hinaus ein öffentliches Ausgabenprogramm vorzusehen, das die ökologische Reform des industriellen Sektors einleitet und gleichzeitig zu einer qualitativen Ausweitung öffentlicher Dienstleistungen führt. Mit einem Sofortprogramm in der Größenordnung von 100 Mrd. DM, wie es im wissenschaftlichen Bereich von seiten der Arbeitsgruppe Alternative Wirtschaftspolitik vorgeschlagen wird, ließen sich so, verteilt auf zwei Jahre, etwa 800.000 neue Arbeitsplätze und 100.000 zusätzliche Ausbildungsplätze (weitere 2 Mrd. DM) schaffen. Die hauptsächlich über steuerpolitische Maßnahmen und aus den ohnehin anfallenden Kosten der Massenarbeitslosigkeit zu finanzierende Initiative[30] könnte dabei nicht nur als konjunkturpolitische Initialzündung wirken, sondern auch ein erster Schritt zur weiterhin erfor-

---

30 Dem Finanzierungsbedarf für das dargestellte Sofortprogramm in Höhe von 51 Mrd.
    DM pro Jahr (Gesamtkosten in zwei Jahren 102 Mrd. DM) werden folgende Einspareffekte und mögliche Finanzierungsquellen gegenübergestellt: Wenn die Zahl
    der Arbeitslosen durch die Sofortmaßnahmen (im wesentlichen Arbeitszeitverkürzung und Beschäftigungsprogramm) um zwei Millionen sinkt, ergeben sich Entlastungen bei Bund, Ländern und Gemeinden von 22 Mrd. DM (Steuermehreinnahmen, Einsparungen bei der Sozialhilfe, beim Wohngeld und den Bundeszuschüssen
    zur Rentenversicherung). Die Bundesanstalt für Arbeit spart im gleichen Fall 16,2
    Mrd. DM pro Jahr ein (8.100 DM entgangene Beiträge und Leistungsverpflichtungen
    pro Arbeitsloser(m)). Aus konsequenterem Steuereinzug, der umfassenden Einführung des Quellenabzugsverfahrens für Zinseinkünfte sowie dem Abbau und der
    höheren Verzinsung von Steuerrückständen (insgesamt 11,4 Mrd. DM), der Streichung beschäftigungsunwirksamer bzw. ökologisch schädlicher Steuersubventionen
    (10,7 Mrd. DM), gezielten Steuererhöhungen für Besserverdienende (Anhebung des
    Spitzensteuersatzes, Einführung einer Ergänzungsabgabe, Umsatzsteuer auf Luxusgüter 7,5 Mrd. DM) und einer Mineralölsteuererhöhung um ein Drittel (2 Mrd.
    DM), ließen sich insgesamt gut 30 Mrd. DM mobilisieren. Eine soziale Korrektur der
    Steuerreform würde dem Fiskus weitere 14,5 Mrd. DM sparen. Da bei den vorgeschlagenen Umverteilungsmaßnahmen nur kurzfristige Finanzierungsengpässe, von
    kurzer Laufzeit aber sogar Gesamtüberschüsse entstehen, wäre die Anlaufphase
    auch problemlos durch eine Ausdehnung der Staatsverschuldung, bspw. durch einen
    zinslosen Notenbankkredit, zu finanzieren, vgl. Arbeitsgruppe Alternative Wirtschaftspolitik 1986: 249 ff.

derlichen Anhebung der Staatsquote und zur Verbesserung strukturpolitischer Interventions- und Lenkungsmechanismen sein. Inhaltlich sollte
das gesteigerte staatliche Ausgabevolumen einen sinnvollen Personalaufbau im öffentlichen Dienst erlauben (100.000 Ausbildungsplätze und
200.000 Stellen mit einem Kostenaufwand von 11 Mrd. DM pro Jahr)[31]
und ungenutzte materielle Ressourcen als Investitionspotentiale insbesondere in die Bereiche kommunaler und regionaler Versorgungslücken ziehen[32].

Um den neuen regionalen Disparitäten Rechnung zu tragen, wären besonders krisenbelastete Kommunen bei der Programmumsetzung zu be-
günstigen. Anders als bei pauschalen staatlichen Investitionsbeihilfen für
untere Gebietskörperschaften, die, häufig als Zinssubventionen ausgestattet, finanzschwache Städte und Gemeinden zusätzlich benachteiligen[33],
sollte die Mittelvergabe hier an einen besonderen »Problemdruck-Indi-
kator« gebunden sein, in dem etwa das Niveau der Arbeitslosigkeit, die
Zahl der Sozialhilfeempfänger und der kommunale Verschuldungsspielraum berücksichtigt werden. Mittelfristig ist eine Umstrukturierung der
Staatsfinanzen anzustreben, die die Länder, aber insbesondere die Gemeinden im Vergleich zur bundesstaatlichen Ebene deutlich besser stellt.
Bis grundsätzliche Änderungen greifen, ließe sich der erforderliche Mit-
teltransfer durch eine veränderte Zuweisungspraxis organisieren (Arbeitsgruppe Alternative Wirtschaftspolitik 1986: 242 ff.).

---

31 Bei der Ausweitung öffentlicher Dienstleistungen wären vor allem folgende Bereiche
zu berücksichtigen: Gesundheitswesen (60.000 KrankenpflegerInnen, 10.000 Ärzt-
Innen), Schulen (50.000 LehrerInnen), Kindergärten (30.000 KindergärtnerInnen),
Sozial- und Wohnungsämter (30.000 SozialarbeiterInnen), Universitäten (20.000
WissenschaftlerInnen). Zum schnelleren Stellenaufbau könnte, wo erforderlich, ein
Teil der Zusatzbeschäftigung über ABM anfinanziert werden, vgl. Arbeitsgruppe Al-
ternative Wirtschaftspolitik 1986: 247.

32 Im Rahmen des von der Arbeitsgruppe Alternative Wirtschaftspolitik vorge-
schlagenen Sofortprogramms sollen rd. 600.000 Arbeitsplätze vorwiegend in den Bereichen des »qualitativen Umbaubedarfs« geschaffen werden (Gesamtaufwand 40
Mrd. DM pro Jahr): Wärmedämmung (9 Mrd. DM, Gesamtbedarf 270 Mrd. DM),
Fernwärmeversorgung (8 Mrd. DM, insges. 80 Mrd. DM), Ausbau von Fuß- und
Radwegen sowie des öffentlichen Personennahverkehrs (5 Mrd. DM, 110 Mrd. DM
insges.), Wohnungsmodernisierung (8 Mrd. DM, 275 Mrd. DM insges.), Rauchgas-
entschwefelung (3 Mrd. DM), Kläranlagenausbau (4 Mrd. DM), Altlastensanierung
(3 Mrd. DM, insges. 40 Mrd. DM), vgl. Arbeitsgruppe Alternative Wirtschaftspolitik
1986: 248.

33 Vgl. bspw. das von der Bundesregierung im Dezember 1987 beschlossene Programm
zur Ankurbelung des Wirtschaftswachstums und die hier vorgesehene Zinsverbilli-
gung für Darlehen der Kreditanstalt für Wiederaufbau zum Zweck der Förderung
von Gemeindeinvestitionen, Bulletin der Bundesregierung v. 3.12.1987, zur »Nach-
besserung« Bulletin der Bundesregierung v. 7.6.1988.

3. Die Felder des qualitativen Programmbedarfs

Im Unterschied zum neokonservativen Modernisierungsansatz müßte ein qualitatives Beschäftigungsprogramm keinen Bezug auf problematische Investitionsprojekte (wie Rüstungsproduktion, weiteren Fernstraßenbau, Atomtechnologie usw.) nehmen. Es hätte stattdessen lediglich auf den vornehmlich *regional und kommunal anfallenden sozial-ökologischen Interventionsbedarf* zu rekurrieren. Gewerkschafter, Wissenschaftler, vereinzelte Landesregierungen wie die Kommunen selbst sind seit geraumer Zeit darum bemüht, die hier brachliegenden Handlungsfelder zu thematisieren. Dabei zeigt sich auch, daß auf dezentraler Ebene ein langfristiger Programmvorrat besteht, der keinesfalls schon mit kurzfristigen Sondermaßnahmen abgegolten werden kann.

So hatte bereits eine Erhebung des kommunalen Investitionsbedarfs in zehn »traditionellen« Infrastruktursektoren[34] für den Zeitraum von 1976 bis 1990 ein reales Bedarfsvolumen von 820 Mrd. DM erbracht, davon knapp 700 Mrd. DM für Sachinvestitionen (inklusive Stadtstaaten sowie kommunale Unternehmen und Zweckverbände, DIFU 1980; H. Karrenberg/E. Münstermann 1985). Von den danach bei gleichmäßiger Verteilung in den Kommunalhaushalten bis zum Jahr 1984 anfallenden 302 Mrd. DM konnten jedoch lediglich 247 Mrd. DM verausgabt werden. Trotz des seinerzeit von der sozial-liberalen Regierungskoalition aufgelegten »Zukunftsinvestitionsprogramms« wurden von 1976 bis 1984 also nur 82 % des errechneten Bedarfs gedeckt. Bei einem jahresdurchschnittlichen Restbedarf von rd. 60 Mrd. DM nahmen die kommunalen Sachinvestitionen Mitte der 80er Jahre lediglich einen Umfang von ca. 30 Mrd. DM an. Um das gesamte für erforderlich befundene Investitionsvolumen bis 1990 zu realisieren, hätten die realen Sachinvestitionsausgaben in der zweiten Hälfte der 80er Jahre demnach annähernd verdoppelt werden müssen, was die Finanzierungsmöglichkeiten der Gemeinden und Gemeindeverbände selbstverständlich überstieg (DIFU 1985).

Infrastrukturelle Defizite und Investitionslücken auf breiter Front wurden ebenso durch die Ergebnisse einer Umfrage des Deutschen Gewerkschaftsbundes bei den DGB-Kreisen und DGB-Landesbezirken attestiert (DGB 1984; H. Tofaute 1985; Hans-Böckler-Stiftung 1985). Hier wie in neueren Untersuchungen, die sozial-ökologische Schadensbilanzen einbe-

---

34 Versorgung (Strom, Gas, Fernwärme, Wasser), Entsorgung (Abwasser, Abfall), Verkehr, Stadterneuerung, Schulen, Sportstätten, Alteneinrichtungen, Jugendhilfeeinrichtungen, Krankenhäuser, sonstige Einrichtungen, in Preisen von 1976.

ziehen, zeigen sich auch die veränderten Schwerpunkte des insbesondere lokal und regional auflaufenden Investitionsbedarfs. Während in traditionellen Bereichen der Infrastrukturproduktion, wie etwa dem Schulbau oder Straßenbau, häufig nur noch Ersatzinvestitionen nötig sind, hat sich der aktuelle Handlungsdruck in den Feldern der *Dorfentwicklung* und *Stadterneuerung*, der *sozialen Dienstleistungen* und *ökologischen Um- und Rückbaumaßnahmen* konzentriert. Auch wenn die Umrechnung von stofflichen Schäden und Mängeln der sozialen Infrastruktur in potentielle Marktpreise notwendig problematisch bleibt und detaillierte Einzeluntersuchungen vielfach auch noch ausstehen, lassen die vorliegenden Studien doch ein vorläufiges Bild vom Bedarf an einer sanierenden und prophylaktischen Umwelt- und Sozialpolitik deutlich werden.

Eine dem gesteigerten sozialpolitischen Interventionsbedarf entsprechende *Ausdehnung der professionellen sozialen Arbeit* würde etwa insbesondere in den Kommunen einen erheblichen Personalaufbau in zentralen Versorgungsbereichen nach sich ziehen (Beratungsdienste, Altenhilfe, Sozialhilfe, Krankenhäuser, Schulen, Kindergärten und Kindertagesstätten u.v.m.). In öffentlichen Krankenhäusern beispielsweise, läßt nicht nur die Anhäufung von Überstunden und Bereitschaftsdiensten auf Personalengpässe bei Pflegepersonal und Ärzten schließen. Schon alleine durch das Ziel einer humaneren Krankenpflege sollte eine angemessene Stellenausstattung geboten sein. Unterbesetzungen sind hier vor allem im psychiatrischen und rehabilitativen Sektor und, was den nichtklinischen Bereich anbelangt, in der vorbeugenden kommunalen Gesundheitsfürsorge zu registrieren. In (öffentlichen und privaten) Krankenhäusern wird der Fehlbedarf mit ca. 60.000 Schwestern und Pflegern sowie mindestens 20.000 Ärzten und Ärztinnen angegeben. Auch verstärkt durch die anhaltende Massenarbeitslosigkeit expandiert daneben vornehmlich der Bedarf an sozialen Diensten durch Kommunen, freie Wohlfahrtsträger und Selbsthilfeorganisationen (psychologische Betreuung, Jugend- und Altershilfe, Behinderten- und Suchtkrankenhilfe etc.). Schätzungen zufolge sind bei unmittelbaren Humandienstleistungen dieser Art zusätzliche Arbeitsplätze in einer Größenordnung von 150.000 bis 360.000 erforderlich. Das Deutsche Institut für Wirtschaftsforschung sah daher bereits Mitte der 80er Jahre einen jährlichen Mehrbedarf von 30.000 bis 40.000 Vollzeitstellen (bei Bund, Ländern und Gemeinden) als unmittelbar begründet an (DIW-Wochenbericht 23/1984).

Die »rechenbaren« *Umweltschäden* nur für Luft- und Gewässerverschmutzung, Bodenzerstörung und Lärmbeeinträchtigung werden gegenwärtig bundesweit auf über 100 Mrd. DM pro Jahr geschätzt (L. Wicke

1986)[35]. Dieser Schadenserhebung von ca. 6 % des Bruttosozialprodukts stehen lediglich öffentliche und private Umweltschutzausgaben von rund 20 Mrd. DM (ca. 1,2 % des Bruttosozialprodukts) gegenüber. Das damit ausgelassene Innovations- und Beschäftigungspotential ist inzwischen durch eine Vielzahl von Untersuchungen für die einzelnen Bedarfsfelder belegt. Staatliche Ausgabenprogramme, die dieser immensen qualitativen Investitionslücke begegnen wollten, wären dabei ganz überwiegend auf kommunaler Ebene zu implementieren. Tätigen die Gemeinden, Gemeindeverbände, Stadtstaaten und Zweckverbände schon mehr als zwei Drittel der allgemeinen öffentlichen Sachausgaben, so ist ihr Anteil am Finanzierungsvolumen staatlicher Umweltschutzmaßnahmen wie etwa der Abwasser- und Abfallbeseitigung, der Luftreinhaltung und dem Lärmschutz mit über 95 % noch höher anzusetzen (M. Reidenbach 1987: 231 ff.).

Das Hessische Umweltministerium hatte beispielsweise noch in der grün-tolerierten sozialdemokratischen Regierungszeit (1983) mit seinem *Programm »Arbeit und Umwelt«* einen auf die gesamte Bundesrepublik bezogenen langfristigen Investitionsbedarf von 770 Mrd. DM ermittelt[36] dessen Deckung ca. 635.000 neue Arbeitsplätze schaffen soll (direkte Effekte). Entfiel hier der »Löwenanteil« auf die großen Investitionsfelder Energieversorgung und Wärmedämmung, Wohnungsbau und Verkehrsberuhigung, so wurde daneben auch der Finanzbedarf für *Umweltschutzmaßnahmen* im engeren Sinne angegeben (Gewässer 5-6 Mrd. DM, Wasserschutz 0,1 Mrd. DM, Luftreinhaltung 8,5-13 Mrd. DM, Lärmschutz 5-8 Mrd. DM, Abfallbeseitigung 10 Mrd. DM, Naturschutz, Landschaftspflege 13,7 Mrd. DM, vgl. Hess. Min. f. Umwelt 1983: 11 ff., 25 ff.).

---

35 Die Erhebung von Lutz Wicke ermittelt näherungsweise die Gesamtkosten der Umweltschädigung für die angegebenen Bereiche, bedient sich aber teilweise auch subjektiver Bewertungsmaßstäbe, die es ermöglichen sollen, Schadensqualitäten in monetäre Größen zu transformieren. Beispielsweise wird der Umfang der Luftverschmutzung (48 Mrd. DM) nicht unproblematisch überwiegend durch Befragungen der Bürger über die »Zahlungsbereitschaft für bessere Luft« berechnet. Die Kosten der Beeinträchtigungen durch Lärm (32,7 Mrd. DM) sind relativ präzise ermittelt, während die Angaben für Bodenschäden (über 5,2 Mrd. DM), Gewässerverseuchung (über 17,6 Mrd. DM) und die Schadensziffern aufgrund des Waldsterbens eher unvollständig sind, vgl. zur Kritik Arbeitsgruppe Alternative Wirtschaftspolitik 1987: 162 f.

36 Die Hälfte der Summe wird bei privaten Unternehmen veranschlagt, Berechnungen des Investitionsbedarfs zu konstanten Preisen.

- Eine nur auf die *Abfallverwertung* gerichtete Studie kommt mittlerweile zu dem Ergebnis, daß über die umfassende Einführung neuer abfallwirtschaftlicher Konzepte (ohne die positiven Beschäftigungsauswirkungen abfallvermeidender Produktionsverfahren) mit einem zehnjährigen Programm von insgesamt 64,3 Mrd. DM ca. 100.000 neue Arbeitsplätze zu gewinnen wären (A. Peters 1986).

- Für die Sanierung und Überwachung von Altablagerungen und kontaminierten Betriebsgeländen werden, ebenfalls auf zehn Jahre gerechnet, weitere Kosten von rund 17 Mrd. DM und ein Beschäftigungsvolumen von 15.000 Arbeitsplätzen verbucht (V. Franzius/H. Keiter/P. Knauer 1986).

- Im Energiesektor eröffnen sich Möglichkeiten zur Energieeinsparung und zum Umstieg auf eine rationelle und ökologisch verträgliche Energieversorgung gleichermaßen. Gegen den »harten Weg« der Atomstrompolitik wird hier für die Realisierung des Konzeptes eines »sanften Energiepfades« ein Investitionsbedarf von 480-520 Mrd. DM reklamiert (1980 bis zum Jahre 2000, W. Ströbele 1980). Das Programm des Hessischen Umweltministeriums beziffert die Kosten einer verbesserten Wärmedämmung (vor allem durch Gebäudeisolierung) auf 270 Mrd. DM und schätzt das Investitionsvolumen eines massiven Ausbaus von Fernwärme und Kraft-Wärme-Kopplung auf 80 Mrd. DM ein. Durch Energieeinsparung und neue Formen der Energieproduktion könnten somit rund 350.000 ökologisch sinnvolle Arbeitsplätze geschaffen werden (Hess. Min. f. Umwelt 1983: 59 f.).

- In der Verkehrspolitik wird der notwendige Aufwand für Verkehrsberuhigungsmaßnahmen, die Förderung des Fahrradverkehrs und des passiven Lärmschutzes mit 110 Mrd. DM angegeben (70.000 bis 80.000 Dauerarbeitsplätze, Hess. Min. f. Umwelt 1983: 74). Läßt sich der Investitionsbedarf für eine grundlegende Neuordnung der Verkehrssysteme zugunsten einer deutlichen Stärkung des öffentlichen Personennahverkehrs nur schwierig ermitteln, so liegen die Beschäftigungseffekte jedenfalls hier erheblich höher als beim Bau von Bundesautobahnen. Mit einer Milliarde DM Investitionssumme können im öffentlichen Verkehr wegen der höheren Arbeitsintensität 24.000 neue Arbeitsverhältnisse begründet werden, während die gleiche Ausgabe beim Fernstraßenbau lediglich einen zusätzlichen Arbeitskräftebedarf von 14.000 bewirkt.

- Für den Bereich der Dorferneuerung und Stadtsanierung wird ein erforderliches Ausgabevolumen von ca. 10 Mrd. DM ausgemacht. Rechnet man lediglich einen inzwischen weit übertroffenen Neubaubedarf von rd. 800.000 Wohnungen für extrem unterversorgte Bevölkerungsgruppen wie Niedrigeinkommensbezieher, Großfamilien und Ausländer hinzu[37] und addiert den zusätzlichen Modernisierungsaufwand von 3 Millionen weiterer Wohnungen, so ergibt sich ein Finanzierungsbedarf von insgesamt 275 Mrd. DM. Investitionsmaßnahmen in gleicher Höhe könnten umgerechnet ca. 200.000 neue Arbeitsplätze nach sich ziehen (Hess. Min. f. Umwelt 1983: 19).

---

37 Der Bedarf an neu zu errichtenden Wohnungen wird nach Angaben des Ifo-Instituts für die Bundesrepublik inzwischen auf mindestens 1,7 Millionen geschätzt, vgl. Frankfurter Rundschau v. 23.3.1990.

Diese Auflistung zeigt noch keineswegs ein vollständiges Bild des regionalen Investitions- und Erneuerungsbedarfs[38]. Die Erhebung wäre entlang der jeweiligen örtlichen Bedingungen ohnehin fortzuschreiben und zu spezifizieren. Doch läßt sich hieraus leicht eine Vorstellung vom insgesamt auf dezentraler Ebene vorhandenen Programmvorrat gewinnen, wie er einem bedarfsorientierten Typ gesellschaftlicher Ressourcensteuerung als politisch definierbare Zielvorgabe zur Verfügung steht.

4.   Zum Verhältnis von zentraler und dezentraler Politik

Während der alternative Entwicklungspfad im Gegensatz zum neokonservativen Modernisierungsprogramm in vielen Bereichen *neuer gesamtstaatlicher Regulierungen* bedarf (Umwelt- und Arbeitsrecht, monetäre soziale Sicherung, Umleitung der Finanzströme zugunsten einer qualitativen Beschäftigungsförderung), hätte er zur Feinsteuerung des gesellschaftlichen Ressourceneinsatzes eindeutig *die dezentrale Ebene* zu präferieren. Allein schon aufgrund der Investitionszurückhaltung vergangener Jahre und dem inzwischen unabweisbar gewordenen Nachholbedarf verspricht eine weitgehend kommunale Implementation qualitativer Beschäftigungsprogramme einen kurzfristigen und höheren Umsetzungserfolg. Doch ist die Aufwertung der dezentralen Handlungsebene im skizzierten Ansatz keineswegs nur umsetzungstechnisch und taktisch motiviert. Kommunal- und Regionalpolitik gehorcht hier nicht in erster Linie den Imperativen einer weltmarktorientierten und gewinnwirtschaftlich dominierten Anpassungsstrategie, sondern wird bei der Bestimmung der inhaltlichen Entwicklungsziele selbst *zu einer unverzichtbaren programmformulierenden* und *politikgestaltenden* Instanz.

So läßt sich der Umstieg vom herrschaftlich vermittelten und zentralstaatlich organisierten Modernisierungsprozeß auf die Alternativen eines nach bedarfswirtschaftlichen Prioritäten ausgestalteten Entwicklungskonzepts nur vollziehen, wenn zuvor *ein systematischer Ausbau des dezentralen Analyse- und Prognoseapparats* erfolgt. Aufgrund der größeren Problemnähe und der hier am ehesten stimulierbaren Artikulationsfähigkeit der Betroffenen muß ein *demokratischer Prozeß gesellschaftlicher Bedarfsermittlung* zunächst auf *lokaler Ebene* angesiedelt sein. Sinnvolle Expan-

---

38   Vgl. zur Darstellung des qualitativen Investitionsbedarfs auch R. Hickel/J. Priewe 1985.

sionsfelder sozialer Dienste und öffentlicher Infrastrukturleistungen zeigen sich etwa erst, wenn veränderte Lebenslagen transparent werden und potentielle Nutzer und Leistungserbringer zusammen Art und Umfang der wünschbaren Interventionen definieren. Dies macht eine erhebliche Ausweitung von partizipativen Formen der Datenerhebung und Bedarfsplanung erforderlich, die, als emanzipative Interaktion zwischen den beteiligten sozialen Akteuren angelegt, selbst wiederum zum Ausgangspunkt für breite Ressourcenmobilisierung und Politisierung werden können (lokale Berichterstattung über Verarmungstendenzen, über die soziale Situation von Jugendlichen und alten Menschen, die Lage von Frauen, Ausländern, die Entwicklung des Bedarfs an Wohnraum, sozialer Infrastruktur etc.).

Eine Strategie der qualitativen Verbesserung der Ausbildungs- und Arbeitsplatzsituation setzt zugleich detaillierte Kenntnisse der betrieblichen, wirtschaftsstrukturellen und arbeitsmarktspezifischen Veränderungen voraus, die vielfach nur durch dezentrale Berichts- und Informationssysteme zu gewinnen wären. Die systematische Beobachtung, Untersuchung und Vorausschätzung der regionalen Arbeitsmarkt- und Unternehmensentwicklung könnte darüber hinaus den Einsatz der lokal verfügbaren »Humanressourcen« zum öffentlichen, d.h. politisch zu bearbeitenden, Problem erklären. Regionalisierte Ausbildungs- und Arbeitsmarktbilanzen, Früherkennungs- und Warnsysteme bei betrieblichen und regionalen Strukturveränderungen, Informationen über öffentliche Förderung und deren Ergebnisse würden aber die *Entwicklungsperspektiven der Region politisieren* und sie einer ausschließlichen Behandlung durch privatwirtschaftliche Dispositionsbefugnisse entziehen.

Grundlegende Entscheidungen über die Aufgabenfelder und das Volumen qualitativer Beschäftigungsförderung würden auch in dem vorliegenden alternativen Entwicklungsmodell auf zentraler Ebene gefällt. *Um aber bei der Zurückdrängung profitwirtschaftlicher Lenkungsmechanismen und dem Übergang zu einer bedarfsorientierten Ressourcenentwicklung zentralistisch-bürokratische Fehlsteuerungen zu vermeiden und der Gefahr eines »erdrückenden Etatismus« zu entgehen, wäre der vorhandene Programmvorrat von unten zu problembezogenen und operablen Handlungskatalogen zu aggregieren* (R. Hickel 1985; D. Eißel 1986a). Während die finanzielle Absicherung gesamtstaatlich gewährleistet werden muß, läßt sich die *inhaltliche Substanz* des qualitativen Beschäftigungskonzepts nur durch *regionale und kommunale Investitions- und Entwicklungspläne* konkretisieren. Die Orientierung am regionalen Entwicklungsbedarf hilft dabei nicht nur, die vorhandenen Finanzmittel in die defizitären Bereiche zu verlagern, sondern begründet auch, auf die stoffliche Form der Güter- und Dienstleistungsproduktion bezogen, einen *alternativen Begriff von Modernisierung und Innovation*. So kann sich der dargestellte Typ einer arbeits- und umweltorientierten Produktivkraftentwicklung nur entfalten, wenn er sich gerade bis in die unteren Gebietskörperschaften hinein angebotsseitig im Ausbau wie in der qualitativen Reform des öffentlichen Sektors niederschlägt und gleichzeitig den vor Ort stattfindenden ökonomischen und technischen Wandel als bestimmendes Prinzip durchzieht.

Gesamtstaatlich erfordert dies neben der Umleitung von Finanzierungsströmen auch eine *bewußte Auswahl und Gestaltung zukünftiger Techniklinien* und eine *Neuausrichtung des gesellschaftlichen Forschungs- und Entwicklungspotentials*. Insbesondere wäre der strategisch wichtige Bereich der Forschungs- und Entwicklungsförderung aus seiner einseitigen Fixierung auf großtechnische Verfahren und kapitalrationale Modernisierungshilfen herauszulösen und an den sozial-ökologischen Bedarfsfeldern zu orientieren. Während Technologien mit nichtkalkulierbaren Risiken nach dieser Positionsbestimmung nicht weiter zu verfolgen wären (Kerntechnologie, Teile der Gentechnologie etc.), hätte sich der Einsatz der Fördermittel auf den Bereich der Umwelttechnologien, der Energietechniken, Technologien zur Humanisierung der Arbeit und zur Stärkung der regionalen Selbstversorgung zu konzentrieren.

Effiziente sozial- und umweltverträgliche Techniken und Interventionsformen können dabei nur im Rahmen eines Ansatzes entwickelt werden, der Modernisierung nicht als »von oben« verordnete technisch-ökonomische Rationalisierungsvorgabe begreift, sondern *die Erneuerungs- und Problemlösungsfähigkeit der beteiligten Akteure* dort stärkt, wo komplexe Handlungsanforderungen kumulieren. Wie das Beispiel zahlreicher Politikfelder belegt, kommt ein qualitativer Strategiewandel ohne kommunalen Kompetenzzuwachs nicht aus:

— So zeigt sich in dem zentralen Infrastrukturbereich der *Energieversorgung*, daß der Wechsel von einem »harten« (atomgestützten) zu einem »weichen«, ökologisch und sozial wünschbaren Versorgungspfad (ohne Atomenergie) nur über ein verstärktes Engagement der unteren politischen Instanzen durchzusetzen ist. Erst die *Rekommunalisierung der Energiewirtschaft*, die die lokale Ebene zum zentralen politischen Ort der *Bedarfsplanung* und *Erzeugung* macht (Lenkung der Energiesparinvestitionen, Bedarfsermittlung, Übernahme der Netze und Kraftwerke, Nutzung regenerativer Energiequellen, Tarifgestaltung), schafft die Bedingungen für eine problemangemessene, technologisch, ökonomisch und ökologisch sinnvolle Innovation (P. Hennicke u.a. 1985).

– Auch im Bereich der *sozialen Sicherung* ist der Zielerreichungsgrad eines sozial-staatlich-emanzipatorischen Interventionskonzepts nur dann zu optimieren, wenn es zu einer *Stärkung von dezentralen Leistungsformen* kommt. Ausreichende materielle Transfers durch den Zentralstaat vorausgesetzt, läßt sich eine bedürfnisgerechte und kontextbezogene Sozialpolitik nur auf dezentraler Ebene organisieren. Wo sich vielfältige Lebenslagerisiken vermischen und sich einer Beeinflussung durch die eindimensionalen zentralen Eingriffsmedien Recht und Geld zunehmend entziehen, können nur die »sekundären« Interventionsmuster einer reorganisierten lokalen Administration, der Ausbau von sozialen Infrastruktureinrichtungen und die Unterstützung von Selbsthilfe und Selbstorganisation zu ganzheitlichen Problemlösungen führen (K. Blessing 1987).

Ohne den gesamtstaatlichen Bezugsrahmen aufzugeben und die Notwendigkeit zentraler Umsteuerungen zu übersehen, hat das inhaltliche Programm des arbeits- und umweltorientierten Konzepts daher nur eine Realisierungschance, *wenn es gelingt, die regional und lokal vorhandenen sozialen Innovationspotentiale auszuschöpfen und den Anspruch auf eine qualitative Gestaltung der gesellschaftlichen Produktivkraftentwicklung auch zu dezentralisieren.* Ein ökologischer Umbau des gesamten Produktionsapparats kann sich beispielsweise nur vollziehen, wenn die »Enträumlichung« ökonomischer Aktivitäten schrittweise zurückgenommen wird und an die Stelle des Leitbildes einer möglichst exportorientierten regionalen Wirtschaftsstruktur eine *bedarfswirtschaftlich abgestimmte Mischung aus inner- und interregionalen Austauschbeziehungen* tritt[39]. Dies macht aber neben dem Ausbau zentraler und dezentraler Formen der strukturpolitischen Steuerung[40] eine Stimulierung des »endogenen Entwicklungspotentials« erforderlich, wie sie nur von der regionalen und lokalen Ebene aus geleistet werden kann.

---

39 Vgl. zur Mehrheitsmeinung in der regionalwissenschaftlichen Diskussion die Verteidigung des »Export-Basis-Konzepts« durch den »Sachverständigenrat zur Begutachtung der gesamtwirtschaftlichen Entwicklung«, Sachverständigenrat 1984/85: 202 f.

40 Unter dem Begriff des »endogenen Entwicklungspotentials« werden die zu einem gegebenen Zeitpunkt in einer Region vorhandenen Faktoren zusammengefaßt, von denen eine Steigerung der Wohlfahrt (verstanden als Zufriedenheit oder Nutzen für die Bevölkerung) in der gleichen Region ausgehen kann. Üblicherweise werden zu diesen regionseigenen Entwicklungsfaktoren nicht nur das Kapital- und Infrastrukturpotential, sondern auch die vorhandenen Arbeitskräfte und ökologischen Ressourcen gezählt, vgl. R. Thoss 1984.

5. Mobilisierung und Demokratisierung als Erfolgsbedingungen

Will das neokonservative Politikkonzept die Regionen nach gewinnwirt-schaftlichen Kriterien »von oben« durchmodernisieren (Beschleunigung der Diffusion neuer Technologien als Rationalisierungstechniken, Verka-belung, Privatisierung öffentlicher Dienste etc.) so stellt der alternative Entwicklungstyp auf *eine regionseigene Basis an ökologisch verträglichem und sozial nützlichem Fertigungs- und Dienstleistungsvermögen* ab (R. Hickel 1985: 375). Dabei belegt gerade der Regionsbezug den Umbaube-darf am traditionellen Akkumulationssystem. Wird der regionale Ent-wicklungsbedarf in seinen quantitativen und qualitativen Dimensionen zu-grundegelegt, so zeigt sich, daß neue Formen der Produktion und sozial-politischen Intervention gefunden werden müssen, die *die Kategorien des technischen und sozialen »Fortschritts« bedarfswirtschaftlich*, d.h. nach ih-rem nutzenstiftenden Gebrauchswert für die breite Mehrheit der Bevöl-kerung, *rekonstruieren.*

Das qualitative Umbaukonzept durchbricht damit wirtschaftsliberale wie neukonservative Vorstellungen gleichermaßen. Die ökonomische Fortschrittsentwicklung wird hier weder als »selbstläufiger«, marktvermit-telter Prozeß noch als staatlich-technokratische Veranstaltung gesehen. Formuliert wird vielmehr eine *alternative Krisenüberwindungsstrategie*, die die ökologische Konversion des Produktionsapparates, die Reorganisation der sozialen Sicherung und den bedarfsangemessenen Ausbau der sozia-len Dienste an die Stelle zentralstaatlich vorgegebener Austeritäts- und Rationalisierungsmuster setzt. Eine solche Alternativstrategie ist *macht- und herrschaftsrelevant*. Sie findet notwendig Widerstände vor und wurde bislang weder in der Bundesrepublik noch in der Mehrzahl der westlichen Industrieländer zum mehrheitsfähigen Programm. Ihre entscheidenden Durchsetzungsbarrieren und Engpaßfaktoren liegen dabei weniger in der grundsätzlichen technischen und ökonomischen Machbarkeit als in der privatwirtschaftlichen Verfügungsgewalt über den Einsatz gesellschaft-licher Ressourcen sowie bei der Ausrichtung und Struktur der staatlichen Apparaturen.

Während das neokonservative Politikkonzept die gesellschaftliche Mo-dernisierung als Vollzug technologischer »Sachzwanglogik« betreibt und seine Durchsetzung die Betroffenen als Arbeitnehmer, Bürger und Ver-braucher *erfolgreich passiviert*, ist das Gegenmodell sowohl bei der Be-darfsplanung wie bei der Umsetzung gerade auf *die Aktivierung der sozia-len Innovationsfähigkeit »von unten«* angewiesen. Für eine am sozialen und ökologischen Entwicklungsbedarf ausgerichtete »politisch« definierte

Produktion (R.R. Grauhan 1978) wird daher die Mobilisierung der profit-wirtschaftlich ungenutzten Kreativität und Phantasie von Beschäftigten, Konsumenten und Arbeitslosen in viel stärkerem Maße auch Erfolgsbedingung sein.

Dies muß das Konzept konservativ-zentralstaatlicher Modernisierung gleichzeitig mit *umfassenden Demokratisierungsansprüchen* konfrontieren. *Das soziale Innovationspotential einer Gesellschaft, der Korridor, in dem sinnstiftende und emanzipative »Problemlösungsarbeit« möglich wird, kann sich nur in dem Maße entfalten, wie interessen- und hierarchiebedingte Blockaden überwunden werden.* Für die zukünftige Produktions- und Dienstleistungsstruktur gilt es daher Formen des Wirtschaftens zu finden, die den Einsatz der vorhandenen Ressourcen schrittweise der Dominanz gewinnwirtschaftlicher bzw. zentralistisch-bürokratischer Steuerung entziehen.

Hierzu wird es ebenso notwendig sein, die Ausweitung betrieblicher Mitbestimmungsrechte einzuklagen wie etwa in Schlüsselsektoren der Wirtschaft und gefährdeten Krisenbranchen demokratische Kontrollverfahren und Formen vergesellschafteten Eigentums zu installieren (z.B. Stahl, Schiffbau, Energieerzeugung, Großbanken, vgl. Arbeitsgruppe Alternative Wirtschaftspolitik 1983, 1985, 1987). Gleichzeitig muß aber auch der gemeinwirtschaftliche und genossenschaftliche Sektor wiederbelebt und verbreitet werden. Eine Erneuerung entlang der ursprünglichen Ziele dieser Ansätze kann gerade hier zu bedarfswirtschaftlichen Formen der Leistungserbringung und einer praxisfähigen Kooperation von Produzenten und kritischen Verbrauchern führen.

Auf der Ebene der Kommunen, der Regionen, der Länder und des Bundes wie in den einzelnen Wirtschaftssektoren selbst wären darüber hinaus demokratisch verfaßte Instanzen einzurichten, die die Entwicklungsplanungen der Unternehmen und Branchen in eine investitionslenkende sektorale und regionale Strukturpolitik integrieren (Wirtschafts-, Sozial- und Umwelträte, Branchenräte, Investitionsmeldestellen etc., vgl. Arbeitsgruppe Alternative Wirtschaftspolitik 1980: 272 ff., 1985: 311 f.; E. Kutscher 1987: 189 ff.).

Die hier unterbreiteten Vorschläge für eine demokratische gesellschaftliche Ressourcensteuerung sind jedoch als mittel- und langfristige Forderungen anzusehen und setzen mehrheitlich die politische Gestaltungsmacht für unternehmensrechtliche und politisch-institutionelle Veränderungen bereits voraus. Da sich eine alternative Entwicklungslogik aber unter den gegebenen Bedingungen gerade gegen eine zentralstaatlich vorherrschende konservative Modernisierungspolitik entfalten muß, lassen sich bedarfswirtschaftliche Umorientierungen einstweilen nur mit Hilfe aktuell verfügbarer Instrumentarien realisieren. Das Konzept alternativer Produktivkraftentwicklung wird zunächst auf gegenwärtig schon existente Anknüpfungspunkte und Bündnispartner angewiesen sein. Vor dem Hintergrund zentralstaatlicher Blockierungen muß die Initiierung neuer Ansätze durch kurzfristig mobilisierbare Ressourcen wie die dezentrale Aktivierung und Vernetzung vorhandener Akteure im Gegenteil sogar *zur entscheidenden Grundbedingung einer handlungsstrategischen Öffnung für weiterführende politische Alternativen* werden.

Je deutlicher sich das neokonservative Modernisierungsmodell in Anbetracht des aufbrechenden sozial-ökologischen Bedarfs als Fehlsteuerung erweist, umso mehr gewinnen daher auch für sich genommen endliche und eher als Notwehrmaßnahmen in Gang gebrachte Vorhaben an Gewicht. Beriebliche und gewerkschaftliche Initiativen für eine Umrüstung vorhandener Produktionsverfahren und Produktpaletten, selbstorganisierte Unternehmen »ohne Chef«, Arbeitslosen- und Lehrlingsprojekte, die Beschäftigungsinitiativen der »freien Träger« und Kommunen stellen oftmals nur notdürftige und unzureichende Versuche dar, Einkommen, Qualifikation und Beschäftigung auch abseits vom etablierten Wirtschaftsgeschehen zu organisieren. Wo es gelingt, die »Residualgröße« konservativer Modernisierung, brachliegende und von Ausmusterung bedrohte Arbeitskraft, für sinnvolle Aufgabenfelder zu mobilisieren, könnten sie jedoch nicht nur sozial stabilisierende Effekte für die unmittelbar Beteiligten auslösen, sondern auch gleichzeitig Elemente einer bedarfswirtschaftlichen Entwicklungslogik transportieren.

Ob solche selbstorganisierten, intermediär oder kommunal vorgetragenen Handlungsansätze letztlich die verbliebenen Nischen füllen, als Projekte der Marginalisierten gar neue Stigmatisierungen hervorrufen oder auf den ökonomischen Hauptprozeß zurückwirken und dessen Funktionsmechanismen problematisieren, wird nicht zuletzt im Kontext des (auch durch die Ebenen der Länder und Kommunen mitgeprägten) politisch-institutionellen Gesamtprogramms entschieden. Dabei ist der Ausgang dezentraler Auseinandersetzungen in der gegenwärtigen Situation besonders von Belang. Werden etwa die Handlungsspielräume der untersten staatsstrukturellen Ebene, der Kommunen, durch den zentralen Ressourcenentzug zunehmend »verstaatlicht« und in das vorherrschende Politikprogramm integriert, so müßte andererseits der Einstieg in eine »*kommunalisierte*«, am wachsenden sozial-ökologischen Innovationsbedarf orientierte Ressourcensteuerung aus Sicht der lokalen und regionalen Politik besonders vielversprechend sein. Ebenso wie hier eine bruchlose

Übernahme zentralstaatlicher Modernisierungsvorgaben das neokonservative Politikkonzept absichern würde und seine Alternativlosigkeit unterstreicht, könnten dezentrale Politisierungsstrategien zur *dringend benötigten »Mikrofundierung«* im Prozeß der Herausbildung und Durchsetzung eines alternativen sozial-ökonomischen Entwicklungsmodells führen. Wie kommunale Handlungspotentiale ausgerichtet werden, worauf sich die hier verfügbaren Ressourcen konzentrieren, kann jedenfalls für die Aussichten konkurrierender Entwicklungsmuster von erheblicher Bedeutung sein.

II. CHANCEN LOKALER GEGENMACHT

II.A. Lokale Politik als abhängiger und offener Prozeß

1. Der Stellenwert lokaler Politik in der Bundesrepublik

1.1 Die Rahmenbedingungen

Bestehen aber unter dem Druck zentralstaatlicher Modernisierungs- und Ausgrenzungspolitik überhaupt Chancen, ein alternatives Entwicklungskonzept durch dezentrale Innovationen voranzubringen und zu präzisieren? Wie die staatlichen Reaktionen auf veränderte Weltmarktpositionen und Verwertungsbedingungen des nationalen und internationalen Kapitals ausfallen, welche Art von Modernisierungspolitik auf zentraler Ebene verfolgt wird und nach welchen grundsätzlichen Prämissen sich der Wandel des sozialen Wohlfahrtsstaats vollzieht, ist dem unmittelbaren Einfluß dezentraler politischer Instanzen (nach dem Staatsaufbau der Bundesrepublik wie dem der anderen westlichen Industrieländer) weitgehend entzogen. Im Gegenteil: Die Kommunen, als unterste staatliche Ebene in besonderem Maße der *Organisation der stofflichen Voraussetzungen* jeder weiteren gesellschaftlichen Entwicklung verpflichtet (U. K. Preuß 1973), werden im überwiegend neokonservativ gesteuerten Umbau der keynesianisch-sozialdemokratischen Gesellschaftsformation durch die staatsstrukturelle Verlagerung der Krisenfolgen zusätzlich belastet und sehen sich gleichzeitig mit Einschränkungen ihrer Handlungsfähigkeit konfrontiert. Wo auf zentraler Ebene kapitalorientierte Politikprogramme dominieren, bleiben die dezentral zur Verfügung stehenden Ressourcen der Problembewältigung systematisch hinter dem aufbrechenden sozial-ökologischen Interventionsbedarf zurück.

Aber auch ohne auf die gegenwärtigen Krisenbedingungen abzustellen, lassen sich die kommunalen Handlungsmöglichkeiten keinesfalls allein »von unten« definieren. Der rechtliche Bewegungsraum der Kommunen und ihre Stellung im staatlichen Finanzverbund sind in der Bundesrepublik durch gesamtstaatliches Verfassungsrecht geregelt, was die lokale Politik in mehrfacher Hinsicht zur *abhängigen Größe* macht. So sind die bundesdeutschen Kommunen verfassungsrechtlich als Teil der Länder konstruiert, deren Aufsichts- und Weisungsbefugnissen sie auch in weiten Teilen ihrer Aufgabenwahrnehmung unterstehen. Normsetzungsrecht steht ihnen nur im Rahmen der von Bund und Ländern erlassenen Gesetze zu (»Satzungsautonomie«) und ihre Finanzhoheit wird lediglich mit Einschränkungen garantiert.

Das den Kommunen nach Maßgabe der jeweiligen Landesgesetzgebung eingeräumte Steuerfindungsrecht, findet seinerseits enge Grenzen in der vorrangigen Steuersetzungskompetenz von Bund und Ländern vor. Etwa ein Drittel der kommunalen Einnahmen machen inzwischen staatliche Finanzzuweisungen aus (Bund und Länder), auf deren Umfang die unteren politischen Instanzen weitgehend ohne direkten Einfluß sind. Auch wo den Kommunen eigenständige Einnahmequellen zugestanden sind, bleibt der lokale Gestaltungsspielraum im Vergleich zu dem der anderen politischen Ebenen gering. Gebühren und Leistungsentgelte dürfen die anfallenden Kosten nicht überschreiten und haben zwischenzeitlich bereits hohe Deckungsanteile erreicht. Neue Abgabentatbestände können nur nach vorangegangener bundes- oder landesrechtlicher Ermächtigung begründet werden. Während der Anteil der Kommunen an der Einkommensteuer durch Bundesgesetz festgelegt ist und der Umfang der Einnahmen hier nur mit dem örtlichen Aufkommen variiert, verbürgt auch das Hebesatzrecht der Städte und Gemeinden bei den Realsteuern noch bei weitem keine finanzpolitische Autonomie. Die Grundsteuer ist in ihrem bundesgesetzlich fixierten Grundniveau so niedrig, daß selbst deutliche Anhebungen des Hebesatzes nur zu geringen Mehreinnahmen führen. Die Gewerbesteuer wurde als traditionell zentrale Gemeindesteuer in der Vergangenheit durch Eingriffe des Bundesgesetzgebers in einem so erheblichen Maße ausgehöhlt, daß sie inzwischen eher als »Zusatzsteuer auf den Gewinn von Großbetrieben« zu bezeichnen ist (Wissenschaftlicher Beirat 1982: 13). Im Unterschied zu Bund und Ländern fällt der kommunale Verschuldungsspielraum bedeutend enger aus und wird gerade in Krisenregionen durch aufsichtsrechtliche Vorbehalte zusätzlich beschränkt. Eine am politischen Status quo orientierte und insbesondere auf die verfassungsrechtliche Stellung der Kommunen im politischen Gesamtsystem bezogene Prüfung der dezentralen Innovationsfähigkeit kann daher zunächst auch nur zu skeptischen Einschätzungen führen (vgl. etwa B. Reissert 1986).

Dennoch bleibt fraglich, ob das insgesamt aussagekräftige Bild einer »auseinanderklaffenden Schere« zwischen kommunalem Handlungsdruck einerseits und vorhandener Mittelausstattung andererseits die Rolle der Kommunen in der gegenwärtigen Übergangsphase schon zureichend beschreibt. Können zentralstaatliche Lastenverschiebungen und (regional unterschiedlich ausgeprägte) Finanzprobleme das Feld lokaler Politik bereits abschließend determinieren? Analyseansätze, die bei dem Befund der mangelnden Staatsqualität von Kommunalpolitik verweilen und *ausschließlich* deren Abhängigkeiten konstatieren, neigen dazu, die Gesamtheit des dynamischen und in sich widersprüchlichen Zusammenwirkens von lokaler und zentraler Politik zu übersehen. Nicht selten erliegen sie auch der Selbstsicht dezentraler politischer Instanzen, die die eigenen Spielräume bei wachsendem Handlungsdruck gerne als vollständig fremdbestimmt interpretieren. Wie eine über juristische und verwaltungswissenschaftliche Zugänge hinausreichende politikwissenschaftliche Betrachtungsweise zeigt, muß dies jedoch zu Verkürzungen in der Beurteilung lokaler Politikprozesse führen.

Im Zuge der in den westlichen Industrieländern weit fortgeschrittenen Politikverflechtung haben sich die Regelungsbereiche zentraler und dezentraler Politik zunehmend verschränkt. Wachsende Problemkomplexität und der Ausbau kontrollierender und kompensierender Interventionsformen hatten schon in der zurückliegenden Periode die Abgrenzung zwischen staatlicher Politik und nachrangigen Selbstverwaltungsaufgaben aufgelöst und eine gegenseitige Durchdringung von zentraler, regionaler und lokaler Politikmaterie bewirkt. Weitgehend unabhängig von der jeweiligen (unitarischen oder föderativen) Struktur des »fordistischen« Staates wurde die kommunale Politik zum Teil eines entwickelten politisch-administrativen Planungs-, Steuerungs- und Leistungsverbundes und damit als Ebene konkreter gesellschaftlicher Konfliktaustragung eigenständig profiliert. Wo übergeordnete staatliche Instanzen die Steuerungs- und Fühlungsvorteile der kommunalen Ebene zu nutzen wußten, ging zwar hier autonom zu regelndes Terrain verloren, den Kommunen fielen aber andererseits auch neuartige Umsetzungs-, Gestaltungs- und Legitimationsaufgaben zu, die ihre Bedeutung als Innovations- und Rückkopplungsebene gesamtstaatlicher Politik vergrößerten (F. W. Scharpf 1976 u.a.; J. J. Hesse 1978).

So tätigen die Kommunen in der Bundesrepublik mittlerweile etwa ein Viertel aller öffentlichen Ausgaben, davon zwei Drittel aller öffentlichen Sachinvestitionen, und beeinflussen gerade mit diesem Nachfragepotential quantitativ und qualitativ sowohl die Infrastrukturausstattung im öffentlichen Sektor wie die weitere Entwicklung des Produktionsapparates im privatwirtschaftlichen Bereich. Die Gemeinden und Gemeindeverbände beschäftigen über ein Drittel aller Arbeitnehmer der Gebietskörperschaften und prägen damit Form und Niveau weiter Teile des öffentlichen Dienstes (Finanzbericht 1988; Statistisches Jahrbuch 1986). Weder der Bund noch die Länder verfügen über einen ausreichenden eigenen Verwaltungsunterbau, sondern bedienen sich in vielerlei Hinsicht der Gemeindebürokratien (»Auftragsangelegenheiten«). Den Kommunen bleibt es darüber hinaus im Rahmen ihres verfassungsrechtlich garantierten Selbstverwaltungsrechts überlassen, selbstgewählte Aufgabenfelder zu definieren (»Allzuständigkeit« nach Art. 28 GG) und erreichbare Ressourcen zu eigenständigen Problembearbeitungsstrategien, etwa der kommunalen Sozialpolitik (J. Krüger/E. Pankoke 1985) oder der Wirtschaftsförderungspolitik (H. Naßmacher 1987), zu kombinieren.

Dies schließt in der kommunalen Praxis nicht nur die Macht über den Einsatz der eigenen, intern mobilisierbaren (finanziellen, rechtlichen und administrativen) Mittel ein, sondern eröffnet auch erhebliche Spielräume bei der Anwendung und Umsetzung der Programme überörtlicher Politik. Staatliche Fachplanungen prallen meist erst auf der kommunalen Ebene aufeinander und rufen hier nachhaltigen Koordinierungsbedarf hervor. Allein die Gemeinden sind in der Lage, aus den sich vor Ort abzeichnenden staatlichen Einzelvorhaben ein umfassendes Lagebild zusammenzusetzen, was ihnen häufig, gleichsam als Gegentendenz zur zentralstaatlichen Vereinnahmung ihrer Handlungsressourcen und Kompetenzen, auch *Strategien der »Gegenimplementation von unten«* erlaubt (H. Wollmann 1983; A. Azzola u.a. 1984: 78). Selbst wenn ihre übergeordnete parlamentarische Legitimation gesichert scheint, ist es damit doch fraglich, ob sich zentralstaatliche Umsteuerungs- und Modernisierungskonzepte bruchlos als selbstläufige Automatismen realisieren. In vielen Bereichen könnten sie vielmehr mindestens auf den Vollzugskonsens, wenn nicht gar auf die aktive Unterstützung der dezentralen Politik angewiesen sein.

Politische Macht geht auf der kommunalen Ebene aber nicht nur aus staatlicher Aufgabendelegation, sondern in erster Linie aus eigenständigen, nach den Prinzipien des allgemeinen und gleichen Stimmrechts abgehaltenen Wahlakten hervor. Dieses Erfordernis einer lokalen demokratischen Legitimation räumt zum vorherrschenden Kurs oppositionellen Kräften gleichzeitig die Möglichkeit zur eigenständigen Programmformulierung und dezentralen Mehrheitsbildung ein. Wie kommunale Instanzen auf staatliche Vorgaben reagieren, entlang welcher Zielsetzungen und mit wieviel Vehemenz sie ihr eigenes Ressourcenarsenal mobilisieren, scheint daher nicht nur eine Frage der »oben« vollzogenen Weichenstellungen, sondern auch des jeweils »unten« vorhandenen lokalpolitischen Kräftefelds zu sein.

Die Abwälzung der ökonomischen und sozialen Krisenfolgen würde demnach zwar die Bedingungen definieren, unter denen Kommunalpolitik gegenwärtig stattzufinden hat, doch wäre die politische Relevanz der lokalen Konfliktarena dadurch noch nicht hinreichend bestimmt. Wo lokale

Strategien selbstgesetzten Zielen folgten, würde die kommunale Ebene vielmehr vom Anhängsel zum *eigensinnig respondierenden Subsystem* der nationalen Politik, das vorhandene Handlungschancen nicht nur ausschöpfen und »von oben« gesteckte Grenzen thematisieren, sondern staatspolitische Restriktionen womöglich sogar transzendieren kann. Die »objektiven« Voraussetzungen kommunaler Politik, die als Probleme der Finanzausstattung und des rechtlichen Steuerungspotentials gewöhnlich im Mittelpunkt einer politisch-institutionellen Sicht auf *den* kommunalpolitischen Handlungsspielraum stehen, wären danach aber auch nicht länger als alleine maßgebender Horizont lokaler Politikerforschung anzusehen. Sie würden stattdessen als das erkennbar, was sie im eigentlichen Sinne sind: Historisch geronnene und somit auch *veränderbare* Resultate gesamtgesellschaftlicher Kräftekonstellationen, auf die (auch) lokal in Gang gebrachte politische Auseinandersetzungen Einfluß nehmen und reagieren.

Beim Versuch einer angemessenen Einschätzung der Rolle der kommunalen Ebene in der aktuellen Umbauphase gerät daher neben (zentralen und dezentralen) politisch-institutionellen Strategien der gesamte lokale Politisierungsraum mit den Politikansätzen und Orientierungen der dort versammelten gesellschaftlichen Akteure in den Blick. *An den Reibungsflächen und Bruchstellen zwischen zentralstaatlichen Vorgaben einerseits und den Handlungsorientierungen und Konzeptionen der lokal auf den Plan tretenden Kräfte und Gruppierungen andererseits muß der Freiheitsgrad, die »relative Autonomie« der lokalen Politik und ihr Gewicht für den gesamtgesellschaftlichen Entwicklungsverlauf zu suchen sein.* Daß die Politikfähigkeit der lokalen Ebene dabei ganz offensichtlich Konjunkturen unterliegt, wird durch die *periodisch unterschiedliche Politisierung* der kommunalen Aufgabenwahrnehmung ganz nachdrücklich belegt.

1.2. Die Politisierung »von unten« hat Konjunkturen

So galt die »kleine Politik« in der Bundesrepublik bis weit in die 60er Jahre hinein eher als sachorientierte Vollzugsarbeit, der die eigentliche politische Dimension bürgerschaftlicher Selbstverwaltungstradition längst abhanden gekommen war (T. Eschenburg 1966). Erst mit dem Engagement von Bürgerinitiativen und einzelnen parteipolitischen Gruppierungen Ende der 60er und Anfang der 70er Jahre brach der politische Gehalt der kommunalen Ebene wieder auf. Das sozialdemokratisch-keynesianische Fortschrittsmodell der vergangenen Prosperitätsperiode hatte mit der

Durchkapitalisierung und Durchstaatlichung immer weiterer Bereiche der Reproduktion auch immer häufiger zur Zerstörung gewachsener baulicher und sozialer Strukturen geführt und fand in lokalen Auseinandersetzungen erstmals Widerstände vor. Durch die Studentenbewegung geprägte Gruppen und Individuen, Alt- und Neulinke unterschiedlicher Couleur, aber auch vereinzelt alteingesessene Bürger bis weit ins konservative Spektrum hinein forderten anfänglich eher in Ein-Punkt-Initiativen »zur Verhinderung von...« später auch in Quartiers- und Stadtteilgruppen, Mitsprache- und Mitgestaltungsrechte ein (P. Grottian/W. Nelles 1983).

Die eingefahrene kommunalpolitische Praxis der sozialdemokratischen Partei wurde zu dieser Zeit durch einen umfassenden Neuorientierungsversuch der Jungsozialisten problematisiert (W. Roth 1971). Wo die SPD, wie in den meisten größeren Städten, örtliche Mehrheiten bilden konnte, waren ihre Handlungskonzepte kaum noch als Bestandteile eines umfassenderen sozio-kulturellen Gegenentwurfs zu verstehen. Hatte sich die »fortschrittliche Identität« sozialdemokratischer Kommunalpolitik häufig einfach auf den schnelleren Ausbau öffentlicher Infrastrukturapparate und Dienstleistungen reduziert, so wurden jetzt, wie zum Beispiel in der Stadt Wiesbaden, bisweilen vorsichtige Ansätze einer bewohnerorientierten Stadtentwicklungsplanung praktiziert.

Diese nach der unmittelbaren Wiederaufbauphase *erste Politisierungswelle* des Kommunalen bezog sich zwar auf einzelne lokale Anlässe, reichte aber mitunter schon über den jeweiligen örtlichen Problemhintergrund hinaus. Lokale Politisierungsprozesse gaben verschiedentlich bereits Anstöße, eine sozial-ökologische Korrektur der vorherrschenden gesellschaftlichen Entwicklungskonzeption zu reflektieren. Die später in politischen und wissenschaftlichen Debatten vertiefte Kritik von Umweltzerstörung, Bürokratisierung und einer nur disparitär nachhinkenden sozialpolitischen Aufgabenerfüllung nahm nicht selten in kommunalpolitischen Konflikterfahrungen ihren Ausgangspunkt. Gleichzeitig ließen sich die reformerischen Ansprüche der späten 60er und frühen 70er Jahre, über innerparteiliche Öffnungen und das vielfältig aufkeimende Engagement in Jugend-, Wohnbereichs- und Stadtteilinitiativen, noch am ehesten in lokalen Praxisfeldern konkretisieren.

Allerdings sahen sich die Hoffnungen auf eine umfassendere gesellschaftliche Demokratisierung mit einer breiten Verankerung neuer Formen politischer Partizipation in der »nachreformerischen« zweiten Hälfte der 70er Jahre weitgehend enttäuscht. Im Zeichen ökonomischer Krisenerscheinungen und gesellschaftspolitischer Restaurationstendenzen wurde weder eine durchgreifende Demokratisierung staatlicher Strukturen (»Kommunalisierung des Staates«) noch eine Ausweitung bedarfswirtschaftlicher »politischer« Produktion (R. R. Grauhan 1978) erreicht. Im Zuge der gesamtstaatlich vollzogenen Tendenzwende waren Vorstöße zur Ausweitung demokratischer Steuerung schon bald zurückgenommen worden oder wurden von Anfang an nur halbherzig realisiert (wie bspw. im Boden-, Bau- und Planungsrecht). Wo öffentliche Planung noch stattfinden konnte, wurde sie technokratisch um ihre gestalterischen Ambitionen verkürzt und auf ein Mittel zur effizienten Verwaltung des Mangels bzw. der verwaltungstechnisch optimalen Allokation knappster Handlungsressourcen reduziert (F. W. Scharpf u.a. 1976: 10).

Waren parteipolitische Diskussionen, etwa um kommunalpolitische Leitlinien und Grundsatzprogramme, anfangs noch von den Reformvorstellungen der frühen 70er Jahre geprägt (vgl. bspw. das Kommunalpolitische Grundsatzprogramm der SPD 1975, SPD-Parteivorstand 1975), so wuchs in der späteren politischen Praxis die Tendenz, die in der Auseinandersetzung mit bürokratischen Apparaten und ökonomischen Abhängigkeiten gewonnenen Ansprüche auf Emanzipation und Selbstbestimmung abzuwehren oder zu kanalisieren. Zahlreiche Modelle der Bürgerbeteiligung scheiterten so in verwaltungsgerecht zugerichteten Verfahren. Neue Ansätze basisnaher politischer Willensbildung, wie sie in Gestalt der Bürgerinitiativen entstanden waren, aber auch »sperrige« Kommunalverwaltungen gerieten unter nunmehr widrigen ökonomischen Bedingungen in Verdacht, die Verursacher von »Investitionsblockaden« oder gar einer vermeintlich drohenden »Unregierbarkeit« zu sein (R. Arndt 1983: 24; U. Klose 1975: 1; P. Graf Kielmannsegg 1977; U. Matz 1979).

Der bundespolitische Verzicht auf sozial-ökologische Umsteuerungen und das Festhalten der sozial-liberalen Koalition an kapitalorientierten Mustern der Krisenbearbeitung taten ein übriges, um dezentrale Innovationschancen zu entthematisieren. Die eigenständigen Handlungsmöglichkeiten der unteren politischen Ebenen wurden in materieller Hinsicht durch die unsteten und zunehmend restriktiven Vorgaben der Bundesebene eingeschränkt. Darüber hinaus trieb die regierungsamtliche Profilierung des Gegensatzes von Arbeitsplatz- und Umweltschutzinteressen die Zersetzung der sozialdemokratisch-keynesianischen Wachstumsallianzen weiter voran und leistete damit Ende der 70er Jahre einen eigenen Beitrag dazu, die politische Basis sozialdemokratischer Regierungsmacht gerade in den größeren Kommunen weitgehend aufzuspalten und vorerst zu destruieren (Der Spiegel 41/1981).

Die vorangegangene Politisierung kommunaler Angelegenheiten blieb somit insgesamt bei der Artikulation von Widerspruchsmomenten stehen, ohne daß die dezentral sichtbar gewordenen Innovationspotentiale in annäherndem Umfang für strukturelle Reformen zu nutzen gewesen wären. Für eine durchgängig sozialreformerische Praxis in den Kommunen fehlte sowohl die Unterstützung »von oben« wie in den meisten Fällen eine ausreichende Basis an lokalen Trägern und weitgehend auch die Kompetenz sowie die demokratische Legitimation zu ihrer dezentralen, politisch-institutionellen Koordination.

Der neuerliche Auftrieb im lokalpolitischen Engagement, der Bedeutungszuwachs, den die kommunale Ebene seit Anfang der 80er Jahre wieder zu verzeichnen hat (J. J. Hesse 1983), ereignet sich nicht wie vormals vor dem Hintergrund der ersten Krisenerscheinungen der »fordistischen« Expansionsphase, sondern vollzieht sich mitten in der Auseinandersetzung um eine »nachfordistische« Wachstumsstrategie. Probleme wie die Kommerzialisierung der Innenstädte und die Zerstörung von Wohnvierteln durch Bürohäuser und Straßenbau blieben als Ergebnisse der in der vergangenen Wachstumsperiode erfolgten Durchkapitalisierung und Durchstaatlichung baulicher Stadtstrukturen von erheblicher Brisanz. Sie wurden jedoch auch von neuen Konfliktdimensionen überlagert und ergänzt. Die Durchsetzung neokonservativer Austeritätskonzepte auf zentraler Ebene und der Versuch, die bundesdeutsche Ökonomie weltmarktorientiert zu restrukturieren, haben die kommunalpolitisch aufgeworfenen Auseinandersetzungen näher an die Grundlinien sozial-ökonomischer Interessengegensätze herangerückt und das Feld der gesellschaftlichen Akteure neu arrangiert.

So drückt die *zweite Politisierungswelle* der lokalen Ebene nicht zuletzt die existentielle Angewiesenheit eines wachsenden Teils der von sozialer Ausgrenzung bedrohten Bevölkerungsgruppen auf dezentrale Auffangpositionen aus. Bildeten früher häufig Fragen der Reaktivierung urbanen Lebens und einer breiteren Mitwirkung bei der kommunalpolitischen Entscheidungsfindung den Anstoß für bürgerschaftliche Initiativen, so geht es heute noch unmittelbarer zunächst um die Kumulation von Wohnungsnöten, Verschuldungsproblemen und dauerhafter Arbeitslosigkeit. Für einen Großteil der Krisenbetroffenen stehen bereits die materiellen und kulturellen *Partizipationsvoraussetzungen* auf dem Spiel. Kommunalpolitik wird in dieser Situation als »Puffer- und Filterzone« benutzt. Sie sieht sich einerseits einem wachsenden sozial-ökologischen Interventionsbedarf gegenüber und wird gleichzeitig, von zentraler Ebene aus, mit kapitalorientierten Anforderungen zur Modernisierung des Produktionsapparates und lastenverlagernden Konzepten zum Umbau des Sozialstaats konfrontiert.

Doch stünden möglichen dezentralen Innovationsstrategien »unten« neuerdings auch *potentielle Partner* zur Verfügung, die in früheren Phasen lokalpolitischer Aktivierung noch nicht vorhanden waren. Bei der aktuellen Thematisierung kommunaler Politik bleiben die Forderungen nicht bei einem Mehr an Partizipation und offeneren Verfahren der Entscheidungsfindung stehen. Aus den Ein-Punkt-orientierten Protestgruppen der späten 60er und der 70er Jahre ist vielerorts ein dichtes Geflecht alternativer Milieus geworden, die eigene Selbsthilfe- und Selbstorganisationsressourcen nutzbar machen und neue Formen des Arbeitens und (Über-) Lebens praktizieren. Frauengruppen, alternativ-ökonomische Projekte und selbstorganisierte Initiativen verbindet zwar selten der gleiche politische Bezug oder gar ein einheitlicher Zielentwurf. Ihre lebensweltlichen Interessen nach eigenständiger kultureller Entfaltung wie ihr Bedürfnis nach Absicherung der Projekte, nach eigensinniger Arbeit und eigener materieller Reproduktion nötigen dem etablierten kommunalpolitischen Entscheidungssystem jedoch schon heute häufig Unterstützung und eine Umlenkung lokal disponibler Mittel ab.

Die politisch-institutionelle Arbeit in den Kommunen hat sich dadurch polarisiert und im Zuge der Auflösung sozialdemokratisch-keynesianischer Wachstumskoalitionen auf zentraler Ebene ihren vormaligen Charakter als konsensfähige Allparteienveranstaltung wohl endgültig verloren. In der Bundesrepublik wurde die kommunale Ebene Anfang der 80er Jahre zum Ausgangspunkt der grün/alternativen Wahlbewegung und konservative Parteien und Gruppierungen büßten ihre hier während der 70er Jahre errungene Vormachtstellung zum gleichen Zeitpunkt vielfach wieder ein. An ihre Stelle traten insbesondere in der zweiten Hälfte der 80er Jahre vom Stimmpotential her wiedererstarkte sozialdemokratische Fraktionen oder auch lokale Koalitionen von SPD und Grünen, deren Vorhaben dem Anspruch nach häufig deutlich gegen den Kurs der neokonservativen Bundespolitik abzugrenzen waren.

Dabei werden vornehmlich in rot-grünen Bündniskonstellationen traditionelle Vorstellungen von einer eher unpolitischen Parlamentsarbeit in Frage gestellt und neue Anforderungen an die lokalen Verwaltungskörper formuliert: Durch ein erweitertes Themenfeld, das von der Friedenssicherung (ABC-Waffen-freie Zonen) über internationale Solidaritätsaktionen (Städtepartnerschaften) bis hin zur Auseinandersetzung um die Veränderung der industriellen Arbeitsbeziehungen reicht (Paragraph 116 des Arbeitsförderungsgesetzes), zieht gerade hier ein Verständnis von Kommune als unmittelbarer und umfassender Ebene gesellschaftlicher Interessenvertretung ein, in der Probleme der Arbeitswelt ebensowenig ausgespart bleiben wie Fragen, deren letztendliche Regelung der Landes- oder Bundespolitik vorbehalten bleibt. Mehr noch: Mit der *Durchbrechung der herkömmlichen Beschränkung aufs »Lokale«* wird die Kommunalpolitik von veränderten Mehrheiten zunehmend als Basis für die Konzipierung und Entfaltung grundlegender politischer Alternativen angesehen.

Die Politisierung schlummernder lokaler Handlungspotentiale macht dabei in jüngster Zeit ebensowenig vor den Gewerkschaften halt, deren Augenmerk traditionell eher der Landes- und der Bundespolitik gewidmet war. Seitdem die Bedeutung zentraler korporatistischer Aushandlungsverfahren abgenommen hat und der Einfluß der organisierten Arbeitnehmerschaft auf übergeordneten staatspolitischen Ebenen zurückgegangen ist, bemühen sich erste Arbeitskreise darum, die gewerkschaftlichen Einwirkungsmöglichkeiten dezentral zu reorganisieren. Wenn diese vorsichtige Hinwendung zu kommunalen und regionalen Handlungsmöglichkeiten auch noch keinesfalls für eine strategische Neuorientierung der Gewerkschaften in ihrer Gesamtheit steht, so ist sie doch als schrittweise Ausweitung des gewerkschaftlichen Vertretungsanspruchs anzusehen. Wo die Diskussionen der organisierten Beschäftigten in ersten Ansätzen über die Krisen einzelner Unternehmen und Branchen hinausreichen und den sozial-ökologischen Entwicklungsbedarf der jeweiligen Region thematisieren, geht es notwendig auch um eine qualitative Umstrukturierung des vorhandenen Produktionsapparats und um sinnvolle Einsatzfelder für diejenigen, die bereits von Deklassierung und Arbeitslosigkeit betroffen sind.

Unter diesen Bedingungen stellt sich die Frage nach der *»Identität« lokaler Politik* in der gegenwärtigen Umbauphase wieder neu. Folgt den Aufbruchstendenzen in der kommunalen Politik auch dieses Mal wieder die staatspolitische Eindämmung und werden dezentrale Experimentierfelder nur vorübergehend als möglicherweise noch nützliche Nischen des Hauptstroms ökonomischer Restrukturierung toleriert? Oder lassen sich von hier aus Gegenstrategien wider die Verstaatlichung und neokonservative Vereinnahmung der unteren politischen Ebenen formulieren? Entsprechen kommunale Politikkonzepte vielleicht sogar zentralstaatlichen Vorgaben und verschärfen ihrerseits über kapitalfördernde Modernisierungen auf der einen wie durch ausgrenzende Sparmaßnahmen und stigmatisierende Sonderbehandlungen für »Problemgruppen« auf der anderen Seite noch den örtlichen Krisendruck? Oder können sie schon jetzt Bestandteil einer auf gesamtgesellschaftliche Auseinandersetzungen bezogenen sozial-ökologischen Alternative sein?

Grundsätzlich scheint die Politikfähigkeit der lokalen Ebene äußerst inkonsistent und flüchtig zu sein. Auch die gegenwärtige Politisierungskonjunktur des Kommunalen kann für sich genommen noch keineswegs eine umfassende und auf Dauer angelegte Ausschöpfung von dezentralen Innovationsspielräumen garantieren. Daher sind die Bedingungen für eine strategische Öffnung lokaler Politik in der aktuellen Übergangsperiode zu präzisieren. Notwendig ist eine systematischere Einschätzung des Verhältnisses der dezentralen Ebene zur entwickelten kapitalistischen Staatsorganisation auf der einen Seite und andererseits zur dynamischen Entwicklung der gesellschaftlichen Klassen und Gruppierungen. Die Diskussion von Funktion und Freiheitsgrad der lokalen Ebene erfordert dabei einen Rückgriff auf die sozialwissenschaftliche Theoriebildung zur Beziehung von Klassengesellschaft und Staatsstruktur, wie sie in der jüngsten Vergangenheit insbesondere in den Beiträgen der lokalen Politikforschung und der neueren internationalen Stadtforschung geleistet worden ist[41].

---

41 Im folgenden sind Beiträge auszuwerten, die den Diskussionsprozessen verschiedener entwickelter kapitalitischer Länder entstammen, was die Spezifika des jeweiligen nationalen Staatsaufbaus und der darin vorgenommenen Aufteilung öffentlicher Regelungskompetenz notwendig in den Hintergrund treten läßt. Da aber an dieser Stelle weniger die Abgrenzung politisch-administrativer Zuständigkeiten, sondern grundlegender die »Politikfähigkeit« der lokalen Ebene und ihrer Akteure interessiert, muß dieser Mangel, wie in den internationalen Debatten der »new urban sociology« und der stadtbezogenen Politikforschung generell, in Kauf genommen werden. Zu den unterschiedlichen Positionsbestimmungen vgl. auch die Beiträge in: R. Emenlauer u.a. 1974; R.-R. Grauhan 1975 Bd. 1 und 2; J. Krämer/R. Neef 1985 sowie W. Väth 1985; U. Bullmann/P. Gitschmann 1987 und zur nachstehenden Kategorisierung insbesondere S. Krätke/F. Schmoll 1987.

2. Zentralstaatliche Determinierung oder strukturelle Autonomie? Eine unfruchtbare Kontroverse in den Hauptströmungen der kommunalwissenschaftlichen Theorie

2.1. Die kommunale Ebene als Instrument zentralstaatlicher Strategien

Wenig auszurichten hätte die neue Politisierung lokaler Angelegenheiten etwa dann, wenn sie in ihrem Kern lediglich als *Ausdruck einer öffentlichkeitswirksamen Dezentralisierung von Verantwortlichkeiten für prekäre Politikbereiche* anzusehen wäre. Auf lokaler Ebene würde so möglicherweise unter großem Aufwand der beteiligten Akteure ein Streit um lokale Politikansätze inszeniert, dessen »Erfolg« letztlich nur in einer symbolischen Problembearbeitung und der Partikularisierung vorhandener Konfliktpotentiale liegen kann.

Eine solche *»instrumentalistische« Sichtweise*, die die lokale Ebene als von zentralstaatlichen Vorgaben determiniert begreift, wurde vor allem in der bundesdeutschen Diskussion entwickelt, die sich als kritische lokale Politikforschung seit Anfang der 70er Jahre um ein eigenständiges Profil bemüht. In Absetzung von einer formalisierenden verwaltungswissenschaftlichen Betrachtung kommunaler Selbstverwaltung und einer zunehmend US-amerikanisch beeinflußten soziologischen Gemeindeforschung, in der sich das Problem lokaler Demokratie auf den Umstand örtlicher Elitenbildung reduziert (»Community-power«-Studien), wurde vorwiegend in systemtheoretisch (C. Offe 1975) wie neomarxistisch inspirierten Analyseansätzen (R. Bauer 1975; H. Grymer 1974; H. Fassbinder 1975; M. Rodenstein 1975) der Versuch unternommen, den Stellenwert lokaler Politik im Kontext gesamtstaatlicher Entwicklung zu eruieren. Dabei erscheint die lokale Politikebene auf der Basis beider Untersuchungskonzepte *von systemsichernder Herrschaftslogik durchdrungen und abschließend zentralstaatlich bzw. privatwirtschaftlich funktionalisiert.*

Die systemtheoretische Betrachtungsweise sieht die Fähigkeit der Kommunen zur eigenständigen Politikgestaltung im Zuge fortschreitender Kapitalakkumulation und staatspolitischer Zentralisierung historisch ausgehöhlt und inzwischen restlos aufgezehrt. Der Fortbestand kommunaler Politikinstanzen verdankt sich hier ausschließlich ihrer Puffer- und Filterqualität. Die (nur formell) gewahrte Selbstverwaltungsautonomie der unteren politischen Ebene ermöglicht dem Zentralstaat, bestimmte Entscheidungsmaterien zu »lokalisieren« und das insgesamt aufgeworfene

Konfliktniveau durch eine Strategie der Ausgliederung und dezentralen Absorption zu minimieren (C. Offe 1975: 307 ff.).

In neomarxistischen Ableitungsversuchen der 70er Jahre wird der kapitalistische Staat meist als monolithischer Block und Politik häufig als widerspruchsfreie Abbildung der Funktionsmechanismen zentraler Apparate konstruiert. Wo die Kommunen explizit Erwähnung finden, werden sie vornehmlich in der Eigenschaft als »Filialen« des Zentralstaats bzw. partiell selbstverantwortliche Instanzen zur frühzeitigen Bearbeitung von Zielkonflikten diskutiert (H. Grymer 1974: 102, 112 f.). Auch hier bleibt ihre Rolle für den gesellschaftlichen Gesamtprozeß vorab »von oben« systemisch definiert und auf den Charakter einer pseudo-demokratischen »Spielzone« zum Zwecke zentralstaatlicher Legitimationsbeschaffung reduziert (M. Rodenstein 1975: 324). Wo es gelingt, den strukturellen Handlungsdruck aus der kapitalitischen Organisation des gesellschaftlichen Reproduktionszusammenhangs herauszuarbeiten, werden allgemeine Tendenzen (wie die zunehmende Agglomeration und Verstädterung oder die Zentralisierung staatlicher Machtausübung) an die Stelle des konkreten historischen Prozesses selbst gesetzt. In einer unhistorischen und ökonomistisch verfahrenden Einordnung des Kommunalen in *das* kapitalistische System nehmen die Voraussetzungen lokaler Politik aber unversehens den Charakter des »objektiv Notwendigen« und widerspruchslos zu Vollziehenden an, was die entscheidende Handlungs- und Vermittlungsebene zwischen »ökonomischen Zwängen« und den Strategien politischer Instanzen eliminiert. Vorfindliche politische Reaktionen werden als einzig mögliche Antworten begriffen, deren »notwendiges« Scheitern wiederum einzig aus ökonomischen Restriktionen resultiert (kritisch A. Evers 1978).

Haben die in den 70er Jahren neu einsetzenden Verstaatlichungstendenzen kommunaler Autonomie und die seinerzeit in der Bundesrepublik immer noch vergleichsweise erstarrte kommunale Politiklandschaft solche skeptischen Befunde nachhaltig begünstigt, so liegt diesen Ansätzen doch auch eine Verengung des theoretischen Zugangs zum Feld lokaler Politik zugrunde, die ihre Tauglichkeit für die Einschätzung der Chancen gegenwärtiger Auseinandersetzungen beschränkt. So ist die beidseitige Dynamik im Staat-Kommune-Verhältnis nicht erfaßbar, solange die Ebene gesellschaftlicher Akteure vollständig ausgeklammert bleibt. Was als entscheidendes Defizit im systemtheoretischen Analyseansatz schon methodisch programmiert ist, muß in Untersuchungen mit historisch-kritischem Anspruch zu einer erheblichen Verkürzung ihres möglichen Erkenntniswertes führen. Wo (potentiell) oppositionelle gesellschaftliche Interessen und Bewegungen gegenüber vorherrschenden Kapitalerfordernissen und dominierenden politisch-administrativen Strategien schon *a priori* auf die Rolle von betroffenen Objekten festgeschrieben sind, wird das selbstgesetzte Ziel, die Restriktionen *und die Bedingungen* zu erhellen, unter denen sich die Träger »lebendiger Arbeitskraft« als Subjekte gesellschaftlicher Veränderung entfalten können, nicht mehr einzulösen sein (A. Evers 1978: 62).

Jenseits dieser grundsätzlichen Kritik an ihrer Einseitigkeit kann die These von der Kommune als »verlängerter Arm« des Zentralstaats (S. Krätke/F. Schmoll 1987) aber durchaus *einen Teil* der aktuellen lokalpolitischen Praxis zutreffend beschreiben und erklären. In der Tat gibt es hinreichend Belege für die Instrumentalisierung der Puffer- und Filtereigenschaften der kommunalen Ebene als Mittel zentralstaatlicher Umverteilungs- und Ausgrenzungspolitik.

So zeigt sich etwa am Beispiel der bundesdeutschen Arbeitslosenunterstützung deutlich, mit welchen Auswirkungen die Kommunalisierung von Zuständigkeiten in einem flexibel hierarchisierten System der sozialen Sicherung (Arbeitslosengeld, Arbeitslosenhilfe, Sozialhilfe) staatspolitisch auch zu nutzen ist. Mit der Aussteuerung von Arbeitslosen aus den höheren Sicherungsetagen der »Arbeiterpolitik« und ihrer Überstellung in kommunal organisierte und finanzierte Leistungsformen (»Armenpolitik«) geht hier systematisch nicht nur die Absenkung des Reproduktionsniveaus von Arbeit, sondern auch ein Mehr an staatlicher Kontrolle und Zurichtung einher (Bedürftigkeitsprüfung, Pflichtarbeit). Die Voraussetzungen zu einer auch ins Bewußtsein der Betroffenen dringenden Spaltung in reintegrierbare, auch im Fall von Arbeitslosigkeit noch leidlich gesicherte Arbeitnehmer auf der einen Seite und ausgrenzbare Arme auf der anderen Seite sind gerade durch eine Strategie der Kommunalisierung dieses Regelungsbereichs »von oben« bereits angelegt (S. Leibfried/E. Hansen/M. Heisig 1984).

Diese staatsstrukturelle Verschiebung in der politischen Bearbeitung von Erwerbslosigkeit weist aus, daß aus der Aufwertung lokalpolitischer Aufgabenwahrnehmung in der »postfordistischen« Übergangsphase *alleine* noch keineswegs auf eine Stärkung dezentraler Problemlösungskompetenz geschlossen werden kann. Unter Krisenbedingungen scheint sich die strukturelle Instrumentalisierbarkeit der unteren politischen Instanzen im Rahmen des politisch-administrativen Systems vielmehr zu aktualisieren. Dezentralisierungsstrategien können hier offenbar auch eine Neuaufteilung faktischer und legitimatorischer Krisenlasten bewirken und die gesellschaftlichen Kosten der Versuche zur Wiederankurbelung privatwirtschaftlicher Initiative »nach unten« delegieren.

2.2. Die Kommune als notwendig progressiver Teil einer dualistischen Staatsstruktur

Umgekehrt legen es die Widersprüche zwischen dezentralem Bedarf und zentralstaatlicher Modernisierungspolitik nahe, die kommunale und regionale Ebene schon *per se* als *Kristallisationspunkt für die Entwicklung qualitativ steuernder Innovationsstrategien* anzusehen. Kommunale Politik scheint mehr auf die Sicherung der elementaren menschlichen Daseinsbedingungen gerichtet (U. K. Preuß 1973), was *»funktionalistische« Theorieansätze* (S. Krätke/F. Schmoll 1987) die Existenz einer spezifisch lokalen Politikmaterie wie eine vom Zentralstaat grundlegend verschiedene Akteursanordnung folgern läßt. Aufgrund innerstaatlicher Aufgabenverteilung und eines besonders problem- und adressatenbezogenen Verfahrens der Entscheidungsfindung könnte in der lokalen Politik damit schon *staatsstrukturell vorgegeben und notwendig das progressive Korrelat zur konservativeren, eher kapitalorientierten Staatspolitik* zu finden sein.

So stellt sich die kommunale Ebene in weiten Teilen der internationalen Stadtforschung vornehmlich als der gesellschaftliche Ort der kollektiven Konsumtion und Wiederherstellung des Arbeitsvermögens dar (M. Castells 1977 (1973), 1983; letztlich auch bei P. Saunders 1985 (1984), 1987 (1981)[42].

Castells, der die französische und italienische, aber auch die britische Diskussion durch seine marxistisch-strukturalistisch geprägten Beiträge zur Stadtpolitik wesentlich beeinflußt hat, siedelt die auf den Produktionsbereich gerichteten Konflikte in den Betrieben und bei den zentralen politischen Instanzen an. Demgegenüber definieren sich die lokalpolitischen Räume geradezu dadurch, daß sie sich als »Einheiten der kollektiven Reproduktion der Arbeitskraft« und damit verbundener Auseinandersetzungen konstituieren (M. Castells 1977: 263 ff., 265). Die staatliche Durchdringung des Reproduktionsbereichs wird hier hauptsächlich kommunal organisiert, wobei sich die Widersprüche spätkapitalistischer Regulation automatisch als städtische Probleme manifestieren. Aus der Spannung zwischen privater Produktionskontrolle und wachsenden staatlichen Interventionserfordernissen resultiert - über die für entwickelte kapitalistische Länder typische steuerstaatliche Finanzklemme vermittelt (J. O'Connor 1974) - eine (permanente) Versorgungskrise der kollektiven Konsumtion, die auf der inzwischen durch ihre Regulierungsaufgaben zunehmend poli-

---

42 Vgl. einen ähnlichen Ansatz in der deutschen Diskussion bei D. Fürst/J. J. Hesse 1978; J. J. Hesse 1983; D. Fürst/J. J. Hesse/H. Richter 1984.

tisierten lokalen Ebene in städtischen Kämpfen und Bewegungen Ausdruck finden *muß*. Ob dieses Konfliktpotential gesellschaftlich erheblich wird, entscheidet sich im wesentlichen entlang der Frage, inwieweit sich eine bündnisstiftende Verflechtung disparater städtischer Probleme mit grundlegenden gesellschaftlichen Antagonismen und den verschiedenen Formen des Klassenkampfs ergibt (M. Castells 1977: 246 f.).

Das Grundmuster dieser Argumentation wurde von Castells selber wie von anderen Autoren weiterentwickelt und modifiziert. Nach einer neueren Arbeit von Castells haben sich die Produktionsverhältnisse mittlerweile international und die politischen Machtverhältnisse nationalstaatlich organisiert, was gleichzeitig auch die entsprechenden Ebenen als Orte der Auseinandersetzung um Klassenbeziehungen und um staatliche Machtausübung definiert. Städtische Konflikte sind das Einmischungsfeld neuer sozialer Bewegungen (insbesondere der Frauenbewegung) geworden und lassen Forderungen nach einer Verbesserung sozialer Versorgungsstandards, der Sicherung kultureller Identität und der Stärkung lokaler Entscheidungsbefugnisse entstehen. Wird hier die Aufteilung staatsstrukturell zugewiesener Politikmaterien und Konfliktarenen beibehalten, so können soziale Bewegungen bei der Durchsetzung gebrauchswertorientierter und auf die »Erfahrungswelt« bezogener Verkehrsformen nun im Unterschied zur früheren Position umstandsloser zu neuen Hoffnungsträgern avancieren (M. Castells 1983: 305 ff.; S. Krätke/F. Schmoll 1987).

Obwohl Castells damit die Bedeutung der kommunalen Ebene als Konflikt- und Auseinandersetzungsfeld betont und die Relevanz lokaler Praxisformen unterstreicht, bleibt sein im Grunde strukturtheoretisch-deterministisch verfahrendes Analysekonzept für eine weiterführende Einschätzung der Rolle lokaler Politik in der gegenwärtigen gesellschaftlichen Umbauphase problembehaftet und defizitär. Castells stellt die Eskalation systemisch bestimmter Widerspruchsmomente fest und macht entlang der Politisierungskonjunkturen des Kommunalen relativ unvermittelt und allgemein die Aktivierung alter respektive neuer Hoffnungsträger aus. Seine abstrakte Untersuchung von Strukturgesetzen reicht jedoch lediglich dazu hin, die potentiell spielraumöffnenden Wirkungen lokaler Auseinandersetzungen zu konstatieren. Klassenkämpfe und die Aktivitäten sozialer Bewegungen werden zwar zu Recht schon als die entscheidenden Mechanismen gesellschaftlicher Veränderung benannt, doch bleiben konkrete Praxisansätze, die erst die realen Möglichkeiten und Hindernisse und damit die widersprüchliche Rolle kommunaler Politik im gegenwärtigen Umbauprozeß beleuchten könnten, außerhalb des Analysehorizonts. Castells' Theorie stützt sich, so ein Kritiker seines Ansatzes, bereits »auf eine Ahnung von bewußten und handelnden menschlichen Subjekten«, durch deren Wirken ein von Widersprüchen zerrissenes System auch erst seine realen Konturen gewinnen kann (P. Saunders 1987: 188 f.). Sie läßt allerdings das entscheidende Vermittlungsglied zur Erklärung konkreter Klassenpraxisformen, die Interpretationen, Strategien und Erfahrungen der gesellschaftlichen Akteure, noch außer acht.

Dabei wird eine befriedigende Begründung der »relativen Autonomie« lokaler Politik auch nicht von »funktionalistischen« Ansätzen geleistet, die Castells' Argumentation weiterentwickeln und in Teilen revidieren. So hat etwa Saunders die Ausklammerung produktionsbezogener Probleme aus dem Bereich des »Städtischen« bei Castells kritisiert, um aber andererseits die Vorstellung von spezifisch lokalen Politikfeldern und Aushandlungsmechanismen in seiner *Theorie des »dualen Staates«* noch zu vertiefen und zu systematisieren (P. Saunders 1987 (1981), 1985 (1984), 1984).

Da kommunale Probleme in aller Regel nicht mehr lokalen Ursprungs sind, haben die räumlich definierten Grenzen der Kommunen hier ihre Bedeutung für eine Analyse des »spezifisch Städtischen« verloren. An sozialen Prozessen (und nicht an räumlichen Strukturen) orientiert, konstruiert Saunders eine idealtypische Unterscheidung zwischen den staatlichen Aufgaben der Förderung von (privatwirtschaftlicher) Akkumulation und (gesellschaftlicher) Konsumtion. Mit der Entwicklung der »produktiven« Rolle des Staates sind Fragen der ökonomischen Planung und der Wirtschaftspolitik Gegenstand korporatistischer Interessenvermittlung geworden, die vorwiegend auf zentralstaatlicher Ebene geregelt wird. Die soziale Konsumtion und die Reproduktion der Arbeitskraft sieht Saunders dagegen durch konkurrenzhaft-pluralistische Vermittlungssysteme gesteuert, die zur Entlastung des zwischen beiden Polen angelegten Spannungsverhältnisses in weiten Teilen (wie bei Castells) auf kommunaler Ebene angesiedelt sind.

Dem weitgehend von demokratischer Einflußnahme abgeschotteten Akkumulationsprozeß steht daher im »dualen Staat« ein besonderer, sektor- und ebenenspezifischer Typus reproduktionsorientierter Politik gegenüber, der für nichtkapitalgebundene Interessen grundsätzlich zugänglicher ist. Im Hinblick auf die zugrunde gelegte Aufspaltung der Politikterrains betont Saunders jedoch im Unterschied zu Castells die eingeschränkte Relevanz der kommunalen Ebene und ihrer Auseinandersetzungen für sozialreformerische Strategien. Zwar lassen sich hier durchaus auch Leistungsverbesserungen zugunsten von abhängig Beschäftigten erzielen, doch sind die lokal stattfindenden Bewegungen weder mit zentralen politischen Kon-

flikten zu vermischen, noch unter Bezug auf grundlegende Klassenausein-
andersetzungen zu verstehen[43].

Versucht Saunders seine These von einer grundsätzlich »dualen« Politikstruktur noch mit differenzierten Gegenüberstellungen der jeweiligen
organisatorischen, funktionellen, politischen und ideologischen Mechanismen zu versehen (P. Saunders 1984: 23 ff.), so wird in der bundesdeutschen verwaltungswissenschaftlich ausgerichteten Politikforschung neueren Datums meist ohne ausführliche Herleitung gar ein »antagonistisches
Verhältnis« zwischen den eher »produktionsorientierten Interessen« der
zentralen und den stärker »reproduktionsorientierten Interessen« der dezentralen Ebene konstatiert (D. Fürst/J. J. Hesse 1978; J.J. Hesse 1983;
D. Fürst/J. J. Hesse/H. Richter 1984). Die Arbeiten sind in erster Linie
am politisch-institutionellen Geflecht der Staatsstruktur und der dort aus-
geprägten administrativen Arbeitsteilung interessiert. Trotz einge-
schränkter materieller Ressourcen machen sie häufig einen Bedeutungszuwachs des kommunalen Bereichs und insbesondere Potentialgewinne
der Verdichtungsräume aus, was phänomenologisch und allgemein mit
neuen Themenstellungen, gesellschaftlichem Wertewandel, Veränderungen im Prozeß gesellschaftlicher Willensbildung und einem Übergang zu
eher »persuasiven« Politikformen begründet wird (J. J. Hesse 1983). Sind
die Beiträge dieses Ansatzes im Bezug auf inneradministrative Veränderungen kenntnisreich, so gerät ihnen allerdings das ehemals identitätsstif-

---

43 Saunders faßt seine These vom »dualen Staat« folgendermaßen zusammen: »State
    intervention in relation to the process of production is typically concentrated at
    central government level, where policies are developed through a process of corpora-
    tist interest mediation and are addressed to the principle of private property and the
    need to maintain profitability. The interests which are mobilised at this level are pri-
    marily those which are formed on the basis of the social organisation of production in
    society - that is the organised class interests of industrial and finance capital, the pro-
    fessions and organised labour. State intervention in relation to the process of con-
    sumption, on the other hand, is achieved to a large extent at local government level,
    where policies are developed through a process of competetive political struggle bet-
    ween a plurality of shifting interests and alliances, which address themselves in
    various ways to the principles of social rights and the importance of meeting social
    needs. ...Adoption of this framework of analysis entails two crucial theoretical impli-
    cations. The first is that we cannot apply the same general theory to both levels of go-
    vernment, since different processes can be seen to be operating at each level. The
    second is that class analysis is generally inappropriate if we wish to understand local
    struggles around issues of consumption. ...Local politics are essentially consumption
    politics and local campaigns around issues of consumption cannot easily be integrated
    into a nationally organised class-based movement centred on the politics of product-
    ion. Put another way, the battle at the local level is distinct from that at national level,
    and the attempt to fight national issues through local government reflects a failure to
    understand this distinction.« (P. Saunders 1984: 30 f., 45).

tende Erkenntnisinteresse der kritischen lokalen Politikforschung, die Erhellung des dynamischen Zusammenhangs von staatsstrukturellen und klassenstrukturellen Entwicklungen, letztlich vollends aus dem Blick.

2.3. Wider einseitige Festlegungen des lokalen Politikgehalts

Damit macht die formalistische und einseitige Zuordnung von sozial-konsumtiven respektive produktionsbezogenen Politikbereichen zu verschiedenen staatsstrukturellen Ebenen den aktuellen Stellenwert lokaler Auseinandersetzungen nur unzureichend transparent. Sie kann zwar wie die »instrumentalistische« These, die die Kommune vornehmlich als »verlängerten Arm« des Zentralstaats sieht, einzelne Aspekte und Phänomene des Staat-Kommune-Verhältnisses insbesondere der zurückliegenden »fordistischen« Periode zu Tage fördern, ist aber dabei nur unvollständig in der Lage, die Rolle lokaler Politik in der gegenwärtigen Umbauphase aufzuklären.

Herausgearbeitet wird zutreffend, daß sich unter dem jetzt in die Krise geratenen Akkumulationsmodell zentral wie international eine Expansion des auf die Warenproduktion gerichteten Regulationsbedarfs vollzogen hat. Doch trifft dies in gleichem Umfang auf die Wahrnehmung von redistributiven Staatsaufgaben zu (Sozialtransfers, Steuerbegünstigungen), die in den westlichen Industrieländern ebenfalls primär oder in weiten Teilen auf zentraler Ebene angesiedelt sind. Die »fordistische« Staatsausweitung, die mit der Durchkapitalisierung aller Lebensbereiche einhergegangen ist, war eben gerade umfassender Natur und stärkte die interventionistische Rolle des kapitalistischen Staates bezogen auf den Arbeitsprozeß, aber ebenso im Verwertungs- und Zirkulationszusammenhang (P. Dunleavy 1984: 78 ff.).

Größere zentralpolitische Steuerungskompetenzen, und dies erkennt der »funktionalistische« Ansatz richtig, setzten sich zu Beginn der »fordistischen« Phase auch als Ausdruck gesellschaftlich vorherrschender Interessen durch, da nur auf diesem Wege gleiche Bedingungen der Kapitalentfaltung und möglichst standardisierende wie effizienzsichernde Vorgaben für die Verwendung öffentlicher Mittel erreichbar waren. Die Stärkung des Zentralstaates diente dabei gleichzeitig als Immunisierungsstrategie. Die Fluktuation von Kapital und Arbeit sollte berechenbar und frei von Behinderungen durch lokal divergierende Kräfteverhältnisse und belastende Sonderkonditionen sein. Bei der Ausweitung des nationalen

111

Interventionsstaats und den hierfür zwischen antagonistischen Interessen notwendigen Aushandlungsverfahren entstanden (kräfteungleiche) zentralistisch-korporatistische Entscheidungsstrukturen, wie sie Castells und Saunders zu Recht thematisieren. Auch haben sich mittlerweile nationalspezifische Formen politisch-institutioneller Arbeitsteilung herausgebildet, bei denen die formale Zuweisung von Regelungskompetenzen zu den verschiedenen Ebenen der Staatsstruktur je nach nationaler Tradition in einzelnen Politikbereichen durchaus der »dualistischen« These von einer asymmetrischen Verteilung produktions- und reproduktionsorientierter staatlicher Aufgaben entsprechen kann[44].

Doch hat dies die Lokalpolitik faktisch zu keinem Zeitpunkt von produktionsbezogenen Anforderungen und klassenvermittelten Interessengegensätzen freigestellt. Die Erweiterung staatlicher Aufgabenwahrnehmung bedurfte von Anfang an, insbesondere dort, wo die Feinsteuerung stofflicher Prozesse durch Realtransferleistungen gefordert war, der lokalen Spezifikation (S.S. Duncan/M. Goodwin/S. Halford 1987: 10 ff.). Mit steigender Problemkomplexität vollzog sich parallel zur Stärkung des interventionistischen Zentralstaats auch ein Ausbau der dezentralen Verwaltungsapparaturen. Etwa bei der Erledigung planerischer Aufgaben oder durch ihre unternehmensnahe bzw. arbeitskraftnahe Dienstleistungs- und Infrastrukturpolitik lieferten die unteren politischen Instanzen einen ebenfalls wachsenden Beitrag sowohl zur Sicherung von Produktionsvoraussetzungen als auch zur Erweiterung der Arbeitskraftreproduktion.

Schon für die Vergangenheit fällt es deshalb schwer, die zentralen Auseinandersetzungen im Staat-Kommune-Verhältnis unter die »dualistische« Kategorie der ebenenspezifischen funktionellen Spezialisierung zu rubrizieren. So ist etwa der Dauerkonflikt um die wirtschaftliche Betätigung der Gemeinden in der Zeit der Weimarer Republik, der letztlich erst mit der Entmachtung der Städte durch die Präsidialkabinette und die nationalsozialistische Gleichschaltungspolitik entschieden wurde, nur zum Teil aus einem Gegensatz von produktions- und reproduktionsbezogenen Interessen zu erklären. In diesem Streit um das insbesondere von den deutschen Großstädten gehaltene, eher bedarfswirtschaftlich ausgerichtete Unternehmenspotential ging es vielmehr gleichzeitig um die Entscheidung über die Alternative einer gemischtwirtschaftlichen oder rein kapitalorientierten ökonomischen Reorganisation.

---

44 So ist beispielsweise das sozialpolitische Leistungssystem in anderen westlichen Industrieländern (mit Ausnahme Frankreichs) in stärkerem Maße dezentralisiert als in der Bundesrepublik, vgl. J. Krämer/R. Neef 1985: 165.

Noch gestützt auf die örtlichen Vertreter der Weimarer Reichsparteien inklusive der Sozialdemokratie hatten die Kommunen ihr wirtschaftliches Engagement sowohl in der Boomphase wie in der eingetretenen Depression aufrechterhalten bzw. noch expandieren lassen und stellten damit eine ernsthafte Herausforderung für überregional *wie* lokal organisierte Kapitalinteressen dar (W. Ribhegge 1976)[45]. Aus diesem Grund hatte sich das »Sperrfeuer« der Unternehmerverbände und Rechtsparteien seit der zweiten Hälfte der 20er Jahre auf sie konzentriert, und nicht etwa, weil hier »pluralistische Reproduktionsinteressen« gegen »korporatistische produktionsbezogene Anliegen« (Saunders) verhandelt worden wären.

Bereits hier taucht, allerdings in einer reaktionären Variante und in völligem Gegensatz zum Verwendungszusammenhang bei Castells und Saunders, die These von einer grundsätzlich »dualistischen« Struktur des Staates auf. Konservative Verfassungsinterpreten führten sie als normativen Kampfbegriff gegen eine »fast grenzenlose Ausdehnung der Gemeindewirtschaft« (C. Schmitt 1931: 92) ein und sahen als Tatsache belegt, daß Kommunalpolitik ohnehin nichts Wesentliches zur Überwindung der Klassengegensätze beizutragen hat (E. Forsthoff 1932: 70). Im Unterschied dazu wurden »dualistische« Kategorien im jüngeren Diskussionszusammenhang freilich in deskriptiv-analytischer Absicht formuliert und häufig gerade zur Begründung der kommunalen Innovationsfähigkeit angeführt. Doch zeigt das historische Beispiel auch, wie schnell sich eine so inszenierte Debatte durch eine leichtfertig konstruierte Trennung zwischen klassen- und produktionsbezogenen Fragen von nationalem Gewicht einerseits und reproduktionsbezogenen, klassenunspezifischen Fragen auf dezentraler Ebene andererseits selbst um die eigentlichen Horizonte bringen kann.

Die vorgetragene Argumentation kann zwar die Nationalisierung und Internationalisierung des akkumulationsbezogenen Steuerungsbedarfs nachvollziehen, doch neigt sie dazu, sowohl die Einwirkung des Zentral-

---

45 Neben den typischen kommunalen Betrieben der Gas-, Wasser-, Elektrizitäts- und Verkehrsversorgung, die den Städten gerade in den Krisenjahren nach 1929 häufig die einzig verläßlichen Einnahmen sicherten, stießen hauptsächlich die kommunale Wohnungsbau- und Bodenvorratspolitik, aber auch die mit dem örtlichen Einzelhandel konkurrierenden kommunalen Hotels, Bäckereien, Installationsabteilungen und Verkaufsstellen für Elektro- und Gasgeräte auf Kritik bei der privaten Unternehmenswirtschaft. Einen Hauptpunkt der Auseinandersetzung mit überregional organisierten Kapitalinteressen bildete die Ausweitung der Sparkassentätigkeit und insbesondere die Kreditaufnahme der deutschen Großstädte auf dem ausländischen Kapitalmarkt, wo sie mit der deutschen Privatwirtschaft in Konkurrenz getreten waren, vgl. W. Ribhegge 1976: 41 ff.

staats auf das soziale Reproduktionsniveau wie auf der anderen Seite den produktionsorientierten und gleichzeitig klassenpolitisch sehr wohl relevanten Sektor der dezentralen Politik zu übersehen. Wo sie inzwischen eingetretene politisch-administrative Kompetenzaufteilungen zu überzeitlichen Merkmalen der Staatsstruktur erhebt und nicht mehr aus dem historischen Prozeß interessengeleiteter gesellschaftlicher Auseinandersetzungen heraus begreift, werden sogar unversehens neue Ideologeme produziert. Entgegen der in der Phase »fordistischer« Staatsexpansion parallel vollzogenen Verflechtung von Regelungsebenen und Politikbereichen wird die dezentrale Ebene dann unzulässig aus dem Kontext gesamtgesellschaftlicher Politik isoliert: Die lokalen Akteure erscheinen den sozialen Positionen, die sie im Rahmen gesamtgesellschaftlicher Auseinandersetzungen einnehmen, auf seltsame Weise entzogen und entrückt.

Eindimensionale Festlegungen der Rolle kommunaler Politik, die die lokale Politikarena von vornherein als akkumulationsfernen Ort separieren, ihr entweder prinzipielle Progressivität zusprechen, oder, im umgekehrten Falle, ihre Veränderungsspielräume rundweg dementieren, können daher allesamt nur voreilig und für aktuelle Lageeinschätzungen nur bedingt von Nutzen sein.

3. Lokale Politik als Bestandteil interessengeleiteter gesellschaftlicher Auseinandersetzungen

3.1. Relative Autonomie durch lokalspezifische Kräfteverhältnisse im ungleichzeitigen Entwicklungsprozeß

Wenn die wissenschaftliche Diskussion die kommunale Politik immer noch weitgehend als in sich widerspruchsfreien Bereich begreift, dem sie entweder fehlende Eigenständigkeit oder Irrelevanz für grundlegende gesellschaftliche Auseinandersetzungen bescheinigt, so wird damit offensichtlich eher eine zeitweilige Neutralisierung der kommunalen Ebene als deren grundsätzliche gesellschaftspolitische Neutralität belegt. Auch scheint es umgekehrt keineswegs zulässig zu sein, der kommunalen Ebene von vornherein prinzipielle »Progressivität« zu attestieren. Auf die aktuelle Situation bezogen lassen sich der potentielle Gehalt und die Bedingungen einer weiterführenden Politisierung lokaler Politik nur im Rahmen eines Analyseansatzes eruieren, der bei der Betrachtung des Staat-Kommune-Verhältnisses die künstliche staatsstrukturelle Scheidung von Politikmaterien vermeidet und unhistorischen deterministischen Aussagen widersteht. Stattdessen ist eine Annäherung an die *dynamischen und widersprüchlichen Mechanismen kommunaler Politik* erforderlich, die die Wechselwirkungen zwischen den gegenwärtigen gesamtgesellschaftlichen Veränderungsprozessen und den Orientierungen und Handlungsstrategien der lokalen Akteure reflektiert.

Solange das »fordistische« Akkumulationsmodell nahezu Vollbeschäftigung und stetig hohe Wachstumsraten garantierte, traten die Folgen der mangelnden Bedarfsorientierung in der gesellschaftlichen Ressourcensteuerung vorwiegend als vom Produktionssektor *unabhängige Reproduktionsprobleme* auf. Wo die fortschreitende Durchkapitalisierung und Durchstaatlichung aller Lebensbereiche sozial-räumliche Veränderungen hervorgerufen hatte (Agglomerations- und Deglomerationsprozesse) und erste lokale Konflikte eben auch als Ergebnis raumgreifender Kapitalverwertung aufgeworfen waren, wie etwa in Fragen der Verkehrsentwicklung, Wohnraumpolitik und bei der unzureichenden Ausstattung mit sozialer Infrastruktur, schienen zunächst lediglich *klassenunspezifische stadtpolitische Auseinandersetzungen* berührt zu sein (»non class issues«). Gleichzeitig waren die Bruchstellen des herrschenden Fortschrittskonzepts hier in erster Linie von neu aufgetretenen Gruppen und Bewegungen thematisiert worden, die, wie »funktionalistische« Untersuchungskonzepte zutreffend unterstreichen, häufig »quer« zu traditionellen klassenpolitischen Konfliktlinien lagen.

Dabei wurden zwar vielfältige neue Widerstandsformen entwickelt und zu Einzelthemen mit fortschreitender Zeit auch Alternativen formuliert, doch konnte diese erste Welle lokaler Politisierung das kommunale Politikspektrum zumeist auch nur von seinen »Rändern« her aktivieren (»Single-issue«-Initiativen, erste alternative Arbeitsansätze z.B. in der Gemeinwesenarbeit). Der ursächliche Zusammenhang des neuen lokalen Konfliktstoffs mit entdemokratisierten Politikstrukturen und privaten Verwertungsstrategien blieb für das Gros der ortsansässigen Bevölkerung meistens noch verdeckt. Trotz vereinzelter Debatten um mehr Partizipation und inhaltliche Erneuerung blieb die kommunale Politik in der Ausrichtung ihrer Kernsektoren über weite Strecken der zurückliegenden Periode (in Übereinstimmung mit übergeordneten politischen Instanzen und etablierten lokalen Interessenträgern) mehrheitlich einer konfliktneutralisierenden Sachzwanglogik verhaftet, ohne, zunächst jedenfalls, dafür erhebliche Akzeptanzeinbrüche zu verspüren.

Wie die »funktionalistische« Analyse vornehmlich am Phänomen aufarbeitet, werden die im Reproduktionsbereich aufscheinenden Defizite und Probleme langsam zum Gegenstand lokaler Auseinandersetzungen, während die Rolle der Kommune als Stätte von Produktion und Dienstleistung (mit Ausnahmen) vergleichsweise wenig Aufmerksamkeit erregt. Dies läßt sich aber abschließend weder aus der Determination durch vorherrschende Kapitalinteressen und Systemstrukturen noch als vorbestimmtes Ergebnis staatsstruktureller Funktionszuweisungen erklären. Die erfolgreiche Entthematisierung dieser Bereiche auf kommunaler Ebene drückt vielmehr auch das Ausmaß aus, in dem der überwiegender Teil des potentiell »progressiven« politischen Spektrums *auch auf lokaler Ebene* in den gesellschaftlich vorherrschenden Wachstumskonsens einbezogen war.

Da sozial-ökonomische Marginalisierungen seinerzeit noch auf traditionell randständige Bevölkerungsgruppen beschränkt blieben und eine ökologisch motivierte Wachstumskritik erst in Ansätzen verbreitet war, schien die typisch sozialdemokratisch-keynesianische Parallelpolitik von indirekten Wirtschaftshilfen und nachfolgender Sozialleistungsexpansion - auch auf die Kommunalpolitik verlängert - ein plausibler und im Grunde alternativloser »Königsweg« zu sein. Der geringe Konfliktstoff, der hierbei zu verzeichnen war, zeigt an, daß die lokal durchaus vorhandenen widersprüchlichen Interessen gesellschaftlicher Klassen und Gruppierungen durch die herkömmlichen dezentralen Strategien der Eröffnung profitabler Investitionsmöglichkeiten, der Sicherung von Arbeitsgelegenheiten und sozialen Reproduktionschancen schlichtweg weitgehend »befriedet« waren.

Dieser örtliche, entlang der jeweiligen lokalen Bedingungen auch jeweils unterschiedlich geprägte und nicht notwendigerweise explizit definierte politische Konsens bricht erst wieder vor dem Hintergrund neuer »postfordistischer« Problemstellungen auf. Wo private Ökonomie und Zentralstaat für große Bevölkerungsteile keine sicheren Einkommen mehr gewährleisten und der Umfang der ökologischen Schäden längst auch die örtliche Produktionsbasis problematisiert, werden unter anderen Konstellationen austarierte Kräfteverhältnisse instabil und latent vorhandene, aber zwischenzeitlich ruhiggestellte Interessengegensätze wieder virulent. Da auch gesamtstaatlich dominierende neokonservative Restrukturierungskonzepte zu ihrer vollständigen Durchsetzung auf die passive Hinnahme bzw. aktive Unterstützung dezentraler Instanzen und Akteure angewiesen sind, gewinnt gerade in einer solchen Umbruchphase an Bedeutung, inwieweit Bewegung in die kommunalen Machtverhältnisse und lokalpolitischen Strategien kommt.

Der »autonome Faktor« lokaler Politik, der Umfang, in dem der Zentralstaat hier mit eigenständiger lokaler Programmformulierung und Interessenmobilisierung rechnen muß, läßt sich dabei weder überzeitlich festlegen, noch auf die den kommunalen Apparaten im Rahmen staatlicher Aufgabenstellung zugewiesene Regelungsmaterie reduzieren. Für Art und Richtung des gesamtgesellschaftlichen Wandels, der sich ja nicht schon automatisch, etwa auf Order zentralstaatlicher Instanzen realisiert, wird stattdessen in einem umfassenderen Sinne wichtig, *wie die jeweils in konkreten Zeitabläufen und Räumen handelnden Menschen über die in ihrem Lebensumfeld bewirkten Veränderungen denken, sie in Szene setzen und auf sie reagieren* (S.S. Duncan/M. Goodwin 1985a (1982): 201). Um diesen »elastischen Punkt« lokaler Politik erfassen zu können, ist es erforderlich, den *»lokalen Staat«*[46] als *Ort gesellschaftlicher Beziehungen*, darunter vornehmlich auch von Klassenbeziehungen zu begreifen, dessen »eigentliche Identität« sich nur über die Selbstsicht und formale Kompetenz der örtlich versammelten staatlichen und kommunalen Einrichtungen hinausreichend, in konkreten gesellschaftlichen Auseinandersetzungen definiert.

Eine solche Sicht auf die lokale Ebene beginnt sich in Abgrenzung gegen »instrumentalistische« und »funktionalistische« Ansätze in neueren britischen Diskussionsbeiträgen zur lokalen Politiktheorie herauszukri-

---

46   Vgl. zum Begriff des »lokalen Staates« C. Cockburn 1977.

stallisieren[47]. Arbeiten wie die von Duncan und Goodwin gehen davon aus, daß die kapitalistische Entwicklung durch die privatwirtschaftliche Steuerung der Investitionstätigkeit unvermeidlich räumliche Differenzierungen und geographische Unterschiede produziert. Die damit verbundene ungleiche Entwicklung bedeutet aber nicht nur, daß Art und Ausmaß physischer und sozialer Phänomene von Ort zu Ort variieren, sondern beschreibt einen schon in seiner Ausformung grundsätzlich ungleichmäßigen Prozeßverlauf. Mehr noch: Kapitalakkumulation und Klassenkonflikte werden in Wirklichkeit von Anfang an an zahllosen einzelnen Orten konstituiert und sind demzufolge nur insofern als allgemein zu verstehen, als daß sie nicht fest an die jeweilige Örtlichkeit gebunden sind. Staatliche Institutionen, in ihrer Funktionsfähigkeit für herrschende Gruppen unverzichtbar, wenn es darum geht, die zunehmend vielfältigeren Widerspruchsebenen des Kapitalismus zu steuern und zu organisieren, können sich diesen raumstrukturellen Differenzierungen nicht entziehen. Erfolgreiche Interventionen und wirksame Regulierungen sind vielmehr auf dem Hintergrund räumlich ausdifferenzierter sozial-ökonomischer Prozesse nur möglich, wenn staatliche Eingriffssysteme auch auf subnationaler, letztlich auch lokaler Ebene existieren (S. S. Duncan/M. Goodwin/S. Halford 1987: 9 ff.).

Allerdings darf man nach Duncan und Goodwin dabei nicht der ökonomistischen und deterministischen Vorstellung erliegen, daß die Menschen grundsätzlich passiv bleiben, während »der Kapitalismus« um sie herum geographische Verhältnisse erzeugt und restrukturiert.

> »Denn es sind natürlich diese Menschen, welche die sozialen und ökonomischen Prozesse zustandebringen und reproduzieren, auch wenn sie es weder unabhängig von anderen noch unter selbstgewählten Bedingungen tun und der Alptraum der Vergangenheit ständig auf ihnen lastet. Handelnde sind fähig, ihre Erfahrungen zu reflektieren und aus ihnen zu lernen, sie passen sich an und diese Anpassung kann auch den Versuch bedeuten, was um sie herum passiert zu ändern und zu beeinflussen« (S. S. Duncan/M. Goodwin/S. Halford 1987: 12).

Da unterschiedliche soziale Gruppen aber in aller Regel verschiedene Vorstellungen davon haben, welche Art der ökonomischen und sozialen Restrukturierung, welche Umgehensweise mit vorhandenen Arbeitsfertigkeiten, Produktionskapazitäten und natürlichen Ressourcen die für den jeweiligen Raum geeignete ist, und zudem lokal andere Kräfteverteilungen

---

47 Vgl. hierzu insbes.: S.S. Duncan/M. Goodwin 1985a (1982), 1985b; M. Goodwin/S.S. Duncan 1986; S.S. Simon/M. Goodwin/S. Halford 1987; S.S. Duncan/M. Goodwin 1987, 1988; M. Boddy/C. Fudge 1985; J. Gyford 1985.

vorherrschen können als auf zentraler Ebene, sind zwischen »lokalem Staat« und Zentralstaat permanente Spannungszustände angelegt, die sich im Kontext gesamtgesellschaftlicher Auseinandersetzungen historisch unterschiedlich aktualisieren.

Der »lokale Staat« ist so aus Sicht der Zentralregierung und der sie stützenden politischen Konstellation notwendiges Instrument, kann ihr aber andererseits, bei einer entsprechend oppositionellen Konfiguration, auch Hindernisse in den Weg räumen und zur Barriere werden. Selbst wenn die Sicherung gesamtgesellschaftlich dominierender Interessen die Durchsetzung von kapitalorientierten Modernisierungsstrategien nahelegt, ist der zentralstaatlich intendierte Wandel weder bezüglich seiner Auswirkungen auf den Arbeitsprozeß noch für Regierung und Verwaltung oder den Bereich der sozialen Reproduktion im vorhinein als risikolos und vom Ergebnis her als vorgegeben anzusehen. Die erforderliche Neustrukturierung gesellschaftlicher Beziehungen und Einflußzonen geht stattdessen immer auch mit der *Herstellung neuer sozialer Beziehungen* einher und macht es insbesondere an historischen Wegscheiden möglich, alternative Entwicklungspfade zu skizzieren.

Dem »lokalen Staat« wird dabei nicht nur Widerspenstigkeit gegenüber zentralstaatlicher Vereinnahmung zugesprochen. Er soll auch, unterstützt durch das allgemeine Wahlrecht auf dezentraler Ebene, mögliche Widerspruchsinstanz gegen die Modernisierungskonzepte herrschender Gruppen sein und einen dialektischen Prozeß politischer Auseinandersetzung in Gang bringen können, der materielle Ressourcen umverteilt und alternative Konzepte zur zukünftigen gesellschaftlichen Entwicklung propagiert. *Die Konflikte auf kommunaler Ebene wie die Streitfälle zwischen Zentralstaat und Kommunen sind insofern vor allem als Ausdruck der gegensätzlichen Interessen von gesellschaftlichen Klassen und Gruppierungen zu identifizieren, die jedoch immer nur vermittelt mit den sozial-räumlich differenzierten Lebensweisen, den am Ort vorhandenen spezifischen Bedingungen gesellschaftlicher Auseinandersetzung und den jeweiligen sozial-kulturellen Traditionen der Region auftreten* (S.S. Duncan/M. Goodwin 1985a (1982): 194 f.).

Ein solcher Ansatz scheint noch am ehesten in der Lage, die widersprüchlichen Momente lokaler Politikentwicklung aufzunehmen und an Stelle deterministischer Rollenzuweisungen die Bedingungen lokaler Gegenmachtbildung zu konkretisieren. Mit der Ungleichzeitigkeit und Ungleichmäßigkeit gesellschaftlicher Strukturen und Entwicklungsprozesse wird hier auch eine ungleichmäßige räumliche Verteilung und Konzentration von Oppositionspotentialen angenommen, was die allgemeinen gesellschaftlichen Kräfteverhältnisse gleichzeitig immer als jeweils besondere und lokalspezifische bestimmt. Das Zusammentreffen von lokalen Problemstellungen und einer erhöhten Mobilisierungsbereitschaft von Betroffenen kann dabei eben auch zu einer nachhaltigeren Politisierung gesellschaftlicher Konfliktaustragung führen. Beides zusammen eröffnet die Chance, *das widersprüchliche aber ungleiche Kräftearrangement in der Politik des kapitalistischen Staates in Frage zu stellen und, gerade von der lokalen Ebene ausgehend, Teilerfolge zu erringen und beispielhafte Veränderungen zu inszenieren* (S. Krätke/F. Schmoll 1987: 56).

3.2. Lokale Gegenmachtpolitik – eine historische Reminiszenz?

Aus historischer Sicht wird diese These, die die Relevanz des »lokalen Staates« wesentlich durch regional divergierende Klassenkräfteverhältnisse begründet sieht, durch zahlreiche Beispiele belegt. In der Geschichte der europäischen Arbeiterbewegung lassen sich immer wieder kleine *»rote Inseln«* inmitten konservativ geprägter Gesellschaftsformationen ausmachen, denen es aufgrund der lokalen und regionalen Hegemonie der Arbeiterklasse gelang, die örtlichen Ressourcen gegen die privatwirtschaftlich orientierten Politikkonzepte auf zentraler Ebene zu mobilisieren.

So wurde etwa das »rote Wien« der Zwischenkriegjahre in Kontinentaleuropa von 1919 bis zur militärischen Niederschlagung 1934 zum Inbegriff reformsozialistischer Kommunalpolitik und wirkt als historisches Vorbild weit darüber hinaus. Die hier praktizierte umverteilende Finanzpolitik sowie eine Fülle neuer Initiativen in den Bereichen der Sozial-, Gesundheits-, Erziehungs- und insbesondere der Wohnungspolitik brachten nicht nur nachdrückliche Verbesserungen der sozialen Infrastruktur im Interesse der abhängig Beschäftigten mit sich, sondern beanspruchten gleichzeitig auch, als »Austromarxismus in Aktion« (A. Pelinka), die antikapitalistische Orientierung der österreichischen Sozialdemokratie zu transportieren.

Radikale Gemeinden und Regionen traten insbesondere auch im frühzeitig industrialisierten Großbritannien auf und forderten hier den Zentralstaat mit einer konsequenten Politik zugunsten der lohnabhängigen Bevölkerung heraus. Bereits während der ersten Industrialisierungsetappen des 19. Jahrhunderts gab es etwa in Nordengland Gebiete, in denen die örtliche Arbeiterklasse die politische Kontrolle über die Institutionen des »lokalen Staates« auszuüben in der Lage war. In kleinen und mittleren Gemeinden wie Oldham fehlte es der nationalen Regierung weitgehend an Durchsetzungsmacht und die Anwendung der Landesgesetze wurde durchaus des öfteren »von unten« suspendiert. Obwohl die Arbeiter zu diesem Zeitpunkt noch kein Wahlrecht besaßen und lediglich illegal organisiert waren, konnten sie hier durch Boykottmaßnahmen, politische Patronage und sozialen Druck für Jahrzehnte die Ortsbehörden instruieren und die gewünschten radikalen Kandidaten als Abgeordnete ins Parlament entsenden (S.S. Duncan/M. Goodwin 1985 (1982): 204 ff.).

Während und nach dem ersten Weltkrieg wurde in Glasgow das »rote Clydeside« Schauplatz von Streiks und Demonstrationen, die Anlaß zu tiefgreifenden Änderungen der nationalen Wohnungspolitik gaben. Sheffield, zusammen mit der umliegenden Region bis heute aufgrund seiner eindeutigen Labour-Orientierung auch als »sozialistische Republik Süd-Yorkshire« apostrophiert, wurde in den 20er Jahren zum Zentrum der radikalen Betriebsrätebewegung in der Maschinenbau- und Metallindustrie, während im gleichen Zeitraum in den Kohlerevieren von Wales, Schottland und Nordengland militante Gemeinderegierungen entstanden (»Little Moscows«), deren Armenunterstützung regelmäßig höher ausfiel, als es nach den nationalen Richtlinien zulässig gewesen wäre. Einen besonderen Bekanntheitsgrad erreichte dabei Poplar, ein Arbeiterbezirk im Osten Londons, der sich im wesentlichen auf organisierte Dock- und Transportarbeiter stützen konnte und sich seit 1919 in ständigen Auseinandersetzungen mit der Zentralregierung befand. Als Teil der örtlichen sozialistischen Politisierungsstrategie wurden hier beispielsweise die Löhne für Gemeindeangestellte und die Fürsorgeleistungen für Arbeitslose angehoben, wohingegen die lokale Regierung Steuerabführungen verweigerte, um auf diesem Weg für Ausgleichsmaßnahmen zwischen armen und reichen Gemeinden zu plädieren (S.S. Duncan/M. Goodwin/S. Halford 1987: 19; K. Bassett 1984: 85 f.).

Doch wird an diesem Rückgriff auf die »rebellischen« Momente kommunalpolitischer Tradition auch deutlich, daß der lokalen Gegengewichtspolitik historisch lediglich ein insularer und temporärer Erfolg beschieden war. In Großbritannien, wo die kommunalsozialistischen Tendenzen und Experimente der Zwischenkriegszeit anders als in weiten Teilen Westeuropas nicht aufgrund faschistischer Gleichschaltung ihr Ende finden mußten, gab es neben den radikalen sehr wohl auch gemäßigte Regionen mit vergleichbarer Klassenstruktur, so daß auch die Protagonisten dieses Ansatzes einräumen, daß der Grad lokaler Autonomie noch keineswegs automatisch aus den vorhandenen sozial-ökonomischen Bedingungen gefolgert werden kann (S.S. Duncan/M. Goodwin/S. Halford 1987: 19). Umgekehrt vermitteln die historischen Beispiele gleichzeitig den Eindruck, daß örtliche Gegenmachtbildung an lokale klassenstrukturelle Voraussetzungen gebunden war. In den radikalen »lokalen Staaten« dominierten durchgängig politische Gruppen, in denen eine in sich weitgehend homogene, wohlorganisierte und zur Massenmobilisierung fähige Arbeiterbewegung ihren Ausdruck fand (K. Basset 1984: 86). Damit waren aber Vorbedingungen gegeben, mit deren Existenz schon nach der »fordistischen« Auflösung der Lager und Sozialmilieus und insbesondere bei der gegenwärtig auszumachenden Tendenz zur »postfordistischen« Aufspaltung der abhängig Beschäftigten kaum noch gerechnet werden kann.

Nicht zuletzt mit den in der »fordistischen« Massen- und Mediengesellschaft entwickelten Bewußtseinsindustrien haben sich die Faktoren des ideologischen Wandels nationalisiert, wenn nicht gar internationalisiert, was lokal gewonnenen Erfahrungen zwar nicht ihre Bedeutung nimmt, sie jedoch relativiert und zu überlokal verursachten Einstellungsprägungen in Beziehung setzt. Unterschiedliche regionale Produktionsvoraussetzungen wurden in der zurückliegenden Phase weitgehend angeglichen und standardisiert. Lokale Auseinandersetzungen und Klassenkonflikte sind dadurch in stärkerem Maße durch den Stand gesamtgesellschaftlicher Konfliktaustragung beeinflußbar geworden und angemessen auch nur in deren Kontext zu analysieren.

Das gesellschaftliche Oppositionspotential agiert auf lokaler Ebene nicht mehr entlang festgefügter Klassenlinien und aufgrund eines einheitlichen Erfahrungshintergrunds. Es artikuliert sich entweder vertikal eingebunden in überregionale Organisationszusammenhänge, durch die lokalen Vertreter weitgehend verstaatlichter Parteien und zentralisierter Gewerkschaftsverbände, oder in eher disparater Form, in Gestalt von neuen Initiativen und Bewegungen, deren progressive Auseinandersetzung mit »spätfordistischen« Erstarrungen unter dem Druck neokonservativer Umbaustrategien auch durchaus in »yuppifizierte« Anpassung auf der einen Seite und neue Randständigkeit auf der anderen Seite gewendet werden kann. Die Vorstellung von lokaler Gegenmacht gegen die neokonservativen Modernisierungsstrategien des Zentralstaats könnte damit aber auch auf längst überholten Voraussetzungen beruhen und, bezogen auf den aktuellen Diskussionszusammenhang, statt eine Chance gesellschaftlicher Oppositionsbewegungen zu begründen, letztlich nicht mehr als eine illusionsverhaftete Schimäre sein.

3.3. Die Vernachlässigung der kommunalen Ebene bei der Formulierung sozialreformerischer Strategien

Als folgenschwer hat sich in der »fordistischen« Phase erwiesen, wie nachhaltig die lokalpolitische Orientierung im Selbstverständnis der Arbeiterbewegung und der auf sie bezogenen Parteien mit fortschreitender privatwirtschaftlicher Expansion und dem damit einhergehenden Ausbau zentralstaatlicher Apparate abgenommen hat. Wurde die demokratisch konzipierte Kommune in den Schriften des Frühsozialismus vielfach als der angemessene Typus der *politischen und wirtschaftlichen* Organisation einer wünschbaren zukünftigen Gesellschaft perzipiert und feierte Marx etwa den Aufstand der Pariser Commune noch als *»ausdehnungsfähige«* und *»endlich entdeckte politische Form, unter der die Befreiung der Arbeit sich vollziehen konnte«* (MEW 17: 342), so verhielt sich der Hauptstrang der nachfolgenden organisierten Arbeiterbewegung konform zum Konzentrations- und Zentralisationsprozeß privater Kapitalentfaltung und hatte bei der Entwicklung sozialistischer Transformationsstrategien die zentralstaatliche Machtzusammenballung schon als festgelegtes Datum akzeptiert (D. Eißel 1986a). Die kommunale Ebene verlor bei der Formulierung sozialreformerischer Strategien insbesondere in den westlichen Industrieländern an Gewicht, die für die Entwicklung sozialdemokratisch-keynesianischer Interventionskonzepte von erheblicher Bedeutung waren.

Parlamentsfixiert und zentralistisch orientiert

In *Deutschland* blieb die bereits Ende des 19. Jahrhunderts erstarkte Sozialdemokratie bis in die Weimarer Republik hinein de facto von der kommunalen Machtausübung ausgesperrt. Vom einstigen Freiraum des Bürgertums gegen den feudalen Staat war die kommunale Selbstverwaltung mit lokal schärfer auftretenden Klassengegensätzen zum Hilfsmittel bürgerlicher Herrschaftssicherung mutiert und konnte aufgrund des vorherrschenden undemokratischen Wahlrechts die Durchsetzung der politischen und ökonomischen Interessen der örtlichen Honoratiorengesellschaft bis 1918 weitgehend bruchlos garantieren. Das danach auch auf kommunaler Ebene gültige allgemeine und gleiche Wahlrecht ließ zwar größere sozialdemokratische Fraktionen in die Stadtverordnetenversammlungen und Gemeindevertretungen einziehen, doch stand deren gewachsener zahlenmäßiger Umfang in auffallendem Gegensatz zu ihrer schwindenden Fähigkeit, politisch-konzeptionelle Alternativen zu initiieren. Im Gegensatz zum austromarxistischen Wien blieb die deutsche

Sozialdemokratie in der lokalen Politik eher programmatisch abstinent und verzichtete zugunsten einer zentralen parlamentsfixierten Orientierung weitgehend auf die Ausarbeitung eigenständiger kommunaler Handlungsstrategien.

Während auf die Kommune bezogene systemtranszendierende Ambitionen mit der Auflösung der Rätebewegung bereits ein frühes Ende gefunden hatten und noch am ehesten in der USPD auf Widerhall gestoßen waren, wurde die kommunalpolitische Arbeit in der Mehrheitssozialdemokratie zu einer Domäne des revisionistischen und pragmatischen Flügels, dem dabei allerdings auch nur ein geringfügiger Einfluß auf die Stadtpolitik der Weimarer Zeit gelang. Die enorme Expansion kommunaler Dienstleistungen und Unternehmungen, die zum großen Teil in diese Phase fällt, fand in Deutschland seinerzeit im wesentlichen unter Führung von Parteien der bürgerlichen Mitte statt, was den *vielfach entpolitisierten und bürokratisierten Charakter des öffentlichen Sektors* auf dezentraler Ebene sicher mit begründet hat. Das damit bereits früh angelegte *Defizit an basisdemokratischer Reformkultur* sollte aber in der Zeit nach dem zweiten Weltkrieg, als in Westdeutschland die eigentliche Ära der »roten Rathäuser« erst begann, mit zu dem hier meist eher unpolitischen und im Allparteienkonsens formulierten Grundverständnis von Wiederaufbau und kommunalwirtschaftlicher Entwicklung führen (W. Ribhegge 1976; A. von Saldern 1977; K.H. Naßmacher 1977).

Auf bloße Konsumteilhabe reduziert

In *Großbritannien*, dessen Geschichte für die Herausbildung des zentral orientierten sozialdemokratisch-keynesianischen Interventionsmodus in den westlichen Industrieländern gleichfalls von herausragendem Einfluß war, gewann der lokale Ansatz zunächst ein stärkeres Gewicht. Wiewohl die Labour Party um die Jahrhundertwende mit Blick auf die nationale Regierungsübernahme gegründet worden war, bildete die kommunalpolitische Arbeit zu Anfang ihr wichtigstes Aktivierungsfeld. Forderungen nach Kommunalisierung von Industrieerzeugung und Dienstleistungsproduktion standen im Mittelpunkt ihrer frühen sozialistischen Veränderungsstrategien (»progressive municipalisation of industries and services as a road to socialism«, K. Bassett 1984: 84).

Blieben gildensozialistisches Gedankengut und die weit ins 19. Jahrhundert zurückreichende Vorstellung von einer umfassenden »munizipalsozialistischen« Selbstregierung bis in die 20er Jahre hinein einflußreich, so setzten sich von da ab ausschließlich auf die zentrale Ebene bezogene und vornehmlich auf die Erringung der parlamentarischen Macht gerichtete Konzepte durch. Vom Mainstream-Labour-Sozialismus, in dem zunehmend gewerkschaftliche Forderungen nach zentralen Lohnaushandlungsverfahren und die Keynes'sche Idee einer globalen Nachfragesteuerung zum Tragen kamen, wurde die Dominanz des Zentralstaats in der britischen Politik und Verwaltungsstruktur nicht länger als *Herausforderung zur Umgestaltung, sondern als Teil eines ausbaufähigen Klassenkompromisses* angesehen. Je mehr der geplante Umbau der Gesellschaft aber auf die Zeit nach der Eroberung der nationalen Parlamentsmehrheit vertagt wurde, umso schneller vollzog sich auch ein Funktionswandel in der dezentralen Labour-Politik. In Abkehr vom konfliktorientierten »Poplarismus« kam den linken Lokalregierungen nunmehr die Aufgabe zu, Labours gesetzestreue und solide Regierungsfähigkeit unter Beweis zu stellen und neue Wählergruppen dabei nicht durch radikale Vorgehensweisen zu irritieren.

Spätestens in den (unter dem späteren Premierminister Clement Attlee formulierten) politischen Konzeptionen der 30er Jahre hatten die Kommunen ihre vormalige Schlüsselrolle in sozialistischen Transformationsvorstellungen eingebüßt. Die von Labour in Aussicht gestellten Sozialisierungsvorhaben wurden fortan vorrangig mit (analog zu betriebswirtschaftlichen Kalkulationen berechneten) effizienzsteigernden Effekten für die Waren- und Dienstleistungsproduktion legitimiert. Sie wollten zusätzliches öffentliches Eigentum nicht mehr bei den Kommunen selbst, sondern überwiegend bei nationalen Trägergesellschaften begründet sehen[48]. Auch in der Wahrnehmung der führenden Arbeiterpartei Großbritanniens hatte sich der in der kapitalistischen Gesellschaft auftretende qualitative Umbaubedarf auf das Problem der »richtigen« Mittelwahl zur Wachstumsförderung reduziert. *Die Kommune, theoretisch einmal als umfassende politische Einheit zur herrschaftsfreien und sozietären Regelung von Produktion und Reproduktion gedacht, war auch in der dominierenden Labour-Strategie zur nachgeordneten Ausführungsinstanz eines lediglich quantitativ verstandenen Sozialstaatsausbaus geworden.*

Linke Lokalpolitik konnte zwar in der Folgezeit, gerade in den Regierungsjahren Labours und insbesondere dort, wo sie im Sinne ihrer Pro-

---

48 John Gyford, der die Geschichte der lokalen Labour-Politik analysiert, faßt den ökonomischen Strategiewandel folgendermaßen zusammen: »As the twentieth century progressed efficiency tended increasingly to become equated with economies of scale and by 1945 the public corporation had come to replace the local authority as Labour's main means for achieving common ownership of services and industry«, vgl. J. Gyford 1985: 2 f.

tagonisten funktionierte, durchaus den Beweis ihrer sozialpolitischen Kompetenz antreten. Vor Ort vielfach von traditionell orientierten Labour-Gruppierungen mit paternalistischer Attitüde ins Werk gesetzt und meist lediglich in den typischen »bread and butter welfare issues« für zuständig erklärt, hatte sie sich jedoch gleichzeitig als Teil einer »von oben« in Gang gebrachten sozialtechnokratischen Staatsausweitung präsentiert und dabei den Anspruch auf weiterführende qualitative Umgestaltungen und Demokratisierungen immer stärker abgelegt (J. Gyford 1985: 4). Selbst für die Phase materieller Umverteilungserfolge wird der basisdemokratische Gehalt der Labour-Kommunalpolitik daher eher zurückhaltend kommentiert: »Usually it did the right things *for* people; but sometimes it could do the wrong things *to* people; and only rarely had it previously discussed either of those things *with* people« (J. Gyford 1985: 10)[49].

In der Krise ohne handlungsfähiges Konzept

Als die »fordistische« Wachstumsphase in den 70er Jahren von Krisen erschüttert wurde, konnte das britische, von Labour vorangetriebene Mischkonzept aus Nationalisierungen und staatlicher Investitionsförderung ebensowenig dem neokonservativen Ansturm widerstehen wie die vergleichsweise zahmen Globalsteuerungsversuche der bundesdeutschen Sozialdemokratie. Die Labour Party hatte zwar noch 1973 ein anspruchsvolles industriepolitisches Programm formuliert, in dem die Ausweitung des öffentlichen Sektors sowie die Stärkung des demokratischen Einflusses und der gewerkschaftlichen Mitspracherechte auf betrieblicher Ebene vorgesehen waren, doch setzten sich gerade auch in der wirtschaftspolitischen Praxis der letzten Labour-Regierungsjahre (1974-1979) die vorherrschenden privatwirtschaftlichen Modernisierungs- und Rationalisierungsinteressen durch. Wo es der Linken im Unterschied zur Investitionslenkungsdebatte in der Bundesrepublik gelang, auf zentralstaatlicher Ebene neue Instrumente einzuführen (wie in Gestalt des National Enterprise Board), wurden die ursprünglichen Konzeptionen im Gesetzgebungsverfahren und der Phase der Implementation ausgehöhlt (M. Ward 1981).

Um qualitativ neue Umsteuerungsstrategien über die Mehrheit im nationalen Parlament durchzusetzen, fehlte letztlich ein handlungsfähiger dezentraler Unterbau, was gewerkschaftliche Analysen im nachhinein als

---

49   Heraushebungen im Original.

das zentrale machtpolitische Defizit des Labour-Regierungskurses am Ende der »fordistischen« Ära resümieren:

> »The structures of the present type of State are so biased towards the private corporations that working class people cannot rely on a socialist government being able to use the State to destroy the powers of these corporations. As soon as a socialist government moved to control them, the powers of the corporations are such that they would be used to destroy or undermine whatever socialist intent existed within the government; unless, that is, such a socialist government rested on a source of political power outside the existing State. Our conclusion, then, is that working class people will have to build up their own forms of political power based on the material power of producers as the people on whom the distribution of goods and services depands and, in the home, of the people who reproduce and service the present and future labour force« (State Intervention in Industry 1980: 147, zitiert nach M. Ward 1981: 13).

Der sozialdemokratisch-keynesianische Interventionsmodus, für dessen Herausbildung die Entwicklung der deutschen Sozialdemokratie wie der britischen Labour Party von erheblicher Bedeutung war, hatte zwar in der langen und relativ stabilen Prosperitätsperiode zu einer immensen Verbesserung des Reproduktionsstandards der abhängig Beschäftigten geführt, *doch wurde der emanzipatorische Gehalt des ursprünglichen Fortschrittsbegriffs im gleichen Zeitraum weitgehend auf bloße Konsumtionsteilhabe reduziert.* Als es in der »nachfordistischen« Krise zum Regierungswechsel kam und die Tendenz zur Klassenspaltung von konservativer Seite verschärft wurde, konnten beide sozialdemokratische Parteien auf nationaler Ebene zunächst nur mit Attentismus reagieren. Dezentrale Politikinstanzen waren, auch dort, wo konservative Positionen keine parlamentarische Mehrheit fanden, ebenfalls nicht auf inhaltlich oppositionelle Strategien eingestellt. Im Gegenteil: Die auch in den strategischen Orientierungen der sozialdemokratischen Parteien dominierende Ausrichtung auf Zentralstaat und Privatwirtschaft hatte die lokale Ebene vielmehr noch zusätzlich für qualitative Umsteuerungsversuche entpolitisiert.

3.4. Voraussetzungen lokaler Gegenmachtpolitik in der aktuellen gesellschaftlichen Situation

Grundsätzlich ist lokale Gegengewichtspolitik offenbar weder apodiktisch aufgrund staatsstruktureller und privatwirtschaftlicher Determinierungen auszuschließen, noch stellt sie sich bereits selbstläufig als Ergebnis einer prinzipiell größeren Offenheit der dezentralen Ebene für sozial-ökologische Innovationen ein. Gerade in einem Ansatz, der die lokale Handlungsautonomie wesentlich aus lokal unterschiedlich in Szene gesetzten gesellschaftlichen Kräftekonstellationen heraus begreift, bleibt die Erklärung der Kommune zur Gegenmacht (U. Bullmann/P. Gitschmann 1985) stattdessen notwendig programmatisch und prospektiv. Kommunale Gegenmachtpolitik bezeichnet nur *eine*, in der gegebenen Situation *mögliche*, politisch praktische Option. Inwieweit nicht auch dezentral schließlich eine konfliktneutralisierende »Sachzwanglogik« die Oberhand behält, ist jenseits der konjunkturellen Aufwertung lokaler Themen nicht antizipativ zu klären. Die Entscheidung über die Ausgestaltung der Politik in den Kommunen und ihre anteilige Ausformung als Ausführungshilfe oder Hindernis und Widerstandsmoment kapitalrationaler Modernisierungsstrategien wird letztlich erst im konkreten historischen Prozeß gefällt.

Aus dem jeweiligen zeitlichen und räumlichen Kontext heraus Ansätze lokaler Gegenmacht zu formulieren, ist dabei offensichtlich – wie auch die historischen Beispiele zeigen – als *originäre sozial-kulturelle Leistung der jeweils betroffenen Menschen* anzusehen, deren Handeln in grundlegenden gesellschaftlichen Auseinandersetzungen und klassenpolitischen Konflikten nicht abschließend aus strukturellen Bedingungen »abgeleitet« werden kann. Von zentraler Bedeutung bleibt das letztlich *subjektive Moment*, wie die lokalen gesellschaftlichen Akteure ihre eigene Lage auf dem Hintergrund gesamtgesellschaftlicher Veränderungsprozesse in der historisch-spezifischen Situation interpretieren, welche Interaktionen sie daraufhin in Gang bringen und welche Strategien sie realisieren.

Allerdings lassen sich die Bedingungen lokaler Gegengewichtspolitik für die »nachfordistische« Übergangsphase spezifizieren. Drückt sich in den historischen Beispielen lokaler Gegenmacht häufig die Dominanz einer sozial homogenen und radikalisierten Arbeiterschaft aus, die ihre Arbeits- und Lebenssituation in einem gemeinsamen Bezugsrahmen interpretiert, so ist von vergleichbaren sozial-kulturellen Voraussetzungen gegenwärtig kaum noch auszugehen. Die »fordistische« Verallgemeinerung der Produktions- und Reproduktionsbedingungen hat diese Anknüpfungspunkte lokaler Autonomie weitgehend überformt. Nach der Zentralisierung und qualitativen Ausdünnung sozialreformerischer Strategien in der Praxis der organisierten Arbeiterbewegung selbst fehlt es aber nicht nur an solidarisierungsfähigen sozialen Allianzen, sondern auch an identifikationsstiftenden Gestaltungsentwürfen, die die frühsozialistische und marxsche Vision eines *»kommunitären« Lebens und Arbeitens* unter neuzeitlichen Bedingungen konkretisieren. Lokale Gegenmachtpolitik scheint daher nur in dem Maße chancenreich zu sein, wie sie selbst dazu beitragen kann, ein in mehrfacher Hinsicht durch sozial-ökonomische und sozial-kulturelle Spaltungslinien bedrohtes gesellschaftliches Oppositionspotential um neue, ganzheitlich angelegte Konzepte städtischer Entwicklung zu formieren.

Dies wird sicherlich weder im Rahmen eines reduktionistischen traditionellen Ansatzes örtlicher »antimonopolistischer Klassenbündnisse« (vgl. bspw. J. Lojkine 1977, 1984 für die französische Diskussion) noch durch bloße Addition »reproduktionsorientierter« Bewegungs- und »produktionsorientierter« Klasseninteressen zu erreichen sein. Gegen die in den westlichen Industrienationen vorherrschende Tendenz, das progressive Spektrum in der gegenwärtigen Krise durch eine Mischung von Einbindungs- und Ausgrenzungsstrategien »von oben« zu fragmentieren, können sich sozialreformerische Ansätze »von unten« nur etablieren, wenn sie schon im Entstehungszusammenhang als gemeinsame Projekte alter und neuer sozialer Bewegungen ins Leben gerufen werden. Kommunale Politik kann sich aus sozialtechnokratischen Erstarrungen und neuerlichen neokonservativen Instrumentalisierungen nur befreien, wenn sie über inzwischen breit ausdifferenzierte Lebensformen und Arbeitsbedingungen hinweg Verständigungen über die Prioritäten des lokalpolitischen Handlungsbedarfs erzielt und die Debatte über die angemessene dezentrale Strategie selbst zum *konsensstiftenden und koalitionsbildenden Prozeß* gerät.

Als Lern- und Austauschfeld oppositioneller Gruppierungen gewinnt lokale Politik an Bedeutung, soweit es ihr gelingt, auf unterschiedliche Erfahrungshorizonte und Lebenslagen einzugehen (einem »potential split between activists and ordinary people« entgegenzuwirken, M. Boddy/C. Fudge 1984: 14) und (stattdessen) Vermittlungsschritte zwischen ohnehin engagierten und mehrheitlich passivierten Teilen der Bürgerschaft zu organisieren. Hinter der Auflösung »fordistischer« Orientierungen und Wertemuster sprechen neuere britische Beiträge deshalb gerade den Kommunen in der »nachfordistischen« Übergangssituation wieder eine Schlüsselrolle für gesamtgesellschaftliche Politisierungsprozesse zu. Den Hauptstrang der wissenschaftlichen Diskussion zur Funktion der lokalen

Ebene betrachten sie dabei als durch heimliche Positivismen blockiert:
»...*seeing people and their organizations as they appear under capitalism as the sole possible reality, and ignoring any latent potential for change which might be made manifest by a raising of the level of consciousness*« *(J. Gyford 1985: 85).*

Gerade in der Mehrdimensionalität der dezentral aufgeworfenen Konfliktfelder, die ebenso umfassende dezentrale Alternativen nötig macht, soll hiernach die besondere Chance der lokalen Ebene liegen, die gesellschaftliche Mehrheitsbildung für eine übergreifende sozial-ökologische Gegenkonzeption über die eigenen Handlungsgrenzen hinaus zu forcieren. Denn nur wo fragmentierte Interessen und Einzelanliegen noch - für unterschiedliche Erfahrungsebenen nachvollziehbar - zu einem ausstrahlungsfähigen gemeinsamen Gestaltungsentwurf zu bündeln sind, können die Trennlinien zwischen verschiedenen Betroffenengruppen überwunden werden und neue Solidarisierungen entstehen. »*Beyond the town hall, any attempt simply to build alliances with women's groups, black organisations, tenants' organisations or union campaigns around existing policies, issues and structures has little hope of success*« *(M. Boddy/C. Fudge 1984: 12).*

Da sich aber weder alternative fachpolitische Konzepte noch neue stadtpolitische Allianzen von alleine realisieren, wären als Ergebnis des bewußten Handelns der lokalpolitischen Akteure basisdemokratische Ansätze zu entwickeln, die die vorhandenen Arbeits- und Lebensinteressen umfassend thematisieren und die örtlichen Bevölkerungsgruppen *ganzheitlich*, d.h. in ihren verschiedenen Rollen als *Arbeitnehmer und Produzenten, Mieter und Konsumenten*, zur Einmischung in ihre eigenen Angelegenheiten befähigen. Eine solche Politisierungs- und Demokratisierungsstrategie »von unten« würde von den Gewerkschaften und den Parteien der politischen Linken die Rückgewinnung eines auf die dezentrale Ebene gerichteten qualitativen Gestaltungsanspruchs fordern, der gleichzeitig von ihren lokalen Gruppierungen entlang der jeweils vorfindlichen Bedingungen anzumelden und programmatisch auszuformen wäre. Neuen Initiativen und Bewegungen würde abverlangt, die eigene Praxis auch vor dem Hintergrund allgemeinpolitischer Entwicklungen zu reflektieren und, ohne die eigene politische oder kulturelle Identität aufzugeben, auch im Kontext einer oppositionellen stadtpolitischen Gesamtkonzeption zu agieren.

Der Sache nach läßt sich lokale Gegengewichtspolitik insoweit realisieren, als es den Kommunen gelingt, sich neokonservativen Instrumentalisierungen zu verweigern, aus der Rolle lediglich subsidiär krisenabfedernder Instanzen herauszutreten, und sie mit eigenen Interventionen dazu beitrag, einen sinnentleerten technisch-ökonomischen Fortschrittsbegriff nach sozial-ökologischen Kriterien zu rekonstruieren. *Praktisch bedeutet dies in der gegenwärtigen Situation vor allem anderen, örtlich zunehmend erforderliche Reproduktionshilfen mit einer gebrauchswertorientierten Umgestaltung der vorhandenen Fertigungs- und Dienstleistungsstrukturen zu kombinieren.* Die lokale Ebene gewinnt für »nachfordistische« Auseinandersetzungen dann an größerem Gewicht, wenn hier gegen die vorherrschende kapitalorientierte Reorganisation der gesellschaftlichen Beziehungen eine Politik zur Durchsetzung kommt, die Einkommen und Existenzen sichern hilft, Qualifikationen vermittelt und *gleichzeitig* die örtliche Produktionsbasis, die vorhandenen Infrastruktureinrichtungen und Dienstleistungsapparate auf den sozial-ökologischen Bedarf hin innoviert.

Die kommunalen Reaktionen auf die aktuelle Krisensituation kommen zwar unter überregional definierten ökonomischen, politischen und ideologischen Bedingungen zustande, werden aber immer erst aus der jeweiligen lokalspezifischen Kräftekonstellation heraus formuliert. Hier entscheidet sich letztlich, ob eine *konfliktorientierte Kommunalpolitik »neuen Typs«* in Gang gebracht werden kann, die alle dezentral verfügbaren Potentiale für eine bedarfswirtschaftliche Ressourcensteuerung mobilisiert. Auch durch eine so erneuerte lokale Politik werden notwendige Veränderungen auf zentraler politischer Ebene keineswegs ersetzt. Soweit den Kommunen ein Stück der materiellen Umsteuerung auf einen alternativen Entwicklungstyp gelingt, können die Erfolge gemessen am kumulierenden Problemdruck zunächst nur exemplarisch sein. Wo aus dem Zusammenwirken von neuen Formen politischen Verwaltungshandelns, der Arbeit von selbständigen Initiativen, Belegschaften und wiederbelebten Partei- und Gewerkschaftsgruppen neue Verknüpfungen zwischen Handlungsbedarf und Ressourcenpotential entstehen, werden aber zum einen schon jetzt real wirksame krisenkonterkarierende Effekte produziert und zum anderen qualitative Anforderungen an zukünftig zu realisierende nationale Politikkonzepte definiert.

Könnten die Kommunen dabei mit konzeptionell angeleiteten und integrierten lokalen Antikrisenstrategien aus dem Vorteil der dezentralen Steuerungsebene heraus noch neue solidarische und ökologisch verträgliche Problembearbeitungen präsentieren, so wäre auch aus der Sicht eines alternativen gesamtgesellschaftlichen Entwicklungsmodells viel erreicht. Sie würden dann mit der Demonstration von Handlungsalternativen auf der Mikroebene die Kritikfähigkeit der (lokalen wie überlokalen) Öffentlichkeit reaktivieren und darüber hinaus die ganzheitliche und emanzipative Entfaltung der *sozialen Produktivkräfte »lebendiger Arbeit«* als eigentliche Chance einer angemessenen gesellschaftlichen Krisenlösung propagieren.

II.B. Exkurs: Lokale Gegenmachtpolitik in der aktuellen Restrukturierungskrise. Das Beispiel der radikalen Stadtregionen Großbritanniens

1. Die Politik der britischen Zentralregierung im Umgang mit den Kommunen

Der Stellenwert, der einer kritisch gewendeten Kommunalpolitik in der »nachfordistischen« Umbauphase im Rahmen gesamtgesellschaftlicher Auseinandersetzungen zukommen kann, läßt sich am ehesten am Beispiel der in den 80er Jahren von der Labour Party regierten britischen Großstädte und Stadtregionen illustrieren. Die Auflösung des sozialdemokratisch-keynesianischen Nachkriegskonsenses (»full employment, the welfare state and the 'caring' society, equality of opportunity, new-Keynesian economic management and corporatist incomes policies«, M. Boddy/C. Fudge 1984: 3) wird in Großbritannien seit dem Regierungsantritt der Konservativen unter Margaret Thatcher (1979) besonders ruppig inszeniert. Zusammen mit harten Einschnitten in das System des sozialen Wohlfahrtsstaates und einer rigide durchgesetzten monetaristischen Wirtschaftspolitik wurden hier erhebliche Einschränkungen an der kommunalen Handlungsautonomie vorgenommen, was sich zunächst vor allem in einer Verstärkung der Kontrolle über das kommunale Finanzgebaren niederschlug. Insbesondere versuchte die konservativ geführte Zentralregierung den Spielraum der sechs zumeist Labour-regierten (stadtbezirksähnlichen) Metropolitan Counties sowie den des Greater London Councils einzuengen, denen im wesentlichen die formalen Zuständigkeiten für die Bereiche Verkehrswesen, »strategische Gesamtplanung« (inkl. der wirtschaftlichen Entwicklung) und (teilweise) Wohnungswesen (GLC) übertragen waren (R. Sturm 1987).

Mit dem Local Government, Planning and Land Act (1980) wurde das System des gesamtstaatlichen Finanzausgleichs revidiert und der zuständige Minister (»Secretary of State for the Environment«) ermächtigt, die Höhe der staatlichen Zuschüsse nach seinen Vorstellungen einer jeweils angemessenen kommunalen Aufgabenerfüllung zu definieren (»block grant system«). Besonders »ausgabenfreudige« Lokalregierungen ließen sich dadurch leichter ausfindig machen und konnten durch eine Reduktion der Zuschußsumme »bestraft« werden. Gleichzeitig wurden Obergrenzen für die jährlich maximal zu tätigenden Sachinvestitionen verfügt. Die Möglichkeit, auftretende Haushaltslücken durch lokale Ergänzungssteuern (»supplementary rates«) zu schließen, wurde wenig später (durch den Local Government Finance Act 1982) eliminiert. 1984, nach dem zweiten Wahlsieg der Konservativen, dehnte die Zentralregierung die Kontrolle über die kommunale Einnahmepolitik aus. Nachdem zahlreiche Kommunen versucht hatten, ausbleibende Regierungszuschüsse durch höhere Gemeindesteuern zu kompensieren und staatliche Durchgriffsrechte bereits 1981 gegenüber den schottischen Lokalregierungen begründet worden waren, wurde dem Zentralstaat drei Jahre später erstmals für England und Wales zugestanden, selektiv in das kommunale Besteuerungsniveau zu intervenieren (»rate capping«, Rates Act 1984). Ein Parlamentsbeschluß legte Höchstgrenzen für die Hebesätze der Kommunalsteuern fest und entzog den Kommunen damit das Recht, eigenständig über die Höhe der ihnen verbliebenen Finanzierungsquellen zu entscheiden. Bezeichnenderweise gilt das entsprechende Gesetz nur für lokale Körperschaften, deren Jahresbudget 10 Million £ überschreitet. 275 der 296 überwiegend konservativ regierten ländlichen District Councils blieben somit unbehelligt von der neuen Regelung (vgl. B.-G. Spies 1988: 192).

Trotz dieser finanziellen und administrativen Strangulation konnten der Greater London Council und mit ihm verschiedene Metropolitan County Councils (insbesondere South Yorkshire mit Sheffield City sowie die West Midlands mit Birmingham) in den 80er Jahren zu den eigentlichen Bastionen der gesellschaftlichen Opposition gegen den Thatcher-Kurs avancieren. Als immer deutlicher wurde, daß die Formulierung politischer Alternativen von hier aus weitaus eher als aus der Oppositionsrolle der Labour Party im Unterhaus heraus gelang[50], wurde diese Ebene der lokalen Selbstregierung durch die konservative Zentralregierung schlichtweg abgeschafft (1.4.1986). Wo Ansätze lokaler Gegenmacht entstanden waren, wird die kommunale Aufgabenwahrnehmung inzwischen wieder entpolitisiert, zum Teil privatisiert, in geringerem Umfang auf die unteren lokalpolitischen Ebenen (boroughs, districts) aufgeteilt oder (wie im Fall von »London Transport«) mehrheitlich staatlichen Ministerien bzw. nicht aus unmittelbaren Wahlen hervorgegangenen »Quangos« (quasi-non-go-

---

50 Duncan und Goodwin resümieren »that the 'Socialist Republic' of South Yorkshire, Sheffield City Council and the Greater London Council, and other radical left governments, have done more to oppose Thatcherism and show possible alternatives than the official, and apparently impotent, parliamentary opposition. Hence all the fuss, and all the interest, in local government«, S.S. Duncan/M. Goodwin 1985b: 232.

vernmental organisations)[51] übertragen, deren Entscheidungsfindung auf direktem oder indirektem Wege durch die zuständigen Ministerien gesteuert werden kann (M. Boddy/C. Fudge 1984; M. Boddy 1984a; R. Sturm 1987; B.-G. Spies 1988).

Diese spannungsreiche Veränderung des Verhältnisses zwischen britischem Zentralstaat und (Labour-regierten) Kommunen dokumentiert gleichzeitig die neue Rollenbeschreibung der lokalen Ebene im Rahmen der vorherrschenden »postfordistischen« Umbaustrategien. Die konservative Partei, die die lokale Eigenständigkeit unlängst noch gegen keynesianisch inspirierte Zentralisierungsbemühungen verteidigt hatte, ging mit dem Regierungsantritt Margaret Thatchers dazu über, die kommunalen Handlungsspielräume auszutrocknen und in zentral verordnete Schrumpfungs- und Entstaatlichungskonzepte einzubeziehen. Ihre Forderungen nach Dezentralisierung zielten nicht mehr wie vordem auf die Aufwertung subzentraler politischer Instanzen, sondern auf die Stärkung besitzbürgerlicher und privatwirtschaftlicher Interessen gerade in ihrem Verhältnis zur Interventionsmacht der lokalen Politik (»ratepayer democracy«).

> »Local government itself was seen as being as much in need of a rolling back of its frontiers as was central government, in order that economic individualism might have greater room for action. Ratepayer democracy not only implied *less money* for local government. It also implied *less local government*, with fewer services to provide since some of them could be handed over to the private sector to the supposed benefit of consumers and ratepayers alike« (J. Gyford 1985: 71; Hervorhebungen U.B.).

War die Mittelausstattung der Kommunen bereits in der letzten Regierungsphase der Labour Party deutlich hinter dem steigenden Handlungsbedarf zurückgeblieben[52], *so wurde die lokale Ebene jetzt systematisch in den zentralstaatlich organisierten Versuch einer kapitalorientierten Restrukturierungspolitik eingebaut.* Die institutionelle Schwächung der dezentralen Politikinstanzen sollte deren Budgetverhalten in eine inzwischen eindeutig restriktive gesamtstaatliche Ausgabenpolitik integrieren und parallel eine

---

51 »Quangos« sind von der Zentralregierung durch Ernennung ins Leben gerufene Gremien, die spezifische administrative Aufgaben wahrzunehmen haben.

52 Wie sich die Rolle kommunaler Politik in der »spätfordistischen« Phase verändert, deutete sich bereits während der letzten Regierungsperiode der Labour Party an: ... » local authorities increasingly moved from being agents of an expanding welfare state to the role of inadequately financed managers of local crisis «, K. Bassett 1984: 94.

Demontage des (kommunalen) öffentlichen Sektors erzwingen, um brachliegendes Kapital neuen rentierlichen Anlagefeldern zuzuführen[53].

Dabei wurde die lokale Ebene in der Stagnationskrise von den Konservativen, im Unterschied zur Labour Party an der Macht, als *strategisch bedeutsames Interventions- und Experimentierfeld* wiederentdeckt. Als traditionelle Formen der kommunalen Politik wie etwa die herkömmliche lokale Wirtschaftsförderung (»*servicing capital*« durch die Beschaffung von Industriegelände und Büroräumen, Ansiedlungs-, Beratungs- und Finanzierungshilfen) am Ende der langanhaltenden Wachstumsperiode zunehmend versagen mußten, hat die konservative Zentralregierung mit neuen Ansätzen einer tiefer in die vorhandenen Strukturen eingreifenden Regionalpolitik reagiert. Durch »von oben« in Gang gebrachte und in der Implementierung nur teilweise auf kommunale Unterstützung angewiesene Initiativen (»*central government local policies*«, S.S. Duncan/M. Goodwin 1985: 244) war sie bestrebt, räumlich begrenzte anlegerfreundliche »Pilotprojekte« zu schaffen, mit denen sich der Prozeß der Entregulierung noch über den gesamtgesellschaftlich bereits erreichten Stand hinaus forcieren ließ (»*policy of local regeneration through 'freeing the market'*«, S.S. Duncan/M. Goodwin 1986: 28).

Als konkrete Maßnahmen wurden zwei umfangreich mit Mitteln ausgestattete und nur zentralstaatlichen Instanzen verantwortliche Entwicklungsgesellschaften gegründet (»*Urban Development Corporations*«), die unter Ausschaltung von kommunalen Eigentums- und Planungsrechten vorwiegend die kapitalintensive Aufwertung innerstädtischer Areale organisieren. Ging es hier in erster Linie um die »Gentryfizierung« und Neuzusammensetzung der Bevölkerungsstruktur in ausgewählten Innenstadtquartieren, so wird für das Gros der absinkenden Gebiete eine weitere »Entstaatlichung« und Auflösung der in staatlichen Kompetenzen kodifizierten Klassenkompromisse als einzige sinnvolle Entwicklung angesehen. Neben inzwischen sechs Standorten in der Nähe von Häfen und Flughäfen, die durch ihren Freihandelsstatus von Steuer- und Zollvergünstigungen profitieren, wurden bis 1986 (entgegen der offiziellen Ideologie mit erheblichem öffentlichen Mittelaufwand) 28 deregulierte Wirtschaftszonen (»*Enterprise Zones*«) eingerichtet, in denen die Betriebsansiedlung mit einer ganzen Reihe von neuen Privilegierungen verbunden ist. In den »Enterprise Zones« (»small Honkongs in run-down local areas«, M.

---

53 Gyford nennt als zentrale Bereiche der Privatisierung »such spheres as street cleaning, rent collection, recreation management, highway maintenance, adoption services and care of the elderly«, J. Gyford 1985: 96.

Goodwin/S.S. Duncan 1986: 29) sind die Unternehmen von Lander-schließungssteuern (»development tax«), auf zehn Jahre von den Kommunalsteuern (»local rates«), von Berufsbildungsabgaben sowie von diversen Pflichten zur Information staatlicher Behörden freigestellt. Daneben kommen sie in den Genuß zahlreicher zusätzlicher Finanz- und Realsubventionen durch Kommunen und Staat. Lokale Planungsbefugnisse werden demgegenüber aufgrund des besonderen Status eingeschränkt. Die entstandenen Steuerausfälle werden den kommunalen Behörden durch das Finanzministerium ersetzt, was die Unternehmenszonen aus Sicht der dezentralen politischen Instanzen unter finanziellen Aspekten attraktiv erscheinen läßt[54].

Im Gegensatz dazu haben sich aber die mit der Einrichtung solcher Zonen verknüpften Hoffnungen auf eine ökonomische Regeneration der krisenbetroffenen Gebiete bisher kaum erfüllt. Wurde anfangs insbesondere die Neuansiedlung »dynamischer Zukunftsindustrien« erwartet, so kam es in der Praxis vornehmlich zu Standortwechseln ohnehin schon in der Region ansässiger Unternehmen, die lediglich die Subventionsofferten der »Enterprise Zones« in Anspruch nehmen wollten. Meist entspricht die sektorale Struktur innerhalb der Zonen der des jeweiligen Umlandes (B.-G. Spies 1986a: 163). Wo neue Arbeitsplätze geschaffen wurden, geschah dies nicht in erster Linie durch neu angeregte wirtschaftliche Aktivitäten, sondern häufiger aufgrund der Auslagerung bereits bestehender Unternehmensabteilungen mit besonders niedrigen Lohn- und Qualifikationsniveaus. Die Beschäftigungswirkungen aller Unternehmenszonen zusammen werden nach 2-3-jähriger Existenz insgesamt auf ca. 3 000 Arbeitsplätze geschätzt. Die Zahl würde damit weit unter den rd. 10 000 gesicherten und neugeschaffenen Arbeitsplätzen liegen, die den Labour-regierten Kommunen Greater London, West Midlands County und Sheffield nach ebensolanger Tätigkeit bei einem erheblich geringeren Finanzie-

---

54 Die Kommunen konnten sich im Rahmen der von der Zentralregierung ausgewiesenen Anzahl um die Einrichtung von Unternehmenszonen bewerben, hatten jedoch dabei die staatlich festgelegten Bedingungen zu akzeptieren. Ansonsten wurde ihnen keine vergleichbare Förderung zuteil. Vgl. hierzu das Beispiel Sheffields, wo die Schaffung der ursprünglich geplanten »Enterprise Zone« an den unterschiedlichen Vorstellungen von Kommune und Zentralstaat bzw. später an der grundsätzlichen Ablehnung des Vorhabens durch die Stadtregierung Sheffields scheiterte, M. Goodwin 1985: 11 ff. Verschiedentlich fühlten sich die lokalen Behörden auch unter Druck, der Einrichtung einer deregulierten Zone zuzustimmen, da sie sonst Gefahr liefen, an anderer Stelle Benachteiligungen von seiten der Zentralregierung zu erfahren, vgl. S.S. Duncan/M. Goodwin 1985: 247.

rungsaufwand zugesprochen werden[55]. Kritiker verzeichnen daher, daß dezentrale Deregulierungsexperimente dieser Art - ähnlich wie die immer noch mehrheitlich praktizierte traditionelle lokale Wirtschaftsförderungspolitik (»servicing capital«) - im wesentlichen nur dazu beitragen, das vorhandene Arbeitsplatzpotential mittels direkter und indirekter Subventionierungen umzuverteilen, ohne dabei neue Beschäftigungsfelder zu generieren:»*It is more a case of shifting workplaces around, forgetting jobless growth and taking a good dose of the small firm myth rather than creating jobs*« (M. Goodwin/S.S. Duncan 1986: 30).

Allerdings läßt sich die Bedeutung einer solchen staatlich konzipierten und dezentral implementierten »*Restructuring-for-capital*«-Strategie (M. Goodwin/S.S. Duncan 1986) nicht auf ihre eher bescheidenen ökonomischen Ergebnisse reduzieren. Gerade dort, wo der Niedergang der ehemals keynesianisch-gestützten Industrien augenfällig wird und mit politisch-kulturellen Widerständen gerechnet werden muß, gilt es aus konservativer Sicht, die Funktionstüchtigkeit einer marktradikalen Umgestaltung der gesellschaftlichen Beziehungen *auch symbolisch* zu *demonstrieren*.

Eine (mit hohem zentralstaatlichen Mitteleinsatz) *in den Kommunen* vollzogene »Entstaatlichungspolitik« unterstützt hier den Abbau öffentlicher und kollektivvertraglicher Regelungskompetenz, hilft damit ein Stück des gesamtgesellschaftlich institutionalisierten Kräfteverhältnisses zu verschieben und kann über die jeweilige Praxis der Real- und Finanzsubventionierung kapitalbegünstigende Umverteilungseffekte produzieren. Die Durchsetzung einer solchen Politik leistet aber auch einen Beitrag dazu, qualitative (regional-)politische Gestaltungsansprüche als die »eigentlichen Blockaden« einer prosperierenden wirtschaftlichen Entwicklung zu identifizieren und die Konditionen einer »erfolgreichen« privatwirtschaftlichen Reorganisation des Akkumulationsmodells im breiten öffentlichen Bewußtsein neu zu definieren. Wo es der Regierung Thatcher von der zentralen Ebene aus gelang, auch die dezentrale Politik in diesem Sinne

---

55   Zu den Beschäftigungswirkungen der »Enterprise Zones« vgl. M. Goodwin/S.S. Duncan 1986. Dem Greater London Council werden im Zeitraum von 1982-1985 zwischen 3.000 (M. Goodwin/S.S. Duncan 1986) und 4.700 (M. Cooley 1986), dem West Midlands County 4.500 (B.-G. Spies 1988) und Sheffield 1.000 (M. Goodwin/S.S. Duncan 1986) Arbeitsplätze zugerechnet. Der Investitionsaufwand wird dabei jeweils in Sheffield auf 2.000 £ (M. Goodwin/S.S. Duncan 1986), in den West Midlands auf 2.300 £ (B.-G. Spies 1988) und im Greater London Council auf zwischen 3.645 £ (M. Goodwin/S.S. Duncan 1986) und 6.000 £ (B.-G. Spies 1988) kalkuliert. Dem stehen fiskalische Kosten pro Arbeitsplatz in »Enterprise Zones« gegenüber, die von 16.000 £ (M. Goodwin/S.S. Duncan 1986) bis auf 68.000 £ (B.-G. Spies 1988) beziffert werden.

umzuorientieren, konnte sie erhärten, was ihr Wahlslogan »TINA«
(»There Is No Alternative«) Mitte der 80er Jahre auf dem Höhepunkt
konservativer Popularität versprach (S.S. Duncan/M. Goodwin 1985: 232).

2.   »Restructuring for Labour« als dezentrale Gegenstrategie

Doch war der »Thatcherismus« trotz seines schier unaufhaltsamen Auf-
stiegs auf nationaler Ebene nur unvollständig in der Lage, sich auch lokal
zu etablieren. Insbesondere in den industriellen Kernregionen und den in-
nerstädtischen Gebieten konnte die Labour Party ihren Einfluß vielmehr
seit 1979 festigen und zum Teil noch Zugewinne registrieren. Wo Labour,
wie in zahlreichen Großstädten und der Mehrzahl der Metropolitan
County Councils, Anfang der 80er Jahre Mehrheiten errang, hatten sich in
der lokalen Parteiorganisation häufig linke Kräfte durchgesetzt, die die in
der Vergangenheit vollzogene Entpolitisierung der kommunalen Ebene
kritisierten und anstelle einer ausschließlich *defensiven Reaktion* auf die
Vorgaben der konservativen Zentralregierung eine *aktive Auseinandersetzung* mit dem Thatcher-Kurs befürworteten (D. Blunkett 1984; K.
Livingstone 1984).

Dem standen auf der politisch-institutionellen Seite verkrustete Par-
teistrukturen (»traditional, male-dominated, hierarchical«, K. Basset 1984:
102) zunächst ebenso entgegen wie bürokratisierte Verwaltungsapparaturen (»the overwhelmingly white, male, professionalised local government
machine«, M. Boddy/C. Fudge 1984: 14). Eine neue »postfordistische« lokale Labour-Strategie konnte dabei auch kaum alleine auf die Stärke der
qualifizierten und organisierten Industriearbeiterschaft gegründet sein, da
ja gerade diese traditionelle Stütze der Labour-Bewegung selbst in den industriellen Ballungszentren bereits seit geraumer Zeit in Auflösung be-
findlich war. Von Anfang an konnten die Protagonisten lokaler Antikri-
senkonzepte daher nur Erfolgsaussichten hegen, wenn es ihnen trotz der
institutionellen Hindernisse gelingen würde, die vorhandenen Fragmentie-
rungslinien (»racism, sexism, unemployment«, M. Boddy/C. Fudge 1984:
12) aufzunehmen und über dezentral in Gang gebrachte Initiativen neue
gesellschaftliche Koalitionen (»material interests, political identification,
voting behaviour, political action«, M. Boddy/C. Fudge 1984: 13) zu konstituieren:

»What we should aim for is to build a labour movement that represents not just the trades unions, but also these other sections of society which have been neglected by the labour movement in the past and whose demands have not been articulated«. ... »Now however there is no prospect of building a governing majority on the basis of the old trades union structure. It has to be built on the trades unions allied to all those groups that have not been through or are just starting to go through collective work experience« (K. Livingstone 1984: 270 f.).

Besondere Bedeutung für den Aufbau lokaler Gegenstrategien kam dabei den Bemühungen um eine dezentrale Beschäftigungsförderung zu. Nachdem die Labour Party dort 1981 die Mehrheit errungen hatte, wurden Ansätze einer beschäftigungsorientierten »*local economic policy*« insbesondere im *Greater London Council (GLC)* und im *West Midlands County Council (WMCC)* entwickelt; ebenso im traditionell Labour-geführten *Sheffield*, wo es seit 1980 innerhalb der Partei zu einer Kräfteverschiebung zugunsten jüngerer und radikalerer Gruppierungen gekommen war. Politisch deutlicher akzentuiert als andernorts und konzeptionell intensiver vorbereitet wurde hier in der Zeit bis zur Auflösung des GLC und der Metropolitan County Councils durch die Londoner Zentralregierung der Versuch unternommen, deren »*Restructuring-for-capital*«−*Politik* durch die Ausbildung einer »*Restructuring-for-labour*«−*Strategie* zu konterkarieren.

Auch wenn den handelnden Akteuren dabei klar war, daß die lokalen Mittel bei weitem nicht ausreichten, entscheidenden Einfluß auf die Ausrichtung des ökonomischen Restrukturierungsprozesses insgesamt zu nehmen (vgl. M. Ward 1981), so sollten die eigenen Initiativen doch, auch im Hinblick auf die als notwendig erachtete Erneuerung der Labour-Politik auf nationaler Ebene, praxisfähige Alternativen zu den vorherrschenden Konzepten der Konservativen hervorbringen. Dieses Unterfangen, die Konturen einer krisenangemessenen Wirtschafts- und Beschäftigungspolitik auf dezentraler Ebene zu formulieren, konnte sich auf die Erfahrungen der Linken in der Auseinandersetzung mit dem Kurs der letzten Labour-Regierung (und hier insbesondere auf die Kritik an der Arbeit des National Enterprise Boards) stützen, fand aber auch positive Anknüpfungspunkte bei Projekten der Gemeinwesenarbeit, alternativ-ökonomischen Experimenten und vor allem in der von Gewerkschaftern und Shop stewards angeregten Konversionsdebatte vor (M. Cooley 1982).

In der Zielsetzung ging es darum, durch kommunale Interventionen und Betroffenenmobilisierung ein Stück demokratischer Gestaltungskompetenz für die sozial-ökonomische Entwicklung der Region zurückzugewinnen und in der lokalen Ökonomie eine Weichenstellung vorzunehmen, die auf längere Sicht zusätzliche qualifizierte Arbeitsplätze und die Befriedigung des qualitativen regionalen Entwicklungsbedarfs versprach: »The emphasis is on using firms for the development *of* an area *for* its people, to be contrasted with using an area for the development of firms *in* an area«. (M. Goodwin/S.S. Duncan 1986: 19)[56]

Die Konzeption der neuen »local economic policy« der Labour-Stadtregierungen sah, mit unterschiedlicher Gewichtung in der Praxis der Kommunen, zusammengefaßt Teilstrategien für vier Eingriffsfelder vor (M. Goodwin/S.S. Duncan 1986):

– *Die Möglichkeiten der kommunalen Politikinstanzen, das am Ort vorhandene ökonomische Potential zielgerichtet weiterzuentwickeln, sollten ausgeweitet werden.* Dazu war es erforderlich, die Unternehmen, Produktionsanlagen und Dienstleistungssektoren mit strategischer Bedeutung für die Realisierung der ökonomischen und sozialen Zielvorgaben zu identifizieren und den kommunalen Mitteleinsatz hier zu konzentrieren. Die öffentliche Einflußnahme sollte aber weder zu einer folgenlosen Subventionierung von Gewinneinkommen führen, noch auf die Schaffung von Arbeitsplätzen um jeden Preis gerichtet sein. Die Kommunen waren vielmehr bestrebt, über bloße Finanzhilfen an den Unternehmenssektor hinaus auf Investitionsentscheidungen einzuwirken, die Produktentwicklung zu beeinflussen, das Marketing zu verbessern und in die Arbeitsbeziehungen wie in die Austauschbeziehungen der Firmen untereinander zu intervenieren. Der Grundgedanke sollte dabei sein, die Sanierung der lokalen Ökonomie auf der dezentralen Ebene nach politisch definierten Kriterien zu betreiben, auf diesem Wege gleichzeitig das lokale Qualifikationsprofil anzuheben und eine Verbesserung der örtlichen Arbeits- und Lebensbedingungen zu erzielen.

– *Die Unterstützung von Unternehmen sollte immer auch mit einer Stärkung der innerbetrieblichen Position der Belegschaften verbunden sein.* Finanzhilfen an Privatbetriebe wurden davon abhängig gemacht, ob entsprechende Betriebsvereinbarungen über eine Verbesserung gewerkschaftlicher Zutritts- und Mitspracherechte, über die Einhaltung tarifvertraglicher Entlohnung, eine Verbesserung der Arbeitsbedingungen und die Gleichbehandlung von Frauen und ethnischen Minderheiten zustande kamen.

– *Darüber hinaus sollte die Stellung der Beschäftigten im Arbeitsprozeß selbst verbessert werden. Alternative Formen der Produktion und Betriebsführung wurden in besonderer Weise unterstützt.* Dies betraf sowohl kooperative Unternehmensformen wie Betriebe, die bereit waren, ganzheitliche, die tayloristische Zerstückelung zurücknehmende, Arbeitsformen einzuführen. Ansätze zur Umstellung der betrieblichen Produktpalette hin auf sozial und ökologisch nützliche Güter und Dienstleistungen sollten mit Priorität gefördert werden.

---

56 Hervorhebungen im Original.

– *Ein weiterer wesentlicher Ansatzpunkt wurde bei den kommunalen Ressourcen selbst gesehen.* Hier sollten insbesondere die eigenen Dienstleistungs- und Betriebskapazitäten anders genutzt, neue Formen der Planung erprobt und die Kompetenzen der politischen Führung gegenüber bürokratisisierten Verwaltungsstrukturen gestärkt werden. Um diese Teilstrategien besser durchsetzen zu können, sollten neue Einrichtungen mit eigenen Mitarbeiterstäben geschaffen werden: eigenständige Gesellschaften (Enterprise Boards) und Verwaltungsabteilungen (Employment Departments) zur Organisation der »Querschnittsaufgabe Beschäftigung« oder Verwaltungseinheiten, denen speziell die Überwachung der Einhaltung von Verträgen zwischen privaten Unternehmen und Kommunen übertragen war (Contract Compliance Units).

Im WMCC, in Sheffield und im GLC wurde so der Versuch unternommen, eine arbeitnehmerorientierte Beschäftigungspolitik an die Stelle der traditionellen lokalen Wirtschaftsförderung treten zu lassen. Die Kommunen schraubten herkömmliche Maßnahmen, wie finanziell aufwendige Bemühungen um die Akquisition überregional und international operierender Unternehmen, weitgehend zurück. Stattdessen wurde als Ziel ausgegeben, die regionale Bedarfssituation zu erheben und die Entwicklungschancen der lokalen Ökonomie zu eruieren. Stützen konnten sich die radikalen Stadtregionen dabei auf ein noch verbliebenes Instrument des britischen Gemeinderechts (Section 137 des Local Government Act 1972), das ihnen die Möglichkeit zur Erhöhung der Grundsteuern um zusätzlich 2 % für wichtige regionalpolitische Aufgaben einräumte. Mit diesen Mitteln, teils ergänzt um zweckgebundene staatliche Gelder (GLC, Urban Areas Act 1978) und eigene anlagefähige Pensionsrückstellungen, bauten sie lokale Investitionsfonds auf, um in den örtlichen Wirtschaftsablauf zu intervenieren.

3. Konzepte und Praxis der Kommunalregierungen

3.1. Erste Erfahrungen in den West Midlands und in Sheffield

3.1.1. West Midlands County Council

Die *West Midlands* mit den Großstädten Birmingham, Coventry und Wolverhampton wiesen bis 1979 noch unterdurchschnittliche Arbeitslosenraten auf. Seitdem forcierte die monetaristische Wirtschaftspolitik des Zentralstaats die bereits angelegten Strukturschwächen der hier dominierenden verarbeitenden Industrie, so daß sich die Region Mitte der 80er Jahre mit 16,7 % registrierten Arbeitslosen (1986) in der Spitzengruppe der beschäftigungspolitischen Problemgebiete wiederfand. Anfang 1982 begann der West Midlands County Council (WMCC) seine Beschäftigungskampagne und führte dabei zwei wesentliche Neuerungen ein.

Mit der *Economic Development Unit (EDU)* wurde eine neue Hauptabteilung in der Verwaltung eingerichtet, deren Aufgabengebiet in der regionalökonomischen Analyse wie in der Erarbeitung von Interventionskonzepten lag. Auf Initiative dieser Abteilung wurde eine gewerkschaftliche Beratungsstelle geschaffen und ein »Frühwarnsystem« für Belegschaften entwickelt. EDU gründete weiterhin Beratungseinrichtungen für Kooperativen und Beschäftigte aus Niedriglohnländern. Eine spezielle Untergruppe der Abteilung untersuchte die Beschäftigungseffekte der öffentlichen Investitions- und Beschaffungspolitik und unterbreitete Vorschläge zu deren beschäftigungsorientierter Wirkungssteigerung (B.-G. Spies 1988: 204 ff.).

Als weiteres Bein der »local economic policy« wurde 1982 ein *Enterprise Board* errichtet, dessen Aktivitäten vornehmlich auf mittlere ortsansässige Unternehmen mit langfristigen Wachstumschancen zugeschnitten waren. Wo Aussicht auf die Erhaltung alter oder die Schaffung neuer Arbeitsplätze bestand, sollte der Board Kredite und Beteiligungen anbieten, die jedoch mit konkreten vertraglichen Auflagen (»planning agreements covering employment, training, health and safety, equal opportunities and trades union recognition«, M. Boddy 1984b: 171) versehen wurden. Auf diese Weise konnten schon im ersten Jahr mit einem vergleichsweise geringen Mittelvolumen von 3,5 Millionen £ (1983) stützende Maßnahmen in zehn Firmen ergriffen werden, die sich zwar in akuten Liquiditätsengpässen befanden, dabei aber zum großen Teil von ihrer produktionstechnischen Basis wie von ihrer Marktposition her durchaus überlebensfähig waren.

Bis zum Herbst 1985, also in den ersten drei Jahren seiner Existenz, konnte der West Midlands Enterprise Board (WMEB) aus Eigenmitteln insgesamt 10,3 Millionen £ in strukturpolitische Maßnahmen investieren. Mit diesem Geld und dadurch zusätzlich gebundenen privaten Investitionen in Höhe von 42,7 Millionen £ wurden insgesamt 4.500 Arbeitsplätze erhalten oder neu geschaffen, was einem öffentlichen Mitteleinsatz von rd. 2.300 £ pro Arbeitsplatz entspricht. Da dem WMEB, der sich ausschließlich aus Steuererhöhungen nach Section 137 des Local Government Act (1972) finanzierte, bereits 1985 die drohende Auflösung der steuererhebenden Kommunalinstanz (WMCC) vor Augen stand, wurde 1985 gemeinsam mit einer Handelsbank ein börsennotierter Kapitalanlagenfonds gegründet, der 1988 eine Kapitalisierung von 4 Millionen £ aufzuweisen hatte (M. Boddy 1984b; B.-G. Spies 1988: 204 ff.).

3.1.2. Sheffield City

In *Sheffield*, dessen Industrie (vornehmlich Stahl, Schneidwaren und Maschinenbau) bereits seit Mitte der 70er Jahre von Krisen erschüttert worden war, setzten die beschäftigungspolitischen Anstrengungen mit dem Machtwechsel zugunsten der Linken in der dortigen Labour Party ein (1981). Die beschäftigungspolitischen Experimente vollzogen sich hier in erster Linie über die Kommunalverwaltung der Stadt Sheffield, die als District Council zu der ebenfalls 1986 aufgelösten Metropolitan Area of South Yorkshire gehörte.

Hatte die Stadtverwaltung von Sheffield 1980 noch um die Einrichtung einer deregulierten Unternehmenszone nachgesucht, so wurde das Vorhaben kurze Zeit später von kommunaler Seite aus mit so vielen zusätzlichen Bedingungen belegt, daß die Londoner Zentralbehörden Abstand nahmen (1981). Eine zweite Offerte der Regierung lehnte der Sheffield City Council auf Betreiben der Labour Party ab (1982). David Blunkett, erst kurz zuvor zum Vorsitzenden von Sheffields Labour Group gewählt, begründete mit der Ablehnung zugleich die Notwendigkeit einer alternativen dezentralen Antikrisenstrategie:

»Sheffield is not entering the race for competing for non-existent footloose industry, but instead determined to promote the regeneration from the bottom upwards of genuine enterprise and initiative, using the innovation and skills of the Sheffield people, as was the case in the industrial revolution and the early 20th century. The city council is therefore putting forward its own challenging and innovatory scheme which best meets the needs of the city of Sheffield and builds on the strength and skills of its people« (Sheffield City Council, Press Statement 6.9.82, zit. n. M. Goodwin 1985: 13).

Als erste Stadt in Großbritannien hatte Sheffield bereits 1981 eine eigene Verwaltungsabteilung für Beschäftigungsfragen *(Sheffield Employment Department, SED)* eingerichtet, deren Arbeit die Schaffung und Sicherung von 1.000 Arbeitsplätzen in den darauffolgenden drei Jahren zugesprochen wird (M. Goodwin/S.S. Duncan 1986: 20). Der anfänglich noch verfolgte Anspruch, zu politisch definierten Konditionen in die gesamte Branchenbreite der lokalen Industrie zu intervenieren (»open-door« policy), ließ sich dabei allerdings insbesondere aufgrund der vorhandenen großbetrieblichen Industriestruktur nicht realisieren. Da hier der notwendige Investitionsaufwand für die Einführung einzelner computergestützter Fertigungsanlagen nicht selten bereits 1 bis 2 Millionen £ betrug, konnte das Employment Department mit einem Jahresbudget von 3 Millionen £ und einem Mitarbeiterstab von schließlich 50 Personen angesichts der Zahl von unterstützungssuchenden Unternehmen und Belegschaften nur überfordert sein (B.-G. Spies 1988).

Daher waren die mit qualitativ neuen Interventionsstrategien erzielten Beschäftigungserfolge unter quantitativen Gesichtspunkten nicht annähernd in der Lage, den Abbau von mitunter bis zu 1.000 Arbeitsplätzen pro Monat (1980) zu kompensieren. Das SED blieb vor diesem Hintergrund darauf verwiesen, sich auf die strategischen Schnittstellen zu konzentrieren, an denen der Einsatz der begrenzten eigenen Mittel besonders hohe Wirksamkeit versprach.

Nach letztlich mißglückten Versuchen zur Rettung eines Unternehmens der Stahlerzeugung und einer Firma der Schneidwarenindustrie ging man, statt auf einzelne Anfragen zu reagieren, dazu über, die Unterstützungsleistungen an den Prioritäten der städtischen Investitions- und Entwicklungsplanung zu orientieren. Das Employment Department verstärkte die Kontakte zu Universitäten und anderen Verwaltungsabteilungen, forcierte eigene Forschungsarbeiten und versuchte selbst in Zusammenarbeit mit Gewerkschaften sowie inbesondere mit Kooperativen bzw. kleinen und mittleren Unternehmen, Einfluß auf die regionale Produkt- und Infrastrukturentwicklung zu gewinnen. Dabei entstanden Projekte zur Elektrifizierung des Schienenverkehrs, zur besseren Wärmeisolation und Sanierung des Wohnungsbestandes, eine Studie zur Praktikabilität von Kraft-Wärme-Kopplungssystemen und ähnliche Initiativen mehr.

Nach dieser revidierten Strategie bemühte sich die Stadt Sheffield (ab 1983) insbesondere in den Bereichen um die Schaffung neuer Arbeitsplätze, in denen sie aufgrund ihrer Marktmacht, Geldgeberposition oder gesetzlichen Kompetenz eine herausragende Stellung besaß und die Entscheidungen kommunaler Behörden eher als die von Banken und multinationalen Konzernen von Bedeutung waren. Die Rolle der Kommune als Auftraggeber und Arbeitgeber wurde stärker betont, was den Aktionsradius der lokalen Beschäftigungspolitik aber insgesamt zunehmend auf den öffentlichen Dienst und die durch ihn beeinflußbaren Sektoren privater Produktion verschob.

Diese Kurskorrektur in der zweiten Etappe von Sheffields »local economic policy« führte auch zu nicht unbeträchtlichen Spannungen innerhalb der Labour Group. Während sich Teile der traditionellen Labour-Basis durchgreifende Veränderungen im industriellen Kernbereich von Stahl und Maschinenbau erhofft hatten und sich mittlerweile durch »middle class bureaucrats acting like bankers« (M. Goodwin 1985: 40) betrogen fühlten, erschien die Umorientierung anderer Gruppen unter den gegebenen Bedingungen als einzige Chance, aus der defensiven und weitgehend aussichtslosen »Feuerwehrrolle« herauszukommen und neue sinnvolle Beschäftigungsfelder zu rekrutieren (M. Goodwin/S.S. Duncan 1986; M. Goodwin 1985; M. Boddy 1984b).

3.2. Der strategische Gesamtansatz des Greater London Council

3.2.1. Neue Konzepte und Organisationsstrukturen

Die größte Bedeutung fiel den beschäftigungspolitischen Aktivitäten der dezentralen Ebene allerdings (dem Umfang wie der Ausstrahlungskraft nach) im *Greater London Council* zu. Die Labour Party hatte hier 1981 die Kommunalwahl mit einem Programm gewonnen, in dem ausdrücklich die Verknüpfung lokaler Beschäftigungsförderung mit der Ausweitung demokratischer Mitbestimmungsrechte in Betrieben und Wohnquartieren vorgesehen war. Statt öffentliche Dienstleistungen zu kürzen, die Gebühren zu erhöhen und den ökonomischen Niedergang ganzer Stadtteile hinzunehmen, versuchte die neue Stadtregierung nach ihrem Wahlsieg, die sozialen Dienste auszubauen, die Fahrpreise im öffentlichen Nahverkehr gezielt zu senken und die lokal vorhandenen Beschäftigungspotentiale zu aktivieren.

Politisch verantwortlich für den konzeptionellen Ansatz des Beschäftigungsprogramms war der 1981 ins Leben gerufene Industrie- und Beschäftigungsausschuß des Greater London Council *(GLC-Industry and Employment Committee)*, der aus Stadträten und Gewerkschaftern (als kooptierten Mitgliedern) bestand. Da sich der vorhandene lokale Verwaltungsapparat für die Realisierung der neuen programmatischen Vorstellungen als weitgehend untauglich erwies, waren zur Umsetzung und konzeptionellen Weiterentwicklung der »local economic policy« weitere neue Einrichtungen erforderlich. Auch hier wurde eine Verwaltungsabteilung mit der Aufgabenstellung geschaffen, die Geschäftspartner der Kommune (Lieferanten, Auftragnehmer und Empfänger von Wirtschaftshilfen) auf die Einhaltung von gesetzlichen und (tarif-)vertraglichen Bestimmungen hin zu überprüfen (Contract Compliance Unit).

Abb. 6: Die beschäftigungspolitischen Instanzen des Greater London Council (GLC)

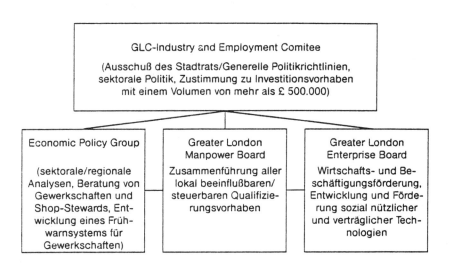

Quelle: B.-G. Spies 1986b

Die Planung und Implementation der kommunalen Beschäftigungspro-gramme selbst wurde im wesentlichen drei ebenfalls neu eingerichteten Instanzen, der *Economic Policy Group (EPG)*, dem *Greater London Man-power Board (GLMB)* und dem *Greater London Enterprise Board (GLEB)* übertragen.

Aufgabe der *Economic Policy Group* war es in erster Linie, Bestands-aufnahmen und Trendaussagen zur Industriestruktur, Beschäftigungs- und Bedarfsentwicklung zu erarbeiten, um damit sinnvolle regionale Investiti-onsfelder zu skizzieren. In diesem Zusammenhang entstanden umfassende Analysen und Handlungsvorschläge wie der »London Industrial Strategy and Manpower Plan«, aber auch kleinere, gebiets- bzw. sektorbezogene Studien zur Entwicklung der Londoner Hafenviertel, zur Perspektive der Druck- und Medienindustrie, zur Zukunft verschiedener Dienstleistungs-bereiche, Vorschläge für eine Erneuerung der kommunalen Energie- und Wohnungspolitik und ähnliche konzeptionelle Vorarbeiten mehr. Gleich-zeitig fungierte die EPG als Informations- und Clearingstelle für interessierte Stadtteilgruppen ebenso wie für Gewerkschafter und Shop stewards, die sich mit Arbeitsplatzabbau und drohenden Firmenzusammenbrüchen auseinanderzusetzen hatten. Um den betroffenen Belegschaften in solchen Fällen eine frühzeitige Lagebeurteilung und rechtzeitiges Handeln zu ermöglichen, wurden von seiten der EPG ebenfalls betrieblich handhabbare »Frühwarnsysteme« entwickelt und umfangreiche Beratungsangebote installiert (GLC 1983a, b, c, d, e, f, g, h; B-G. Spies 1986a, b).

Der *Greater London Manpower Board* (später *Training Board*) erhielt ein Jahresbudget von ca. 7,5 Millionen £ und war als Ausbildungs- und Weiterbildungsagentur vorgesehen. Neben Weiterbildungsmaßnahmen finanzierte und organisierte GLMB vornehmlich in außerbetrieblichen Ausbildungsstätten mehrjährige qualifizierende Ausbildungsgänge (u.a. für Mädchen in technischen Berufen) und zeigte damit auch Alternativen zu lediglich disziplinierenden und betreuenden Notprogrammen der Zentralregierung auf (GLC 1983a; B.-G. Spies 1988).

Im Mittelpunkt der Wirtschafts- und Beschäftigungsförderung der Londoner Stadtregierung stand aber die Arbeit des *Greater London Enterprise Board*. GLEB wurde als eigenständige privatrechtliche Gesellschaft konstruiert und verfügte über einen jährlichen Etat von etwa 33 Millionen £ sowie über einen Mitarbeiterstamm von rund 80 Personen (B.-G. Spies 1988). Von Anfang an gehörte es zum Anspruch von GLEB, bislang separat zum Einsatz gekommene Maßnahmen zu verknüpfen, neue Förderverfahren zu entwickeln und alte wie neue Instrumente in einem integrierten Konzept lokaler Beschäftigungspolitik zu koordinieren. GLEB's interne Struktur spiegelt daher die gesamte Breite des neuen kommunalen Betätigungsfeldes wider. Der Aufgabenzuschnitt der einzelnen Abteilungen, die im Rahmen der politischen Zielvorgaben über eigene Budgets und weitgehende Handlungsautonomie verfügen, reicht von der sektorbezogenen Investitionssteuerung über Fragen der Stadtentwicklung und Bürgerbeteiligung bis hin zur betrieblichen Produktentwicklung und Förderung von sozial und ökologisch nützlichen Technologien.

Mit einer auflagenorientierten Investitionspolitik wollte GLEB private Unternehmen dazu bewegen, sich in ihren Entscheidungen stärker auf beschäftigungspolitische Kriterien zu beziehen. Aufgrund der durch unsichere Ertragserwartungen und die Vorliebe für kurzfristige Anlagegewinne bedingten Zurückhaltung der britischen Banken bei betrieblichen Sanierungsvorhaben waren in der ersten Hälfte der 80er Jahre auch hier zahlreiche Unternehmen mit gesunder Produktionsstruktur in Liquiditätsengpässe geraten. GLEB sollte in solchen Fällen nach Abwägung der wirtschaftlichen Überlebenschancen intervenieren.

Abb. 7: Organisationsaufbau des Greater London Enterprise Board (GLEB)

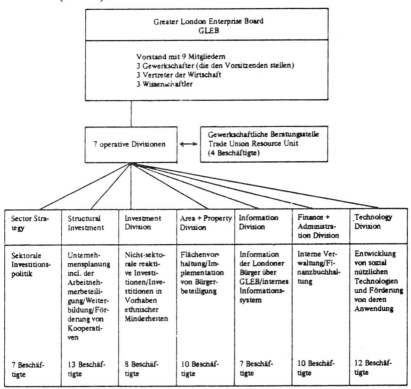

Quelle: B.-G. Spies 1986a

Als Entscheidungsgrundlage versuchte der Enterprise Board dabei die gesamten sozialen Folgekosten möglicher Firmenzusammenbrüche mitzukalkulieren (Einnahmeverluste der öffentlichen Hand, lokaler Kaufkraftschwund, Entwertung von Kapital und Grundstücken, Vernichtung von Erfahrungen und Fähigkeiten der Belegschaften etc.). Positive Einkommens- und Beschäftigungseffekte, die Stärkung des Wettbewerbs in Branchen mit hoher Konzentration sowie die spezifische Situation der betroffenen Stadtteile und Beschäftigtengruppen wurden ebenso verbucht.

Seine Finanzmittel stellte GLEB aber erst (in Form von Krediten oder Beteiligungen) zur Verfügung, wenn zwischen dem Board auf der einen und der Betriebsleitung sowie der Belegschaft und der zuständigen Gewerkschaft auf der anderen Seite vertragliche Vereinbarungen über das konkrete Sanierungskonzept mit den entsprechenden beschäftigungspolitischen Auflagen zustandegekommen waren (Finanzierungsabkommen). Übereinkünfte über die zukünftige Produktions- und Vermarktungsstrategie, über Investitionsverhalten, Technologieeinsatz, Lohnniveau und Arbeitsplatzbedingungen sollten in Unternehmensplänen (»*enterprise plans*«) präzisiert werden, an deren Einhaltung die ratenweise Auszahlung der kommunalen Unterstützungsleistungen gebunden war. Das Management und die jeweilige Belegschaft sollten unter Hinzuziehung je eines Vertreters der Gewerkschaft wie von GLEB eine Beratungskommission (»Management Committee«) bilden, der die Überwachung bzw. eine gegebenenfalls erforderliche Korrektur der getroffenen Vereinbarungen übertragen war (GLEB 1983; E. Einemann/E. Lübbing 1984: 24 ff., 92 ff.; B.-G. Spies 1986a).

Daneben war GLEB bestrebt, mit sektoralen Investitionsprogrammen in ausgewählte Branchen zu intervenieren. So bemühte sich der Board beispielsweise in der Möbelindustrie einen Kooperationsvertrag zwischen den örtlichen Unternehmen zu erwirken, sich selbst in einige wichtige Schlüsselbetriebe einzukaufen, die Produktionspalette zu erneuern und in Zusammenarbeit mit den Belegschaften produktivitätssteigernde Innovationen durchzuführen. Vergleichbare Branchenstrategien wurden etwa auch für die Nahrungsmittelindustrie, die Unterhaltungsindustrie und die Kfz-Zulieferindustrie entwickelt. In einigen Fällen, wie in bestimmten Stadtteilen West-Londons, wurden lokalspezifische und branchenspezifische Restrukturierungsversuche kombiniert. Dadurch entstand aus einem Sanierungsplan für die dort in der Krise befindliche Maschinen- und Gerätebauindustrie unter Mitwirkung der ortsansässigen Bevölkerung schließlich ein Konzept zur Reaktivierung des gesamten betreffenden Stadtgebiets (M. Cooley 1986: 57 f.; GLC 1983e, f).

Besonderen Wert legte GLEB bei seinen Interventionen auf die Verbreitung neuer, emanzipativer Formen von Unternehmenseigentum und Arbeitsorganisation. So wurde eigens eine Abteilung eingerichtet, die sich mit der Entwicklung des Genossenschaftssektors beschäftigte und neuen wie alten Projekten mit Finanzierungshilfen zur Verfügung stand. Die Neugründung von rund 100 Kooperativen wird wesentlich auf deren Unterstützungsleistungen zurückgeführt (M. Cooley 1986: 56; E. Einemann/E. Lübbing 1984: 21 ff., 68 ff.).

Auch dort, wo der Enterprise Board nicht finanziell beteiligt war, versuchte er eine offensive informationelle und materielle Infrastrukturpolitik zu betreiben. GLEB wurde in produktions- und produkttechnischen Fragen gutachterlich tätig und förderte den Transfer von Forschungswissen wie arbeitstechnischem Know how nicht nur für die Managementebene der Unternehmen, sondern vorrangig für die dort tätigen Belegschaften. Klassische Aufgaben der lokalen Wirtschaftsförderung, wie die Bereitstellung von Gebäuden und Industrieflächen, wurden häufig als bewußtes Recycling von brachliegenden Komplexen und Arealen organisiert (GLEB 1983; B.-G. Spies 1986a).

Auf diese Weise gelang es dem Enterprise Board während der ersten drei Jahre (1982-1985), 208 Unternehmen neu zu gründen, zu unterstützen oder zu restrukturieren. Infolge seiner Arbeit konnten im gleichen Zeitraum rd. 4.000 Arbeitsplätze auf direktem Wege neu geschaffen bzw. gesichert werden, wobei die indirekten Beschäftigungseffekte weitaus höher anzusiedeln sind[57]. Die Kosten-Nutzen-Bilanz dieser Form der lokalen Beschäftigungspolitik fiel dabei deutlich günstiger aus als bei anderen politischen Strategieansätzen aus. Die direkten Mittelaufwendungen der öffentlichen Hand werden bei den Aktivitäten von GLEB mit durchschnittlich 3.645 £ (M. Goodwin/S.S. Duncan 1986: 30), 4.000 £ (M. Cooley 1986: 49) bzw. 6.000 £ (B.-G. Spies 1988: 224) veranschlagt, während die staatliche Arbeitsplatzförderung durch die traditionelle kapitalorientierte Regionalpolitik der 70er Jahre (mit 38.100 £ pro Arbeitsplatz, B.-G. Spies 1986a: 171) oder auf dem Weg deregulierter Unternehmenszonen (mit 16.000 £ pro Arbeitsverhältnis bei M. Goodwin/S.S. Duncan 1986: 30, bzw. gar 68.000 £ bei B.-G. Spies 1988: 224 f.) wesentlich kostenintensiver war.

Die Konstruktion von GLEB als eigenständige Gesellschaft privaten Rechts erlaubt der Einrichtung die Weiterexistenz über die Auflösung des GLC hinaus. GLEB muß allerdings mit einer weitaus bescheideneren Finanzausstattung weiterarbeiten und ist dabei im wesentlichen auf rückfließende Eigenmittel, erschlossene Pensionsfonds bzw. die Unterstützung durch Labour-regierte Londoner »boroughs« verwiesen. Dagegen entfielen die Teile des GLEB-Budgets, die der Inanspruchnahme von Section 137 des Local Government Act (Möglichkeit der Grundsteuererhöhung

---

57 Mike Cooley nennt mit 4.700 eine höhere Zahl gesicherter bzw. neu geschaffener Arbeitsplätze (M. Cooley 1986: 49), andere Autoren wie B.-G. Spies siedeln die Beschäftigungseffekte des GLEB mit 3.000 Arbeitsplätzen niedriger an (B.-G. Spies 1988: 216). Die Differenz dürfte unter anderem auch bei der Berücksichtigung von geförderten Beschäftigungsverhältnissen in kleinen Kooperativen zu suchen sein. Hierfür war neben GLEB auch eine eigens gegründete Co-op-Agentur, der London Co-op Enterprise Board (LCEB) zuständig.

um 2 %) durch den Greater London Council geschuldet waren. Inzwischen haben sich 13 der 17 Londoner Bezirke, die unter der politischen Führung der Labour Party stehen, dazu verpflichtet, zur Weiterfinanzierung des GLEB beizutragen. Bislang gelang es auf diesem Weg, ein Jahresbudget von ca. 4 Millionen £ zu aktivieren, was aber lediglich etwa 13 % des früheren Mittelumfanges entspricht (B.-G. Spies 1988: 332).

3.2.2. Demokratische Formen der Bedarfsermittlung und Planungsbeteiligung

Ihren besonderen Stellenwert für die Diskussion um politische Handlungsalternativen in der Krise gewinnt die »local economic policy« des Greater London Councils nicht nur aufgrund ihres - gemessen am verfügbaren Mittelvolumen - durchaus vorzeigbaren quantitativen Resultats. Im Rahmen der Beschäftigungsförderungspolitik des Stadtrats von Groß-London wurden vielmehr auch neue Formen der Bedarfsermittlung und Planungsbeteiligung entwickelt, die geeignet sein könnten, die systematischen Grenzen einer etatistisch ausgerichteten, technokratisch konzipierten und implementierten Reformpolitik zu transzendieren.

So war der GLC über die institutionell vorgesehene Mitwirkung von Belegschaften beim Abschluß von Unternehmensplänen hinaus bemüht, breite Bevölkerungskreise in sein »Restructuring for labour«-Konzept zu involvieren. Nach den Prinzipien einer Betroffenenplanung »von unten« (»popular planning«) sollten Belegschaftsgruppen und Bürgerinitiativen in die Lage versetzt werden, Mängellisten aufzustellen, Produktideen und Vorschläge zur Quartiersgestaltung zu entwickeln und sich auf diese Weise mit ihrer Erfahrung, ihren Fähigkeiten und ihrer Phantasie aktiv für eine Verbesserung der eigenen Arbeits- und Lebensbedingungen zu engagieren. Klar war den Verantwortlichen dabei auch, daß sich eine solche Planung durch die Betroffenen selbst nicht voraussetzungslos in Gang bringen ließ:

»Gegenwärtig glauben die wenigsten Londoner, daß sie befähigt sind oder gar das Recht haben, ihre unmittelbare ökonomische Umgebung mitzugestalten, um die Zukunft ihrer Arbeitsplätze und Lebensbedingungen für sich und ihre Kollegen jetzt und für die Zukunft zu sichern. Hier können Publikationen nur wenig daran ändern, denn die eigentlichen Betroffenen werden Selbstbestimmungsfähigkeiten, die noch nie zuvor gefordert und eher blockiert wurden, nicht allein durch das Lesen von Informationen entwickeln können. Daher müssen sie auch durch andere Maßnahmen gefördert werden und ein Bewußtsein von der Wichtigkeit ihrer Arbeit und

Ebensowenig konnten emanzipative Ansätze von Betroffenenwiderstand
und bürgerschaftlichen Aktivitäten aber das Ergebnis »von oben« insze-
nierter politisch-institutioneller Mobilisierungsarbeit sein. Wo im Produk-
tions- oder im Reproduktionsbereich wirklich erste Initiativen »von unten« entstanden waren, hatten sie sich häufig eben gerade ihre eigenen
Anlässe gesucht, die mit den Prioritäten des Verwaltungsapparats nichts
zu tun haben mußten, und ließen sich auch in Artikulationsform und politischer Bewegung kaum unter die Handlungslogik administrativ gesteuer-
ter Prozesse subsumieren. Der Anspruch, politische und ökonomische
Planungsentscheidungen zu demokratisieren, verlangte vielmehr nach einer offenen und nicht schon abschließend final determinierten Form
kommunaler Hilfestellung, die dem selbstbestimmten Charakter von Be-
legschafts- und Quartiersaktivitäten Rechnung trug[58].

So war in der Economic Policy Group eine Abteilung speziell mit der
Aufgabe betraut, Kontakte mit Gewerkschaften und Bürgerinitiativen herzustellen und diesen in ihren Bemühungen um Informationsbeschaffung
und Ausarbeitung eigener Planungsvorstellungen Unterstützung zu gewähren *(Popular Planning Unit)*. Gruppen, die beschäftigungswirksame
Projekte ins Leben rufen wollten, wurden, wo nötig, personelle und in be-
schränktem Maße auch finanzielle Hilfen zur Verfügung gestellt.

Um eine möglichst große Breitenwirkung zu erreichen und die vorhandenen Serviceangebote besser aufeinander abzustimmen, wurde ein Be-
ratungsgremium für Informationsvermittlung gegründet (Popular Planning Assembly), das Bildungsmaterialien erstellen und Seminarangebote
organisieren ließ, Selbstlerngruppen und Bildungsträgern Tutoren vermittelte und dabei die Einrichtungen der verschiedensten sozialen Gruppierungen (Verbände und Vereine als Träger der Erwachsenenbildung,
Frauenprojekte, Organisationen ethnischer Minderheiten) miteinbezog. In
den dadurch angeregten Kursen, Seminaren und Tagesveranstaltungen
wurden betriebliche Grundkenntnisse vermittelt (gewerkschaftliche Orga-
nisationskenntnisse und kaufmännisches Wissen, Arbeitsbedingungen,
Produktionstechniken), aber auch typische Probleme der Selbsthilfe im
Produktionsbereich dargestellt (Wohnungssanierung, soziale Versorgung,
Stadtteilgestaltung). Darüber hinaus konnten gezieltere Beratungsleistun-

---

58 Vgl. zur Bedeutung der Diskussion um eine grundsätzliche basisdemokratische Ori-
     entierung innerhalb der Labour Party (»open-handed approach«) J. Gyford 1985: 90
     ff.

gen für Belegschafts- und Bürgerinitiativen von fünf durch den Rat der Stadt London finanzierte Zentren übernommen werden, die ansonsten für die Durchführung von Forschungsprojekten zuständig waren[59].

3.2.3. Technologieberatung und Produktinnovation

Die stärkere partizipatorische Öffnung von Planungsprozessen für die Eigeninitiative und Beteiligung von Betroffenen sollte dabei nicht nur zu einer angemesseneren Bedarfsermittlung, sondern auch zu sozial und ökologisch sinnvollen Produktinnovationen führen. Um entsprechende Vermittlungsebenen zwischen dem Know how von Hochschulen und Fachhochschulen auf der einen Seite und dem Einfallsreichtum wie den Fertigkeiten von »Normalbürgern« auf der anderen Seite herzustellen, wurden daher, verteilt über das Londoner Stadtgebiet, fünf *Technologie-Netzwerke* geschaffen, deren Arbeit teils stadtteilorientiert und teils auf spezifische Aufgabenfelder hin ausgerichtet werden sollte. Da es sich um leicht zugängliche Einrichtungen handeln mußte, wurden die Netzwerke zwar allesamt in der Nähe von Universitäten und technischen Hochschulen, aber nie unmittelbar auf deren jeweiligem Gelände selbst eingerichtet. Jede dieser Kooperationsstellen sollte fünf bis sechs Techniker, Naturwissenschaftler oder Ökonomen beschäftigen, um die Zusammenarbeit zwischen interessierten Bürgern, Wissenschaftlern und ortsansässigen Unternehmen (insbesondere Kooperativen und von GLEB geförderten Firmen) zu organisieren. Bei Auflösung des GLC unterhielten die Netzwerke im einzelnen

– Abteilungen zur Unterstützung bestehender Betriebe mit Beratungsleistungen auf den Gebieten Technik, Produktion, Planung und Marketing

– Abteilungen mit den Aufgaben von Wissenschaftsläden, die interessierten Bürgern und Gruppen die Nutzung von Fachhochschul- und Hochschulkapazitäten ermöglichten

– eine Produktbank mit ca. 5.500 zu einem großen Teil von Universitätsmitarbeitern, Ingenieuren, Arbeitern aus Betrieben und kommunalen Behörden angeregten Produktionsvorschlägen, zur Weitervermittlung in Unternehmen der Region (M. Cooley 1986: 60)

---

59   Centre for Alternative Industry and Technology Systems, CAITS; Greenwich Employment Resources Unit, GERU; Brent Trades Council Research and Resource Unit; Tower Hamelts Alternative Strategy Group; Hackney Trades Council Support Unit, E. Einemann/E. Lübbing 1984: 18 ff., 56 ff.; GLC 1983e, f.; M. Boddy 1984b.

- Maschinenparks mit teils gebrauchten Maschinen, die für Ausbildungsprojekte, Kooperativen oder auch andere selbstorganisierte Gruppen zur Verfügung standen.

Von den fünf eingerichteten Netzwerken hatten zwei eine geographische Basis und waren aus Kontakten mit Bürgerinitiativen in den Stadtteilen entstanden.

- Das Netzwerk im Norden und Osten Londons (PEDNNEL) wurde in der Nähe des Nord-Londoner Polytechnikums angesiedelt und hielt Zeichenräume, Holzbearbeitungswerkstätten sowie Möglichkeiten zur Ausübung von Ingenieurtätigkeiten im Bereich von Elektronik und Maschinenbau vor. Darüber hinaus wurden insbesondere Projekte für Behinderte und ältere Menschen unterstützt.

- Das südöstliche Londoner Netzwerk (Themse Technet) hatte als eine der ersten Aktivitäten Pilotprojekte zur Wiederverwendung von Werkstoffen wie Plastik und Papier sowie zur Herstellung kontrollierter Eingangssysteme für Wohnblocks und Altenwohnheime in Gang gebracht. Daneben existierte ein Innovationszentrum mit Entwicklungsmöglichkeiten für den Ingenieurbereich, den Maschinenbau, die Elektronik und Elektrotechnik sowie die Datenverarbeitung.

Die produktorientierten Netzwerke befaßten sich schwerpunktmäßig mit Transporttechnik, Energietechnik und generell neuen Technologien.

- Das Transport Technology Network (TTN) gehörte zu den jüngeren Einrichtungen und widmete sich vornehmlich der Erarbeitung neuer Lösungen für den Personen- und Güterverkehr. Vorschläge für Prototypen wurden bis dahin in erster Linie im Bereich von Serviceverbesserungen im öffentlichen Nahverkehr entwickelt (z.B. ein »Mobility-Bus«, der gleichzeitig straßen- und schienengangig ist, vgl. W. Fiedler/R. Hoffmann 1986).

- Das Energie- und Beschäftigungsnetzwerk (LEEN) war an zwei Standorten (im Norden und im Süden Londons) angesiedelt. Beide Zentren stellten Marktinformationen über energiesparende Produkte und Techniken zusammen, verfügten über Werkstätten zur Prototypenfertigung, führten Beratungen durch und organisierten die Zusammenarbeit mit Mietervereinen, privaten Unternehmen und Betrieben des öffentlichen Dienstes.

- Das Londoner Netzwerk für neue Technologien (LNTN) beschäftigte sich mit Mikroelektronik, Informatik, Informationstechnologie und flexiblen Herstellungssystemen. Im Vordergrund stand dabei zum einen die Beratung von Shop stewards, Gewerkschaftsvertretern und Frauengruppen, die häufig von branchenstrukturellen Krisen bzw. von einem rein kapitalorientierten Einsatz neuer Produktionstechniken betroffen waren. Daneben wurde der Versuch unternommen, alternative Produktions- und Anwendungsmöglichkeiten zu eruieren. So wurden zum Beispiel in der Produktbank Datenverarbeitungsanlagen und Programme für Gemeinden gesammelt, mit denen sich unter anderem der Haushaltsenergieverbrauch exakter registrieren ließ. Weiterhin wurden im Rahmen des Technologie-netzwerkes etwa behindertengerechte Computer konstruiert, Expertensysteme für den Gesundheitsdienst entwickelt und die Arbeiten an Prototypen von benutzerori-entiert automatisierten Maschinen und Werkzeugen (z.B. Drehbänken) forciert.

Wo private Unternehmen die Dienstleistungen der Netzwerke in Anspruch nehmen wollten, etwa dadurch, daß sie innovative Ideen aus der Produktbank abriefen, mußten sie, genau wie im Falle einer finanziellen Unterstützung durch GLEB, die Mitbestimmung und Beteiligung der Belegschaften sowie die vollen Gewerkschaftsrechte gewährleisten und die geltenden tariflichen Vereinbarungen einhalten. Bei einem erfolgreichen Einsatz von Patenten wären Gebühren zu entrichten gewesen, die von den Netzwerken wiederum zu neuen Investitionen hätten verwendet werden können. Nichtgewinnorientierte Betriebe und Gruppen konnten die Produktbank günstiger oder zum Selbstkostenpreis benutzen. Die reale Einbeziehung von Belegschaften, der Versuch zur inhaltlichen Steuerung technischer Innovation, die Präferenz für demokratisch verfaßte Unternehmensformen und die prinzipielle Offenheit für nichtverwertungsbezogene Interessen markierten so insgesamt die wesentlichen Unterschiede zu kapitalorientierten Formen des Wissenschafts- und Technologietransfers (GLC 1982; E. Einemann/E. Lübbing 1984: 26 ff., 113 ff.; M. Cooley 1986).

4.   Erfolge und Grenzen der neuen lokalpolitischen Ansätze

Wie die ersten Auswertungen der »local economic policy« der linken Stadtregionen zeigen, haben die Kommunen allerdings ihre ehrgeizigeren Ziele nicht erreicht (M. Goodwin/S.S. Duncan 1986; B.-G. Spies 1988). In keinem der drei Beispiele war es möglich, die Vorzeichen des kapitalorientierten Restrukturierungsprozesses im Grundsatz zu verkehren. Die Enterprise Boards und Sheffields Employment Department verfügten über Jahresbudgets zwischen 3 Millionen £ und rd. 30 Millionen £ und waren damit nicht in der Lage, durchgreifende sektorbestimmende Neustrukturierungen zu inszenieren. Doch kann sich ihre beschäftigungspolitische Bilanz dennoch sehen lassen: Mit einem Mittelaufwand, der unterhalb der »passiven Kosten« der Arbeitslosigkeit in Großbritannien lag (im Falle des GLC bei 60 %, M. Cooley 1986) und nur mit einem Bruchteil der Summe, die kapitalorientierten Ansätzen der Wirtschaftsförderung pro Arbeitsplatz zur Verfügung stand, gelang es den drei Groß-Kommunen binnen kürzester Zeit, rd. 10.000 Beschäftigungsverhältnisse zu retten bzw. neu zu installieren.

Die Ressourcenlage der Kommunen veränderte dabei angesichts des Problemdrucks den Ausgangspunkt der Strategie. Bei einer eher nur bescheidenen Mittelausstattung konnten die städtischen Investitionsagenturen kaum unternehmensübergreifend ansetzen und sich auch nicht auf die Beeinflussung der Entscheidungsprozesse von Großbetrieben kaprizieren. Die Stadt Sheffield etwa wurde bei einer Übermacht von Großunternehmen auf die Möglichkeiten der unmittelbar kommunalen Investitions- und Beschäftigungspolitik verwiesen und förderte vorwiegend kleinbetriebliche und genossenschaftliche Strukturen. Daß bei den gegebenen Budgets eher Eingriffschancen im Bereich von Klein- und Mittelbetrieben lagen, mußte auch der West Midlands Enterprise Board erfahren, der ansonsten bei der Kooperation mit dem privaten Sektor überdurchschnittlich erfolgreich war. Hier wurde die ursprüngliche Eingriffsschwelle (Betriebe mit mehr als 100 Beschäftigten) im Laufe der Zeit um die Hälfte auf Unternehmen mit mehr als 50 Beschäftigten gesenkt. Ebenso bei GLEB: Obwohl das Eingriffskonzept auf Unternehmen mittlerer Größe zugeschnitten war, entfielen 1985 nur 8 Förderprojekte (von 81) auf Unternehmen mit mehr als 40 Beschäftigten, der eigentlichen operationalen Handlungsschwelle des GLEB. Nur 2 davon wiesen über 100 Beschäftigte auf (B.-G. Spies 1988: 259).

Daß die Enterprise Boards fast ausschließlich im Bereich von Klein- und Mittelbetrieben erfolgreich waren, zeigt ihre *bei der gegebenen Mittelausstattung vorhandenen Handlungsgrenzen* auf. Die Kommunen waren weder in der Lage, sich der zentralstaatlich oktroyierten Rahmensetzungen zu entziehen, noch konnten sie auf die Unternehmenspolitik von Großbetrieben, Banken und multinationalen Konzernen einwirken. Im Gegenteil: Eine einzige Entscheidung wie beispielsweise die des multinationalen Unternehmens Ford, in London eine Gießerei mit 2.800 Beschäftigten aufzugeben, hat einen großen Teil der dortigen Beschäftigungsanstrengungen auf einen Schlag annuliert (M. Cooley 1986: 62; B. Pollmeyer 1985a: 63). In vorläufigen Analysen wird daher folgerichtig konstatiert, daß langfristig strukturverändernde Erfolge nur auf dem Weg einer weiterreichenden, zentralpolitisch in die Wege geleiteten und flankierten *Sozialisierung der Investitionstätigkeit* zu erzielen sind (M. Boddy 1984b: 181).

In einem weiteren Feld hatten die Enterprise Boards ihre ursprünglichen Vorstellungen aufgrund praktischer Erfahrungen zu korrigieren:

Strategie im Umgang mit privaten Unternehmen war es, Unterstützungsleistungen an rechtlich fixierte Übereinkünfte zu binden. Ein gemeinsam verabschiedeter Unternehmensplan sollte die zukünftige Unternehmenspolitik festlegen, daneben aber auch Belegschaftsrechte, Qualifizierungsmaßnahmen und die Schaffung von Arbeitsplätzen konkretisieren. Insbesondere GLEB ging hier entscheidend über die frühere Praxis des National Enterprise Boards auf zentraler Ebene hinaus. Im Unterschied zu den »Planning Agreements« des NEB sollten die *Beschäftigten* durch die Verankerung von Beteiligungsverfahren *zu gleichberechtigten Partnern* bei der Umsetzung qualitativ ausgerichteter Industrie- und Regionalkonzepte werden.

Die Praxis nahm sich dagegen äußerst schwierig aus. Bei der Vielzahl der sanierungsbedürftigen Betriebe war das einzige öffentliche Sanktionsmittel, die Verweigerung von Kredittranchen, von Anfang an als »stumpfe Waffe« konstruiert. Eine Einstellung der Zahlungen hätte womöglich lediglich zum Bankrott der Unternehmen und damit zum Verlust sämtlicher Arbeitsplätze geführt. Bereits bei der Antragstellung (und weitergehend beim Finanzierungsabkommen) verlangten die Boards den Unternehmen daher Erklärungen über Entlohnungspraxis, gewerkschaftliche Beteiligung und über zukünftige Unternehmensziele ab. Mit der Schwerfälligkeit betrieblicher Aushandlungsverfahren, die zum Teil auf die Unternehmensleitungen, zum Teil aber auch auf die mangelnde Vorbereitung der Belegschaften zurückzuführen waren, tat sich dahinter allerdings eine zweite Schwelle auf: So konnten etwa von den 98 Unternehmen, die GLEB 1984 unterstützt hatte, nur 4 im Laufe des Jahre den erfolgreichen Abschluß eines »Enterprise Plans« melden. Ein Fünftel aller Projekte hatte bis zum Jahresende 1985 noch nicht mit den Vorbereitungen dazu begonnen (B.-G. Spies 1988: 271).

GLEB folgerte daraus, daß aus dem »Enterprise Plan« ein von außen angestoßener, aber innerbetrieblich vorangetriebener *Prozeß des »Enterprise Planning«* werden muß. Wurde anfangs die zentrale Aufgabe darin gesehen, die Einhaltung der Auflagen des Finanzierungsabkommens zu überprüfen, so traten im Laufe der Zeit immer mehr prozessuale Gesichtspunkte in den Vordergrund. Die sinnvolle Weiterentwicklung der Unternehmen ließ sich offenbar nicht in einer einmaligen Übereinkunft regeln, sondern nur über einen *Prozeß permanenter Beteiligung und Stärkung betrieblicher Mitbestimmung* organisieren. GLEB, als der am weitesten ausgebaute Enterprise Board, zog hieraus die Konsequenz und richtete neben Schulungsangeboten und einer gewerkschaftlichen Beratungsstelle auch die Instanz von »Mitbestimmungsberatern« ein (M. Cooley 1986: 60 ff.; B.-G. Spies 1988: 263 ff.).

Aber auch unter diesen restriktiven Bedingungen und bei der Notwendigkeit zu längerfristiger Aufbauarbeit gingen die Initiativen der Labour-kontrollierten Stadt- und Bezirksregierungen, insbesondere die des Greater London Councils, weit über rein defensive Maßnahmen zur Abmilderung des Krisendrucks hinaus. Wurde vom West Midlands County Council anfänglich noch eine Trennung von sozialpolitischen (reproduktionssichernden) und ökonomischen (produktionsorientierten) Strategieansätzen vertreten und mußte sich der Sheffield County Council letztlich auf den unmittelbaren Einwirkungsbereich des öffentlichen Sektors konzentrieren, so ist es im Londoner Beispiel am ehesten gelungen, *die unterschiedlichen Handlungsanforderungen an eine umfassende lokale Antikrisenpolitik konzeptionell zu integrieren.* Vor dem Hintergrund zentralstaatlicher Spaltungs- und Hierarchisierungsstrategien wurden hier wesentliche Elemente einer *dezentralen Gegenmachtpolitik* politikbereichs- und zielgruppenübergreifend kombiniert: eine inhaltlich-organisatorische Strukturreform von Teilen des politisch-administrativen Apparats, die Erschließung der regional vorhandenen Ressourcen im Sinne einer arbeitsorientierten »endogenen« Entwicklungsstrategie, Ansätze zur Förderung sozial-ökologischer Technikgestaltung, ein an den gesellschaftlichen Bedarfsbereichen anknüpfendes Beschäftigungsprogramm, die Unterstützung selbstorganisierter Initiativen und neuer Unternehmensformen sowie die breite Beteiligung und Mobilisierung der Bürger in Stadtteil und Betrieb (B. Pollmeyer 1985a: 63 f.).

Durch die »local economic policy« der Labour-regierten Kommunen, aber auch gerade durch die Ergebnisse der Londoner Beschäftigungspolitik wurde ansatzweise und über den Einzelfall hinaus deutlich, welcher Stellenwert einer *regionalisierten Verknüpfung von sozialen und ökonomischen Entwicklungsstrategien* im Rahmen eines alternativen gesamtgesellschaftlichen Gestaltungskonzepts zukommen kann. Daß es auf diesem Wege gelungen ist, die noch mit traditionellen »fordistischen« Konzepten hantierende Debatte um Oppositionsstrategien auf nationaler Ebene (»centrist, top-down strategy based around nationalisation, industrial democracy and, in some versions, selective import controls« M. Boddy 1984b: 177) zu beeinflussen, wird neben den direkten arbeitsplatzschaffenden und reproduktionssichernden Effekten in ersten britischen Untersuchungen als der eigentliche Erfolg der lokalpolitischen Experimente angesehen (M. Boddy 1984b; J. Gyford 1985; M. Goodwin/S.S. Duncan 1986).

»To the extent that radical strategies at the local level can successfully break with the corporate style of politics and policy, typifying economic policy at Central Government level and imported along with mainstream economic development policies to the local level, they may form a basis for combatting the priority accorded to economic, rather than social, strategy by most variants of an AES (Alternative Economic Strategy, U.B.). ... Any split between economic and social policy as, for example, implied in the distincition which WMCC made early on between »Investment in firms« and »Redistributive policies« may undermine longer-term strategy. Integrating economic and social strategy is also fundamentally important for the relevance of policy to women, given the particular relationship between local government and women both in the domestic sphere and the labour market, and also to black people«, M. Boddy 1984b: 189 f.).

Gerade die Londoner Stadtregierung war bemüht, zusammen mit unterschiedlichen Gruppen von Krisenbetroffenen eine modellhaft wirksame *»Bottom-up«-Strategie* zu entwickeln und konnte dabei gewerkschaftlich organisierte Kernbelegschaften ebenso wie Initiativen und Projekte neuer sozialer Bewegungen und marginalisierter gesellschaftlicher Gruppierungen einbeziehen. Das Beispiel der radikalen Stadtregionen vor Augen, wird daher in britischen Beiträgen herausgearbeitet, daß sich die Funktion der »local economic policy« in der »nachfordistischen« Umbauphase sowohl auf die *materielle* wie auf die *politische* und *sozial-kulturelle Restrukturierung einer diffundierenden Arbeitnehmerschaft* erstreckt (»the economic and political sides of restructuring for labour are not separate« M. Goodwin/S.S. Duncan 1986: 27). So gingen beschäftigungspolitische Anstrengungen insbesondere im Greater London Council immer auch mit konkreten Demokratisierungsbemühungen in Bedarfsermittlung und Planungsprozeß einher. Unterstützungsleistungen für kriselnde Unternehmen und die Aufbauarbeit für Produktionskooperativen waren hier stets mit dem Versuch verbunden, innerbetriebliche Entscheidungsprozesse zu demokratisieren. Gleichzeitig wurden neue politische Diskussionzusammenhänge zwischen Betroffenengruppen und Stadtregierung geschaffen, um damit ehemals identitätsstiftende, aber mit dem Verfall der herkömmlichen Industriestruktur ebenfalls erodierende Milieubindungen durch bewußte Aufklärungsarbeit (»propaganda by example«, Hilary Wainright, GLC-Economic Policy Group, M. Boddy 1984b: 177) und neue Ebenen von Erfahrungsaustausch und sozialer Interaktion zu substituieren.

Diese Verknüpfung dezentraler Innovations- und Beschäftigungsförderung mit der Reorganisation eines inzwischen in Arbeitserfahrung und Lebensweise breit ausdifferenzierten gesellschaftlichen Oppositionspotentials ist von britischen Beobachtern der Labour Party als lokaler Beitrag und möglicher Anknüpfungspunkt für ein *neues basisdemokratisches Paradigma sozialistischer Politik* (*»which reintegrates government with the cooperative management of everdy day life«, J. Gyford 1985: 112, 114*) bewertet worden. Selbst wo sie nicht in eine auf lange Sicht konzipierte Strategie eingebunden waren, stellen die von den radikalen Stadtregionen auf den Weg gebrachten Initiativen (»decentralized service delivery, the encouragement of voluntary organizations and community groups, municipal enterprise, popular planning and workers' co-operatives, race policies and women's initiatives« J. Gyford 1985: 108) hiernach Antwortversuche auf die komplexen Probleme der »nachfordistisch« pluralisierten und fragmentierten Gesellschaftsformation dar. Sie erweitern die (dezentralen) politischen Handlungsspielräume und beinhalten gleichzeitig die Chance, in einer so veränderten Gesellschaft *»von unten«* neue Mehrheiten und Bündnisse für deren emanzipatorische Umgestaltung zu konstruieren.

Für die Ausbildung einer neuen, die politischen Ebenen übergreifenden, gleichzeitig demokratisierenden und qualitativ steuernden Transformationsstrategie (»based largely on a mixture of state, social and co-operative property and combining a degree of planning at the macro-economic level with self-management at the micro-economic level« J. Gyford 1985: 109) wäre demnach die Bewahrung und Weiterentwicklung der bereits praktizierten dezentralen Reformansätze (»enterprise boards, popular planning, workers co-operative« ebd.) von entscheidendem Gewicht. Die britischen Verfechter eines modernen »local socialism« gehen dabei trotz entsprechender politisch-institutioneller Niederlagen davon aus, daß das Beispiel der radikalen Labour-Kommunen der lokalen Politik in der aktuellen gesellschaftlichen Auseinandersetzung eine perspektivisch wesentliche Rolle zugewiesen hat: ...*»namely that of contributing, through such policies as going local, popular planning and the encouragement of community groups, to the development of a citizenry with the confidence and the skills required to exercise democratic control over economic and social institutions« (J. Gyford 1985: 110 f.).*

III. Zwischen neuen Handlungsanforderungen und alten Rezepturen: Zur Praxis kommunalen Krisenmanagements

1. Kommunale Haushaltspolitik: Staatstrukturelle Belastungen und örtliche Konsolidierungsstrategien

1.1. Prozyklische Haushaltskonjunkturen

Auch in der Bundesrepublik ist die lokale Ebene aufgrund der Komplexität der hier kumulierenden Krisenerscheinungen seit Mitte der 70er Jahre näher in den Brennpunkt gesellschaftlicher Auseinandersetzungen gerückt. Selbst wenn die Kommunen bis weit in die 80er Jahre hinein kaum den Versuch unternahmen, planvoll und zielgerichtet in den ökonomischen Restrukturierungsprozeß vor Ort zu intervenieren, so kam schon alleine ihrem faktischen haushaltspolitischen Verhalten vor dem Hintergrund niedriger Wachstumsraten und höherer Arbeitslosenziffern gesteigerte Bedeutung zu.

Die quantitativen Impulse, die dabei im zurückliegenden Zeitraum von der *kommunalen Haushaltspolitik* ausgingen, verstärkten allerdings gerade in den kritischen Phasen erheblicher Beschäftigungseinbrüche prozyklisch den ökonomischen Entwicklungsverlauf. Stiegen die kommunalen Ausgaben in der ersten Hälfte der 70er Jahre (mit Ausnahme von 1972 und 1973) noch deutlich schneller als die Einnahmen, so wurden die Zuwachsraten[60] der Ausgaben bereits 1976 und 1977 unter die Entwicklung der Einnahmen heruntergefahren. Wesentlich unterstützt durch das von der sozial-liberalen Koalition aufgelegte Zukunftsinvestitionsprogramm gelang in den Folgejahren wieder eine ausgeglichene bzw. leicht expansive Politik, die jedoch Anfang der 80er Jahre (1982-1984) durch einen harten Einsparkurs ersetzt wurde. Seither pendeln die Zuwachsraten von Ausgaben und Einnahmen auf annähernd gleichem, eher niedrigem Niveau, wobei es den Anschein hat, daß die mit der zweiten Hälfte der 80er Jahre teilweise neu entstandenen Haushaltsspielräume nur unzureichend beschäftigungswirksam genutzt werden.

---

60 Den Angaben liegen die Preise des jeweiligen Jahres zugrunde. Niedrige Wachstumsraten können daher auch - gegengerechnet mit der Inflationsrate - für reale Einbußen stehen.

Tab. 6: Ausgaben und Einnahmen der Gemeinden (Gv)* - einschließlich Krankenhäuser

Jahr	1970	1975	1980	1981	1982	1983	1984	1985	1986	1987	1988	1989[S]	1990[S]
Ausgaben in Mrd. DM	56.49	101.24	145.58	152.12	153.05	151.65	154.71	162.94	172.48	179.24	184.12	194.00	203.50
Veränderungen gegenüber Vorjahr in %	+ 16.7	+ 5.6	+ 11.7	+ 4.5	+ 0.6	- 0.9	+ 2.0	+ 5.3	+ 5.9	+ 3.9	+ 2.7	+ 5.4	+ 4.9
Einnahmen in Mrd. DM	50.83	92.04	139.92	142.01	145.78	150.32	155.83	163.63	170.76	176.65	184.47	195.60	202.00
Veränderungen gegenüber Vorjahr in %	+ 5.5	+ 5.1	+ 11.9	+ 1.5	+ 2.7	+ 3.1	+ 3.7	+ 5.0	+ 4.4	+ 3.4	+ 4.4	+ 6.0	+ 3.3
Finanzierungssaldo in Mrd. DM nachrichtlich	- 5.65	- 9.20	- 5.65	- 10.11	- 7.16	- 1.34	- 1.12	+ 0.70	- 1.72	- 2.38	+ 0.37	+ 1.60	- 1.50
Nettokreditaufnahmen in Mrd.DM	3.26	6.76	4.35	6.14	6.45	2.68	1.24	1.10	1.80	3.19	2.27	1.80	2.50
Nettorücklagenentnahmen** in Mrd.DM	0.58	0.56	0.23	1.29	0.21	- 0.64	- 0.95	- 1.07	- 0.74	- 0.06	- 0.12	- 1.50	0.0

S Schätzung
* ohne besondere Finanzierungsvorgänge
** Entnahmen aus Rücklagen abzüglich Zuführungen an Rücklagen (Minuszahlen bedeuten per Saldo Zuführungen)

Quelle: R.R. Klein/E. Münstermann 1979; H. Karrenberg/
E. Münstermann 1985, 1990; eigene Berechnungen

Ein Blick auf die Entwicklung der *wichtigsten Ausgabepositionen* zeigt dabei, daß die kommunale Haushaltswirtschaft gerade in der zweiten Krisenetappe seit Anfang der 80er Jahre dem lokalen Handlungsbedarf nicht gerecht werden konnte: Stiegen die *Personalausgaben* noch bis 1980 jahresdurchschnittlich durchaus um mehr als 7 bzw. 8 % (1980), so fielen die Zuwachsraten hier bis 1984 auf 2,2 % ab, um nach einem kurzen Wiederanstieg 1986/87 (6,0 % bzw. 5,4 %) einen neuerlichen Tiefststand von 2,6 % (1988) bzw. 2,0 % (1989) zu erreichen.

Dahinter verbirgt sich spätestens seit 1982 ein restriktiver Kurs im Umgang mit dem kommunalen Personalbestand. In der Phase von 1976-1982 legten die Kommunen noch insgesamt 11 % bei den Vollzeitkräften bzw. 12 % bei Vollzeit- und Teilzeitbeschäftigten zusammengenommen zu. Seither ist aber nach Umfragen des Deutschen Städtetages (bei kreisfreien Städten) über die unterschiedlichen Aufwärts- und Abwärtsbewegungen hinweg fast eine *Stagnation im Bereich der Vollzeitstellen* auszumachen, wohingegen bei noch vorgenommenen Neueinstellungen vor allem der Anteil der Teilzeitarbeitsplätze und Arbeitsbeschaffungsmaßnahmen expandiert. Ende der 80er und Anfang der 90er Jahre werden für eine große Zahl (in erster Linie der besonders krisenbetroffenen) Kommunen gar weiter rückläufige Beschäftigungszahlen prognostiziert. Für die Gesamtheit der Kommunen ist davon auszugehen, daß sich die Zahl der Vollbeschäftigten in den 80er Jahren jahresdurchschnittlich allenfalls um 1 % erhöht hat. Personalkostensteigerungen im Krankenhausbereich sind der Grund dafür, daß es 1990 zu einem leichten Anstieg der kommunalen Personalausgaben kommt (H. Karrenberg/E. Münstermann 1985, 1988, 1990).

Am stärksten schlug sich der problemverschärfende prozyklische Trendverlauf kommunaler Ausgabenpolitik in der Entwicklung der *Sachinvestionen*[61] nieder.

Lagen die jahresdurchschnittlichen Zuwachsraten hier Anfang der 70er Jahre noch bei rund 20 % (1970/71), so waren bereits in den Jahren von 1975-1977 reale Einbußen von jährlich 2-4 % zu verzeichnen. Aufgrund der Begünstigungen durch das Zukunftsinvestitionsprogramm kam es von 1978-1980 zu einem neuerlichen Anstieg der Sachinvestitionsausgabe (13-16 % p.a.), der jedoch in den darauffolgenden Jahren einer harschen Konsolidierungspolitik zum Opfer fiel. Von 1981-1984 ging die kommunale Investitionstätigkeit drastisch, in den Spitzenwerten der Jahre 1982 und 1983 um über 10 und 11 %, zurück. Auf diesen Verfall der kommunalen Investitionen in der ersten Hälfte der 80er Jahre dürfte dabei der Verlust von etwa

---

61   Hierzu werden Baumaßnahmen sowie der Erwerb von beweglichem Vermögen und Grundstücken gezählt.

Tab.7: Ausgewählte Ausgaben und Einnahmen der Gemeinden (Gv) in Mrd. DM

	1975	1980	1981	1982	1983	1984	1985	1986	1987	1988	1989[s]	1990[s]
Personalausgaben	30.36	42.89	45.63	47.01	48.23	49.27	51.37	54.45	57.41	58.90	60.10	63.00
Veränderungen* in %	+ 9,0	+ 8,6	+ 6,4	+ 3,0	+ 2,6	+ 2,2	+ 4,3	+ 6,0	+ 5,4	+ 2,6	+ 2,0	+ 4,8
Sachinvestitionen	29.64	41.23	39.69	35.12	31.51	30.54	32.22	35.00	35.75	36.16	39.80	41.25
Veränderungen* in %	- 2,4	+ 14,8	- 3,7	- 11,5	- 10,3	- 3,1	+ 5,5	+ 8,6	+ 2,1	+ 1,1	+ 10,1	+ 3,6
Laufender Sachaufwand	16.10	26.41	28.14	28.84	29.33	31.27	33.36	34.60	35.44	35.76	37.70	39.45
Veränderungen* in %	+ 7,1	+ 10,5	+ 6,6	+ 2,5	+ 1,7	+ 6,6	+ 6,7	+ 3,7	+ 2,4	+ 0,9	+ 5,4	+ 4,6
Soziale Leistungen	10.53	15.36	17.03	18.56	19.43	20.22	22.21	24.24	25.73	27.42	29.00	31.50
Veränderungen* in %	+ 15,8	+ 9,8	+ 10,9	+ 9,0	+ 4,7	+ 4,1	+ 9,8	+ 9,1	+ 7,3[a]	+ 6,6	+ 5,8	+ 8,6
Gewerbesteuer - netto-	12.39	19.70	18.06	18.22	19.94	22.20	23.93	25.01	24.65	27.21	28.90	30.40
Veränderungen* in %	- 2,1	+ 16,7	- 8,3	+ 0,9	+ 9,4	+ 11,3	+ 7,8	+ 4,5	- 1,4	+ 10,4	+ 6,2	+ 5,2
Gemeindeanteil an der Einkommensteuer	12.95	20.66	20.86	21.27	21.74	22.50	24.31	25.46	27.07	28.15	30.60	29.55
Veränderungen* in %	+ 2,7	+ 18,0	+ 1,0	+ 2,0	+ 2,2	+ 3,5	+ 8,0	+ 4,7	+ 6,3	+ 4,0	+ 8,7	- 3,4
Laufende Zahlungen von Bund und Land	18.00	28.40	29.64	29.94	28.99	30.71	32.37	33.98	35.73	36.60	38.00	39.40
Veränderungen* in %	+ 5,0	+ 10,9	+ 4,4	+ 1,0	- 3,2[b]	+ 5,9	+ 5,4	+ 5,0	+ 5,2	+ 2,4	+ 3,8	+ 3,7
Inv.-Zahlungen von Bund und Land	10.46	13.24	12.19	11.78	11.10	10.72	11.08	11.21	11.80	11.64	13.00	14.00
Veränderungen* in %	+ 9,9	+ 10,6	- 8,0	- 3,3	- 5,8	- 3,4	+ 3,4	+ 1,2	+ 5.3	- 1,4	+ 11,7	+ 7,7
Gebühren[c]	16.88	25.31	27.25	29.36	31.39	32.63	33.67	35.58	37.46	39.02	40.90	43.70
Veränderungen* in %	+ 11,6	+ 7,5	+ 7,7	+ 7,7	+ 6,9	+ 4,0	+ 3,2	+ 5,7	+ 5,3	+ 5,1[d]	+ 5,1[d]	+ 6,8

* gegenüber dem Vorjahr.
s Schätzung
a Veränderungsrate ohne Baden-Württemberg
b Seit 1983 wird in einem Teil der Länder der Gemeindeanteil am Grunderwerbsteueraufkommen nicht mehr als unmittel- bare gemeindliche Steuereinnahme, sondern als Zuweisung des Landes behandelt. Dadurch ist eine Vergleichbarkeit mit Daten vor 1983 nur eingeschränkt gegeben.
c Einschl. zweckgebundene Abgaben und Pflegesatzeinnahmen der Krankenhäuser.
d Wegen einer statistischen Bereinigung in einem Bundesland nur bedingt vergleichbar.

Quelle: H. Karrenberg/E. Münstermann 1985, 1990

200.000-300.000 Arbeitsplätzen zurückzuführen sein. Die kurzläufigen Steigerungsraten der Jahre 1985 und 1986 (5,5 % bzw. 8,6 %) konnten ein weiteres Absinken der kommunalen Investitionsquote zwar verhindern, doch fand eine dauerhafte Trendumkehr dadurch noch nicht statt. Nach mageren Wachstumsraten 1987 und 1988 (2,1 bzw. 1,1 %) haben erst eine Anhebung in 1989 (rd. 10 %) und eine bereits wieder deutlich schwächere Steigerung in 1990 (geschätzt auf 3,6 %) die kommunalen Investitionen auf das Niveau der frühen 80er Jahre gerückt. (B. Reissert 1986; H. Karrenberg/E. Münstermann 1985, 1990).

Ähnlichen konkunkturellen Schwankungen waren die kommunalen Ausgaben für den *laufenden Sachaufwand* ausgesetzt.

Lagen hier die Steigerungsraten noch bis 1980 deutlich über 10 % und 1981 immerhin noch bei 6,6 %, so wurden 1982 und 1983 gerade auch in diesem, wie die kommunalen Sachinvestitionen schon kurzfristig beeinflußbaren Haushaltsposten Einsparungen vorgenommen. Nominale Zuwächse von nur noch 2,5 % (1982) und 1,7 % (1983) zogen real wachsende Lücken im städtischen Unterhaltungsaufwand nach sich und bedeuteten praktisch einen fortschreitenden Substanzverlust an kommunalem Eigentum. Konnten die höheren Steigerungsraten der Jahre 1984 und 1985 (6,6 %; 6,7 %) dies nur teilweise ausgleichen, so sind danach wieder niedrigere Wachstumsraten zu notieren (3,7 % 1986; 2,4 % 1987; 0,9 % 1988; 5,4 % 1989; 4,6 % 1990). Sie spiegeln zum einen den kommunalen Spielraumgewinn aufgrund verschiedener Energiepreissenkungen und einer günstigeren Einnahmeentwicklung wider, zeigen aber gleichzeitig an, daß auch diese Etatposition schnell wieder zur Einsparressource lokaler Haushaltspolitik werden kann (H. Karrenberg/ E. Münstermann 1985, 1990).

Währenddem sich mit den Personalausgaben, den Sachinvestitionen und laufenden Sachaufwendungen gerade die potentiell beschäftigungsintensiven Ausgabenblöcke (und damit insgesamt mehr als 2/3 des kommunalen Gesamthaushalts) häufig umgekehrt proportional zum beschäftigungspolitischen Handlungsbedarf entwickelten, explodierten im gleichen Zeitraum die örtlichen *Sozialleistungen*.

Die Ausgaben der Kommunen für Soziales stiegen in den 80er Jahren um durchschnittlich über 150 %, wobei dieser Anstieg eindeutig auf die Entwicklung der Sozialhilfeleistungen zurückzuführen ist. Lag ihr Anteil 1980 noch bei 43,3 %, so beanspruchte dieser Posten Ende der 80er Jahre weit mehr als 50 % aller kommunalen Ausgaben für soziale Sicherung für sich.
Am schnellsten wuchs hier die Hilfe außerhalb von Einrichtungen, deren Umfang vor allem auch eine Reaktion auf die anhaltend hohe Massenarbeitslosigkeit darstellt (H. Karrenberg/E. Münstermann 1990; vgl. Kap. I A. 3.3.3.).

1.2. Die staatliche Aushöhlung der kommunalen Finanzposition

Der kommunale Finanzspielraum wird dabei aber nicht nur durch staatlich verursachte Belastungen auf der Ausgabenseite, sondern auch durch strukturelle Abhängigkeiten auf der *Einnahmeseite* des Gemeindefinanzsystems begrenzt. So sind die Kommunen in weit über der Hälfte ihrer Einnahmen entweder unmittelbar mit dem lokalen Wirtschaftsablauf verbunden (Gewerbesteuereinnahmen netto) oder auf einen funktionierenden gesamtstaatlichen Finanzverbund verwiesen (Gemeindeanteil am Einkommensteueraufkommen, Zuweisungen von Land und Bund), was eigenständigen Handlungsspielräumen insbesondere in Krisenzeiten systematisch Grenzen setzt. Die Fähigkeit der dezentralen Ebene zur antizyklischen Gegensteuerung wurde dabei noch zusätzlich durch die Finanzpolitik von Bund und Ländern reduziert.

Eingriffe des Bundesgesetzgebers in die ertragsunabhängigen Bestandteile der *Gewerbesteuer* (Abschaffung der Lohnsummensteuer, Halbierung der Hinzurechnungen von Dauerschulden und Dauerschuldzinsen) haben etwa die Konjunkturreagibilität dieser für die städtischen Etats nach wie vor zentralen Steuerquelle erheblich erhöht.

Das Gewerbesteueraufkommen stieg insgesamt vom Tiefpunkt des Jahres 1981 bis zum Jahr 1989 um rd. 40 %, währenddem sich die Unternehmenseinkommen im gleichen Zeitraum mehr als verdoppelt haben. Ohne die zwischenzeitlichen Hebesatzveränderungen von insgesamt 9 % hätte der kommunale Finanzzuwachs aus der Gewerbesteuer gar nur 29 % betragen. Daneben hat sich der Kreis der überhaupt besteuerten Unternehmen nach zahlreichen Steuererleichterungen und der mehrmaligen Anhebung von Freibeträgen seit Mitte der 70er Jahre deutlich verringert, wodurch sich die Abhängigkeit gerade der besonders krisenbelasteten Kommunen von wenigen dominierenden Branchen und Einzelunternehmen noch verschärft (vgl. Kapitel IA 3.3.3.)[62].
Mit Rückschlägen 1981 und 1982 (-8,3 %; +0,9 %), hohen Steigerungsraten aufgrund explodierender Unternehmensgewinne 1983-1985 (9,4 %; 11,3 %; 7,8 %), einer neuerlichen Abschwächung in den darauffolgenden Jahren (1986: 4,5 %; 1987: -1,4 %) und wieder höheren Zuwächsen gegen Ende der 80er Jahre (1988: 10,4 %;

---

62 Während 1975 noch 66 % der Betriebe Gewerbesteuerzahler waren, wurden 1980 nur noch ein Drittel der grundsätzlich steuerpflichtigen Unternehmen von der Gewerbeertragsteuer und nur noch ca. 17 % von der Gewerbekapitalsteuer erfaßt. Von rd. 1.842.000 prinzipiell gewerbesteuerpflichtigen Betrieben hatten nur noch ca. 600.000 auch real Gewerbesteuern abzuführen. Nach Inkrafttreten weiterer Steuerentlastungsgesetze (z.B. Haushaltsbegleitgesetz 1983, Steuerentlastungsgesetz 1984, Gesetz zur Verbesserung der Abschreibungsbedingungen für Wirtschaftsgebäude 1985) dürfte sich diese Anzahl weiter verringert haben, vgl. B. Roth 1985; H. Karrenberg/E. Münstermann 1987.

1989: 6,2 %; 1990: 5,2 %) weist das kommunale Gewerbesteueraufkommen *hohe Schwankungsbreiten* auf. Hinter diesen durch die Gewinnentwicklung wie durch die Eingriffe des Steuergesetzgebers geprägten Konjunkturen steht eine *regional gebrochen* verlaufende Entwicklung, die insbesondere in den Kernstädten strukturschwacher Gebiete häufig auch in Zeiten ökonomischer Prosperität zu Positionsverschlechterungen und realen Einbußen im absoluten Steueraufkommen führt.[63] Ein Vergleich der Grundbeträge je Einwohner[64] belegt beispielsweise, daß die Gewerbesteuerkraft der Kommunen in besonders krisenbetroffenen Regionen oftmals um weit mehr als die Hälfte unter dem Durchschnitt der jeweiligen Gemeindegrößenklasse liegt (H. Karrenberg/E. Münstermann 1990; R.R. Klein 1986).

Während der Gemeindeanteil an der Gewerbesteuer nach wie vor deutlich über 40 % der gemeindlichen Steuereinnahmen ausmacht, kommt den *Grundsteuern* nur noch eine untergeordnete Bedeutung zu (rd. 12 % in 1990).

Hochgradig problematisch ist hier eine nach wie vor unzeitgemäße Bewertung der Grundvermögen durch staatliche Politik (Unterbewertung durch veraltete Einheitswerte und Steuermeßzahlen).

Selbst die Beteiligung der Städte und Gemeinden an der staatlichen *Lohn- und Einkommensteuer* (inzwischen rd. 44 % der gemeindlichen Steuereinnahmen) durch die Gemeindefinanzreform 1969 hat nur teilweise zu der in Aussicht gestellten Verstetigung der kommunalen Einnahmeentwicklung geführt.

So nahmen die tatsächlichen jährlichen Zuwachsraten dieser Finanzierungsquelle einen eher diskontinuierlichen Verlauf, dessen Konjunkturen nicht nur die Veränderung der Bruttolohn- und Gehaltssumme in Verbindung mit den jeweiligen Progressionseffekten spiegeln, sondern auch als Ergebnis von neuen politischen Eingriffen in die Steuerstruktur zustandegekommen sind. Die jahresdurchschnittliche Erhöhung des kommunalen Einkommensteueranteils lag im letzten Boom vor der Krise (1971-1973) noch bei über 20 %, sank aber in der zweiten Hälfte der 70er Jahre nicht zuletzt unter dem Eindruck verschiedener steuerlicher Entlastungen

---

63   Die Art und Weise, in der die Kommunen im Rahmen des staatlichen Finanzverbundes für den Wegfall der Lohnsummensteuer entschädigt werden sollten, hat hierbei ein Übriges zur Verschärfung des regionalen Gefälles bei den Gewerbesteuereinnahmen getan. Während die Finanzierungsdefizite nur bei den vornehmlich in Nordrhein-Westfalen ansässigen, Lohnsummensteuer erhebenden Städten anfielen, kam die als Kompensation gedachte bundeseinheitliche Absenkung der Gewerbesteuerumlage allen Kommunen, selbstverständlich auch den ohnehin gewerbesteuerstarken süddeutschen Städten, zugute.

64   Der Grundbetrag (Gewerbesteuer-Ist-Aufkommen : Hebesatz x 100) macht die Gewerbesteuerkraft verschiedener Gemeinden jenseits ihrer unterschiedlichen Hebesätze vergleichbar.

(1975, 1977, 1980) erheblich unter dieses Niveau bis zu den Tiefpunkten von 2,7 % (1975) bzw. 2,6 % (1978) ab. 1980 kam es aufgrund der Anhebung des Prozentanteils der Kommunen am Einkommensteueraufkommen von ursprünglich 14 % auf 15 % noch einmal zu einer kräftigen Steigerung (18 %), der jedoch in der ersten Hälfte der 80er Jahre angesichts weitgehend stagnierender Lohn- und Gehaltseinkommen wiederum nur magere Zuwachsraten (von 1,0 % 1981 bis 3,5 % 1984) folgten.

Als sich die leicht verbesserte Bruttolohn- und Gehaltsposition der abhängig Beschäftigten 1985 in einem erneut höheren Anstieg des kommunalen Einkommensteueranteils niederzuschlagen begann (8 %), setzte schon kurz darauf die bremsende Wirkung der ersten Stufe des Steuerreformpaketes ein. 1986 stieg das kommunale Einkommensteueraufkommen nur noch um 4,7 %, im »steuerreformfreien« Jahr 1987 nochmals um 6,3 %, um aber 1988 infolge der zweiten Stufe des Steuersenkungsgesetzes 1986/1988 und der vorgezogenen Maßnahmen aus 1990 auf eine Zuwachsrate von nur noch 4,0 % abzufallen. 1989, dem Jahr zwischen der zweiten und dritten Steuerreformstufe, erlebte diese gemeindliche Einnahmequelle mit 8,7 % Zuwachs noch einmal ein deutliches »Zwischenhoch«, wobei schon für 1990 mit einem steuerreformbedingten absoluten Rückgang der Einkommensteuereinnahmen von Städten und Gemeinden gerechnet werden muß (vgl. Kap. I A 3.3.3.)[65].

Daneben wird die 1991 vorzunehmende Neufestsetzung der Schlüsselzahlen zur Verteilung des Gemeindeanteils an der Einkommensteuer wie schon in der Vergangenheit zu problematischen Umschichtungen des Steueraufkommens unter den Gemeinden führen. Geringere Einwohnerzahlen als Folge der Stadt-Umland-Wanderung, niedrige Sockelgrenzen bei der Einkommensteuerberechnung und die Nichteinbeziehung der nichtsteuerzahlenden Bevölkerungsgruppen in die Kalkulationsgrundlage bewirken hier systematisch Verluste der größeren Städte zugunsten kleinerer Gemeinden insbesondere im unmittelbaren Umland der Kernstädte, was der räumlichen Verteilung des kumulierenden lokalen Handlungsbedarfs keinesfalls entspricht. Alleine durch die Neuberechnung der Einkommensteueranteile zum 1.1.1988 hat die Gemeindegrößenklasse oberhalb von 50.000 Einwohnern über 300 Mio. DM fast ausschließlich an Gemeinden unter 20.000 Einwohnern verloren. Zahlreiche Kommunen mußten durch die seit 1978 erfolgten Neufestlegungen Umverteilungseinbußen von insgesamt 15 %, einzelne sogar von über 30 %

---

65   Von seiten des Deutschen Städtetages werden die steuerreformbedingten Mindereinnahmen der Kommunen 1990 auf ca. 7,0 Mrd. DM und ab 1990 auf rd. 7,5 Mrd. DM geschätzt. Unmittelbar auf den Gemeindeanteil an der Einkommensteuer sollen dabei ca. 4,8 Mrd. DM (1990) entfallen. Da diese Berechnungen der kommunalen Einbußen nicht auf die Istwerte der Vorjahre sondern auf die normalerweise ohne Steuerreform realisierten Sollwerte der jeweiligen Planjahre bezogen sind, wird das Einkommensteueraufkommen der Städte und Gemeinden nach einem für 1990 zu erwartenden realen Rückgang in den Folgejahren - trotz statistisch kalkulierter absoluter Fehlbeträge - vermutlich wieder Steigerungsraten aufweisen, vgl. H. Karrenberg/E. Münstermann 1989, 1988.

ihres Einkommensteueranteils hinnehmen (H. Karrenberg/E. Münstermann 1990, 1988; B. Roth 1985)[66].

Noch stärker nahm die Entwicklung der *staatlichen Finanzzuweisungen* einen prozyklischen Verlauf.

Die *laufenden Zuweisungen* der Kommunen entstammen zum größten Teil der Finanzausgleichsmasse der einzelnen Bundesländer, die sich aus landesgesetzlich festgelegten Anteilen vom Aufkommen verschiedener Landes- und Gemeindesteuern rekrutiert. In seinem Umfang muß der den Kommunen zur Verfügung stehende »Ausgleichstopf« so schon automatisch den Schwankungen des konjunkturellen Zyklus folgen, solange keine prozentuale Neuaufteilung zwischen Landesmitteln und kommunaler Ausgleichsmasse vorgenommen wird. Die meisten Bundesländer haben die Konditionen ihres Finanzausgleichs aber gerade in Phasen der Rezession (vor allem zu Beginn der 80er Jahre) zu Lasten der Gemeinden abgeändert und deren Anteil am Steuerverbund im Interesse einer Sanierung ihrer eigenen Haushalte reduziert.

Nach jahresdurchschnittlichen Steigerungen von deutlich über 10 % zu Anfang der 70er Jahre und einem nur vorübergehenden Tief von 1974 bis 1976 (mit der niedrigsten Steigerung von 1,6 % in 1976) pendelten sich die Zuwachsraten der laufenden Zuweisungen Ende der 70er Jahre bis 1980 wieder oberhalb der 10 % Marke ein. 1981 begann die Phase niedrigerer Zuwächse (4,4 % 1981; 1,0 % 1982) mit einem absoluten Zahlungsrückgang 1983 (-3,2 %), die 1984 vor dem Hintergrund konjunkturbedingter Mehreinnahmen bei den Gemeinschaftsteuern in eine Periode der »Normalisierung« überging. Bis ins Jahr 1987 kam es zu Steigerungsraten bei den laufenden Zuweisungen von über 5 %. Ende der 80er Jahre deutete sich dagegen wieder eine Verflachung der Zuwachsraten an (2,4 % 1988; 3,8 % 1989; 3,7 % 1990).

Daß die kommunale Finanzausstattung häufig zur »Reservekasse« für die Konsolidierung staatlicher Haushalte wird, zeigt sich dabei noch deutlicher in den

---

66 Der Gemeindeanteil an der Einkommensteuer wird unter den Kommunen nach ihrem jeweiligen Einkommensteueraufkommen verteilt. Der Verteilungsschlüssel wird aus dem Anteil der Einkommensteuerleistungen der Bürger in der betreffenden Gemeinde an den gesamten Einkommensteuerleistungen aller Bürger des jeweiligen Bundeslandes berechnet. Niedrige Höchstgrenzen bei der Berücksichtigung des Steueraufkommens wirken sich dabei zuungunsten einkommensstarker Gemeinden aus, da Einkünfte oberhalb dieser Sockelgrenzen bei der Verteilung außer acht bleiben. Von daher setzen sich steuerstarke Großstädte regelmäßig für eine Anpassung der Höchstbeträge ein. Einkommensteuerschwache Kommunen, hierunter auch die besonders krisenbetroffenen Großstädte, profitieren eher von einer Unteranpassung der Sockelgrenzen, da sich die Steuerverteilung durch die statistische Nivellierung der Einkommensunterschiede tendenziell am »Kopfprinzip« orientiert. Zu Lasten der Kernstädte in Krisenregionen wirkt sich allerdings neben den durch Wanderungsbewegungen verursachten Einwohnerverlusten insbesondere der Umstand aus, daß ihr höherer Anteil an Arbeitslosen und nichtsteuerzahlenden Bevölkerungsgruppen aufgrund des Berechnungsmodus nicht in Veranschlagung kommt; vgl. H. Karrenberg/E. Münstermann 1988; B. Roth 1985.

170

Veränderungsraten der *Investitionszuweisungen.* Da Schätzungen zufolge ca. 60 % der kommunalen Investitionszuweisungen aus Länderkassen stammen (Teile der Finanzausgleichsmasse sowie Mittel der jeweiligen Fachetats), immerhin aber rd. 40 % durch den Bund finanziert werden, drücken sich zentralpolitische Kurswechsel in dieser lokalen Haushaltsposition noch viel unmittelbarer aus (B. Reissert 1986). Während sich die kommunalen Investitionszuweisungen zu Anfang der vorletzten Rezession 1974/1975 dank eines staatlichen Konjunkturprogramms von rd. 3,5 Mrd. DM noch antizyklisch entwickelten und mit 23,5 % bzw. 9,8 % überproportional zunahmen, trat der erste Einbruch 1976/1977 ein (-0,6 %; -13,1 %). Von 1978-1980 sorgte im wesentlichen das Zukunftsinvestitionsprogramm der Bundesregierung wieder für höhere Steigerungsraten (15,6 %; 14,3 %, 10,6 %), denen jedoch ab 1981 eine 4-jährige Phase absoluter Mittelkürzungen folgen sollte (-8,0 % 1981; -3,3 % 1982; -5,8 % 1983; -3,4 % 1984). Nach einer Periode der »Normalisierung« zwischen 1985 und 1987 (mit Steigerungsraten von 3,4; 1,2 und 5,3 %) war 1988 bereits wieder ein absoluter Rückgang zu registrieren (-1,4 %). Erst Ende der 80er Jahre wurden die staatlichen Investitionszuweisungen mit 11,7 % (1989) bzw. 7,7 % (1990) deutlich angehoben, so daß 1990 der Nominalbetrag mit rd. 14 Mrd. DM) wohl erstmals den Wert von 1980 (13,24 Mrd. DM) übersteigt.

Kontinuierlicher verlief dagegen der Anstieg der *Gebührenhaushalte.*

Hier legten die Gemeinden in den 80er Jahren um über 70 % zu, was hauptsächlich auf drastische Erhöhungen Anfang der 80er Jahre und einem neuerlichen Wachstumsschub seit 1986 zurückzuführen ist. Die Gebühren stiegen damit deutlich schneller als die anderen wichtigen Einnahmeblöcke aus Gewerbesteuer, Einkommensteuer oder Bundes- und Landeszuweisungen.

Der kommunale Handlungsspielraum wurde so seit Mitte der 70er Jahre zum einen durch neue Belastungen auf der Ausgabenseite, zum anderen aber auch durch die prozyklische Ausgestaltung wesentlicher Einnahmepositionen beschränkt. Das Leistungsvermögen der Kommunen blieb hinter den vorhandenen Aufgabenstellungen zurück. So kam es zu hohen negativen Finanzierungssalden Anfang der 80er Jahre (1981 über 10 Mrd. DM), auf die die Kommunen mit einer rigiden Sparpolitik reagiert haben. Danach übertraf 1984 und 1985 die Einnahmenentwicklung erstmals das Volumen der Ausgaben, wobei in den beiden darauffolgenden Jahren (-1,72 Mrd. DM 1986; -2,38 Mrd. DM 1987) wieder Finanzierungsdefizite zu verzeichnen waren. Ende der 80er Jahre stellte sich die kommunale Finanzsituation aufgrund positiver konjktureller Daten wider Erwarten ehe günstig dar, was aber vorliegenden Berechnungen zufolge in den frühen 90er Jahren durch die Auswirkungen der letzten Steuerreformstufe wieder gebrochen werden wird (H. Karrenberg/E. Münstermann 1990, 1989).

1.3. Die Polarisierung der finanziellen Handlungsspielräume

Dabei verdeckt das Aggregationsniveau einer allgemeinen Betrachtung der kommunalen Haushaltslage noch, welche *gravierenden Unterschiede in der Finanzstärke* der rund 9.000 Gemeinden und Gemeindeverbände existieren. Zum einen besteht ein erhebliches finanzielles Gefälle zwischen den in den Prosperitätszonen des Südens und der mittleren Bundesländer gelegenen Gemeinden mit häufig hohem Anteil an ertragsstarken Unternehmen und den Kommunen mit großen strukturellen Schwierigkeiten, die vornehmlich in den altindustrialisierten wie in den unterindustrialisierten Regionen zu finden sind. Zum anderen sind kleinere Gemeinden aufgrund günstigerer Einnahme-Ausgabe-Relationen in der Regel in einer besseren Position als größere Städte und als Großstädte im besonderen.

Wie verschieden hier die finanzielle Leistungsfähigkeit ausfällt wird durch die unterschiedliche Entwicklung der »*freien Spitze*«[67] der kommunalen Haushaltsrechnung indiziert. So betrugen die verfügbaren Haushaltsüberschüsse 1988 in den Gemeinden Bayerns und Baden-Württembergs 12-15,2 % der laufenden Einnahmen (1987 12-13 %), währenddem in den nordrhein-westfälischen Kommunen 1987 umgekehrt die laufenden Ausgaben (zusammen mit den Tilgungen) über den laufenden Einnahmen lagen und eine »freie Spitze« in der Summe der Gemeindehaushalte erst wieder 1988 zustandekam (7,2 %). Ein Vergleich der Gemeindegroßklassen weist ähnliche Disparitäten auf. Während in den kreisfreien Städten 1988 zusammengerechnet nur eine »freie Spitze« von 4,2 % vorhanden war (1987 1,3 %), belief sie sich bei den kreisangehörigen Gemeinden und Landkreisen auf immerhin 10,5 % (1987 10,2 %) der laufenden Einnahmen. Die *Polarisierung* wird am deutlichsten, wenn man nach Regionstypen und nach Größenklassen differenziert. In den kreisangehörigen Gemeinden Bayerns betrug die »freie Spitze« im Jahr 1987 18 % der laufenden Einnahmen, wohingegen die kreisfreien Städte in Nordrhein-Westfalen einen Fehlbetrag von insgesamt 4 % ihrer laufenden Einnahmen hinzunehmen hatten. Die leicht günstigere Entwicklung der nordrhein-west-

---

67 Die »freie Spitze« bezeichnet den Teil der Überschüsse aus dem Verwaltungshaushalt, der nicht für die Tilgung aufgenommener Kredite benötigt wird. Sie zeigt an, in welchem Maße die Gemeinde in der Lage ist, aus den laufenden Einnahmen des Verwaltungshaushalts Vermögen zu bilden, insbesondere Investitionen zu tätigen, Die Abgrenzung der »freie Spitze«, wie sie etwa in den Erhebungen des Statistischen Bundesamtes (vierteljährliche Gemeindestatistik) vorgenommen wird, läßt allerdings keine Unterscheidung zwischen ordentlichen und außerplanmäßigen Tilgungen zu, so daß die Größe durch kommunale »Überkonsolidierungsstrategien« künstlich gemindert werden kann.

fälischen Kommunen im Jahr 1988 ist wohl in erster Linie auf die jüngst verbesserte Konjunktur- und Gewinnentwicklung in traditionellen Industriesektoren (wie etwa der Stahlerzeugung) zurückzuführen. Doch darf aufgrund der vorhandenen Datenlage keineswegs gefolgert werden, daß ein umgekehrter Prozeß der Wiederangleichung struktureller Disparitäten in Gang gekommen wäre (Bundesbank 4/88, 11/89).

1.4. Krisenverschärfung durch kameralistische Budgetpolitik

Haben neben der ökonomischen Entwicklung bundes- und landespolitische Entscheidungen den kommunalen Handlungsspielraum seit dem Kriseneintritt Mitte der 70er Jahre »von oben« strukturiert, so lassen sich die konkreten haushaltspolitischen Reaktionen der Kommunen aber dennoch nur bei gleichzeitiger Berücksichtigung der vorherrschenden *»lokalen Handlungsphilosophie«* erklären. Die Mehrzahl der sehr unterschiedlich von Finanzierungsengpässen betroffenen Gemeinden hat etwa gerade in der ersten Hälfte der 80er Jahre den eigenen Handlungsraum durch einen *restriktiven Haushaltskurs* zusätzlich verkürzt. Während es Bund und Ländern im gleichen Zeitraum nur in geringem Umfang gelang, ihre jährlichen Haushaltsfehlbeträge zu senken, wurde das Finanzierungsdefizit der (aggregierten) Kommunalhaushalte zwischen 1981 und 1983 von 10 Mrd. DM auf 1 Mrd. DM reduziert. Diese schnelle »Überkonsolidierung« (D. Eißel 1984) mit den nachfolgenden positiven Finanzierungssalden in den Jahren 1984 und 1985 konnte nur als Ergebnis einer breit verankerten »kameralistischen« Haushaltslogik zustandekommen, nach der undifferenzierte Einsparungserfolge gegenüber einer beschäftigungswirksamen Ausnutzung verbliebener Spielräume deutliche Priorität besaßen. Die Nettoneuverschuldung wurde von 1982 (6,45 Mrd. DM) bis 1984 auf 1,2 Mrd. DM zurückgefahren und verharrte trotz (bis 1989) beständig sinkender Zinsausgaben auch Ende der 80er Jahre noch auf ähnlich niedrigem Niveau (1,8 Mrd. DM 1989). In den Jahren von 1982-1985 sowie 1989 konnte der kommunale Sektor seine Rücklagenbildung zum Teil erheblich steigern, wobei das Bankguthaben aller Gemeinden am Jahresende 1988 (die gesetzlichen Rücklagen miteinbezogen) bereits 25 Mrd. DM betrug[68]. Gerade Ende der 80er Jahre deuten daher viele Indikatoren darauf hin,

---

68 Bei einer relativ stabilen Gesamtverschuldung von rd. 112 Mrd. DM, vgl. Bundesbank 11/89.

daß neu entstandene Finanzierungsspielräume bislang nicht im erforderlichen Maße beschäftigungswirksam umgesetzt worden sind.

In den Gemeinden, in denen Sparmaßnahmen zu Recht oder zu Unrecht als unausweichlich angesehen wurden, kam es in der Vergangenheit zu prototypischen Konsolidierungsstrategien, die keineswegs *nur* staatsstrukturelle Zwänge widerspiegelten, sondern daneben auch Ausdruck vorherrschender *lokalpolitischer Kräfteverhältnisse* waren. Während die kommunalen Haushaltseinsparungen in erster Linie zu Lasten von beschäftigungswirksamen Investitionen, Personalstellen und freiwilligen Leistungen gingen, wurden Einnahmeerhöhungen häufig durch eine Anhebung der Gebührenhaushalte erzielt. Lagen die jahresdurchschnittlichen Zuwächse der gemeindlichen Steuereinnahmen und der laufenden staatlichen Zuweisungen von 1980-1990 bei nur 4,6 bzw. 3,8 %, so wurden bei den Gebühreneinnahmen jährliche Steigerungen von über 7 % realisiert (insgesamt 72,6 % seit 1980). Damit ist der Erhöhungsspielraum bei Gebühren und Leistungsentgelten bereits weitgehend ausgeschöpft. Hier weitere Anhebungen vorzunehmen, würde vielfach (haushaltsrechtlich unzulässige) Überdeckungen nach sich ziehen oder, wie in weiten Teilen der kulturellen Angebote sowie des öffentlichen Nahverkehrs, zu unsozialen Folgewirkungen bzw. einem (kontraintentionalen) Schwund der Nutzerzahlen führen.

Wo allerdings Einnahmesteigerungen zu Lasten der örtlichen Unternehmensgewinne möglich gewesen wären, etwa durch den Abbau progressiv begünstigender Sondertarife für gewerbliche Großabnehmer von kommunalen Versorgungsleistungen oder auf dem Wege durchgreifender Erhöhungen der Gewerbesteuersätze, blieben die Gemeinden häufig abstinent. Zwar wurden die Hebesätze der Gewerbesteuer in der ersten Hälfte der 80er Jahre zum Teil kräftig erhöht, doch stagnieren sie seitdem auf annähernd gleichem Niveau, was für die 80er Jahre eine jahresdurchschnittliche Anhebung von lediglich 1 % ergibt. Insgesamt war die hebesatzbedingte Durchschnittsbelastung der Gewerbesteuerzahler Ende der 80er Jahre niedriger als in der zweiten Hälfte der 70er Jahre. So lag der 1989 durchschnittlich erreichte Hebesatz von 362 % des Steuermeßbetrages - auch nach deutlichen Erhöhungen in einzelnen Städten - nach wie vor unter dem 1975 errechneten fiktiven Hebesatz von 370 %, der die Ausfälle der 1980 abgeschafften Lohnsummensteuer durch eine rechnerisch höher angesetzte Gewerbesteuer nach Ertrag und Kapital kompensieren würde. Umfragen des Deutschen Städtetages bei seinen Mitgliedsstädten erweisen aber auch vor diesem Hintergrund, daß in naher Zukunft

kein Anlaß für eine »Hebesatzanhebungswelle« gesehen wird (H. Karren-
berg/E. Münstermann 1989, 1988; Bundesbank 11/89, 4/88).

Trotz massiver Kritik an der staatspolitischen Einschränkung ihrer Fi-
nanzspielräume waren die kommunalen Reaktionsmuster damit bis weit
in die 80er Jahre hinein überwiegend von gleichzeitig *entpolitisierten* wie in
ihrer Wirkung *entpolitisierenden Konsolidierungsanstrengungen* dominiert.
Selektive Budgetstrategien, die den Versuch unternahmen, etwa sozialpolitische Aufgabenfelder von Kürzungsmaßnahmen auszusparen oder durch
Umschichtungen und die Erschließung zusätzlicher Ressourcen auch bei
prekärer Finanzsituation neue Handlungsmöglichkeiten zu gewinnen,
wurden lediglich in Ausnahmefällen durchgesetzt[69].

2. Alte und neue Wege kapitalorientierter lokaler Wirtschaftsförderung

2.1. Kommunale Interventionsmuster im Zeichen der traditionellen Ämter- und »Policystruktur«

So wenig die Kommunen in der Vergangenheit darauf eingerichtet waren, ihre finanzpolitischen Entscheidungen auf die daraus resultierenden
regionalwirtschaftlichen Impulse hin zu überprüfen, so unvorbereitet wurden sie auch mit zunehmender Dauer der Beschäftigungskrise mit dem
lokal auftretenden Innovations- und Beschäftigungsbedarf konfrontiert.
Arbeitsmarkt-, Wirtschafts- und Beschäftigungspolitik wurden so lange
nicht als kommunale Aufgabenstellungen angesehen, wie Vollbeschäftigung und hohe Wachstumsraten im Zusammenspiel zwischen Marktge-
schehen und zentralpolitischen Instanzen gesichert schienen. Erst seit
Anfang der 80er Jahre, unter dem Eindruck steigender finanzieller Belastungen aus der stagnierend hohen Massenarbeitslosigkeit und einer anhaltenden Fehlsteuerung von Ressourcen durch zentralpolitische Strategien, wird die eigene Rolle im ökonomischen Restrukturierungsprozeß
von kommunalen Instanzen stärker reflektiert. *Wo neue kommunale Aktivitäten entfaltet wurden, entstanden sie allerdings fast immer entlang der*

---

69 Vgl. etwa für die erste Hälfte der 80er Jahre das Beispiel der Stadt Kassel, U.
    Bullmann 1985, und für die zweite Hälfte der 80er Jahre die Städte Wiesbaden und
    Offenbach, J. Bourgett/H. Brülle 1986, G. Grandke 1986.

traditionellen Ämter- und »Policystruktur« (O. Sund 1986; N. Rauch/
J. Schulz zur Wiesch 1986).

Konzeptionelle Debatten um integrierte Ansätze einer dezentralen
Innovations- und Beschäftigungspolitik gewannen in der Bundesrepublik
erst in der zweiten Hälfte der 80er Jahre an Kontur[70]. Im »Mainstream«
der kommunalpolitischen Praxis haben sich daher zunächst *prototypische
Handlungsstrategien* herausgebildet, die *Modifikationen einer traditionell
kapitalorientierten lokalen Wirtschaftspolitik* darstellen und das brachliegende »Arbeitsvermögen« der jeweiligen Region, wenn überhaupt, nur am
Rande einbeziehen. Die *Arbeitsbeschaffungspolitik,* die die Kommunen
quasi »im Schatten« der dominierenden Wirtschaftsförderung betreiben,
läßt dafür umgekehrt in der Regel die Probleme der Weiterentwicklung
von Produktions- und Dienstleistungsstrukturen außer acht.

2.2.   Der halbherzige Wechsel von der Neuansiedlungsförderung zur
         bestandsorientierten Politik

Die Maßnahmen der kommunalen Wirtschaftsförderung sind herkömmli-
cherweise an private Investoren und Unternehmungen adressiert. Sie zielen dabei in erster Linie auf eine Erweiterung des örtlich vorhandenen
Kapitalstocks, von der man sich quasi selbstläufig das Eintreten weiterer
wünschbarer Nebeneffekte - wie etwa die Sicherung und Neuschaffung
von Arbeitsplätzen - verspricht. Zum Aufgabenbereich der klassischen
kommunalen Wirtschaftshilfen gehört neben einer »investitionsfreund-
lichen« Infrastrukturpolitik insbesondere die Neuansiedlung von Unternehmen, die Beratung und Unterstützung von bereits ortsansässigen Betrieben sowie die Initiierung und Betreuung von Neugründungen vor Ort.

Bis in die 70er Jahre hinein bestand die lokale Wirtschaftsförderungspolitik im wesentlichen aus der Verbesserung der unternehmensnahen

---

70   Studien des Deutschen Instituts für Urbanistik zum Umgang der Kommunen mit der
      Arbeitslosigkeit weisen noch Mitte der 80er Jahre »Arbeitsteilung und fragmentierte
      Verantwortung als beherrschende Strukturmerkmale für die Problembearbeitung«
      aus. »Eine ganzheitlich orientierte, ressortübergreifend angelegte und kom-
      munalpolitisch abgestützte Beschäftigungspolitik ist in den Gemeinden und ihren
      Ämtern gegenwärtig nicht verankert«, resümieren Nizan Rauch und Jochen Schulz
      zur Wiesch (N. Rauch/J. Schulz zur Wiesch 1986: 112). Erste Erfahrungen mit den
      Versuchen einer integrierten dezentralen Beschäftigungspolitik liefern verschiedene
      Beiträge in H.E. Maier/H. Wollmann (Hrsg.) 1986; B. Blanke/A. Evers/H. Woll-
      mann (Hrsg.) 1986; U. Bullmann/M. Cooley/E. Einemann (Hrsg.) 1986 sowie D.
      Eißel 1988.

Infrastruktur (z.B. durch Straßenbaumaßnahmen und die Erschließung neuer Gewerbeflächen) sowie aus Unterstützungsleistungen im Rahmen der *Neuansiedlungsförderung.* Zu den gebräuchlichsten Instrumenten dieser Zeit zählten eigene Werbeaktivitäten und Öffentlichkeitsarbeit zur überregionalen Akquisition ansiedlungswilliger Unternehmen (Standortmarketing), die Vergabe von Baugelände zu subventionierten Konditionen, die Gewährung von Sondertarifen und Stundungen für kommunale Gebühren und Beiträge sowie der Abschluß von besonderen Steuervereinbarungen mit einzelnen Unternehmen. Bewegten sich die Kommunen dabei häufig »hart am Rande der Legalität« (S. Feuerstein 1981: 49)[71], so schien eine solche mit offenen und versteckten Subventionen betriebene »Bürgermeisterkonkurrenz« um neue Betriebsstätten aus Sicht der einzelnen Gemeinden seinerzeit noch einigermaßen plausibel zu sein. Die hohe gesamtwirtschaftliche Investitionsrate der zurückliegenden Prosperitätsphase mit ihrem großen Anteil an Erweiterungsinvestitionen ließ selbst strukturbenachteiligte Regionen zumindest von Zweigbetriebsgründungen profitieren[72]. Doch traten mit dem Ende dieser Periode Mitte der 70er Jahre strukturelle Veränderungen ein, die einen auf Neuansiedlungsförderung gerichteten Ansatz kommunaler Wirtschaftspolitik grundsätzlich in Frage stellen mußten:

- Das Tempo der Sachkapitalbildung hat sich seither deutlich verlangsamt. Der Kapitalstock, das für Produktionszwecke verwendete Ausrüstungs- und Bauvermögen, wuchs zwischen 1960 und 1970 mit einer jährlichen Rate von knapp 6 %[73]. Die Steigerungsrate betrug in den 70er Jahren noch über 4 % pro Jahr und sank in den 80er Jahren auf jährlich nurmehr rd. 3 % (J. Welsch 1986b, Sachverständigenrat 1987/88: 67; 1989/90: 60).

- Gleichzeitig kam es zu typischen Verschiebungen in der Struktur der privatwirtschaftlichen Investitionstätigkeit. War Anfang der 70er Jahre die Kapazitätserweiterung mit jahresdurchschnittlich über 40 % noch das Hauptziel der privaten Investitionen im industriellen Sektor, so sank dieser Anteil zugunsten erhöhter Rationalisierungsinvestitionen in der ersten Hälfte der 80er Jahre auf unter 30 %. Zwischenzeitliche konjunkturell bedingte Aufwertungen des Erweiterungsmotivs (1986 und

---

71 So sind etwa der Stundung und dem Erlaß von Steuern nach der Abgabenordnung enge Grenzen gesetzt. Sie kommen nur als Hilfen zur Überwindung vorübergehender Liquiditätsschwierigkeiten (bei ortsansässigen Betrieben) in Frage. Als Mittel der Akquisitionsförderung sind sie rechtlich unzulässig. Dies gilt allerdings nicht für steuerliche Vergünstigungen beim Grunderwerb. Vgl. H. Heuer 1985: 57 f.

72 Dies ändert natürlich nichts an dem Umstand, daß der Subventionswettbewerb unter den Gemeinden auch zu dieser Zeit für den kommunalen Sektor insgesamt ein »Nullsummenspiel« darstellte und in erster Linie eine Verbesserung der Verhandlungsposition ansiedlungswilliger Unternehmen nach sich zog.

73 In Preisen von 1976

1987) drohen aber bereits erneut von sich abzeichnenden Rationalisierungs-
schüben überformt zu werden (J. Welsch 1986b; Ifo-Schnelldienst div. Jge.).

Diese strukturellen ökonomischen Veränderungen führten auch zu
einer Schrumpfung des betrieblichen Neuansiedlungspotentials. In der
Zeit von Mitte der 60er Jahre bis Anfang der 80er Jahre hat sich die Zahl
der industriellen Ansiedlungen auf ca. ein Fünftel reduziert[74]. Wurden bis
1970/71 über alle Jahre gesehen noch Ansiedlungsfälle von rund 700 Betrieben registriert (1965 knapp 900), so schwankte das Neuansiedlungspotential Anfang der 80er Jahre um einen Trend von weniger als 200 Fällen pro Jahr.

– Am stärksten nahm dabei die Zahl neuer Zweigbetriebe ab. Nachdem sie 1965
etwa 500 und 1969 immer noch fast 400 betragen hatte, schrumpfte sie anschließend kontinuierlich bis auf ein Niveau von ca. 50 Anfang der 80er Jahre. Vergleichbar verlief die Entwicklung bei den Betriebsverlagerungen. Auch sie reduzierten sich von 180 im Jahr 1970 auf je 20 in den Jahren 1982 und 1983. Lediglich die
Anzahl der Unternehmensneugründungen konnte sich nach einem Einbruch von
1970 bis 1974 (von 220 auf 80) bei rd. 100 Fällen pro Jahr stabilisieren. War der
deutliche Rückgang der neuerrichteten Zweigbetriebe ein Anzeichen für deren
Konjunkturreagibilität und »Pufferfunktion« bei notwendigen Kapazitätsanpassun-
gen, so hat sich daneben unter verschlechterten ökonomischen Rahmenbedingungen offensichtlich auch die »Standortbeharrungstendenz« bei schon bestehenden Betrieben noch verstärkt. Angesichts im Trend niedrigerer Wachstumserwar-
tungen wurden die anfallenden Abwanderungs- und Verlagerungskosten offenbar
um so schärfer kalkuliert. Betriebliche Standortbewegungen wurden (insbesondere
in industriellen Ballungsräumen) immer häufiger als kleinräumige Verlagerungen
(innerhalb von 25 km um den ehemaligen Standort) vollzogen und schienen dabei
vor allem durch konkrete Erweiterungs- und Immissionsprobleme motiviert zu sein
(DIW-Wochenbericht 8/84; M. Hennicke/H. Tengler 1986; J. Welsch 1986b).

Auch wenn die statistische Erhebung zum Neuansiedlungspotential in
den 80er Jahren nicht weiter fortgeführt wurde, so deuten die vorhandenen Daten jedoch darauf hin, daß es bis heute nicht zu einer grundsätzlichen Trendumkehr gekommen ist.

---

74 Statistisch wurden hierbei die jährlich vorgenommenen Neuerrichtungen und Verlagerungen von Betrieben mit 16 und mehr Beschäftigten (vor 1978 mit 10 und mehr
Beschäftigten) erfaßt. Bei den Verlagerungen sind nur die über Gemeindegrenzen
hinwegreichenden registriert. Die entsprechenden statistischen Erhebungen wurden
allerdings nur bis 1981 durchgeführt und anschließend eingestellt. Aussagen zum
fortlaufenden Trend sind daher auf Schätzungen und auf eigene Berechnungen auf
der Grundlage von Daten der Bundesanstalt für Arbeit angewiesen. Vgl. BMA div.
Jge; DIW-Wochenbericht 8/84.

So zeigt ein Bestandsgrößenvergleich zwischen 1970 und 1987, daß sowohl die Zahl der Arbeitsstätten wie die Zahl der Beschäftigten im industriellen Kernsektor, dem verarbeitenden Gewerbe, in diesem Zeitraum um rd. 18 % zurückgegangen ist. Das Baugewerbe hatte zwar eine Zunahme an Arbeitsstätten um 10 % aufzuweisen, verlor jedoch gleichzeitig über 17 % seiner Beschäftigten (Wirtschaft und Statistik 7/1989; 11/1989). Untersuchungen des Instituts für Arbeitsmarkt- und Berufsforschung weisen über den 10-Jahres-Zeitraum von 1977-1987 für 9 zentrale Wirtschaftssektoren aus, daß sich die Beschäftigungsgewinne und -verluste bei im Vergleich zum Vorjahr bereits vorhandenen Betrieben im langjährigen Durchschnitt jeweils kompensierten. Leichte Beschäftigungsgewinne (0,5 % p.a. in dieser Periode) kamen lediglich zustande, weil die jahresdurchschnittliche Gründungsrate (2,2 %) die Verlustrate (1,7 %) noch etwas überstieg. Da die Gründungsrate jedoch regional kaum streute, war das Nord-Süd-Gefälle der Beschäftigungsentwicklung sowohl auf regionalspezifische Schrumpfungsraten wie auf unterschiedliche Entfaltungsbedingungen bereits gegründeter Betriebe zurückzuführen (U. Cramer/ M. Koller 1988).

Traditionelle Formen der Wirtschaftsförderungspolitik sehen sich so mit zentralen Schwierigkeiten konfrontiert. Zum einen ist das insgesamt verfügbare Neuansiedlungspotential offenbar so drastisch zusammengeschrumpft, daß Akquisitionsbemühungen in der Mehrheit der Regionen kaum noch erfolgversprechend greifen können. Zum anderen haben sich die mit den industriellen Ansiedlungen verbundenen jährlichen Arbeitsplatzeffekte im Verhältnis zu den Arbeitsplatzverlusten offensichtlich minimiert. Zwar könnte die Erwartung der EG-Binnenmarktintegration noch zu einem neuerlichen Anstieg des Neuansiedlungspotentials führen, doch scheinen die häufig strategisch motivierten Ansiedlungen hier im wesentlichen auf wenige zentrale Standorte beschränkt zu bleiben. Für das Gros der Kommunen scheint damit aber bis auf weiteres zu gelten, daß herkömmliche Akquisitionsversuche und Subventionspraktiken wohl keinen entscheidenden Beitrag mehr zur Beschäftigungsförderung und zur Reorganisation der örtlichen Produktionsbasis leisten können.

Vor diesem Hintergrund sind der Erhalt und die Entwicklung des örtlichen Gewerbebestands unter dem Schlagwort der »Bestandspflege« immer mehr in den Mittelpunkt der Wirtschaftsförderungsdiskussion gerückt. Hierunter wird gemeinhin eine Politik verstanden, die den ortsansässigen Betrieben finanzielle und sonstige kommunale und regionale Hilfen zur Verfügung stellt und sie bei der Behebung ihrer Innovations- und Entwicklungsprobleme unterstützt. Eine solche Förderstrategie setzt voraus, daß die spezifische Problemlage der vorhandenen Unternehmen identifiziert wird und daß gezielte wie fallgerechte Hilfen bereitgehalten werden, angefangen von der Information und Beratung, über die Flächenvergabe, bis hin zur finanziellen Unterstützung und Kreditvermittlung (F. Maier 1988: 86). Eigenen Angaben zufolge hat eine Mehrheit der Kommunen diese Bestandspflegepolitik bereits Ende der 70er Jahre als im Vergleich zur Neuansiedlungsförderung mindestens gleichrangiges, wenn nicht gar wichtigeres, Eingriffsfeld angesehen (für das Bundesgebiet B. Wrobel 1979: 55; für das Land Hessen S. Feuerstein 1981: 186 ff.). Neuere Untersuchungen bestätigen diesen Einstellungswandel und zeigen gleichzeitig, daß die Sicherung und Schaffung von Arbeitsplätzen mit der Fortdauer der Beschäftigungskrise oberste Priorität im kommunalen Zielkatalog erhält (H. Heuer 1985b: 29; F. Maier 1988: 77 ff.).

Doch macht eine detaillierte Betrachtung der *konkreten Wirtschaftsförderungspraxis* deutlich, wie wenig sich herkömmliche städtische Interventionsmuster durch die Neuformulierung von Zielvorstellungen und Orientierungen verändert haben. Eine bundesweite Umfrage des Deutschen Instituts für Urbanistik (DIFU) kommt Ende der 70er Jahre zu dem Schluß, daß die Gemeinden nicht mehr so stark wie früher allein auf die Neuansiedlung von Unternehmen setzen, bemängelt jedoch gleichzeitig, daß immer noch ein »bemerkenswerter Optimismus« hinsichtlich des vorhandenen Ansiedlungspotentials vorherrscht. »Gewerbebestandspflege wurde als neues wichtiges Ziel aufgenommen, ohne daß der Neuansiedlung der ihr nach dem Angebot an an- und umsiedlungswilligen Betrieben zukommende Stellenwert zugewiesen wird« (B. Wrobel 1979: 56). Die Ausstattung der Wirtschaftsförderungsdienststellen und die Intensität der Aufgabenerfüllung bei ihren Einzelaktivitäten wurden den veränderten Vorgaben kaum gerecht: Kommunen, die der Gewerbebestandspflege Vorrang gaben, führten (gemessen an der entsprechenden Gemeindegrößenklasse) keineswegs überdurchschnittlich häufig Beratungsgespräche bzw. Betriebsbefragungen durch, hatten keine besser aufbereiteten Informationssysteme (Betriebsdateien u.a.) und verfügten auch nicht über entsprechend mehr Personal (B. Wrobel 1979: 56 ff.).

Eine Anfang der 80er Jahre in Ruhrgebietskommunen und Gemeinden des Bergischen Landes durchgeführte Untersuchung (C. Grätz 1983) sieht insbesondere die politischen Entscheider noch auf die Neuansiedlungsförderung fixiert. Im Umgang der lokalen Verwaltungen mit ortsansässigen Unternehmen wird vor allem eine Differenzierung nach Zielgruppen vermißt, was als impliziter Widerspruch zur vorgeblichen Bestandsorientierung gewertet wird. Als zentrales Defizit tritt hier wie andernorts zutage, daß in den meisten Städten keine Zielvorstellungen über eine mittelfristig anzustrebende Wirtschaftsstruktur existieren (C. Grätz 1983: 172). Während sich der Adressatenkreis bestandsbezogener Maßnahmen häufig schon alleine aus Flächenengpässen bzw. Gemengelageproblemen ergab, wurde bei der Neuansiedlungsförderung weiterhin ebenso undifferenziert verfahren:

»Zahlreiche Verwaltungsbeamte ließen erkennen, daß sie alle Unternehmen akzeptieren, die sich in ihrer Stadt ansiedeln möchten. Bestenfalls wird auf gesetzlich vorgeschriebene Umweltstandards geachtet. Selbst finanzschwache bzw. finanziell 'unsichere' Unternehmen werden unbedingt angesiedelt. ... Auch die daraus erwachsende mögliche Gefahr eines Konkurses einer (neu) angesiedelten Unternehmung wird nicht als relevant angesehen, vielmehr waren die Gesprächspartner der Meinung, daß ein Konkurs in diesem Fall überhaupt nicht >tragisch< wäre, da bei einer folgenden Zwangsversteigerung andere die Chance hätten, die Gewerbeanlagen günstig zu erstehen« (C. Grätz 1983: 149 f., 114, 145 ff.).

Obwohl es in zahlreichen Kommunen seit Anfang der 80er Jahre zu einer Aufstockung der personellen Kapazitäten in den Wirtschaftsförderungsabteilungen kam, zeigt sich in Untersuchungen jüngeren Datums ein ähnlicher Befund. So sieht eine neuere DIFU-Umfrage (H. Heuer 1985b)[75] den Kurswechsel von der Ansiedlungspolitik zur Gewerbebestandspflege zwar programmatisch vollzogen, aber keineswegs in entsprechende Maßnahmenbündel übersetzt. Dieser Studie zufolge mangelt es der lokalen Wirtschaftsförderung im wesentlichen nicht an neuen Instrumenten, vielmehr sei die Handhabung der vorhandenen defizitär. Sowohl die Ausgestaltung von Finanzhilfen, die Grundstückspolitik, aber auch die inzwischen erweiterte Werbungs- und Beratungstätigkeit wurden nach wie vor in hohem Maße auf ein überschätztes Neuansiedlungs- und Umsiedlungspotential ausgerichtet und in ihrer Wirkung auf den aktuellen kommunalen Handlungsbedarf kaum evaluiert. In den zuständigen Verwaltungsabteilungen sind stattdessen offenbar gravierende Informationslücken und Koordinationsprobleme vorhanden, die einer aktiv gestaltenden kommunalen Wirtschaftsförderungspolitik im Wege stehen (H. Heuer 1985b: 126, 131).

Auch für die 80er Jahre und den Beginn der 90er Jahre scheint zuzutreffen, was frühere Untersuchungen bereits für die zweite Hälfte der 70er Jahre konstatieren: Propagierte Zielsetzungen und realpolitische Praxis weichen in der lokalen Wirtschaftsförderung unter dem neuen kommunalpolitischen Handlungsdruck noch weiter als in der vorangegangenen Prosperitätsphase voneinander ab (B. Wrobel 1979: 79). Die konkreten politisch-administrativen Entscheidungsprozesse sind keineswegs durch-

---

75   Befragt wurden insgesamt 120 Städte mit über 50.000 Einwohner. Die Erhebungen wurden zwischen 1978 und 1984 durchgeführt.

gängig auf die vorgegebenen Zielhierarchien zurückzubeziehen. Obwohl die Diskussionen um den »richtigen Weg« einer Restrukturierung der regionalen Ökonomie kontrovers geworden sind, gilt für die Organisationsstrukturen wie für die Aktivitäten der lokalen Wirtschaftsförderung, daß sie sich weniger an der ausgewiesenen Programmatik denn an Kriterien vermeintlicher »Machbarkeit« orientieren (G. Zill 1981: 78; F. Maier 1988: 96 f.). Auch wo man sich zur Bestandspflege und zur aktiven Förderung des Strukturwandels bekennt, findet kaum eine gezielte Steuerung der kommunalen Wirtschaftspolitik etwa durch den Einsatz der eigenen ökonomischen Potentiale (z.B. der Eigenbetriebe) oder durch die selektive Vergabe von Fördermitteln statt. *In der Praxis bleibt die kommunale Gewerbepolitik stattdessen adressaten-, d.h. »unternehmerorientiert«, versucht dezentrale wie zentrale Programme und Hilfsangebote für das Einzelunternehmen »abrufbar« zu machen und vermeidet dabei in aller Regel die Formulierung von klaren Bedingungen und »Gegenleistungen« für die Gewährung der Unterstützung durch die öffentliche Hand* (F. Maier 1988; G. Bosch u.a. 1987; H. Naßmacher 1988). Insbesondere von gewerkschaftlicher Seite wird daher die mangelnde qualitative Ausgestaltung der alten wie der neuen Förderungsphilosophie kritisiert: »... es fehlt die Einbindung der einzelnen Fördermaßnahmen in ein übergreifendes kommunal- und regionalpolitisches Handlungskonzept, welches auf die Ausschöpfung aller beschäftigungspolitischen Spielräume und Möglichkeiten ausgerichtet ist« (G. Bosch u.a. 1987: 61).

2.3. Die Modernisierungsvariante: Kommunale Technologie- und Gründerparks

Neben einer stärkeren (programmatischen) Orientierung auf den Unternehmensbestand erhielt aber in den 80er Jahren noch ein zweiter neuer Förderansatz Konjunktur. Beeindruckt insbesondere durch US-amerikanische Vorbilder wie das kalifornische Silicon Valley oder die Route 128, eine High-Tech-Hochburg um Boston an der Ostküste der USA[76], ver-

---

76 Der Erfolg dieser beiden High-Tech-Regionen ist insbesondere auf zwei Faktoren zurückzuführen, die für die Bundesrepublik in diesem Umfang und auf diese Weise nicht gegeben sind: zum einen auf einen seit Ende der 50er Jahre (Sputnik-Schock) explodierenden Markt, der vor allem aus Militär- und NASA-Aufträgen gebildet wurde; zum anderen auf das seinerzeitige Fehlen von Großunternehmen als Anbieter von Computern und Chips, vgl. W. Rügemer 1985; D. Degenhold 1987: 100 ff.; U. Hilpert 1987.

suchten mittlerweile auch zahlreiche Kommunen in der Bundesrepublik *Gründer- und Technologieparks* zu installieren. Im Unterschied zu den auch hier bereits seit längerem bekannten Industrie- und Gewerbehöfen werden unter dem neuen Typ der Technologie- und Gründerzentren im engeren Sinne Standortgemeinschaften von in der Regel relativ jungen bzw. neu gegründeten Unternehmen gefaßt, deren betrieblicher Schwerpunkt vorwiegend in der Entwicklung, Produktion und Vermarktung technologisch neuer Produkte, Verfahren und Dienstleistungen liegt[77].

War das Berliner Innovations- und Gründerzentrum (BIG) 1983 das erste Projekt dieser Art, so wurden in der Bundesrepublik bis Ende der 80er Jahre noch weit über 40 ähnliche Vorhaben realisiert. Weitere Anlagen sind in Planung bzw. im Bau, so daß die Zahl der westdeutschen Technologieparks in den 90er Jahren durchaus auf rund 140 steigen kann. Bemerkenswert ist dabei, daß die Gründer- und Technologiezentren weitgehend unabhängig von den jeweiligen landes- bzw. kommunalpolitischen Mehrheitsverhältnissen eingerichtet werden. Fast alle Bundesländer, deren Standortkonkurrenz in der »nachfordistischen« Umbruchphase nicht zuletzt über einen Ausbau der Technik- und Innovationsförderung ausgetragen wird, setzen inzwischen auf diese Form der dezentralen Wirtschaftspolitik und regen entsprechende Initiativen innerhalb der eigenen Landesgrenzen an (G. Bräunling/G. Peters 1986). Die mit Abstand meisten Parks entstanden dabei bisher in Nordrhein-Westfalen, Baden-

---

[77]   Die Literatur unterscheidet überwiegend vier Grundtypen des Parkmodells: den traditionellen Gewerbepark ohne ausdrückliche Technologieorientierung, das Gründerzentrum, das sich ausschließlich auf Unternehmensneugründungen verlegt, das Technologiezentrum, dessen Zielgruppe technisch innovationsfähige Unternehmen mit überdurchschnittlichen F u. E-Aufwendungen (High-Tech-Orientierung) darstellen sowie den Forschungs- oder Science Park, dessen Interesse weniger auf die Ansiedlung von Produktions- und Dienstleistungsunternehmen denn auf eine räumliche Zusammenführung von Forschungseinrichtungen und Entwicklungsabteilungen gerichtet ist, vgl. M. Mayer 1988: 32; R. Sternberg 1988: 87.
Eine systematische Zuordnung der bundesdeutschen Zentren zu diesen Idealtypen hat neuerdings Sternberg entlang der Merkmale »Technologieorientierung«, »dominanter Unternehmenstyp« und »Ausstattung mit Gemeinschaftseinrichtungen und Dienstleistungen« versucht. Dabei zeigt sich allerdings, daß die Übergänge auf dem »Kontinuum« der unternehmerischen Standortgemeinschaften in der Praxis fließend sind und sich lediglich die beiden Extremtypen Gewerbehof (fehlende Technologieorientierung) und Forschungspark (hohe Technologieorientierung, geringe Ausstattung mit Gemeinschaftseinrichtungen) eindeutig abgrenzen lassen. In der Bundesrepublik ist vielmehr ein Mischtyp aus Gründer- und Technologiezentrum vorzufinden, der sich lediglich im Einzelfall nach der jeweils vorhandenen Merkmalsausprägung bewerten läßt. Im folgenden wird daher der Sammelbegriff Gründer- und Technologieparks bzw. -zentren verwendet, der auch durchgängig der Selbstbezeichnung der Einrichtungen entspricht.

Württemberg und Niedersachsen (G. Bräunling/G. Peters 1986; U. Hilpert 1987; Wirtschaftswoche v. 31.7.1987).

Das Leistungsangebot der Zentren selbst läßt sich in eine »Hardware«- und eine »Software«-Komponente untergliedern. Vom gemeinsamen Sekretariat über den Reinigungsdienst bis zur sonstigen technischen Infrastruktur halten fast alle Technologieparks ähnliche Gemeinschaftseinrichtungen und Serviceangebote vor. Die größten Unterschiede zeigen sich noch in der Mietpreisgestaltung, die von absoluten Billigmieten (teilweise unter 3 DM/m^2) bis zum aus Gründen der Imagepflege bewußt hoch angesetzten Mietzins reicht[78]. Deutlich stärker differiert das Angebot an professionellen Beratungsleistungen, von dem das eigentliche, dem traditionellen Gewerbehof gegenüber innovative Moment der Technologiepark-Konzeption ausgeht.

Eine Umfrage im Rahmen der für die Bundesrepublik bisher umfangreichsten empirischen Untersuchung zeigt, daß ein leistungsfähiger »Software«-Anteil in den Technologie- und Gründerzentren am ehesten die Entwicklungsprobleme der dort angesiedelten Unternehmen trifft: Sie sehen ihren Unterstützungsbedarf insbesondere bei der Vermittlung öffentlicher Fördergelder, im Marketing, bei der Lösung technischer Probleme und in der Personalakquisition. Die Erfüllung der vielfältigen Erwartungen bei der Herstellung von externen Kontakten, in der Öffentlichkeitsarbeit und beim Transfer von betriebswirtschaftlichem und technischem Know-how hängt aber entscheidend von der Qualität des Zentrumsmanagements ab, dessen Ausstattung im Einzelfall vom nebenamtlichen Geschäftsführer bis zur 7-Personen-starken Geschäftsleitung variiert (R. Sternberg 1988)[79].

Ein eher buntes Bild zeigt sich beim Blick auf die institutionelle Trägerschaft der Parks. Neben den örtlichen Gebietskörperschaften finden sich vor allem Industrie- und Handelskammern sowie lokale Banken, vereinzelt auch private Immobilienbesitzer und Industrieunternehmen. Eine direkte Beteiligung der Länder an der Trägerschaft existiert (die Stadtstaaten nicht mitgerechnet) in 7 Fällen, 4 davon allein in Baden-Württemberg (M. Mayer 1988: 36). Im Unterschied zu den US-amerikanischen Zentren (vornehmlich Science Parks), bei denen Universitäten und Privatunter-

---

78 Vorliegenden empirischen Untersuchungen zufolge liegt der Mietpreis in 3,2 % der Technologiezentren über und in 25,8 % unter der ortsüblichen Vergleichsmiete. In 71 % der Fälle bewegt er sich auf dem gleichen Niveau, vgl. R. Sternberg 1988: 155.

79 Im Durchschnitt sind 2-3 Personen im Zentrumsmanagement tätig, die jedoch ihre Beschäftigung in 38 % aller Fälle lediglich nebenberuflich ausüben, vgl. R. Sternberg 1988: 146.

nehmen sehr viel stärker involviert sind, kommt in Westdeutschland die gewichtigste Rolle den Kommunen zu. Sternbergs Studie weist von 31 Gründer- und Technologiezentren 25 aus, bei denen die Städte an der Trägerschaft beteiligt sind; darunter 12, bei denen die jeweilige Kommune als alleiniger Träger fungiert. 48 % der Zentrumsgebäude bzw. -grundstücke befinden sich in kommunaler Hand, wobei die Städte als Bauherren auch die entsprechenden Neu- und Umbaumaßnahmen realisieren (R. Sternberg 1988: 151).

Wie hoch der (einmalige und laufende) Subventionsbedarf der Zentren ausfällt und wer hier letztlich die auflaufenden Kosten übernimmt, ist insgesamt nur schwer zu kalkulieren. Eisbach berechnet in einem fiktiven, aber keineswegs mit unrealistischen Daten operierenden Planbeispiel die ungedeckten Kosten eines Zentrums je nach Auslastung und Umbau- bzw. Neubauaufwand auf 200.000 bis 670.000 DM pro Jahr (J. Eisbach 1985: 21)[80]. Sternbergs Untersuchung zufolge liegen die einmaligen Investitionskosten für Um- und Neubaumaßnahmen im Mittel bei 3 Mio. bzw. 7,9 Mio DM (R. Sternberg 1988: 287), wobei jedoch deutliche Ausreißer »nach oben« insbesondere bei den leistungsfähigeren Zentren zu verzeichnen sind. Die laufenden Kosten für Unterhalt, zentrale Dienstleistungen und Management beziffert Sternberg im Durchschnitt der 31 untersuchten Zentren auf 225.000 DM pro Jahr. Bei den einmaligen Kosten für Grunderwerb sowie Neu- und Umbaumaßnahmen sieht seine Studie die Städte und Gemeinden mit einem Finanzierungsanteil von über 36 % am stärksten engagiert. Hier wie bei der Kostenträgerschaft für den laufenden Unterhalt zeigt sich aber auch das deutliche Interesse der Landespolitik. Länder und Kommunen tragen zusammen über 67 % der Erstinvestitionen und übernehmen immerhin noch 43 % der laufenden Aufwendungen[81].

---

80 Das Mietniveau wird in Eisbachs Rechnung mit 10 DM/m^2 eher an der Obergrenze der gegenwärtig in Gründer- und Technologiezentren verlangten Mieten festgesetzt, vgl. J. Eisbach 1985: 21.

81 Sternberg referiert die Absichtserklärung der meisten Zentren, auf absehbare Zeit (zwischen 0 und 6 Jahren) eine vollständige Eigenfinanzierung zu erreichen. Die Chancen hierfür werden jedoch insbesondere aufgrund der hohen anfänglichen Finanzierungsanteile der öffentlichen Hand sowie der häufig unter dem Niveau der ortsüblichen Vergleichsmieten liegenden Mietpreise eher skeptisch eingeschätzt, vgl. R. Sternberg 1988: 154 ff.

Tab. 8: Kosten und Finanzierung der Technologie- und Gründerzentren

Financier	Kosten						
	einmalig		laufend pro Haushaltsjahr				
	Neu-/Umbau- u. Grunderwerbsk.		Unterhaltungsk.	Zentrale Dienstl.	Management	lfd. Kosten insgesamt	
	Mio.DM	v.H.	Tsd.DM	Tsd.DM	Tsd.DM	Tsd.DM	v.H.
1	2	3	4	5	6	7	8
Bund	1,100	0,7	-	-	-	-	-
Länder	53,871	31,6	805	297	497	1599	22,9
Städte und Gemeinden	61,525	36,1	481	396	522	1399	20,1
Mieteinnahmen und Nutzungsentgelte	-	-	770	1076	164	2010	28,8
Private, Banken	53,795	31,6	625	481	858	1964	28,2
Insgesamt	170,291	100,0	2681	2250	2041	6972[a]	100,0

[a] für weitere ca. eine Mio. DM ist die Aufteilung auf Kostenarten und Financiers unbekannt

Quelle: R. Sternberg 1988

Darüber hinaus konnten zahlreiche in Technologieparks angesiedelte Unternehmen von dem Modellversuch des Bundes »Förderung technologieorientierter Unternehmensgründungen« profitieren[82]. Doch scheint es mehr als zweifelhaft zu sein, daß die hochgesteckten regionalpolitischen Erwartungen, die sich mit dieser von kommunaler und landespolitischer Seite vorangetriebenen Förderstrategie verbinden, durchgängig in Erfüllung gehen. So existiert Schätzungen zufolge in der Bundesrepublik lediglich ein Potential an technologieorientierten

---

82 Der vom Bundesministerium für Forschung und Technologie 1983 bis 1988 durchgeführte Modellversuch förderte mit einem Mittelvolumen von 325 Mio. DM die Erstellung von Gutachten, die Durchführung von Forschungs- und Entwicklungsarbeiten wie auch die Produktionseinrichtung und Markteinführung bei mehr als 268 technologieorientierten Unternehmensgründungen (Stand Ende 1985). Berücksichtigt wurden solche Neugründungen, an denen Venture-Capital-Gesellschaften beteiligt waren, schwerpunktmäßig besondere Technologiesektoren (Mikroelektronik, Biotechnologie) sowie, in der Regionalvariante, Unternehmen aus 15 Technologie- und Gründerzentren, die nach einem bestimmten Schlüssel auf die Bundesländer verteilt wurden und auch von diesen auszuwählen waren, vgl. R. Sternberg 1988: 44 f., 252.

Neugründungen von rd. 250 Betrieben pro Jahr[83]. Legt man zugrunde, daß die Mehrzahl der geplanten oder bereits errichteten Gründer- und Technologiezentren für 20 bis 30 Unternehmen Platz bieten und diese Zahl wegen der gewünschten »Fühlungsvorteile« und der angestrebten Gemeinkostensenkung auch nicht beliebig reduzierbar ist, so ergibt sich bereits (bei 50 Zentren mit je 20 Plätzen) ein bundesweites Angebot von 1.000 Betriebsstätten. Vorausgesetzt, alle Gründer beabsichtigten, sich zunächst in einem Technologiepark niederzulassen, stünde diesem Angebot eine Nachfrage von 250 Unternehmensneugründungen pro Jahr gegenüber, und die Zentren wären innerhalb von vier Jahren voll belegt. Dagegen spricht allerdings, daß die Parks überwiegend zeitlich befristete Mietverträge vergeben (wodurch sich die »Durchlaufzahl« erhöht), jene Mieter rasch wieder ersetzt werden müssen, die schon frühzeitig Insolvenzen zum Opfer fallen, und die (potentiellen) Gründer technologieorientierter Unternehmen zudem regional ungleich verteilt sind bzw. in der Praxis eben auch nur zum Teil bereit sind, in die vorhandenen Technologieparks einzuziehen.

Ähnlich der in den USA, Großbritannien und den Niederlanden eingetretenen Entwicklung sehen Studien zur bundesdeutschen »Parkbewegung« so bereits erhebliche Auslastungsprobleme voraus, denen in der Logik der Zentrumskonzepte nur auf zwei Wegen begegnet werden kann. Die Parks können entweder den Technologieanspruch aufgeben und damit zum gewöhnlichen Gewerbehof degenerieren oder sich noch stärker für die Aufnahme von ausgelagerten F u. E-Abteilungen aus Großunternehmen öffnen (seitheriger Anteil bei 24 %, R. Sternberg 1988: 271), was jedoch auf dem Gebiet der F-u.E -intensiven Unternehmen vergleichbare Folgeprobleme wie bei den industriellen Zweigbetriebsgründungen der 70er Jahre nach sich ziehen würde. Nicht unwahrscheinlich wird es daher, daß sich echte Technologiezentren oder Forschungsparks nur an ganz wenigen Stellen in der Bundesrepublik langfristig etablieren können (Sternberg schätzt die Zahl auf etwa 5 oder 6, Management Wissen 12/86).

Durchsetzen werden sich dabei allen Prognosen zufolge die vornehmlich in den Wachstumsregionen gelegenen Standorte, die bereits heute über hochspezialisierte Universitätsinstitute oder Forschungseinrichtungen wie etwa die Max-Planck-Gesellschaft oder die Institute der Frauenhofer-Gesellschaft verfügen. Absehbar wird damit aber auch, daß eine »erfolgreiche« Umsetzung des Technologieparkkonzepts die interregiona-

---

83   Der Anteil der innovativen Gründungen wird auf ca. 1 % sämtlicher Neugründungen im verarbeitenden Gewerbe geschätzt, vgl. J. Eisbach 1985.

len Ungleichgewichte eher noch verschärft: Zum einen sind die notwendigen Standorteigenschaften für High-Tech-Gründungen in peripheren Gebieten kaum vorhanden bzw. die dort trotzdem aufgebauten Parks werden tendenziell den Charakter von Gewerbehöfen tragen; zum anderen werden sich die Bundesländer, aber insbesondere die privaten Investoren auf die Zentren mit günstigen Standortfaktoren und einem (vermutlich) hohen Potential an technologieorientierten Neugründungen konzentrieren (R. Sternberg 1988; J. Eisbach 1988; U. Hilpert 1987).

Aus kommunaler Sicht bedeutet dies, daß dort, wo die Forschungsinfrastruktur und geeignete Großunternehmen als Partner fehlen, womöglich große finanzielle Aufwendungen getätigt werden, durch die letztlich nichts weiter als ein neuerlicher Subventionswettlauf entsteht. Wo die entsprechenden Voraussetzungen erfüllt sind, bleibt zwar der Anschluß an die nationale technologisch-industrielle Entwicklung gewahrt, doch sind die Technologieparks gegebenen Zuschnitts auch hier kaum als Beitrag zu einer innovationsorientierten und beschäftigungsfördernden Regionalpolitik anzusehen. Wie meist bei der kommunalen Handhabung der angebotsorientierten Instrumente lokaler Wirtschaftspolitik binden Gründer- und Technologiezentren die geförderten Firmen[84] gerade nicht in ein am regionalen Bedarf orientiertes Entwicklungskonzept mit ein.

Auch im Falle einer echten Gründerförderung, bei der nicht in erster Linie Mitnahmeeffekte für Zweigniederlassungen und Ausgründungen von Großunternehmen entstehen und die Dispositionsbefugnis über das erworbene betriebliche Know-how aufgrund der größeren Standorttreue junger Unternehmen eher in der Region verbleibt, wirft dieser *Verzicht auf eine qualitative Ressourcensteuerung* Probleme auf. Diejenigen Unternehmen aus Technologie- und Gründerzentren, die nicht vorwiegend als Zulieferer für Großbetriebe tätig sind[85], orientieren ihre Forschungs- und Entwicklungsarbeiten auf einen »abstrakten«, nur durch Kaufkraft strukturierten Abnehmermarkt und drohen dabei die dringendsten regionalen Entwicklungserfordernisse zu verfehlen. Umgekehrt laufen die Kommunen mit einer Präferenz für das Parkmodell Gefahr, die spezifischen Engpaßfaktoren des ortsansässigen (häufig mittelständischen) Gewerbebe-

---

84 Unter den in bundesdeutschen Technologieparks angesiedelten Unternehmen dominieren folgende Branchen bzw. Technologiesektoren: Daten- und Kommunikationstechnik sowie Konsumelektronik (26,3 %), Verfahrens- und Fertigungstechnik sowie Maschinenbau (18,9 %) und Mess-, Analyse-, Steuerungs- und Regeltechnik (18,0 %), vgl. R. Sternberg 1988: 135.

85 Der Anteil der Technologiepark-Firmen, die mehrheitlich Großunternehmen zu ihren Kunden zählen, liegt bei ca. 44 %, vgl. R. Sternberg 1988: 225.

stands zu übergehen. Der Innovationsprozeß in kleinen und mittleren Unternehmen vollzieht sich in der Regel jedoch sehr viel stärker entlang der konkreten Auftragssituation, auf dem Wege der bestmöglichen Entsprechung von Kundenwünschen durch Ausprobieren, Basteln und Experimentieren. Städte und Gemeinden, die einseitig auf High-Tech-Gründungen oder traditionelle Gewerbehofkonzepte setzen, neigen daher dazu, die hier in der Breite der örtlichen Produktionsbasis schlummernden Innovationspotentiale zu übersehen, statt sie durch Nachfragebündelung und gezielte Vorgaben für eine problemangemessene Technikentwicklung und -optimierung zu mobilisieren (J. Eisbach 1988; O. Sund 1986).

Auch was die möglichen Beschäftigungswirkungen der Technologieparkwelle anbelangt, scheint offensichtlich eher Skepsis angebracht. Dem Deutschen Industrie- und Handelstag »erscheinen die Hoffnungen auf kurzfristige Arbeitsmarkteffekte durch die Einrichtung von Technologiezentren als überzogen« (DIHT 1985: 19). Er verweist dabei auf Erfahrungen der Technologieberatungsstelle Ruhr, nach denen bei 20 von ihr über drei Jahre hinweg betreuten technologieorientierten Unternehmensgründungen in den sechs Kammerbezirken Bochum, Dortmund, Duisburg, Essen, Hagen und Münster lediglich 68 neue Beschäftigungsverhältnisse entstanden sind. Sternberg, der die Brutto-Beschäftigungseffekte[86] von 31 Technologie- und Gründerzentren untersucht, gibt als Mittel 7,1 Arbeitsplätze (5,3 Vollzeitbeschäftigte) pro Unternehmung an und errechnet eine Gesamtzahl von 1.252 Arbeitsplätzen für die von ihm befragten Unternehmen insgesamt (Voll- und Teilzeitbeschäftigte ohne Parkverwaltung). Eine Schätzung für alle zum Untersuchungszeitpunkt in der Bundesrepublik bestehenden Parks (40) liefert eine Beschäftigtenzahl von 3.274 (Voll- und Teilzeitbeschäftigte inkl. der Parkadministration, R. Sternberg 1988: 220). Auch wenn diese Zahlen im Sinne der üblichen Statistik über sozialversicherungspflichtige Beschäftigungsverhältnisse nach

---

86 Die Brutto-Beschäftigungseffekte der Technologie- und Gründerparks ergeben sich aus den Beschäftigten der Zentren selbst (Management, Schreib- und Reinigungsdienst usw.) sowie den Beschäftigten der angesiedelten Unternehmen. Diese Größe sagt allerdings noch nichts über die realen (Netto-)Beschäftigungseffekte aus, die sich erst nach Abzug der andernorts (durch Rationalisierungen, Verlagerungen etc.) vernichteten Arbeitsplätze ermitteln ließen. Einen Hinweis hierauf liefert Sternbergs Untersuchung, wenn sie den Anteil der Unternehmen, die schon lange vor ihrem Zentrumseinzug gegründet wurden, mit 22 % (d.h. mindestens 275 der 1.252 Arbeitsplätze) angibt. Der wirkliche Anteil dürfte noch höher liegen, da die verlagerten Unternehmungen im Durchschnitt älter sind und deswegen eine eher überdurchschnittliche Beschäftigtenzahl aufweisen können, vgl. R. Sternberg 1988: 222.

unten zu korrigieren wären[87], so verdeutlichen doch auch die zu hoch angesetzten Werte, daß die regional und national auftretenden Arbeitsmarktprobleme nicht durch eine Anhäufung von Technologieparks zu lösen sind.

Der Ansiedlung von Technologie- und Gründerzentren kommt vielmehr jenseits ihrer unmittelbaren regionalökonomischen Wirkung noch eine andere Bedeutung zu. Mit den Parks wird eine *Variante* der *Dezentralisierung von Technikförderung* betrieben, die die regional vorhandenen Entwicklungspotentiale *faktisch* wie *ideologisch* unter die Prämissen privatwirtschaftlicher Modernisierungslogik subsumiert. Für die Partner der öffentlichen Hand, die die Hilfen der Gebietskörperschaften und das Know-how der Hochschulen in Anspruch nehmen wollen, stehen ihre Eigeninteressen notwendig im Vordergrund: Immobilienfirmen wollen Gebiete verkaufen, für die sonst keine Interessenten gefunden würden, den Banken muß an Erfahrungen bei der Beurteilung innovativer Projekte und an entsprechenden PR-Effekten gelegen sein, Existenzgründer erhoffen sich einen leichteren Marktzugang durch Inanspruchnahme der gebotenen Realtransfers und (direkt oder indirekt) beteiligte Großunternehmen sind gleichermaßen an teilabhängigen innovativen Zulieferern wie an der Ausnutzung staatlich finanzierter Forschungspotentiale interessiert (U. Hilpert 1987). Nicht unmittelbar verwertungsgebundene Interessen und Erfahrungen wie das Produktionswissen von Arbeitnehmern, die Anregungen von Dienstleistungsnutzern und Verbrauchern oder die Produktionsvorschläge freier Erfinder bleiben als ungenutzte Innovationsressourcen außen vor.

Wird damit die Förderung der (regionseigenen) innovativen Potentiale im Technologieparkkonzept der Sache nach auf eine Allianz unternehmerischer Vermarktungsinteressen reduziert, so erfüllt diese Version lokaler Wirtschaftspolitik daneben auch noch eine ganz besondere ideologische Funktion. Ein durch landespolitische und kommunale Aktivitäten angeheiztes »Gründungsfieber« soll auf dezentraler Ebene die Stimmigkeit der angebotsorientierten Therapie belegen und die Akzeptanz für eine Politik vergrößern helfen, die die ökonomischen Probleme über *mehr Unternehmensförderung* und mit *weniger Sozialstaat* zu bekämpfen sucht. Die publizistische wie finanzielle Unterstützung der Parkidee dient hier nicht zuletzt einer mystifizierenden Aufwertung der Figur des Unternehmens-

---

87 Sternberg wertet bei seiner Berechnung der Arbeitsplatzeffekte von Technologieparks die Angaben der dort angesiedelten Unternehmen aus. Hierbei wurden allerdings nebenberuflich Beschäftigte jeweils mitgezählt, vgl. R. Sternberg 1988: 220.

gründers, der »institutionelle Verkrustungen« wie »Vollkaskomentalität« überwindet und als »Pionierwettbewerber« (Sachverständigenrat 1984/85: 166 f.) die regionale und nationale Ökonomie aus der Krise führt. Lothar Späth, der dem Parkkonzept wie kein anderer Ministerpräsident zur Durchsetzung verhalf, feiert in diesem Zusammenhang eine »Welle der neuen Selbständigkeit«:

> »Wenn heute vorwiegend in deutschen Universitätsstädten unternehmerische Gründerzentren entstehen, technische und kaufmännische Beratungsdienste sich bis ins flache Land hinein erstrecken, staatliche Förderprogramme die Zeitspanne zwischen Idee und Vermarktung überbrücken helfen und die Rahmenbedingungen für echtes Risikokapital, Beteiligungsgesellschaften und erleichterten Börsenzugang allmählich besser werden, so liegt darin ein Stück Wiedergutmachung an einer Generation, deren Selbstverwirklichungschance durch sozialpolitische Einäugigkeit nach unten wegnivelliert wurde. Dasselbe gilt für die neuen Forschungsprogramme, deren atmosphärische Signalwirkung mindestens ebenso wichtig ist wie ihr materieller Gehalt« (L. Späth 1985: 100, 102).

In ihrer ökonomischen wie in ihrer politisch-atmosphärischen Bedeutung (»Klimaeffekt«) stellt die wachsende Parklandschaft damit noch am ehesten eine *dezentrale Ergänzung* der zentralstaatlich vorherrschenden *neokonservativen Modernisierungsmuster* dar. Die Neu- und Weiterentwicklung produktiver Ressourcen bleibt auch hier blind gegenüber dem lokal aufbrechenden sozial-ökologischen Bedarf, abgeschottet von nicht-kapitalgebundenen Einwirkungen und den Mitbestimmungsmöglichkeiten der abhängig Beschäftigten weitgehend entzogen.

191

3. Die Wiederentdeckung der Arbeitsbeschaffung als kommunales Aufgabengebiet

3.1. Die beiden Säulen des »zweiten Arbeitsmarktes«

Mit der Dauer der Beschäftigungskrise und der wachsenden Anzahl »überschüssiger« Arbeitskräfte sind am Rande bzw. außerhalb des normalen Arbeitsmarktes neue Formen der Beschäftigung entstanden, bei deren Organisation die Kommunen häufig eine tragende Rolle spielen. Anders als mit dem Einsatz ihrer Wirtschaftsförderungsinstrumente, der in erster Linie auf die regionale Kapitalausstattung zielt, setzen sie mit der Schaffung von »Ersatzarbeitsmärkten« unmittelbar an dem Problem der Massenarbeitslosigkeit an.

Das Instrumentarium, das dabei zur Anwendung gelangt, besteht im wesentlichen aus der Einrichtung von *Arbeitsbeschaffungsmaßnahmen* (ABM) nach §§ 91 ff Arbeitsförderungsgesetz (AFG) sowie aus der kommunalen *»Hilfe zur Arbeit«*, die im Bundessozialhilfegesetz (§§ 18-20 BSHG) geregelt ist[88]. Über den Umfang der beiden Maßnahmen zur temporären Arbeitsbeschaffung wird dabei auf unterschiedlichen staatsstrukturellen Ebenen befunden, so daß den Kommunen in quantitativer Hinsicht ein verschieden großer Gestaltungsraum verbleibt.

3.2. Die staatspolitische Programmierung von ABM

Als kommunale Aufgabe reicht die Tradition der *Arbeitsbeschaffung* für arbeitslose Lohnarbeiter[89] bis weit ins 19. Jahrhundert zurück. Blieben die ersten sogenannten Notstandsarbeiten von 1848/49 lediglich ein kurzes

---

88 Im folgenden wird nur auf die Arbeitsbeschaffung durch ABM und »Hilfe zur Arbeit« (BSHG) Bezug genommen, da beide Finanzierungsinstrumente die wesentlichen Stützen eines lokal organisierten »zweiten Arbeitsmarktes« darstellen und bei ihrem Einsatz unmittelbare Beschäftigungseffekte nach sich ziehen. Andere Formen der Qualifikations- und Beschäftigungsförderung (wie Maßnahmen zur Ausbildungsförderung, FuU, Existenzgründungshilfen nach § 30 BSHG etc.) sind deswegen aber keineswegs zu vernachlässigen; ihnen kommt in einem integrierten lokalen Beschäftigungskonzept vielmehr eine gewichtige Rolle zu, vgl. Kap. IV.

89 Unter Notstandsarbeiten wurden spätestens in den 70er Jahren Maßnahmen verstanden, die das Gemeinwesen außerhalb des Rahmens der Armenpflege vornahm; d.h. die ein Absinken des Arbeiters zum Pauper verhindern sollten und auch nicht mit dem eng gesetzten Sanktionsapparat der klassischen Armenfürsorge versehen waren, vgl. T. Dückert 1984: 26 ff. Vgl. in diesem Zusammenhang auch die Unterscheidung von Arbeiter- und Armenpolitik bei F. Tennstedt 1981: 201 ff., 1983: 589.

Zwischenspiel in der Almosenpraxis deutscher Gemeinden, so ging während der »Gründerkrise« der 70er Jahre schon eine größere Anzahl von Kommunen dazu über, öffentliche Beschäftigungsprogramme zu organisieren. Abschließend juristisch kodifiziert und als staatspolitische Aufgabe zentralisiert wurden diese (in den Krisenjahren von 1902/1903, aber insbesondere nach dem ersten Weltkrieg noch verstärkten) Aktivitäten der Städte und Gemeinden erst 1927, mit dem Gesetz über Arbeitsvermittlung und Arbeitslosenversicherung (AVAVG). Das *Arbeitsförderungsgesetz* von 1969, das das bis dahin in veränderten Fassungen nach wie vor gültige AVAVG für die Bundesrepublik ersetzt, behält die seinerzeit vorgenommene Zentralisierung der arbeitsmarktpolitischen Zuständigkeiten im wesentlichen bei.

Die grundsätzlichen Förderungsbedingungen sind dabei durch das Bundesgesetz selbst definiert. Danach kann die Schaffung von Arbeitsplätzen aus Mitteln der Bundesanstalt für Arbeit (BA)[90] gefördert werden, wenn die durchzuführenden Arbeiten im öffentlichen Interesse liegen (ihr Ergebnis also mittelbar oder unmittelbar der Allgemeinheit nutzt), diese Arbeiten ohne BA-Förderung nicht oder erst zu einem späteren Zeitpunkt durchgeführt würden und die Förderung nach Lage und Entwicklung des Arbeitsmarktes zweckmäßig erscheint. Ausgeschlossen soll die Finanzierung von Pflichtaufgaben sein[91].

Die Förderung bestand bis 1988 überwiegend aus Lohnkostenzuschüssen von 60 - 80 %. Ca. 40 % aller ABM-Stellen wurden allerdings auch zu

---

90 Die Bundesanstalt für Arbeit ist eine Körperschaft öffentlichen Rechts mit Selbstverwaltung, die über eine Hauptstelle (in Nürnberg), 9 Landesarbeitsämter und 146 Arbeitsämter verfügt. Die Selbstverwaltungsorgane der BA sind nach Drittelparität besetzt (Arbeitgeber, Gewerkschaften, öffentliche Hand) und bestehen auf allen drei Ebenen; bei den Arbeitsämtern und Landesarbeitsämtern als Verwaltungsausschüsse und bei der Hauptstelle als Verwaltungsrat und Vorstand der BA. Während den örtlichen Arbeitsämtern die unmittelbare Erledigung der Fachaufgaben zufällt und sie dabei der fachlichen Koordination der Landesarbeitsämter unterstehen, führen Vorstand und Präsident die laufenden Verwaltungsgeschäfte der Anstalt und übernehmen die (gerichtliche wie außergerichtliche) Vertretung der BA. Dem Verwaltungsrat der Zentrale kommt dabei eine quasi legislative Stellung zu. Er beschließt über die Satzung der BA, stellt den vom Vorstand aufgestellten Haushaltsplan fest und erläßt Anordnungen und Verwaltungsvorschriften, die die Umsetzung des AFG konkretisieren. Vgl. §§ 189 ff AFG; F. Maier 1988: 160 ff.

91 Die aktuelle Fassung des AFG schließt die Förderung von Arbeiten aus, »die üblicherweise von Personen des öffentlichen Rechts durchgeführt werden«; es sei denn, daß es sich um strukturverbessernde, der sozialen Infrastruktur oder der Erhaltung der Umwelt dienende Maßnahmen in Arbeitsamtsbezirken handelt, deren Arbeitslosenquote im Durchschnitt der letzten sechs Monate vor der Bewilligung der Förderung mindestens 30 % über dem Bundesdurchschnitt gelegen hat, vgl. § 91 II, III AFG.

100 % bezuschußt, was insbesondere für krisengebeutelte Regionen von erheblicher Bedeutung war. Seit 1989 (9. Novelle des AFG) kann die Bundesanstalt für Arbeit im Regelfall nur noch 50 - 75 % der Lohnkosten von ABM-Beschäftigten tragen. Die Ausnahme der mehr als 90 %-Förderung wurde auf insgesamt 15 % der bundesweit laufenden Maßnahmen beschränkt[92].

Gefördert werden können - nach dem Arbeitsförderungskonsolidierungsgesetz (AFKG) 1982 bzw. der 7. Novelle des AFG von 1986 - Personen, die innerhalb der letzten zwölf Monate mindestens sechs Monate arbeitslos gemeldet waren und Anspruch auf Arbeitslosengeld, Arbeitslosenhilfe oder Unterhaltsgeld (§ 46 I AFG) haben. Träger von Arbeitsbeschaffungsmaßnahmen können sowohl Personen des öffentlichen als auch Einrichtungen und Unternehmen des privaten Rechts sein; die Bedingung des öffentlichen Interesses an den Arbeitsergebnissen beinhaltet jedoch nach wie vor die Konzentration auf eine öffentlich-rechtliche bzw. gemeinnützige Trägerschaft. Bei den Vorschriften des AFG handelt es sich um Rahmenvorgaben, die durch das Satzungsrecht und entsprechende Verordnungen des Verwaltungsrates der Bundesanstalt ausgefüllt werden (§ 95 III AFG). Dies geschah zuletzt mit der ABM-Anordnung vom Dezember 1984[93], die den örtlichen Arbeitsämtern etwa in der Praxis der Zuweisung von ABM-Beschäftigten, bei der Festlegung schwerpunktmäßig zu fördernder Zielgruppen wie bei der konkreten Ausgestaltung von Maßnahmen und dem Aufbau neuartiger Beschäftigungsfelder durchaus eigenständige Spielräume beläßt (ANBA 2/1985, 5/1988 und 4/1989).

Der Umfang, in dem Finanzmittel aus der Arbeitslosenversicherung für Arbeitsbeschaffungsmaßnahmen zur Verfügung stehen, wird durch den Haushalt der Bundesanstalt festgelegt. Der Bundesregierung bzw. den Landesregierungen bleibt es darüber hinaus unbenommen, aus Steuergeldern Sonderprogramme und Zusatzfinanzierungen einzuführen[94].

---

92 Wenn die Arbeitslosenquote im Durchschnitt der letzten sechs Monate in einem Arbeitsamtsbezirk um mindestens 30 % über dem Bundesdurchschnitt lag (Anfang 1989 eine Quote von 11,4 % oder mehr), ist weiterhin ein Förderungssatz von 75 % bis 90 % möglich, im Ausnahmefall bis 100 %. Allerdings dürfen durchschnittlich nur 15 % aller Neubewilligungen mit 90 % oder mehr gefördert werden, vgl. ANBA 4/89.

93 Zuletzt neu gefaßt durch die 3. Änderungsordnung vom 28. Februar 1989, vgl. ANBA 4/1989.

94 Erwähnenswert ist hier insbesondere das Sonderprogramm des Bundes von 1979, das Mittel aus dem Bundeshaushalt in Höhe von 500 Millionen DM für arbeitsmarktpolitische Maßnahmen in jenen 23 (von 146) Arbeitsamtsbezirken zur Verfügung stellte, in denen die jahresdurchschnittliche Arbeitslosigkeit 1978 über 6 % gelegen hatte. In den begünstigten Arbeitsamtsbezirken führte dieses Sonderprogramm

Die BA-Mittel für Arbeitsbeschaffungsmaßnahmen werden nicht von der Verwaltung, sondern von einem Ausschuß des Verwaltungsrates auf die Landesarbeitsämter verteilt. Der drittelparitätisch besetzte Ausschuß setzt einen Verteilungsschlüssel für die ABM-Gelder fest und weist den Landesarbeitsämtern ihre jeweiligen Kontingente zu. Der Verteilungsmodus berücksichtigt neben der Arbeitslosenquote und dem Anteil an arbeitsmarktpolitischen Zielgruppen auch den angemeldeten Mittelbedarf. Neuerdings wird bei der Aufteilung der Gelder auch auf den Grad der finanziellen Beteiligung der jeweiligen Länder rekurriert. Die Landesarbeitsämter steuern die Verteilung der ABM-Mittel nach Vorgaben aus Nürnberg ihrerseits über die Zuweisung von Plafonds und nehmen - wie die Zentrale der Landesebene gegenüber - bei absehbarer Nichtausschöpfung entsprechende Umverteilungen vor. Wiewohl das AFG und die Satzung der BA vorsehen, daß die Verwaltungsausschüsse der Arbeitsämter und Landesarbeitsämter für ihre Bezirke eigene Vorschläge für den Haushalt ausarbeiten (§ 216 I AFG; Art. 11 der BA-Satzung) und im Verwaltungsrat der BA neben den Arbeitgebern auch die Gewerkschaften und außer der Bundesregierung auch die Länder und kommunalen Spitzenverbände vertreten sind (§ 195 AFG), erweist sich die Programmierung und Budgetierung des Einsatzes von ABM dabei in der Praxis als deutlich *staatspolitisch dominiert* (G. Bruche/B. Reissert 1985: 58 ff., 125 ff.; H. Seifert 1984: 196 ff.; F. Maier 1988: 144 ff.).

Die Mitbestimmung der Selbstverwaltungsorgane der BA ist stärker als die Selbstverwaltungsrechte der anderen Sozialversicherungsträger eingeschränkt. So muß die Bundesanstalt nicht nur auf die diversen Änderungen des AFG reagieren, vielmehr bedürfen auch die Anordnungen, die ihr Verwaltungsrat auf dieser gesetzlichen Grundlage erläßt, der Genehmigung des Bundesministers für Arbeit und Sozialordnung (BMA) und teilweise auch des Bundesfinanzministeriums (§ 191 IV AFG). Dem BMA steht nicht nur die generelle Rechtsaufsicht über die Bundesanstalt zu, es kann darüber hinaus auch Weisungen (so z.B. bei der Aufstellung von Statistiken) erteilen und über eigene Rechtsverordnungen in die Aufgabenwahrnehmung der BA »hineinregieren«.

---

zwar zu einer deutlich erhöhten Inanspruchnahme arbeitsmarktpolitischer Instrumente; aufgrund seiner zeitlichen Befristung (die Laufzeit einzelner Maßnahmen konnte bis max. 1982 reichen) ist aber keine nachhaltige und langfristig wirksame Umstrukturierung der Ausgaben zugunsten besonders belasteter Regionen erfolgt. Zu den Ergebnissen im einzelnen vgl. H.E. Maier 1982; A.B. Peters/G. Schmid 1982; F. Maier 1983.

In der Regel läuft diese enge Anbindung der Nürnberger Anstalt darauf hinaus, daß jede Anordnung a priori mit dem zuständigen Ministerium abzustimmen ist (F. Maier 1988: 161). Der Haushalt der BA wird zwar in Selbstverwaltungskompetenz erstellt, doch liegt die Entscheidung über die Einnahmen (Variation der Beitragssätze, Veränderung der Bemessungsgrundlagen) sowie über einen Hauptteil der Ausgabepositionen (gesetzliche Pflichtleistungen) im wesentlichen beim Bundesparlament. Nach seiner Aufstellung muß der Haushalt schließlich noch durch das Bundeskabinett genehmigt werden. Da der Bund gesetzlich verpflichtet ist, die Etatdefizite der Bundesanstalt bei fehlenden Rücklagen durch Zuschüsse auszugleichen, setzt im Budgetprozeß erfahrungsgemäß schon frühzeitig ein Kürzungsdruck auf die in ihrem Niveau flexibleren »Kann-Leistungen« ein. Ausgerechnet in Zeiten rasch wachsender Arbeitslosigkeit, in denen die Ausgaben für (»passive«) Pflichtleistungen wie Arbeitslosengeld und Arbeitslosenhilfe quasi automatisch steigen, wird das Mittelvolumen der »aktiven Arbeitsmarktpolitik«[95] so paradoxerweise oftmals zum Opfer bundesstaatlich verordneter Haushaltseinschränkung gemacht. Der ursprünglich keynesianisch inspirierte Ansatz der *aktiven Arbeitsmarktpolitik*, wie er Ende der 50er Jahre von den Schweden Gösta Rehn und Rudolf Meidner entwickelt und von zahlreichen westlichen Industrieländern übernommen wurde (G. Schmidt 1976: 165 ff.), steht daher ständig in der Gefahr, »fiskalisch funktionalisiert« zu werden (G. Bruche/B. Reissert 1985: 125).

Dies gilt insbesondere für die wechselhafte Karriere von ABM. In den 60er und auch Anfang der 70er Jahre wurden Arbeitsbeschaffungsmaßnahmen nur in recht bescheidenem Umfang durchgeführt. Erst von 1974 auf 1975 und von 1975 auf 1976 erhöhte sich als Reaktion auf die ersten Krisenerscheinungen die Anzahl der in ABM Beschäftigten um 500 % bzw. 200 %.

Dieser Anstieg des Einsatzes von AB-Maßnahmen dauerte jedoch nur bis 1978/1979 an. Bei nur leicht sinkenden Arbeitslosenziffern wurde der Mitteleinsatz für AB-Maßnahmen bereits Ende der 70er Jahre wieder zurückgefahren. Als Anfang der 80er Jahre der entscheidende Anstieg der Massenarbeitslosigkeit bis hart an die 2-Millionen-Grenze zu verzeichnen

---

95   Zu den Instrumenten der »aktiven Arbeitsmarktpolitik« werden die verschiedenen Fortbildungs- und Umschulungsmaßnahmen, die Maßnahmen zur Aufrechterhaltung der Beschäftigung in der Bauwirtschaft, das Kurzarbeitergeld, die Maßnahmen zur beruflichen Rehabilitation von Behinderten, Arbeitsbeschaffungsmaßnahmen sowie Maßnahmen zur Förderung der Arbeitsaufnahme gezählt, vgl. G. Bruche/B. Reissert 1985: 26 ff.

Tab. 9: In ABM beschäftigte geförderte Arbeitnehmer
Jahresdurchschnitsszahlen 1970 - 1989

Jahr	Arbeits-losen-quote	In ABM beschäftigte geförderte Arbeitnehmer	Arbeitslose	ABM-Beschäftigte pro Tsd. Arbeitslose
1970	0,7	1.645	148.846	11
1971	0,8	1.508	185.072	8
1972	1,1	1.576	846.433	6
1973	1,2	1.539	273.498	6
1974	2,6	3.208	582.481	6
1975	4,7	15.810	1.074.217	15
1976	4,6	28.842	1.060.336	27
1977	4,5	37.754	1.029.995	37
1978	4,3	51.236	992.948	52
1979	3,8	51.192	876.137	58
1980	3,8	41.251	888.900	46
1981	5,5	38.461	1.271.574	30
1982	7,5	29.189	1.833.244	16
1983	9,1	44.680	2.258.235	20
1984	9,1	70.983	2.265.559	31
1985	9,3	87.026	2.304.014	38
1986	9,0	102.372	2.228.004	46
1987	8,9	114.699	2.228.788	51
1988	8,7	114.888	2.241.556	51
1989	7,9	96.911	2.037.781	48

Quelle: ANBA-Arbeitsstatistik, Jahreszahlen; eigene Berechnungen

96   entfällt

war, hatte die ABM-Beschäftigung mit nur 29.189 geförderten Arbeitnehmern (1982) ihr niedrigstes Niveau seit 1975 erreicht (vgl. Tab. 9).

Parallel dazu wurde der Kreis der Anspruchsberechtigten durch die restriktiven Bestimmungen des »Arbeitsförderungskonsolidierungsgesetzes« (AFKG) entscheidend eingeengt. Durch die Beschränkung von ABM auf Bezieher von Arbeitslosengeld oder -hilfe wurde bei gleichzeitig steigender Dauer der Arbeitslosigkeit und verstärkter Aussteuerung aus dem Leistungsbezug vor allem Langfristarbeitslosen sowie Erwerbspersonen mit diskontinuierlicher bzw. instabiler Erwerbsbiographie eine Förderung erschwert, wenn nicht von vornherein ganz und gar verwehrt. Der Einsatz von ABM hat dadurch bis heute eine zunehmend *selektive Wirkung* bekommen und arbeitsmarktbedingte Marginalisierungsprozesse, anstatt sie aufzulösen, teilweise noch reproduziert und verstärkt (C.F. Büchtemann 1984: 593).

In der ersten Hälfte der 80er Jahre wurden die Leistungen der Bundesanstalt für Arbeit soweit gekürzt, daß trotz ansteigender Massenarbeitslosigkeit in den Jahren 1984, 1985 und 1986 ein Kassenüberschuß von insgesamt 5,5 Mrd. DM entstand. Insbesondere mit der 8. und 9. Novelle zum AFG (1988, 1989) griff der Bund dann in der zweiten Hälfte der 80er Jahre noch zusätzlich in die Finanzreserven der Solidargemeinschaft ein. Kostenüberwälzungen aus dem Bundesetat (Sprachförderung für Aussiedler und Asylberechtigte, berufliche Bildungsmaßnahmen, Benachteiligtenprogramme, 8. Novelle AFG) verursachten einen jährlichen Mehraufwand der BA von fast 1 Mrd. DM. Mit der zum Jahresende 1988 verabschiedeten 9. Novelle des AFG und den begleitenden Haushaltseinsparungen wurden hauptsächlich in der Arbeitsbeschaffungs- und Qualifizierungspolitik weitere Zuschuß- und Etatkürzungen von 1,8 Mrd. DM durchgesetzt. Dem stehen kleinere Verbesserungen gegenüber (wie die Verlängerung der Lohnkostenzuschüsse für ältere Langzeitarbeitslose auf bis zu acht Jahre, 8. Novelle AFG), die jedoch die eingetretenen Leistungsabstriche bei weitem nicht kompensieren konnten (MittAB 1/89, 4/88, 3/87).

Auch das kurz nach den Haushaltseinsparungen '89 in Gang gebrachte *Sonderprogramm Langzeitarbeitslosigkeit«* (BMA Beschäftigungshilfen 1989) erweist sich bei näherem Hinsehen eher als bundespolitischer Finanzierungstrick. Wurden die Mittel für aktive Arbeitsmarktpolitik soeben erst *(nur für das Haushaltsjahr 1989!)* um *1,8 Mrd. DM* zusammengestrichen, so bietet der Bund hier Lohnkostenzuschüsse (1,5 Mrd. DM) und Projektfördermittel (250 Mio. DM) in Höhe von *1,75 Mrd. DM für insgesamt 2 1/2 Jahre* (Mitte '89 bis Ende '91) an. Hintergrund für diese kostensparende Neuerung dürfte eine Reform des EG-Sozialfonds (ESF) sein, wonach der ESF seine Gelder ab 1990 nur noch im Gegenzug zu verstärkten nationalen Aktivitäten zur Verfügung stellt. Da die Bundesregierung gerade massive Einschnitte im Bereich der bisher aus dem ESF refinanzierten Programme (ABM, FuU, Maßnahmen für jugendliche Arbeitslose) vorgenommen hatte, wurde auf diese Weise jetzt ein bezuschussungsfähiger »expandierender Projektbereich« neu kreiert (M. Puhlmann 1989, MittAB 3/89).

Das Hauptproblem staatlicher ABM-Politik Ende der 80er und Anfang der 90er Jahre ist so in der bewußten Reduktion und in dem zu niedrigen Niveau der Förderansätze zu sehen. Zwar wurde die Zahl der in AB-Maßnahmen beschäftigten Arbeitnehmer seit 1983 erheblich vergrößert und hatte 1988 mit knapp 115.000 ihren Höhepunkt erreicht, doch ließ sich auch damit nur erst ein kleiner Teil der langfristig Arbeitslosen einbeziehen. Auch hier hatte der Umfang der Arbeitsbeschaffungsmaßnahmen den bereits seinerzeit sehr bescheidenen »Breiteneffekt« von 1979 (58 ABM-Beschäftigte pro 1.000 Arbeitslose) nicht wieder erreicht. Im Gegenteil: Dem »Zwischenhoch« bis 1988 folgten mit der 9. Novelle des AFG (1,26 Mrd. DM) und einem zusätzlichen Kürzungsoktroi seitens der Bundesregierung (540 Mio. DM) 1989 neuerliche drastische Einschränkungen. Für das Haushaltsjahr 1989 standen rund ein Viertel weniger ABM-Mittel als 1988 zur Verfügung, woraufhin es seither wieder zu einem deutlichen Abrutschen der Beschäftigtenzahlen kam (MittAB 1/89; vgl. Tab. 9).

Grundlegende Reformvorschläge zu einer wirklich durchgreifenden Ausweitung von ABM haben bundespolitisch bislang wenig Widerhall gefunden. Ein Arbeitsangebot an alle Arbeitslosen, die länger als ein Jahr ohne Arbeit sind, hätte ca. 3 % aller Beschäftigten aufzunehmen; eine Quote die einzelne Arbeitsamtsbezirke bereits heute erreichen. Den Kostenaufwand der zusätzlichen Arbeitsbeschaffungsmaßnahmen sehen Modellrechnungen im günstigsten Fall durch wegfallende Unterstützungsleistungen und zusätzliche Steuer- und Beitragseinnahmen nahezu gedeckt (E. Spitznagel 1985). Bewußt skeptisch gehaltene Annahmen beziffern den tatsächlichen Mehraufwand der öffentlichen Hand für ein Programm, das alle Langzeitarbeitslosen einbezieht, auf 9 Mrd. DM pro Jahr (ca. 13.200 DM je Teilnehmer, B. Reissert/F.W. Scharpf/R. Schettkat 1986). Die Konzeption eines umgreifenden »zweiten Arbeitsmarktes«, der bei einer entsprechenden Ausstattung nicht nur reintegrierende Wirkungen für die Betroffenen, sondern auch lohnstabilisierende Effekte in Bezug auf dauerhafte Beschäftigungsverhältnisse entfalten könnte, hat allerdings unter den gegebenen politischen Bedingungen kaum eine Realisierungschance.

Abb. 8: Veränderungen des AFG (Arbeitsbeschaffungsmaßnahmen)

<table>
<tr><td colspan="2" align="center">Arbeitsbeschaffungsmaßnahmen</td></tr>
<tr><td>AFG 1969</td><td>Personenkreis: Arbeitslose generell, ältere leistungsgeminderte oder langfristig Arbeitslose bevorzugt.
Art der Maßnahmen: Voraussetzungen für Dauerbeschäftigung, strukturverbessernde Maßnahmen und Arbeitsgelegenheiten für langfristig arbeitslose ältere Arbeitnehmer
Dauer: 26 Wochen/max 52 Wochen
Höhe des Zuschusses: mindestens 60 %, max. 120 % des Arbeitsentgelts
Träger: juristische Personen des öffentlichen Rechts, eingeschränkt Unternehmen oder Einrichtungen des privaten Rechts</td></tr>
<tr><td>Haushaltsstrukturgesetz 1976</td><td>Personenkreis: ältere, leistungsgeminderte, langfristig oder sonst schwervermittelbare Arbeitslose bevorzugt
Dauer: bis zu 52 Wochen, Verlängerung darüber hinaus ist möglich
Höhe des Zuschusses: 60 % mindestens, in Ausnahmen bis zu 120 % des Arbeitsentgelts</td></tr>
<tr><td>5. Novelle
AFG 1979</td><td>Personenkreis: schwervermittelbare Arbeitslose bevorzugt, insbesondere wenn mehrere Merkmale vorliegen
Art der Maßnahmen: auch Maßnahmen zur sozialen Infrastruktur können gefördert werden, Pflichtaufgaben sind ausgeschlossen
Dauer: i.d.R. 1 Jahr, 2 Jahre möglich; 3. Jahr bei Übernahmeverpflichtung des Trägers
Höhe des Zuschusses: 60-80 %, in Ausnahmen 100 % des Arbeitsentgelts
Träger: gemeinnützige Träger und Einrichtungen werden ohne Vorbehalt zugelassen</td></tr>
</table>

Arbeitsförde-	
rungskonsolidie-	**Personenkreis:** innerhalb der letzten 12 Monate 6
rungs-Gesetz	Monate arbeitslos gemeldet und Anspruch auf Arbeits-
(AFKG) 1982	losengeld oder -hilfe
	Art der Maßnahmen: juristische Personen des öffent-
	lichen Rechts dürfen nur noch strukturverbessernde
	und soziale Infrastrukturmaßnahmen durchführen und
	nur in Arbeitsamtsbezirken mit einer Arbeitslosen-
	quote, die 30 % über dem Bundesdurchschnitt liegt,
	oder für schwervermittelbare Arbeitslose, Jugend-
	liche, Ältere, längerfristig Arbeitslose (kann lokal
	definiert werden)

7. Novelle
AFG 1986

Personenkreis: erweitert um Personen, die UHG bezie-
hen könnten und nach Abschluß einer Berufsausbildung
Art der Maßnahmen: auch Maßnahmen zur Erhaltung oder
Verbesserung der Umwelt sind möglich
Höhe des Zuschusses: 60 %-80 % (Sollvorschrift)

8. Novelle
AFG 1988

Art der Maßnahmen: Die Bundesanstalt übernimmt anstelle des Bundes die Finanzierung der sogenannten
verstärkten Förderung von ABM, die vor allem in
Begleitung sonstiger wirtschaftsfördernder Maßnahmen
der Schaffung von Dauerarbeitsplätzen dienen soll.

9. Novelle
AFG 1989

Höhe des Zuschusses: Die Bundesanstalt für Arbeit
kann nur noch 50 - 75 % der Lohnkosten von ABM-
Beschäftigten tragen. Wenn die Arbeitslosenquote im
Durchschnitt der letzten sechs Monate in einem
Arbeitsamtsbezirk um mindestens 30 % über dem Bundesdurchschnitt lag (bei Inkrafttreten der 9. Novelle ab
11,4 %), ist ein Förderungssatz von 75 - 90 % mög-
möglich, im Ausnahmefall bis 100 %. Durchschnittlich
dürfen aber nur noch 15 % aller Neubewilligungen mit
90 % oder mehr gefördert werden.

Quelle: F. Maier 1988; eigene Zusammenstellungen

Damit bleiben den lokalen Akteuren aber vor dem Hintergrund zentralisierter arbeitsmarktpolitischer Entscheidungsmechanismen nur wenig Möglichkeiten, den Umfang der zur Verfügung stehenden BA-finanzierten Arbeitsbeschaffungsmaßnahmen zu beeinflussen. Die örtlichen Arbeitsämter können eine möglichst große Zahl von Maßnahmen zur Arbeitsbeschaffung planen und in ihre Haushaltsaufstellung einbeziehen, doch zeigen die Erfahrungen der 80er Jahre, daß dieses »Instrument der Budgetanforderungen kaum noch greift« (F. Maier 1988: 240). Entsprechendes arbeitsmarktpolitisches Engagement vorausgesetzt, können sich einzelne Kommunen womöglich in formellen und informellen Aushandlungsverfahren mit regionalen und überregionalen Politikinstanzen um einen größeren Anteil am vorhandenen ABM-Kontingent oder um den zügigen Abruf von Mitteln des neuen »Programms für Langzeitarbeitslose« mühen. Solange es aber nicht zu einer entsprechenden Aufstockung der ABM-Förderung im Haushalt der Bundesanstalt insgesamt kommt und Bund und Länder nicht in größerem Ausmaß bereit sind, Sonderprogramme aufzulegen, werden die möglichen Erfolge unzureichend sein. Gerade bei herabgesetzten Zuschußquoten besteht noch die Gefahr, daß die Regionen mit besonders großen Arbeitsmarktproblemen im kommunalen Nullsummenspiel einmal mehr zu den Verlierern zählen[97]. Sie sind häufig kaum in der Lage, aus eigenen kommunalen Mitteln die für viele Träger notwendigen Zusatzfinanzierungen vorzunehmen. Chancen für eine kurzfristige und direkte Einwirkung der lokalen Ebene scheinen daher, außer in der *Ausschöpfung der vorhandenen quantitativen Spielräume*, vor allem in der *qualitativen Gestaltung* von Arbeitsbeschaffungsmaßnahmen zu bestehen.

---

97 Während sich die regionale Verteilung der »passiven« Lohnersatzleistungen an der Streuung der registrierten Arbeitslosigkeit orientiert, hat sich der Einsatz »aktiver« arbeitsmarktpolitischer Instrumente in der Vergangenheit häufig übeproportional in Regionen mit niedriger Arbeitslosigkeit vollzogen. Bruche und Reissert, die diese Divergenz insbesondere bei FuU, Rehabilitation, Förderung des Baugewerbes und Kurzarbeit fetstellen, folgern hieraus u.a., daß die personellen und organisatorischen Voraussetzungen für die Durchführung aktiver Maßnahmen in Regionen mit günstiger Arbeitsmarktlage besser sind, vgl. G. Bruche/B. Reissert 1985: 152 ff.

3.3. Kommunale »Hilfe zur Arbeit« – ein ambivalentes Instrument

Neben dem Einsatz von ABM haben die Kommunen in den 80er Jahren vermehrt damit begonnen, arbeitslosen Sozialhilfeempfängern befristete Beschäftigungsverhältnisse anzubieten. Anders als bei der Arbeitsbeschaffung nach AFG können sie hier als »untere Träger« der Sozialhilfe[98] den Umfang der Arbeitsangebote aus eigener Kompetenz heraus definieren. Für die Städte und Kreise, die seit Anfang der 80er Jahre mit dynamisch wachsenden Sozialausgaben konfrontiert sind, weist das Instrument der »Hilfe zur Arbeit« darüber hinaus auch noch finanzierungstechnische Unterschiede zur Nutzung von Arbeitsbeschaffungsmaßnahmen auf. Während die Kommunen als Maßnahmenträger zu den Nettozahlern von ABM gehören[99], erhoffen sie sich von der Arbeitsbeschaffung nach Bundessozialhilfegesetz Einsparungen im eigenen Sozialhilfebudget.

Rechtsgrundlage des Ausbaus kommunaler Sonderbeschäftigungsmaßnahmen für arbeitslose Sozialhilfeempfänger sind die §§ 18 ff. BSHG. In § 18 BSHG werden die Hilfesuchenden grundsätzlich darauf verwiesen, ihre Arbeitskraft zur Sicherung des eigenen Lebensunterhalts einzusetzen. Dieser Druck hin zur Normalität der Lohnarbeiterexistenz wird durch die Sanktionsnorm des § 25 BSHG noch verstärkt. Wer sich weigert, zumut-

---

98 »Untere«, d.h. örtliche, Träger der Sozialhilfe und damit auch Anwender der Bestimmungen von §§ 18-20 BSHG sind die kreisfreien Städte und die Landkreise. Dabei ist es Sache der Länder zu bestimmen, daß und inwieweit die Landkreise ihnen zugehörige Gemeinden oder Gemeindeverbände zur Durchführung von Aufgaben heranziehen und ihnen diesbezügliche Weisungen erteilen können. Wer überörtlicher Träger der Sozialhilfe ist - die Länder selbst, Landeswohlfahrtsverbände, Landschaftsverbände oder eine andere Form »höherer Kommunalverbände« - entscheidet sich nach jeweiligem Landesrecht, vgl. § 96 BSHG.

99 Nach Berechnungen von Bruche und Reissert werden die Programmkosten für Arbeitsbeschaffungsmaßnahmen durch programmbedingte Entlastungen des öffentlichen Sektors in etwa ausgeglichen und damit durch die Minderausgaben und Mehreinnahmen aufgrund der zusätzlichen Beschäftigung »selbstfinanziert«. Dies gilt jedoch nur bezogen auf einen (fiktiven) öffentlichen Gesamthaushalt. In Wirklichkeit fallen die finanziellen Be- und Entlastungen bei den verschiedenen Haushalten in recht unterschiedlicher Weise an: Während der Bund, die Länder sowie die Kranken- und Rentenversicherungskassen von ABM netto profitieren, fallen bei der Bundesanstalt für Arbeit, den Gemeinden und den freien Trägern Zusatzkosten an. Am höchsten ist dabei die Nettobelastung bei den Gemeinden. Sie müssen einen Großteil der Träger-Eigenmittel aufwenden und werden nur in geringem Umfang durch Steuermehreinnahmen und wegfallende Sozialhilfezahlungen entlastet. Diese »Inkongruenz« von Budgeteffekten zu Lasten der lokalen Ebene motiviert die Kommunen einerseits kaum, auf eine Ausweitung dieses arbeitsmarktpolitischen Instruments zu drängen, und leistet andererseits einer Praxis bei den örtlichen Maßnahmeträgern Vorschub, in der ABM reguläre Beschäftigung zunehmend ersetzt, vgl. G. Bruche/B. Reissert 1985: 98 ff.

bare Arbeit zu leisten, verliert danach seinen Anspruch auf Hilfe zum Lebensunterhalt. Die Sozialverwaltung kann in diesem Fall die Hilfeleistung »auf das zum Leben Unerläßliche« einschränken[100]. Der Begriff der »zumutbaren Arbeit« ist dabei sehr viel weiter gefaßt als im Arbeitsförderungsgesetz. Während das AFG und die Zumutbarkeits-Anordnung von 1982 immerhin noch Mindestgrenzen von Berufsschutz bzw. Schutz des bisherigen beruflichen Status ziehen, kann dem Hilfeempfänger nach § 18 III BSHG praktisch jede Arbeit zugemutet werden, zu der er körperlich und geistig in der Lage ist und die ihm die künftige Ausübung seiner bisherigen überwiegenden Tätigkeit nicht wesentlich erschwert[101].

Gemäß § 18 II BSHG sind die Sozialhilfeträger verpflichtet »darauf hinzuwirken, daß der Hilfesuchende sich um Arbeit bemüht und Gelegenheit zur Arbeit erhält«. Folgende Maßnahmen können dabei ergriffen werden:

- die Schaffung von Arbeitsgelegenheiten zu normalen Arbeitsmarktbedingungen (§ 19 I BSHG)

- das Angebot von gemeinnütziger und zusätzlicher Arbeit zu üblichem Arbeitsentgelt, bei der aber noch ein zivilrechtliches Arbeitsverhältnis begründet wird (§ 19 II, Alt. 1 BSHG)

- die Bereitstellung von gemeinnütziger und zusätzlicher Arbeit, bei der aber zusätzlich zur Hilfe zum Lebensunterhalt nur eine Mehraufwandsentschädigung gezahlt wird (§ 19 II, Alt. 2 BSHG)

- das Angebot von geeigneten Tätigkeiten, um einen arbeitsentwöhnten Hilfesuchenden an Arbeit zu gewöhnen oder die Bereitschaft eines Hilfesuchenden zur Arbeit zu prüfen; auch hier wird dem Hilfesuchenden weiterhin Hilfe zum Lebensunterhalt zuzüglich einer Mehraufwandsentschädigung gezahlt (§ 20 BSHG).

---

100   In der Praxis wird oftmals der Abzug von Beträgen bis zu 20 % des Regelsatzes insbesondere an den Anteilen des Warenkorbs für die Bedarfspositionen »Teilnahme am kulturellen Leben« und »Beziehungen zur Umwelt« als zulässig angesehen. Zu einer kritischen Betrachtung der herrschenden Auslegung von § 25 BSHG vgl. Bundessozialhilfegesetz, LPK 1985 sowie J. Münder/U.A. Birk 1985.

101   Vgl. hierzu bspw. Deutscher Verein 1985: 225 ff.

Abb. 9: Hilfe zur Arbeit (§§ 18-20 BSHG)

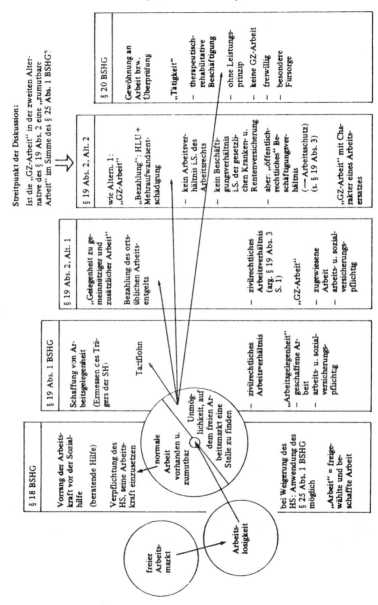

Quelle: Bundessozialhilfegesetz, LPK 1985

Die entscheidende Schnittstelle zwischen diesen verschiedenen Formen der Beschäftigung liegt im Übergang von arbeits- und sozialrechtlich geschützten zu ungeschützten öffentlich-rechtlichen Arbeitsverhältnissen. Während es sich bei den ersten beiden Möglichkeiten der Arbeitsaufnahme um reguläre, arbeitsvertraglich abgesicherte Beschäftigungsverhältnisse handelt, die (lediglich eingeschränkt durch den Umstand der zeitlichen Befristung) den vollen arbeits- und sozialrechtlichen Schutz gewähren, werden durch die beiden letzten Maßnahmen öffentlich-rechtliche Arbeitsverhältnisse begründet, auf die zwar noch die Vorschriften des Arbeitsschutzes Anwendung finden, für die aber ansonsten keinerlei arbeits- und sozialrechtliche Schutzvorschriften mehr existieren. Hier liegt die Trennlinie zwischen *»normalen« Arbeitsverhältnissen* auf der einen und einem *entrechtlichten öffentlichen Arbeitsdienst* auf der anderen Seite, der, jedenfalls in Verbindung mit der Androhung des Hilfeentzugs nach § 25 BSHG, faktisch die Form von Zwangsarbeit annimmt (W. Hanesch 1985a).

Spätestens hier zeigt sich die *Ambivalenz des Instituts der »Hilfe zur Arbeit«* nach BSHG. Die Arbeitshilfen der §§ 18-20 BSHG stellen keine originär beschäftigungspolitischen Instrumente dar, sondern sind als sozialfürsorgerische Einzelfallhilfen konzipiert. Sie tragen dabei, wie in sozialrechtlichen Fachdiskussionen immer wieder unterstrichen wird[102], dem Gedanken Rechnung, daß Erwerbsarbeit ein zentrales Mittel zur Entfaltung der Persönlichkeit sein soll. Dies bedeutet, daß die »Hilfe zur Arbeit« in erster Linie personenbezogen (bezogen auf die Person des Hilfesuchenden) zu sein hat und zuvörderst eine »rehabilitative« Intention verfolgt. Das »Endziel« ist hierbei durch den »Normalzustand« definiert, den das Sozialhilferecht und das Recht der sozialen Sicherheit insgesamt voraussetzen: die Ausübung einer beruflichen Tätigkeit, die es dem Hilfesuchenden gestattet, unabhängig von der Sozialhilfe zu leben, den Lebensunterhalt für sich und seine unterhaltsberechtigten Angehörigen zu verdienen und möglicherweise im Rahmen dieser *frei gewählten beruflichen Tätigkeit* auch die persönliche Erfüllung zu finden, die von Beruf und Arbeit ausgehen kann (B. Schulte 1984: 28). Diese Interventionsabsicht würde verlangen, daß sich die Ausgestaltung der Hilfen vorrangig an der Zielsetzung einer dauerhaften (Wieder-)Eingliederung in Arbeit sowie am Beschäftigungsinteresse der betroffenen Hilfeempfänger orientiert.

---

102   Vgl. insbesondere die Berichte zu den entsprechenden Fachtagungen des Deutschen Vereins für öffentliche und private Fürsorge, Deutscher Verein 1984, 1988.

In der Verbindung entrechtlichter Arbeitsbedingungen mit der Sanktionsnorm des § 25 BSHG wird jedoch auch die Kehrseite kapitalistischer Sozialstaatslogik offenbar: Aus der »Hilfe zur Arbeit« kann ebenso ein *Zwangsinstrument der Sozialverwaltung* gegenüber den Hilfesuchenden werden. Das moderne Sozialhilferecht steht hier noch vollends in der Tradition armenpolizeilicher Sozialpolitik, die zum einen die »mißbräuchliche« Inanspruchnahme öffentlicher Hilfen unterbinden wollte und zum anderen darauf aus war, den Zwang zur Lohnarbeit unter Ausschluß alternativer Reproduktionsformen gesellschaftlich zu installieren (H. Gerstenberger 1981; C. Sachße/F. Tennstedt 1980). Historisch wie aktuell geht es in dieser repressiven Dimension von Sozialstaatlichkeit vor allem darum, die prinzipielle Verknüpfung von Lebenserhaltung und Arbeitspflicht zu garantieren (G. Vobruba 1985).

Die Statusminderung im Arbeitsverhältnis des »Pflichtarbeiters« (nach § 19 II, Alt. 2 bzw. § 20 BSHG in Verb. mit § 25 BSHG) im Vergleich zur noch relativ geschützten ABM-Beschäftigung nach AFG spiegelt dabei den Unterschied zwischen versicherungsgetragener »Arbeiter«- und staatlich bzw. kommunal verordneter »Armenpolitik« wider und erweist sich in der Beschäftigungskrise als durchaus systemfunktionaler Schritt zur »inneren Hierarchisierung« des Arbeitslosenpotentials (S. Leibfried/F. Tennstedt 1985b; W. Hanesch 1985b). Während die anspruchsberechtigte ABM-Kraft aufgrund der Nähe zum »primären Arbeitsmarkt« noch zur »Reservearmee« zählt, wird der ausgegliederte »Pflichtarbeiter« schon durch die Form der Heranziehung zur Arbeit stigmatisiert. Auf diese Weise entsteht ein flexibel handhabbares System gesamtstaatlicher Bearbeitung von Massenarbeitslosigkeit, das die Spaltung, Vereinzelung und Disziplinierung von Leistungsempfängern vertieft, ohne dabei stets auf die härtesten Sanktionsmittel zurückgreifen zu müssen. Gleichzeitig wird die brachliegende »lebendige Arbeitskraft« in einerseits potentiell reintegrierbares und andererseits auf längere Sicht am Markt »unverwertbares« Arbeitsvermögen selektiert; eine Form öffentlicher Arbeitsmarktregulierung in der Krise, die unternehmerischen Strategien der Selektion, Umschichtung und Flexibilisierung des betrieblichen Arbeitskräftepotentials mithin noch entgegenkommt.

Obwohl die Zulässigkeit der Anwendung von § 25 BSHG in Verbindung mit öffentlich-rechtlichen Beschäftigungsformen (nach § 19 II, Alt. 2 BSHG bzw. § 20 BSHG) juristisch als umstritten gilt[103] und eine Rangfolge der anzubietenden Maßnahmen mit eindeutigem Vorrang für »normale« Arbeit (nach §§ 19 I, 19 II, Alt. 1 BSHG) begründet werden kann[104], hat sich die arbeitsdienstähnliche Variante in der kommunalen Praxis der frühen 80er Jahre als dominierende Form eines verstärkten Einsatzes von »Hife zur Arbeit« durchgesetzt. Die Sozialhilfeträger nutzten das Instrumentarium häufig im Sinne einer »zweiten Bedarfsprüfung« (H.-C. Hoppensack/G. Wenzel 1985) und erhofften sich, durch Abschreckung, Kürzungen und Ausschluß den Anstieg der Sozialhilfeausgaben zu minimieren.

1981, als die kommunale Arbeitshilfe noch wenig Verbreitung gefunden hatte, wurden lediglich 83 Personen in zivilrechtlichen Arbeitsverhältnissen beschäftigt, während bereits 2.216 Sozialhilfeempfänger gegen die Entschädigung von Mehraufwand (in der Regel zwischen 1 DM und 3 DM pro Stunde) zur »gemeinnützigen und zusätzlichen« Arbeit einberufen worden waren (Werte für September 1981, vgl. B. Schulte 1984: 22). Eine Vorreiterrolle bei der Etablierung solcher *dritten Arbeitsmärkte*[105] kam wenig später der Berliner Sozialhilfepraxis zu. Hier startete Sozialsenator Fink 1982 einen Modellversuch, bei dem vorwiegend pakistanische Asylbewerber bei der Beseitigung von Winterstreu-Granulat im Einsatz waren. Wenig später wurde die Anwendung von § 19 II, 2. Alt. in massiver Weise auf deutsche Sozialhilfeempfänger ausgedehnt, wobei gegenüber »Verweigerern« regelmäßig auf § 25 BSHG zurückgegriffen wurde. Bis Ende August 1984 war im Laufe eines Jahres 23.000 Sozialhilfeempfängern gemeinnützige und zusätzliche Arbeit ohne tarifliche Bezahlung und ohne Sozialversicherungspflicht angeboten worden. 17.000 davon nahmen das Arbeitsangebot an, 1.000 verzichteten nach der Arbeitsaufforderung auf Sozialhilfe, 1.200 wurde die Hilfe zum Lebensunterhalt gekürzt und 600 aufgrund der Verweigerung der Arbeitsaufnahme ganz gestrichen. Sozialsenator Fink wies seinerzeit darauf hin, daß die Hilfempfänger sich immerhin noch 120 DM im Monat dazuverdienen könnten (Mehraufwandsentschädigung) und stellte zu den offensichtlichen Abschreckungseffekten fest, daß sich auf diese Weise ein solches Programm der »Hilfe zur Arbeit« nahezu selbst finanziert

---

103   Vgl. hierzu Münder/Birk, die etwa § 25 I nur dort für anwendbar halten, wo in der Tat die private Reproduktion durch den Verkauf der Arbeitskraft auf dem Arbeitsmarkt sichergestellt werden soll, also bei §§ 18, 19 I u. 19 II, 1. Alt., J. Münder/A.-U. Birk 1985 sowie Bundessozialhilfegesetz, LPK 1985.

104   Vgl. hierzu bspw. B. Schulte 1984: 21 ff.

105   Unter »zweitem Arbeitsmarkt« werden in der vorliegenden Arbeit zeitlich befristete, sozialversicherungspflichtige Beschäftigungsverhältnisse nach § 19 I und § 19 II, 1. Alt. BSHG sowie Arbeitsbeschaffungsmaßnahmen nach AFG gefaßt. Als »dritter Arbeitsmarkt« werden dagegen statusgeminderte öffentlich-rechtliche Arbeitsverhältnisse nach § 19 II, 2. Alt. u. § 20 BSHG abgegrenzt.

(vgl. H. Heinelt/C.-W. Macke 1986: 130). Auch in einer prosperierenden Stadt wie
München waren zum Befragungsstichtag im August 1983 insgesamt 2.138 »Sozial-
hilfearbeiter« (annähernd so viele wie zwei Jahre zuvor im gesamten Bundesgebiet) täglich für 5 Stunden bei etwa 140 verschiedenen Einsatzstellen tätig, allesamt in der Variante der Arbeitshilfe gegen Mehraufwandsentschädigung (H. C.
Hoppensack/G. Wenzel 1985: 215 f.).

Nach einer Untersuchung des Instituts für Sozialforschung und Gesellschaftspolitik
(ISG) zogen die Sozialämter 1983 bundesweit im Monatsdurchschnitt knapp
24.000 Sozialhilfeempfänger zu Beschäftigungsmaßnahmen heran. Bei einer
durchschnittlichen Beschäftigungsdauer von 6 Monaten wären 1983 somit insgesamt 50.000 Hilfeempfänger von solchen Maßnahmen erfaßt worden, ein Großteil
der seinerzeit arbeitslosen und arbeitsfähigen Sozialhilfeempfänger insgesamt. Die
Sozialhilfeträger boten dabei fast ausschließlich öffentlich-rechtliche Beschäftigungsverhältnisse an (88 % der Träger gemäß § 19 II, 2. Alt.; 17 % nach § 20
BSHG). Nur wenige Städte und Kreise waren demnach zum Abschluß »normaler«
Arbeitsverhältnisse bereit (7 % der Träger nach § 19 I; 9 % gemäß § 19 II, 1. Alt.
BSHG, vgl. H. Hartmann 1984; W. Hanesch 1985a).

Zwar liegen für spätere Zeitpunkte keine umfassenden Ergebnisse
mehr vor, doch weisen einzelne Länderstudien aus, daß die Mehrauf-
wandsvariante ohne Arbeitsvertrag bis weit in die 80er Jahre hinein die
vorherrschende Form der kommunalen Arbeitshilfe war (vgl. etwa J.
Münder/H.-J. Hofmann/M. Wahlig 1985 für NRW und H. Dieckmann /
J. Münder / W. Popp 1987 für Hessen). Dieser Trend scheint sich allerdings seither bei neu gestarteten kommunalen Aktivitäten zu verkehren.
Lokale Auseinandersetzungen, kritische Diskussionen in der Fachöffent-
lichkeit und die Programme verschiedener Bundesländer haben in den
letzten Jahren dafür gesorgt, daß der Ausbau der öffentlich-rechtlichen
Pflichtarbeit tendenziell stagniert und das Angebot befristeter zivilrechtli-
cher Arbeitshilfen für Sozialhilfeempfänger an Bedeutung gewinnt.

Beispielgebend waren hier insbesondere die Initiativen des Stadtstaates
Hamburg und die Projekte der evangelischen Diakonie. Während das
Diakonische Werk bereits Ende der 70er Jahre mit dem Aufbau gemeinnütziger Beschäftigungsgesellschaften begann (Modell »Neue Arbeit«)[106],
legte der Hamburger Senat Ende 1982 das sogenannte 100-Millionen-Pro-

---

106 Bis 1983 hatte das Diakonische Werk der Evangelischen Kirche in Deutschland acht
selbständige gemeinnützige Betriebe aufgebaut, die etwa 200 Arbeitsplätze für
schwervermittelbare Arbeitslose vorwiegend in Dienstleistungsbereichen (Garten-
bau/-pflege, Landschaftsbau, Wohnungs- und Hausrenovierung) zur Verfügung
stellten, vgl. A. Hutter 1983: 200. Einige dieser Gründungen, wie die »Neue Arbeit
Saar« haben sich inzwischen zu einer Beschäftigungs- und Consulting-Gesellschaft
mit breiter Angebotspalette entwickelt, vgl. Neue Arbeit Saar.

gramm für Arbeitsbeschaffung für Langzeitarbeitslose auf und leitete damit auch eine erste Umorientierung in kommunalpolitischen Diskussionszusammenhängen ein. Im Rahmen dieses später noch aufgestockten Programms wurden 1983 3.500 befristete sozialversicherungspflichtige Beschäftigungsverhältnisse neu geschaffen; der überwiegende Teil davon als Arbeitsbeschaffungsmaßnahmen, 500 als arbeitsvertragliche »Hilfen zur Arbeit« nach BSHG. 1986 lag die Zahl der in Hamburg in beiden Formen des »zweiten Arbeitsmarktes« Beschäftigten schon bei 5.200 Personen (4.100 ABM, 1.100 Arbeitshilfen nach BSHG), wobei eine weitere Aufstockung auf rund 7.500 Personen bereits in Planung war. Zur Durchführung der Arbeitshilfe als freiwilliges und arbeitsvertraglich gesichertes Arbeitsangebot wurde eigens ein neuer Beschäftigungsträger, die »Hamburger Arbeit und Beschäftigungs GmbH« (HAB) gegründet, die schon nach wenigen Jahren 1.200 neue Arbeitsplätze einrichten konnte und inzwischen für eine ganze Anzahl von Folgeeinrichtungen Pate stand (J. Fiedler 1988).

Anstoßwirkungen für eine Veränderung der kommunalen Praxis gingen daneben noch von weiteren Landesprogrammen aus. In Nordrhein-Westfalen wurden aufgrund der Mitfinanzierung durch ein zweistufiges Landesprogramm bis 1987 mindestens 3.500 Arbeitsverhältnisse auf Entgeltbasis abgeschlossen (J. Münder/H.-J. Hofmann 1987). In Hessen, wo 1984 noch ca. 1.500 erwerbslose Sozialhilfeempfänger zur Ableistung von Pflichtarbeit herangezogen wurden, stieg die Zahl der sozialversicherungspflichtigen Arbeitshilfen durch die Unterstützung der Landesförderung von etwa 200 (1984) auf ca. 870 (1986) an (Projektplanungen der Träger, vgl. H. Dieckmann/J. Münder/W. Popp 1987: 8)[107]. Aufgrund dieser Daten wurde der BSHG-Anteil des »zweiten Arbeitsmarktes« in vorsichtigen Schätzungen für 1987 auf bis zu 10.000 Arbeitsplätze beziffert (B. Reissert 1988), dürfte aber inzwischen weit darüber hinaus gestiegen sein.

Das Hauptmotiv für die schnelle Verbreitung und durchaus wahrscheinliche Ausweitung der Entgeltvariante kommunaler Arbeitshilfen wird dabei allerdings in erster Linie bei kameralistischen Gesichtspunkten zu suchen sein. Im Vergleich zum Arbeitseinsatz von Sozialhilfeempfängern gegen »Hilfe zum Lebensunterhalt« und zusätzliche Mehraufwandsent-

---

107 In Hessen wurde das Mittelvolumen des von SPD und Grünen aufgelegten Förderungsprogramms allerdings noch vor dem Verlust der Regierungsmacht an CDU und FDP (1987) dem kommunalen Finanzausgleich zugeschlagen. Die danach frei verfügbar zugeteilten Gelder dürften aber kaum noch zu der ehemals erhofften Anstoßwirkung geführt haben.

schädigung verspricht die sozialversicherungspflichtige »Hilfe zur Arbeit«
einen wesentlich höheren und zudem sichereren finanziellen Entlastungseffekt. Die Kommunen haben zwar die Lohn- und Nebenkosten der befristeten Beschäftigung zu tragen, sie profitieren aber gleichzeitig von Lohn-
steuereinnahmen und vor allem vom dauerhaften Wegfall von Sozialhilfezahlungen, soweit die Betroffenen während und nach ihrer befristeten Tätigkeit nicht mehr auf Sozialhilfe angewiesen sind. Selbst wenn die Beschäftigten im Anschluß an das befristete Arbeitsverhältnis wieder arbeitslos werden, erhalten sie bei vorangegangener sozialversicherungs-
pflichtiger Beschäftigung Arbeitslosengeld bzw. Arbeitslosenhilfe, so daß,
bei ausreichender Anspruchsgrundlage, die kommunale Unterstützungs-
verpflichtung nach BSHG entfällt.

Befristete Arbeitsangebote, die zur (Wieder-)Eingliederung arbeitsloser
Sozialhilfeempfänger in das Sozialversicherungssystem führen, setzen die
Kommunen damit in die Lage, ihre zunehmend krisenbedingten und bundespolitisch verursachten finanziellen Belastungen teilweise wieder auf
den Bund bzw. die Bundesanstalt für Arbeit zu überwälzen. Idealtypische
Berechnungen, die nicht nur hohe Selbstfinanzierungsraten sondern darüber hinaus auch umfangreiche Einsparungen in Aussicht stellen, haben
entsprechende Hoffnungen bei den kommunalen Sozialhilfeträgern noch
geschürt (vgl. bspw. BBJ-Consult 1986). In der Tat läßt sich zeigen, daß
das Verhältnis von finanziellen Be- und Entlastungen für die Kommunen
um so günstiger wird, je kürzer das Beschäftigungsverhältnis ist, je geringer die Lohnkosten und sonstigen Aufwendungen sind und je höher der
Sozialhilfeanspruch des Betroffenen ausfällt (vgl. B. Reissert 1988). Für
die Kommunen besteht insofern bei rein fiskalischem Kalkül ein Anreiz,
Arbeitsverhältnisse für Sozialhilfeempfänger vor allem auf Teilzeitbasis
anzulegen, sie mit kurzer Laufzeit und nur geringer fachlicher und sozialer
Betreuung anzubieten, untere Lohn- und Qualifikationsbereiche auszuwählen und die Beschäftigten vornehmlich nach Kostengesichtspunkten zu
selektieren[108]. So wie die Arbeitsbeschaffung nach AFG ständig in der

---

108 Berechnungen von Reissert zeigen, daß der »Selbstfinanzierungseffekt« im Haushalt
     des Sozialhilfeträgers noch leichter erreichbar ist, wenn die Arbeitsverträge nicht -
     wie vielfach praktiziert - auf ein Jahr, sondern etwa nur auf fünf Monate befristet
     werden. Durch das Arbeitsverhältnis entsteht dann ein Anspruch auf »originäre
     Arbeitslosenhilfe« (§ 134 I 4b AFG), die bei erneuter Arbeitslosigkeit gewährt wird
     und in der Regel die Sozialhilfe ersetzen kann. Die Lohnkostenbelastungen des
     Sozialhilfeträgers sind in diesem Fall wegen der kürzeren Beschäftigungszeit gerin-
     ger, die Entlastungseffekte bei den Sozialhilfeleistungen dagegen in etwa genau so
     hoch und dauerhaft wie bei längerfristigen Beschäftigungsverhältnissen. Nach einer
     solchen Logik von »Hilfe zur Arbeit«, die finanzpolitische Kriterien vor alle

Gefahr steht, von seiten der zentralen Ebene »fiskalisch funktionalisiert« zu werden, bietet sich das Instrumentarium der »Hilfe zur Arbeit« damit - auch und gerade in seiner potentiell integrativen Variante - für eine *kameralistische Instrumentalisierung* durch die Kommunen an. Folgen die örtlichen Sozialhilfeträger bei der Schaffung von Arbeitsgelegenheiten nach BSHG ausschließlich oder vorrangig diesem finanzpolitischen Impuls, so lassen sich ihre Interessen am Aufbau eines lokalen »zweiten Arbeitsmarktes« aber nur zu Lasten der Integrationschancen der Betroffenen realisieren.

3.4. Der »zweite Arbeitsmarkt« als entpolitisierter Maßnahmenvollzug. Zur praktischen Ausgestaltung der Arbeitsbeschaffung in der kommunalen Politik

Je nach Finanzierungsquelle ist die lokale Ebene in unterschiedlichem Ausmaß in der Lage, eine Ausweitung befristeter lokaler Arbeitsbeschaffung zu betreiben. Neben dem quantitativen Ausbau eines »zweiten Arbeitsmarktes« kommt ihr aber insbesondere bei dessen qualitativer Ausgestaltung eine entscheidende Bedeutung zu. Gerade angesichts bundespolitisch vorherrschender Modernisierungsstrategien, die krisenbedingte soziale Hierarchisierungen und Segmentierungen noch verschärfen, gewinnt die Frage an Gewicht, *welche* gesellschaftlichen Entwicklungstrends die (konzeptionell angeleitete oder selbstläufige) Etablierung von Ersatzarbeitsmärkten in der Größenordnung von rund 120.000-140.000 Beschäftigten pro Jahr verstärkt. Werden neue sinnvolle Beschäftigungsfelder erschlossen und wird ein Beitrag dazu geleistet, brachliegende Arbeitskraft in ihrer beruflichen wie sozialen Kompetenz zu restituieren - oder werden sinnentleerte und entrechtlichte Formen von Beschäftigung angeboten, die das »Normalarbeitsverhältnis« weiter aushöhlen und die Zahl der festen Arbeitsplätze zusätzlich reduzieren? Die örtlichen Arbeitsmarktakteure entscheiden bei der praktischen Beantwortung dieser Frage in wesentlichen Bereichen mit: durch die Auswahl der Beschäftigungsfelder und Tä-

---

arbeitsmarkt- und sozialpolitischen Motive stellt, müßten lediglich zwei Nebenbedingungen eingehalten werden: Zum einen muß das Arbeitsverhältnis mindestens so lange dauern, daß sich hieraus ein Leistungsanspruch auf Arbeitslosengeld bzw. Arbeitslosenhilfe begründen läßt. Zum anderen ist die Entlohnung so hoch anzusetzen, daß dieser Leistungsanspruch über dem Sozialhilfeniveau liegt; ansonsten würde bei erneuter Arbeitslosigkeit wieder ergänzende Sozialhilfe zu zahlen sein, vgl. B. Reissert 1988: 207 ff. sowie Anm. 7.

tigkeitsprofile etwa, über die Ausgestaltung von Arbeitsverhältnissen und -bedingungen und nicht zuletzt mit der Plazierung der arbeitsmarktpolitischen und sozialhiferechtlichen Maßnahmen im Kontext der übrigen lokalpolitischen Strategien. Die Kommunen selbst sind dabei in eine Schlüsselfunktion gerückt und bestimmen durch die Anwendung und Koordinierung der verschiedenen Maßnahmen und Finanzierungsinstrumente weitgehend das *Profil* der lokalen Arbeitsmarktpolitik.

Der Großteil des Instrumentariums, das ihnen dabei zur Verfügung steht, wurde allerdings, wie das BSHG von 1962 oder das AFG von 1969, unter Vollbeschäftigungsbedingungen konzipiert. Die Arbeitsbeschaffung nach AFG war seinerzeit auf eine schnelle und erfolgreiche Reintegration in den Arbeitsmarkt gerichtet und die »Hilfen zur Arbeit« nach BSHG konnten sich zu Recht auf im Einzelfall sozialpolitisch indizierte Arbeitsangebote konzentrieren. Da sich die Handlungsvoraussetzungen (kommunal-)politischer Intervention mit der anhaltenden Massenarbeitslosigkeit aber grundlegend verändert haben, mußte ein »bewußtloser« und lediglich zahlenmäßig verstärkter Einsatz der vorhandenen Instrumente bereits in der Vergangenheit zu zahlreichen Problemen führen. An dieser »Maßnahmenpolitik« gab es insbesondere folgende Fehlentwicklungen zu kritisieren (vgl. bspw. auch W. Hanesch 1985b):

− Bei den Maßnahmenträgern wurden häufig parallel zur befristeten Beschäftigung Stellen abgebaut oder andererseits lediglich »zweitklassige« Arbeiten angeboten.

− Der Erhalt bzw. eine Weiterentwicklung der vormaligen Qualifikation der Beschäftigten war in der Regel mit dem befristeten Arbeitsverhältnis nicht verbunden.

− Die nur kurze Beschäftigungsdauer war häufig »Teststrecke« für eine weitere Selektion. Den »noch Brauchbaren« winkte eines der raren Dauerarbeitsverhältnisse, während diejenigen, die unter Krisenbedingungen bereits nachhaltige Dequalifizierungen hinzunehmen hatten, nicht selten schon vorzeitig ausgeschieden waren.

− Die Bemühungen der Beschäftigungsträger und der sie begleitenden kommunalpolitischen Instanzen waren meist nicht darauf gerichtet, eine Perspektive für die Betroffenen nach Fristablauf der Arbeitsverhältnisse zu entwickeln.

Inwieweit die gegenwärtigen kommunalen Versuche, einen »zweiten Arbeitsmarkt« aufzubauen, die gleichen Effekte reproduzieren, oder ob die Vorteile der befristeten Beschäftigungsangebote überwiegen, entscheidet sich nicht zuletzt entlang der jeweiligen *Tätigkeitsfelder* und *Organisationsformen*, im Grunde genommen also mit der dahinterstehenden stadt- oder kreispolitischen *Konzeption*. Die Chancen kommunaler Politik beginnen offensichtlich da, wo die traditionelle Praxis verlassen wird, lediglich einzelne Maßnahmen des Arbeitsförderungs- oder Bundessozialhilfegesetzes relativ unkoordiniert an den Betroffenen zu exekutieren. Für Ansätze einer sinnvollen lokalen Arbeitsmarktpolitik muß es vielmehr darum gehen, die verbliebenen kommunalen Ressourcen zusammen mit den verfügbaren Mitteln der BA bzw. der vorhandenen Landes- oder Bundesprogramme so zu kombinieren, daß Vorhaben der Beschäftigungsförderung mit ökologischen oder sozialen Entwicklungszielen - wie etwa der »Stadtteilreparatur« oder einem Ausbau der sozialen Infrastruktur - verknüpfbar werden (vgl. bspw. SPI 1986: 66 ff.). Angesichts der anhaltend hohen Zahl der Dauerarbeitslosen sollten Arbeitsbeschaffungsmaßnahmen und für Sozialhilfeempfänger eingerichtete Arbeitsverhältnisse hierbei auch als strategisches Instrument für Ausbildung und Weiterqualifizierung dienen (F. Wolf 1985; H. Nauber 1986; F. Maier 1988). Gleichzeitig bleibt nach Möglichkeiten zu suchen, wie durch eine Verbindung mit Projektfördermitteln, Existenzgründungshilfen und sonstigen »offensiven« Instrumenten der Beschäftigungsförderung Anschlußperspektiven eröffnet werden können.

Untersuchungen, die zur kommunalen Arbeitsmarktpolitik der letzten Jahre vorliegen, weisen jedoch aus, daß diese Anforderungen meistens nicht erfüllt wurden. Weithin kennzeichnend für die Reaktionen der Kommunen auf das Problem der Massenarbeitslosigkeit waren zu Anfang der 80er Jahre noch typische »Abwehrstrategien«: Fehlende Zuständigkeit, Problemüberlastung, Ressourcenknappheit sowie die begrenzte Wirksamkeit lokaler Interventionen wurden häufig als »Verhinderungsargumente« gegen den aufbrechenden kommunalpolitischen Handlungsbedarf ins Feld geführt (N. Rauch/J. Schulz zur Wiesch 1986).

Wo die Dauerarbeitslosigkeit langsam als strukturelle Komponente kommunaler Politik wahrgenommen wurde, glichen die auf lokaler Ebene ergriffenen Initiativen einer eher zufälligen Ansammlung von Einzelaktivitäten, die zumeist von sehr viel »gutem Willen« aber dafür nur selten

von einer konzeptionell angeleiteten Vorgehensweise getragen waren[109].
War der »politische Schwellenwert« zugunsten eines stärkeren arbeitsmarktpolitischen Engagements einmal überschritten, so entstand als für
die meisten Kommunen charakteristische Interventionsstruktur eine spezifische Form von *verwaltungsdominiertem »Muddling through«*: Da opera-
tionalisierbare inhaltliche Zielvorstellungen auf seiten der Parteien oder
politischen Verbände häufig nicht vorhanden waren, avancierte die örtliche Verwaltung (neben dem zuständigen Arbeitsamt) in der Regel zum
zentralen arbeitsmarktpolitischen Akteur. Angesichts der Vielzahl und der
Unübersichtlichkeit überregional angebotener Einzelmaßnahmen und
Finanzierungsmöglichkeiten war deren Planungskapazität jedoch zumeist
schon durch die Ressourcenakquisition absorbiert. Für die sinnvolle Ver-
schränkung staatlicher und kommunaler Mittel blieb daneben im Ver-
waltungsalltag ebensowenig Platz wie für die Formulierung eines eigenen
inhaltlichen Gestaltungskonzepts (H. Kunert-Schroth/N. Rauch/H.-J.
Siewert 1987: 9).

Diese, für die Stadtpolitik der 80er Jahre eher typische, Entwicklung
läßt sich inzwischen entlang einer Reihe von Fallstudien nachvollziehen:

– So konstatiert Riedmüller für München in diesem Zeitraum einen Mangel an
»politischem Willen«, der lokalen Beschäftigungspolitik einen eigenständigen Stellenwert zuzubilligen. Verwaltungsinterne Absprachen wurden zwar im vorhinein
über die Höhe der zu verausgabenden Mittel, nicht aber über die dabei zu verfol-
genden Ziele getroffen. Die Frage der qualitativen Ressourcensteuerung fiel vielmehr - auch und gerade bei gesteigertem Aktivitätsgrad - hinter den Wunsch nach
zahlenmäßiger Vermehrung beliebiger Arbeitsplätze zurück. Jahre zuvor, als die
»Hilfe zur Arbeit« gegen Mehraufwandsentschädigung vehement forciert wurde,
setzten sich lediglich einzelne Kommunalpolitiker und Betroffeneninitiativen für
eine umfassende Neuregelung ein. Weder von Parteien noch von Gewerkschaften
ging dabei Druck auf eine inhaltliche Neuorientierung der lokalen Arbeitsmarktpolitik aus, was mit als ein Grund dafür gewertet wird, daß später kein integriertes
kommunales Beschäftigungsprogramm entstand (B. Riedmüller 1986).

– In Hannover wurde die Problemperzeption von Massenarbeitslosigkeit zunächst
auf den Aspekt der Jugendarbeitslosigkeit reduziert. Bei den kommunalen Reaktionen auf diesen Befund lag die Präferenz auf Hilfeformen, die die Jugendlichen
temporär vom Arbeitsmarkt fernhielten, ohne daß durch die meisten dieser Maßnahmen später arbeitsmarktrelevante Qualifikationen vermittelt worden wären. Bei
der Schaffung von Arbeitsgelegenheiten nach BSHG wurden Mitte der 80er Jahre

---

109 Vgl. hierzu bspw. die Dokumentation regionaler Initiativen gegen Arbeitslosigkeit
(DORIA) des Kommunalverbands Ruhrgebiet, Kommunalverband Ruhrgebiet
(Hrsg.) 1983, sowie die Ergebnisse einer Umfrage des Deutschen Städtetages bei
seinen Mitgliedsstädten, Deutscher Städtetag (Hrsg.) 1984.

Mehraufwandsentschädigungs- und Entgeltvariante nebeneinander praktiziert. Der Aufbau der umfangreicher dimensionierten Arbeitsbeschaffung nach AFG (1985 450 von seiten der Stadt mitfinanzierte Stellen) erfolgte im Rahmen »mobiler Arbeitsgruppen«, die in einem unmittelbar dem Oberstadtdirektor zugeordneten »Stützpunkt« zusammengezogen wurden. Nach verwaltungsinternen Einschätzungen kam auch nach Ablauf der befristeten Beschäftigung nur eine Minderheit dieser vornehmlich im »Grünbereich« (Gartenbau und Landschaftspflege) eingesetzten Arbeitskräfte für die Vermittlung in ein »normales« Arbeitsverhältnis in Betracht (B. Blanke/H. Heinelt/C.-W. Macke 1986a, 1986b: 300 ff.).

Stadtübergreifende Studien zum Aufbau von »zweiten Arbeitsmärkten« belegen, daß es auch in den 80er Jahren noch fast überall an regionalen Entwicklungskonzepten fehlte, in die das arbeitsmarktpolitische Instrumentarium hätte einbezogen werden können. Die ABM-Planung öfentlicher Verwaltungen orientierte sich nach wie vor stark an den Aufgabenbereichen bestehender Verwaltungseinheiten, so daß die Grundlage der Arbeitsbeschaffung weniger der Bedarf an öffentlichen Gütern und Dienstleistungen als vielmehr »ein an der bisherigen Verwaltungsstruktur orientiertes Sammelsurium sinnvoller und weniger sinnvoller Tätigkeiten« war (F. Maier 1988: 261). Zudem scheint eine zwischen den einzelnen Ämtern koordinierte Bearbeitung noch keineswegs erreicht (H. Kunert-Schroth/N. Rauch 1985). Auch am Beispiel des nordrhein-westfälischen Landesprogramms »Arbeit statt Sozialhilfe« läßt sich zeigen, daß lokal offenbar kaum ausgearbeitete Konzepte für die Durchführung kommunaler Beschäftigungsprogramme vorlagen. Der Arbeitseinsatz von Sozialhilfeempfängern ergab sich meist nicht aus der Überlegung, welche Qualifikationen lohnend zu erwerben und welche Arbeitsfelder sinnvoll zu besetzen wären, sondern eher pragmatisch aus den Interessen der sich anbietenden Träger. Weiterhin wurden Informationsdefizite auf seiten der Kommunen festgestellt, sowohl was die Arbeitslosenpopulation wie auch was das arbeitsmarktpolitische Know-how anbelangt (J. Münder/H.-J. Hofmann/M. Wahlig 1987).

Diese Ergebnisse werden durch eine spätere hessische Untersuchung noch bestätigt[110]. Auch hier war bei der Ausweitung der »Hilfe zur Arbeit« (Entgeltvariante) in der Mehrzahl der Kommunen keine zugrunde-

---

110 Bei dieser am Institut für Sozialarbeit und Sozialpädagogik erstellten Studie von Dieckmann, Münder und Popp handelt es sich auch um eine der qualitativ bislang anspruchsvollsten Erhebungen zur Arbeitshilfe-Praxis von Sozialhilfeträgern. Die Arbeit macht u.a. die Tätigkeits- und Leistungsprofile der einzelnen Trägerformen deutlich und bezieht die Erfahrungen von Hilfeempfängern in die Auswertung mit ein, vgl. H. Dieckmann/J. Münder/W. Popp 1987.

liegende strategische Orientierung zu erkennen. Kurzfristige fiskalische Interessen standen stattdessen im Vordergrund. Die Initiative zum Aufbau bzw. Ausbau dieses Zweigs des »zweiten Arbeitsmarktes« ging durchweg von der Verwaltung und nicht von den Parteien oder Interessenverbänden aus. Die Einsatzfelder beschränkten sich, jedenfalls soweit kommunale Beschäftigungsstellen berührt waren, weitgehend auf die schon durch die Pflichtarbeit bekannten unqualifizierten Tätigkeiten in den Bereichen der Außen- und Grünflächenarbeiten.

Tab. 10:   Verteilung der in der E-Variante beschäftigten Hilfe-
            empfänger auf Beschäftigungsorte (Stand: Februar 1985)

Beschäftigungsorte	Anzahl der Beschäftigten (abs.)
Gartenbau- und Grünflächenamt	259
Bauhof/Straßenmeisterei/ Straßenreinigung	197
Schwimmbäder/Sportamt	40
Stadtwerke/Kläranlagen	8
Schlacht- und Viehöfe	-
Kommunale Verwaltungsstellen	17
Museen/Büchereien	3
Krankenhäuser	25
Alten- und Pflegeheime	40
Schulen/Kindergärten	53
Jugendfreizeiteinrichtungen	6
Sonstige	8
Insgesamt	656

Quelle: H. Dieckmann/J. Münder/W. Popp 1987

Die Palette der Beschäftigungsträger reichte dabei von den Kommunen selbst über die Verbände und freien Träger der Wohlfahrtspflege bis hin zur als GmbH organisierten Beschäftigungsgesellschaft bzw. dem kommunalen Beschäftigungsverein[111].

---

111   Unter der Rubrik Beschäftigungsgesellschaft firmiert etwa auch die »Werkstatt Frankfurt e.V.«, die in der Regierungszeit der CDU von der Stadt Frankfurt das

Diesbezüglich ermöglicht die Studie zur hessischen Praxis der Arbeitshilfen nach BSHG auch erstmals eine differenziertere Bewertung der jeweiligen Trägerform: Während kommunale Beschäftigungsstellen mehrheitlich einfache Hilfstätigkeiten anboten und insbesondere beim Versuch der Integration größerer Gruppen von Hilfeempfängern erhebliche Schwierigkeiten hatten, wiesen freie Träger in der Regel die qualifizierteren Arbeitsangebote auf. Dies scheint wohl insbesondere für kleine, häufig selbstorganisierte Vereine mit einer geringen Ausstattung an Stammpersonal zu gelten, bei denen allerdings gerade aufgrund dieses Umstandes immer die Gefahr der Substitution qualifizierter Dauerbeschäftigung durch die BSHG-Finanzierung besteht.

Die besten Ergebnisse bei der Integration von Langzeitarbeitslosen konnten mit Abstand die Beschäftigungsgesellschaften verbuchen. Die Arbeitsplätze, die mit dem Personenkreis der Sozialhilfeempfänger besetzt wurden, sind hier nicht anderen Geschäftsbereichen des Unternehmens untergeordnet, sondern stellen (neben Stammpersonal, AFG-Beschäftigten, Auszubildenden u.a.) einen gleichwertigen Sektor des Betriebes dar. Außer dem Trägertyp des ganzheitlich ansetzenden, stadtteilorientierten Projekts sind die Gesellschaften als produzierende bzw. Dienstleistungen erbringende Unternehmen offensichtlich am ehesten in der Lage, den Beschäftigten die Erfahrung sinnstiftender Arbeit im Rahmen eines authentischen, weil realen, betrieblichen Kontextes zu ermöglichen. In den beiden hessischen Beispielen, Offenbach und Wiesbaden, sind die Beschäftigungsgesellschaften auch jeweils Bestandteil einer breiter angelegten beschäftigungspolitischen Konzeption (vgl. G. Grandke 1986 für Offenbach und J. Bourgett/H. Brülle 1986 für Wiesbaden). Ihr Unternehmenszweck ergibt sich nicht nur allein durch die Aufgabe, schlicht »Arbeit zu schaffen« oder »Ausbildung zu organisieren«, sondern wird darüber hinaus auch inhaltlich, über die Arbeitsergebnisse (»Beitrag zur sozial-ökologischen Umsteuerung«), definiert. Dies kann zum einen die Perspektive für sinnvolle Arbeitsfelder öffnen[112] und beugt zum anderen ei-

---

Monopol für die Beschäftigung bzw. Weitervermittlung von Sozialhilfeempfängern nach §§ 19 f. BSHG übertragen bekommen hatte. Der Verein betätigte sich seinerzeit im wesentlichen auch als »Leiharbeits-Unternehmen« und darf damit nicht mit den kommunal oder unter kommunaler Beteiligung organisierten Beschäftigungsgesellschaften verwechselt werden, vgl. H. Dieckmann/J. Münder/W. Popp 1987: 110 ff.

112 Art und Umfang der Arbeitsplätze in Beschäftigungsgesellschaften richten sich meist nach dem Entwicklungsstand der jeweiligen Unternehmen. Zunächst wurden sowohl in der Gemeinnützigen Offenbacher Ausbildungs- und Beschäftigungsgesellschaft (GOAB) als auch in der Wiesbadener Jugendwerkstatt (WJW) BSHG-Ar-

ner stigmatisierenden »Klientelisierung« der nicht auf Dauer beschäftigten Arbeitnehmer vor. Durch die Vernetzung verschiedener Fördermaßnahmen innerhalb wie außerhalb der Beschäftigungsgesellschaften bietet sich gleichzeitig die Möglichkeit, regelrechte »Integrationsstrukturen« (F. Maier) zu schaffen und fallangemessene »Karriereangebote« zu konstruieren (Erstausbildung, ABM, FuU, »Arbeit und Lernen«, Projektfördermittel für Existenzgründungen etc.).

Diese Beschäftigungsprojekte, in denen zum Teil auch umfassende Mitbestimmungsregelungen für die besonderen Bedingungen der Beschäftigung im »zweiten Arbeitsmarkt« getroffen worden sind (bspw. Offenbach, vgl. G. Grandke 1986), stellen positive »Ausreißer« gegenüber der durchschnittlichen Praxis lokaler Arbeitsbeschaffung dar. Sie belegen damit auch, was in den Evaluationsstudien zum arbeitsmarktpolitischen Sonderprogramm der Bundesregierung von 1979 (H. E. Maier 1982; A. B. Peters/G. Schmid 1982) bzw. durch die Untersuchung der »Hilfe-zur-Arbeit«-Praxis in Nordrhein-Westfalen (J. Münder/H.-J. Hofmann/M. Wahlig 1985) bereits angedeutet wird: Die oftmals zu verzeichnende Eintönigkeit und Phantasielosigkeit bei der Anwendung des arbeitsmarktpolitischen Instrumentariums ist keineswegs ausschließlich auf eine »von oben« vorgenommene Determination kommunalpolitischer Handlungsspielräume und auch nicht schlicht auf den örtlich vorhandenen Problemdruck zurückzuführen.

Die *entscheidende Prägung* erfährt die jeweilige kommunalpolitische Arbeitsbeschaffungspraxis nicht nur über von außen gesetzte Rahmenbedinungen, sondern letztlich durch die lokalpolitisch jeweils dominierenden Strategien und Handlungsphilosophien. Hier zeigt sich aber, daß die Mehrzahl der Kommunen auch nach weit über zehn Jahren Massenarbeitslosigkeit noch ohne durchgreifendes Konzept agiert. Die resignative und an ihren eigenen Fähigkeiten zweifelnde Grundeinstellung von Hilfeempfängern und Dauerarbeitslosen läßt sich – so die Studie zur hessischen Arbeitshilfe-Praxis – noch am ehesten dadurch »aufbrechen«, daß Arbeitsplätze geschaffen werden, in denen die Betroffenen an ihren beruflichen Erfahrungen und Qualifikationen anknüpfen können und in denen ihnen über praktisches Erproben Erfahrungen mit ihrer eigenen Lern- und Leistungsfähigkeit ermöglicht werden (H. Dieckmann/J. Münder/W.

---

beitsplätze ausschließlich in Baunebenberufen angeboten. Inzwischen wurden die Tätigkeitsbereiche teils unter dem Gesichtspunkt der Zielgruppenorientierung, teils nach den Arbeitsschwerpunkten der Gesellschaft erweitert, insbes. auf Landschaftsgartenbau, Umweltschutz, soziale Dienste, vgl. H. Dieckmann/J. Münder/W. Popp 1987: 103, 118 f.; G. Grandke 1986; J. Bourgett/H. Brülle 1986.

Popp 1987: 193). Genau dies erfordert jedoch ein *systematisches Zusammenwirken* von lokaler Arbeitsmarkt- und Wirtschaftspolitik. Die Einrichtung von »zweiten Arbeitsmärkten« unter Rückgriff auf §§ 18 ff. BSHG und ABM ist insofern *nicht schon für sich alleine* ein sinnvoller beschäftigungspolitischer Schritt. Vielmehr kann ein funktionierender »zweiter Arbeitsmarkt« umgekehrt nur *Teil und Ergebnis* einer zugrundeliegenden beschäftigungspolitischen Gesamtkonzeption auf lokaler Ebene sein. In ihrem »Mainstream« ist die etablierte Kommunalpolitik jedoch von einem solchen Zugang weit entfernt. *So wie sich der Einsatz der kommunalen Wirtschaftsförderungsinstrumente weiterhin an privatwirtschaftlichen Einzelinteressen orientiert, bleibt bei der lokalen Organisation temporärer Ersatzarbeitsmärkte der Anspruch auf Umgestaltung der örtlichen Produktions- und Dienstleistungsbasis allzu häufig außen vor.*

IV. DIE AUSEINANDERSETZUNG UM EINE BESCHÄFTIGUNGSSICHERNDE LOKALE STRATEGIE

1. Ein neues Paradigma in der lokalen Diskussion: Das Konzept gewerkschaftlicher Entwicklungszentren als Anstoß für eine integrierte kommunale Politik

Doch sahen sich auch die bundesdeutschen Kommunen in den 80er Jahren mit weiterreichenden Forderungen »von unten« konfrontiert. Vor dem Hintergrund des örtlich kumulierenden Problemdrucks wurde insbesondere in gewerkschaftlichen Arbeitskreisen und Teilen der regionalwissenschaftlichen Debatte nach Wegen zu einer integrierten lokalen Beschäftigungspolitik gesucht. Die Vorschläge, die hierbei entstanden, waren zumeist aus Auseinandersetzungen mit der vorherrschenden kommunalpolitischen Praxis hervorgegangen und wurden häufig entlang der britischen Beispiele konzipiert. Kennzeichnend für diese Ansätze wurde der Anspruch, *arbeitskraftorientierte und auf die örtliche Produktions- und Technikbasis bezogene Interventionen gerade nicht auseinanderfallen zu lassen, sondern zu einem beschäftigungsorientierten Maßnahmenbündel zu kombinieren.* Im Zentrum stand dabei die Idee, die Qualifikation der Beschäftigten und Arbeitslosen sowie das am Ort vorhandene wissenschaftliche und technische Know-how auf breiter Ebene zu entfalten und als zentrale Ressource einer »endogenen Entwicklungsstrategie« zu mobilisieren. Gleichzeitig sollte die örtliche Produktions- und Dienstleistungsstruktur nach qualitativen Gesichtspunkten umgebaut und am regionalspezifischen Bedarf orientiert weiterentwickelt werden.

Unter dieser Zielmaßgabe wurden Mitte der 80er Jahre in einer Reihe von Kommunen meist von gewerkschaftlicher Seite aus Vorstellungen für eine Erneuerung der lokalen Politik formuliert, die sowohl auf die kommunale Haushaltsgestaltung, die Organisation der Verwaltung wie auf den Einsatz der wirtschafts- und arbeitsmarktpolitischen Instrumente gerichtet waren. Als Kernpunkt institutioneller Reformen wurde dabei jeweils die Einrichtung von »*Entwicklungszentren*« vorgeschlagen, denen, dem Londoner GLEB nachempfunden, zentrale Aufgaben bei der Arbeitsbeschaffung, Qualifizierung und Technikgestaltung zukommen sollten. Diese Projekte der »*ersten Generation*«, wie das »*Zentrum Arbeit, Technik, Umwelt*« (*ZATU*) in der Region Mittelfranken, das »*Entwicklungs-Centrum Osnabrück*« (*ECOS*) und das »*Entwicklungszentrum Dortmund*« (*EWZ*) hatten mit ihrem frühen programmatischen Anspruch wesentlichen Einfluß auf die bundesdeutsche Diskussion um lokale Antikrisenstrategien und sind inzwischen gegenüber einer ganzen Reihe von Nachfolgeprojekten ihrerseits in eine Vorbildfunktion gerückt.

Die Abstriche am ursprünglichen Konzept und die Veränderungen, die diese ersten Projekte in der Realisierungsphase hinzunehmen hatten, vermitteln dabei jedoch gleichzeitig einen Eindruck von der Hartnäckigkeit des etablierten kommunalen Politikterrains. Die Erfahrungen, die hier gemacht wurden, können insofern wichtige Indizien über den Stand der lokalen Auseinandersetzung liefern und beleuchten über die einzelnen Fallbeispiele hinaus die Durchsetzungsbedingungen einer dezentral ansetzenden reformerischen Strategie[113].

2. Das Zentrum Arbeit, Technik, Umwelt in Mittelfranken

2.1. Ursprungskonzeption

In der Region Mittelfranken reichen die Anfänge der Debatte um eine dezentrale Antikrisenkonzeption bis in die späten 70er Jahre zurück. Nicht zuletzt aufgrund der absehbaren Strukturprobleme in der Metallindustrie wurde bereits 1979 von den fünf mittelfränkischen DGB-Kreisen[114] ein regionalpolitischer Arbeitskreis gegründet, der sich in der Folgezeit vornehmlich mit den Auswirkungen des Einsatzes neuer Technologien beschäftigte. Daneben wurden schon 1982/83 eigenständige Vorstellungen zur Regionalentwicklung formuliert und als Stellungnahme zum Regionalplan eingebracht. 1985 gelang es der Belegschaft der Firma Grundig, unter dem Motto »Beschäftigungsplan statt Sozialplan« einen betrieblichen Interessenausgleich durchzusetzen, der geplante Massenentlassungen in der Region verhinderte und in dem erstmalig in der Bundesrepublik in einem gefährdeten Betrieb der Vorrang von Weiterqualifikation und Produktdiversifikation vor traditionellen Abfindungsregelungen vereinbart wurde (G. Bosch/G. Lobodda 1985).

---

113 Zu gewerkschaftlichen Handlungsansätzen in der Region vgl. die Beiträge in Gewerkschaftliche Bildungspolitik 10/85, W. Fricke/H. Seifert/J. Welsch (Hrsg.) 1986 sowie U. Bullmann/M. Cooley/E. Einemann (Hrsg.) 1986. Die ursprünglichen Konzeptionen der ersten gewerkschaftlichen Projektvorschläge finden sich bei DGB-Kreise Mittelfranken (Hrsg.) 1985 (ZATU), G. Szell/W. Meemken 1986 (ECOS) und B. Pollmeyer 1985b (EWZ).

114 Zur Region 7 (Mittelfranken) gehören die DGB-Kreise Erlangen, Fürth, Nürnberg, Nürnberger Land und Roth-Schwabach.

Abb. 10:   Zentrum Arbeit, Technik, Umwelt (ZATU) Mittelfranken

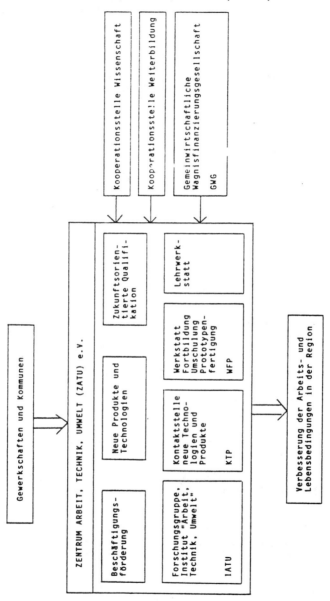

Quelle: H. Pfäfflin/G. Richter 1985

Vor dem Hintergrund dieser Aktivitäten und in der Auseinandersetzung mit der geplanten Schaffung eines von den drei Städten Nürnberg, Erlangen und Fürth mitgetragenen »Innovations- und Gründerzentrums« (IGZ) entstand insbesondere auf Betreiben der örtlichen IG Metall der Vorschlag, ein regionales *Zentrum Arbeit, Technik, Umwelt (ZATU)* einzurichten. Die wesentlichen Handlungsfelder des ZATU sollten in der Beschäftigungsförderung, der zukunftsorientierten Qualifizierung sowie der Entwicklung und Gestaltung von neuen Produkten und Technologien bestehen. Im einzelnen waren vorgesehen:

Beschäftigungsförderung

- die Beratung und Unterstützung von Arbeitnehmern und Unternehmern insbesondere in Fragen der Finanzierung, des Technologieeinsatzes, der Produktentwicklung, der An- und Umsiedlung

- die Vermittlung von Fördermitteln und Zuschüssen

- die Einflußnahme auf Betriebssanierungen, Produktpalettengestaltung und Prototypenentwicklung (in Zusammenarbeit mit einer noch zu gründenden gemeinwirtschaftlichen Wagnisfinanzierungsgesellschaft)

- die Unterstützung bei der Erstellung von Unternehmensplänen (in Zusammenarbeit mit Betriebsräten und der jeweiligen Geschäftsleitung)

- der Aufbau von betrieblichen Frühwarnsystemen für Arbeitnehmer

Qualifikation

- die Weiterbildung von Arbeitnehmern im Zusammenhang mit der Einführung neuer Technologien

- die Erprobung von Aus- und Weiterbildung in neuen Berufen, vor allem im Bereich des Umweltschutzes

- die Einrichtung einer Werkstatt für Fortbildung, Umschulung und Prototypenfertigung

- die Erweiterung des Angebots an zukunftsträchtigen Ausbildungsplätzen u.a. durch die Einrichtung einer außerbetrieblichen Ausbildungswerkstatt

Neue Produkte und neue Technologien

- die Vorbereitung und der Aufbau von Modellen einer sozialen Gestaltung neuer Technologien

- die Entwicklung neuer, sozial nützlicher Produkte, für die ein gesellschaftlicher, insbesondere ein regionalspezifischer Bedarf besteht

- die Einrichtung einer Kontaktstelle neue Technologien und Produkte, die zur Ausschöpfung des technisch-kreativen Potentials der Region eine Produktbank aufbauen und gegenüber ortsansässigen Betrieben Beratungs- und Vermittlungsfunktionen wahrnehmen sollte.

Im Rahmen des ZATU war weiterhin die Einrichtung einer *Forschungsgruppe* (und später eines Instituts) *Arbeit, Technik, Umwelt* geplant, die zunächst Qualifikationskonzepte für die eigenen Werkstätten erarbeiten und darüber hinaus die Qualifikationsberatung für betriebliche und außerbetriebliche Multiplikatoren übernehmen sollte. Die Forschungsgruppe sollte gleichzeitig die notwendigen wissenschaftlichen Vorarbeiten für den weiteren Ausbau des ZATU leisten und Drittmittel zur Förderung von Projekten vor allem im Bereich von Technikfolgenabschätzung und Produktentwicklung akquirieren. Dem nach ca. drei Jahren zu schaffenden *Institut* waren insbesondere folgende Aufgaben zugedacht:

- regionale Bedarfsanalysen durchzuführen und Strukturberichte zu erstellen

- regionale Technikfolgenabschätzung zu betreiben und die Technologieberatung für Betriebsräte und Unternehmensleitungen zu intensivieren

- zur Verbesserung des Wissenstransfers aus Hochschulen und anderen Forschungseinrichtungen in die Region hinein beizutragen.

Zur Wahrnehmung dieser Aufgaben sollten außerhalb des ZATU noch weitere neue Einrichtungen geschaffen werden: eine *Kooperationsstelle Weiterbildung* (bei der Landesgewerbeanstalt Nürnberg, in Zusammenarbeit mit der örtlichen Volkshochschule und anderen Bildungsträgern), eine *Kooperationsstelle Wissenschaft* (in Zusammenarbeit von Universität, Fachhochschulen und freien Forschungseinrichtungen) sowie eine *gemeinwirtschaftliche Wagnisfinanzierungsgesellschaft* (zusammen mit der Stadtsparkasse und der Bank für Gemeinwirtschaft), deren Hauptaufgabe es sein sollte, über Finanzierungsbeteiligungen Arbeitsplätze zu erhalten und qualitative Umsteuerungen im Produktionsapparat zu realisieren.

Gegründet werden sollte ZATU in der Rechtsform des eingetragenen Vereins[115], als dessen Mitglieder die DGB-Kreise Nürnberg, Fürth und Erlangen, die IG Metall Verwaltungsstelle Nürnberg sowie die drei Städte Nürnberg, Erlangen und Fürth vorgesehen waren. Die Grundfinanzierung sollte von den drei Gebietskörperschaften übernommen werden, wobei

---

115 Das erste Konzept hatte die Gründung einer gemeinnützigen GmbH vorgesehen. Im Zuge der Auseinandersetzung um die Rechtmäßigkeit der wirtschaftlichen Betätigung von Gemeinden, die mit der kommunalen Aufsichtsbehörde auszutragen war, wurde schließlich die dort eher akzeptierte Vereinslösung gewählt.

am Anfang mit zusätzlichen Mitteln von Bund, Land, EG und regionalen Kooperationspartner gerechnet wurde (DGB-Kreise Mittelfranken (Hrsg.) 1985; H. Pfäfflin/G. Richter 1985).

2.2. Realisierungsstand

4 1/2 Jahre nach Erstellung dieses Konzeptes (1984/85), am Ende der geplanten Aufbauphase, fällt der Stand der Realisierung gegenüber dem Ursprungskonzept allerdings eher bescheiden aus[116].

Zwar wurde ZATU im Dezember 1985 vom vorgesehenen Mitgliederkreis als gemeinnütziger Verein gegründet, doch weist bereits die seinerzeit verabschiedete Satzung erhebliche Abstriche am ehemals formulierten Anspruch auf. Das Zentrum wird hier als *»Denkstatt«* definiert, in dem Lösungsvorschläge zur regionalen Krisenbewältigung erarbeitet werden sollen, in dem aber keine eigenen Werkstätten, keine Möglichkeit zum Prototypenbau und auch keine der geplanten Einrichtungen wie die »Kontaktstelle neue Technologien und Produkte« oder etwa ein »Institut Arbeit, Technik, Umwelt« existieren. Ebenso nicht weiterverfolgt wurde die Idee, Paralleleinrichtungen zu schaffen, die mit dem ZATU kooperieren sollten (Kooperationsstellen, gemeinwirtschaftliche Wagnisfinanzierungsgesellschaft). Die ZATU-Satzung sieht als Aufgabenschwerpunkt allgemein noch »die Befriedigung des steigenden Qualifikationsbedarfs von Arbeitskräften im Zusammenhang mit der Verbreitung neuer Technologien im Wirtschaftsraum Nürnberg-Fürth-Erlangen-Schwabach« vor, »wobei neue Ansätze in der sozialen Gestaltung von Arbeit, Technik und Umwelt erprobt werden sollen«. *Konkret wurde aber damit der Vereinszweck um die unmittelbar auf die regionalökonomische Restrukturierung zielenden Vorhaben reduziert.* Als satzungsgemäß definierte Handlungsfelder verblieben die Erwachsenenbildung, die Funktion, als Forum des regionalen Informationstransfers zu dienen, sowie die Aufgabe, Vorschläge zu einer sozial- und umweltverträglichen Technik- bzw. Produktgestaltung zu erarbeiten.

Aber auch gemessen an diesem zurückgenommenen Anspruch fiel die finanzielle Ausstattung des Zentrums unzulänglich aus. Die Städte Nürn-

---

116   Die jüngere Entwicklung des Zentrums Arbeit, Technik, Umwelt wurde auf dem Hintergrund von Informationsgesprächen mit Jürgen Lohmüller, Olaf Klumpp-Leonhard (ZATU) und Heinz Pfäfflin (IG-Metall Nürnberg) rekonstruiert.

berg, Fürth und Erlangen bewilligten einen 5-Jahres-Etat von insgesamt 1,3 Millionen DM, der gerade die anfallenden Kosten für die Geschäftsstelle, den im September 1986 eingestellten Geschäftsführer sowie einige zusätzlich abgeschlossene Werkverträge deckt. Um über diese zeitlich befristete und schmal bemessene Grundausstattung hinaus eigene Arbeitsvorhaben realisieren zu können, ist das ZATU darauf angewiesen, externe Fördermittel zu akquirieren.

Trotz der bescheidenen Mittelausstattung sah sich das mittlerweile gebildete »ZATU-Rumpfteam« aus dem Geschäftsführer und zwei weiteren, auf der Basis von Werkverträgen beschäftigten Kollegen mit einer übermäßigen Fülle von Aufgaben und einem immensen Erwartungs- und Beobachtungsdruck konfrontiert. Einen Großteil ihrer Arbeit verwandten sie auf den laufenden Informations- und Beratungsbedarf von Belegschaften und Betriebsräten, wobei in der Hauptsache Anfragen zu den Bereichen Weiterbildung, Technikentwicklung und neue Produktideen nachzukommen war.

Daneben legte ZATU den Schwerpunkt seiner Arbeit auf die Entwicklung eines Qualifikationskonzepts für einen zwischenbetrieblichen Unternehmensverbund zur Weiterbildung von an- und ungelernten Industriearbeitern. Das Zentrum fungiert hier als Maßnahmenträger und Kooperations-Clearing-Stelle und konnte für das erste, seit September 1988 laufende und durch Mittel der Bundesanstalt für Arbeit sowie des EG-Sozialfonds unterstützte Projekt mit 16 Teilnehmern bislang vier regionale Unternehmen zur Mitarbeit motivieren. Vorgesehen ist die Gründung eines »Weiterbildungsverbunds Mittelfranken«, der diese Zusammenarbeit ausweiten und intensivieren soll. Darüber hinausreichende Projektvorschläge der ZATU-Mitarbeiter, etwa die Durchführung eines Vorhabens, das Maßnahmen des betrieblichen Arbeitsschutzes mit Umweltschutzinteressen kombiniert, ließen sich bisher aufgrund der fehlenden Finanzierungsbasis noch nicht in Angriff nehmen (ZATU e.V. 1985; G. Lobodda/H. Pfäfflin 1986; J. Lohmüller/H. Pfäfflin 1987).

2.3.   Nur als Anbieter von Qualifizierungsmaßnahmen toleriert

Wie kam es zu diesen Abstrichen an der Ursprungskonzeption? Von Anfang an hatten die Befürworter der ZATU-Idee mit lokalem Widerstand zu kämpfen. Insbesondere örtliche Vertreter der (in allen drei Städten oppositionellen) CSU wähnten, »daß das ZATU als Dach eines ganzen

Konzerns von Einrichtungen vorgesehen sei«[117], und machten sich gegen vermeintlichen staatlichen Dirigismus und einen Zuwachs gewerkschaftlicher Einflußnahme stark. Flankiert wurde diese Kritik von Vertretern der ortsansässigen Handwerks- und Industrie- und Handelskammern, denen in der Auseinandersetzung mit dem ZATU-Konzept vor allem zwei Aspekte von Bedeutung waren: Zum einen wollten sie die Entwicklung von Technolgoien und Produkten - und in diesem Zusammenhang auch die Prototypenfertigung - als ureigenste unternehmerische Aufgabe der privaten Wirtschaft vorbehalten sehen und lehnten hier die Konkurrenz gewerkschaftlicher bzw. gewerkschaftlich-kommunaler Träger als völlig fehl am Platze ab. Zum anderen wurde von Kammerseite aus die ausschließliche Zuständigkeit für die berufliche Erstausbildung reklamiert.

Exakt diese beiden Eckpunkte des ehemaligen Konzepts wurden letztlich *aufgrund der Intervention übergeordneter politischer Instanzen* im ZATU-Ansatz eliminiert bzw. zurückgedrängt. Die Bezirksregierung von Mittelfranken befand als Kommunalaufsicht und zuständige Ausführungsbehörde des Bayerischen Innenministeriums in Vorabstellungnahmen zum ursprünglichen Satzungsentwurf, die diesbezüglichen Arbeitsvorhaben des ZATU lägen eindeutig in der Kompetenz von Wirtschaft und Staat. Stützen konnte sich die Aufsichtsinstanz dabei auf eine während der laufenden Auseinandersetzung vorgenommene Änderung im Bayerischen Landesrecht[118], die das aufsichtsrechtliche Genehmigungsverfahren (im Hinblick auf die kommunale Beteiligung an örtlichen Kabelgesellschaften) vereinfachen sollte, bei dieser Gelegenheit jedoch auch jedwede kommunalwirtschaftliche Betätigung in Einrichtungen privaten Rechts einem generellen Genehmigungsvorbehalt unterwarf (J. Lohmüller/H. Pfäfflin 1987).

Wiewohl ihnen die Rechtsposition der Kommunalaufsicht vor dem Hintergrund ihrer übrigen, keineswegs inkriminierten, ökonomischen Aktivitäten mehr als zweifelhaft erscheinen mußte, *verzichteten* die Unterstützerstädte des ZATU-Gedankens allerdings darauf, die Angelegenheit einer juristischen Klärung zuzuführen bzw. die Auseinandersetzung mit der Bayerischen Staatsregierung und ihrer Mittelbehörde zu politisieren.

---

117 So der Nürnberger CSU-Stadtrat Hans Paul Seel bei einer Stadtratssitzung im November 1985, zit. n. J. Lohmüller/H. Pfäfflin 1987: 45.

118 Vgl. das zum 1.9.1986 in Kraft getretene »Gesetz zur Änderung kommunalwirtschaftlicher Vorschriften«, Drucksache des Bayerischen Landtags 10/9540.

Hatten die zuständigen Wirtschaftsreferenten[119] der allesamt SPD-geführten Stadtregierungen auf den Anspruch der Produktentwicklung und Techniksteuerung schon von Anfang an mit Skepsis reagiert, so wurde die jetzt »von oben« oktroyierte Verkürzung des ZATU-Konzeptes erst recht nicht als Anlaß für eine langwierige politisch-institutionelle Konfliktaustragung angesehen. In den federführenden Verwaltungsabteilungen herrschte vielmehr die Meinung vor, daß nun ausgetestet werden müsse, *welche* Satzung denn genehmigungsfähig sei. Im Umkreis der gewerkschaftlichen Unterstützer, in den drei vereinsbildenden DGB-Kreisen sowie in der IG-Metall-Verwaltungsstelle Nürnberg, versuchte man gleichzeitig, die »untere Kompromißlinie« zu definieren: Solange die Satzung grundsätzlich das Recht zur Befassung mit Fragen der Technikgestaltung und Qualifizierung zugestehe, könne man notfalls zunächst auch eine »Denkstatt« ohne eigene Einrichtungen akzeptieren, denn damit sei schließlich »noch nichts abschließend verbaut«.

Dieses Einschwenken auf die »kleine ZATU-Lösung« trug dem veränderten Konzept im Februar 1987 die offizielle Genehmigung durch die Bezirksregierung ein. Parallel dazu hatte sich die öffentliche Auseinandersetzung um ZATU weitgehend gelegt. Der jetzt verwirklichte Minimalkonsens fand teilweise sogar die Unterstützung der oppositionellen CSU. Der Preis dafür: ZATU wurde in seinem jetzigen Realisierungsstand *zunächst auf eine Agentur zur Vermittlung von Qualifikationsangeboten* reduziert.

Die ZATU-Mitarbeiter versuchen weiterhin insbesondere mit gewerkschaftlicher Unterstützung, eine darüber hinausreichende inhaltliche und strategische Öffnung ihres Wirkungsbereichs zu vollziehen. So führten sie im Vorfeld ihres »Verbundprojektes Weiterbildung« eine Arbeitstagung mit dem Titel »Zukunft Weiterbildung - die vergessenen Fließbandarbeiter« durch, bei der erstmalig alle relevanten bildungspolitischen Akteure der Region (Unternehmen, Kammern, Gewerkschaften, Bildungsträger etc.) zusammentrafen. In Erlangen wurden sie in der verkehrspolitischen Diskussion aktiv und betreuen einen aus Betriebs- und Personalräten, ÖTV-Vertretern und städtischen Initiativen bestehenden Arbeitskreis, der das regionale Potential zum Bereich Nahverkehr zusammenträgt. Hier arbeiten inzwischen Ingenieure aus Großunternehmen, Kommunalplaner und Gewerkschafter daran, gemeinsam Anstöße zur Entwicklung eines

---

119 Die Position des (hauptamtlichen) Wirtschaftsreferenten wurde im maßgeblichen Zeitraum in Nürnberg von der SPD, in Erlangen von der CSU und in Fürth durch einen parteilosen Dezernenten besetzt.

neuen Waggontyps zu geben, sowie Streckenkonzepte, Antriebs-, Steuer-
und Leittechniken zu optimieren. Die ZATU-Beschäftigten bleiben so
bemüht, eine initiierende und koordinierende Rolle bei der Förderung
neuer regionalpolitischer Ansätze wahrzunehmen und das eigene Projekt
dabei auf längere Sicht zu einem »Kern-ZATU« mit mindestens 4 festen
Stellen auszubauen. Aber auch bis dahin wollen sie die ursprünglichen
Satzungsziele - über eine verstärkte Kooperation mit ortsansässigen Unternehmen und Verwaltungsabteilungen - auch unter den gegebenen juristischen und finanziellen Handlungsbedingungen möglichst weitreichend
realisieren.

Neben der damit verbundenen Angewiesenheit auf die Kooperationsbe-
reitschaft privater Unternehmen steht einer solchen offensiven Erweiterung des ZATU im Sinne der ursprünglichen Konzeption vor allem die
Weigerung der Bayerischen Staatsregierung entgegen, ZATU-Projekte -
wie die Vorhaben des »Innovations- und Gründerzentrums« in Erlangen
etwa - auch aus Landesmitteln zu finanzieren. Aber auch auf dezentraler
Ebene türmen sich nach wie vor entsprechend große Hindernisse auf. Die
ZATU-Befürworter sehen hier in erster Linie das Problem, daß ihr Ansatz auch in der Wahrnehmung der örtlichen Verwaltungen *als isoliertes
und ausschließlich auf Qualifizierungsmaßnahmen bezogenes Projekt* verstanden wird. Aus ihrer Sicht geht die stadtpolitische Praxis noch viel zu
wenig auf die im ZATU schlummernden Kooperationsmöglichkeiten ein.

Von gewerkschaftlicher Seite aus wird kritisiert, daß in allen drei Unterstützerstädten nach wie vor die Vorstellung dominiert, Wirtschaftsförderung als Standortpolitik bzw. kapitalorientierte Technikförderung betreiben zu wollen und, davon scharf getrennt, als arbeitskraftfördernde
Intervention lediglich Ansätze eines »zweiten Arbeitsmarktes« zu organisieren. Schritte zu einer integrierten lokalen Beschäftigungspolitik seien
noch am ehesten in Erlangen zu verzeichnen, wo eine lokale Beschäftigungs-GmbH auf ABM-Basis mit zwei Werkstätten (Umweltwerkstatt,
Kulturwerkstatt) existiert. Bemängelt wird insbesondere, daß die Befassung mit beschäftigungsrelevanten Fragen in den Unterstützerstädten
noch fragmentiert im Rahmen der herkömmlichen Verwaltungsorganisation erfolgt, kaum zielgerichtet nach Einflußmöglichkeiten auf die regionale Unternehmenspolitik gesucht wird und so die kreative Verknüpfung
von produktiven Arbeitsansätzen kaum gelingt (Heinz Pfäfflin). Wie
ZATU-Geschäftsführer Jürgen Lohmüller formuliert:

»Die Kommunen haben sich in der Vergangenheit viel zu wenig als Subjekte in der Frage der Gestaltung von Arbeit und Technik verstanden. Auch in den Städten, die ZATU unterstützen, stellt dieser Bereich eigentlich noch völliges Neuland dar. Man arbeitet viel zu häufig aneinander vorbei, baut hier eine Kläranlage oder da eine Berufsschule, aber begreift die Arbeits- und Technikentwicklung nicht als geschlossenen Bereich und eigenständiges Handlungsfeld, in dem man aktiv werden müßte, noch dazu etwa zusammen mit den Gewerkschaften« (Interview mit dem Verf.).

3. Das Entwicklungs-Centrum Osnabrück

3.1. Die ECOS-Idee

Einen etwas anderen Verlauf nahm ein vergleichbares Projekt in Osnabrück[120]. Gewerkschafter und Hochschulangehörige gründeten hier 1983 einen Verein »Arbeit und Wissenschaft« (mit inzwischen ca. 80 Mitgliedern), der, ähnlich britischen und skandinavischen Vorbildern, die Kluft zwischen Forschung und betrieblicher Wirklichkeit überwinden helfen sollte. Nachdem sich die Wirtschafts- und Arbeitsmarktsituation in der Region seit Ende der 70er Jahre überdurchschnittlich verschlechtert hatte, entstand in diesem Kreis auch der Gedanke, zunächst nur eine unabhängige kommunale Entwicklungswerkstatt, später ein umfassender konzipiertes Entwicklungszentrum einzurichten, das positive Impulse für eine qualitativ ausgerichtete Beschäftigungspolitik auf dezentraler Ebene setzen sollte. Die Ursprungskonzeption des ECOS sah vier Funktionsbereiche vor:

− einen *Produktideenpool* mit der Aufgabe, als regionale »Innovationsbörse« zu fungieren und eine Sammlung von realisierbaren Produktvorschlägen anzulegen

− eine *Modell- und Versuchswerkstatt*, die außer zur Prototypenfertigung insbesondere zur Fort- und Weiterbildung sowie zur Erschließung zukunftsträchtiger Berufsbilder dienen sollte

− ein *Center für Unternehmensberatung und Unternehmensplanung*

− einen *Fonds zur Gewährung von Finanzierungshilfen* bei der Umsetzung von Produktideen in marktfähige Produktion

---

120 Die neuere Entwicklung des Osnabrücker Zentrums wurde auf dem Hintergrund von Informationsgesprächen mit dem Geschäftsführer des Vereins »Arbeit und Wissenschaft« und ECOS-Projektleiter Wilhelm Meemken rekonstruiert.

Abb. 11:   Entwicklungs-Centrum Osnabrück (ECOS)

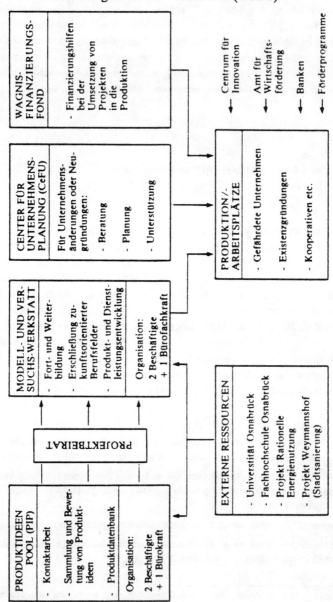

Quelle: G. Széll/W. Meemken 1986

3.2. Widrige Bedingungen der Verwirklichung

Der Versuch, dieses 1984 erstellte ECOS-Konzept zu verwirklichen, fand allerdings – im Unterschied zu EWZ und ZATU – in einem konservativ regierten stadt- und kreispolitischen Umfeld statt[121]. Die Stadt Osnabrück stellte dem gewerkschaftsnahen Projekt zwar kostenlose Räumlichkeiten zur Verfügung, gewährte aber darüber hinaus lediglich einen Zuschuß von 20.000 DM. Der Landkreis beschränkte sich auf eine einmalige Beihilfe in Höhe von 25.000 DM. Unter diesen Voraussetzungen war es dem gemeinnützigen Verein »Arbeit und Wissenschaft« nicht möglich, einen festen Mitarbeiterstamm für das Vorhaben zu beschäftigen. Der Aufbau und die Arbeit von ECOS wurden stattdessen im Rahmen von 7 Arbeitsbeschaffungsmaßnahmen (5 wissenschaftliche und 2 technisch-administrative ABM) geleistet, die für einen Zeitraum von zwei Jahren zur Verfügung standen. Auch wurde ECOS während dieser Aufbauphase (von Juni 1986 bis Mai 1988) kein rechtlich selbständiges Projekt, sondern blieb eine Initiative des Vereins. Erst im Juni 1988, nach Auslaufen aller ABM-Stellen, wurde das Zentrum im Hinblick auf seine zunehmend erwerbswirtschaftliche Betätigung als GmbH umgegründet, die zukünftig 4 der ehemals 7 Arbeitplätze tragen soll[122].

Bei diesen äußeren Bedingungen wurden Abstriche am ursprünglichen Konzept insbesondere dort vorgenommen, wo es - verbunden mit hohem Arbeitseinsatz und hohen Fixkosten - darum gegangen wäre, eigene neue Einrichtungen zu installieren. Das Projekt versuchte stattdessen, Kooperationspartner für die Umsetzung seines integrierten Ansatzes der Technik- und Beschäftigungsförderung zu finden, um sich dabei selbst eher als »Brain trust« und Beratungseinrichtung zu etablieren.

Am ehesten gelang es noch, den Produktideenpool mit eigenen Mitteln zu realisieren. ECOS bot sich selbst quasi als Erfinderkonktaktstelle an und suchte von sich aus die Verbindung zu Hochschuleinrichtungen, Erfindern, Belegschaften und Initiativen. Bei diesen Kontakten wurden nicht nur unbefriedigte regionale Bedarfsfelder thematisiert, sondern auch nahezu 100 Produktideen gesammelt und in die Produktdatenbank von

---

121 Sowohl der Kreis wie die Stadt Osnabrück wurden über den gesamten Zeitraum des Aufbaus von ECOS von einer CDU-Mehrheit regiert.

122 Die geplante Stellenstruktur besteht aus einer Verwaltungskraft, einer kaufmännischen Mitarbeiterin, einem Ingenieur und einem Mitarbeiter, dem die Leitung und der Aufgabenbereich Politikberatung und Regionalentwicklung übertragen wird. 3 dieser Arbeitsplätze konnten inzwischen als feste Stellen geschaffen werden. 3 weitere (studentische) Mitarbeiter und Mitarbeiterinnen wurden darüber hinaus über Praktikumsverträge hinzugewonnen.

ECOS eingegeben. Das Zentrum orientiert sich dabei im Rahmen seiner Erfinderberatung an der sozialen und ökologischen Verträglichkeit der Produktvorschläge, prüft deren technische und ökonomische Realisierbarkeit, kann Kontakte zu Forschungseinrichtungen und möglichen Anwendern herstellen und übernimmt zum Teil selbst noch die notwendigen Entwicklungsarbeiten. Mit den Ideenträgern schließt ECOS Kooperationsverträge ab, die deren Rechte sichern sollen, den Vorrang einer regionsinternen Verwendung festschreiben und für eine spätere erfolgreiche Produktion Vereinbarungen über die Einhaltung von Arbeitnehmerrechten sowie über die Refinanzierung der entstandenen Entwicklungskosten vorsehen.

Von den ca. 100 im ECOS-Datenbanksystem zusammengefaßten Produktideen gingen mittlerweile rund 10 in die Prototypenfertigung. Die interessantesten: ein Latentwärmespeicher, der es ermöglicht, Wärme verlustfrei über unbestimmte Zeit zu speichern; ein Windrotor, der speziell für Schwachwindregionen entwickelt wurde, um auch hier Windenergie wirtschaftlich sinnvoll nutzen zu können; eine Neuauflage des nahezu völlig in Vergessenheit geratenen Stirling-Motors, der beispielsweise als Antrieb bei Blockheizkraftwerken oder im Solarbereich zur Stromerzeugung wieder eine Zukunft haben könnte[123]; ein computergestütztes Kommunikationssystem für Sprach- und Körperbehinderte, das auch schwerbehinderten Menschen einen aktiven Umgang mit ihrer Umwelt und die Ausübung kreativer Tätigkeiten (wie z.B. Zeichnen und Musizieren) möglich machen kann. Einzelne Produktvorschläge (wie der Latentwärmespeicher und das EDV-Kommunikationssystem für Behinderte) wurden dabei bereits von ortsansässigen Unternehmen weiterentwickelt bzw. einer Vermarktung zugeführt.

Die auch für die praktischen Entwicklungsarbeiten und den Prototypenbau benötigte Modell- und Versuchswerkstatt konnte ECOS nicht als eigenständige, dem Zentrum angeschlossene Einrichtung verwirklichen. Stattdessen wurde eine Übereinkunft mit den Vereinigten Schmiedewerken Osnabrück (ehem. Schmiedewerke Krupp/Klöckner) getroffen, die dem Entwicklungs-Centrum seit Anfang 1987 die Nutzung der dortigen Ausbildungswerkstatt erlaubt. Zum einen ermöglicht diese Zusammenarbeit ECOS, Musterstücke und Prototypen im Rahmen der Ausbil-

---

123 Der Stirling-Motor kann wie eine Dampfmaschine von außen geheizt werden, benötigt keinen Kessel und funktioniert mit jeder Wärmequelle einschließlich der Solarenergie. Es handelt sich um einen Heißgasmotor, der ohne Explosion im Zylinder arbeitet und viele Gase wie z.B. auch Luft als Arbeitsmedium akzeptiert. Vgl. AW-Mitteilungen 5/86.

dung fertigen zu lassen; zum anderen hat der Verein »Arbeit und Wissenschaft« zusammen mit der Maschinennutzung auch einen Arbeitsplatz »geleast«. Ein ABM-Beschäftigter des Vereins arbeitet ebenfalls in der Ausbildungswerkstatt an der Modellproduktion.

Dem Center für Unternehmensplanung sollte ursprünglich die Aufgabe zukommen, die mit Hilfe des Produktideenpools und der Modell- und Versuchswerkstatt bis zur Marktreife entwickelten Produkte in konkrete Produktionsprozesse zu überführen. Als Adressaten für innovative Produktvorschläge waren hierbei sowohl gefährdete Unternehmen bzw. Unternehmen mit brachliegenden Kapazitäten (Bestandssicherung) wie Unternehmensneugründungen vorgesehen. Die Einrichtung eines solchen Centers als eigene ECOS-Abteilung gelang allerdings während der Aufbauphase nicht. Sich in diesem Bereich Kompetenzen anzueignen, stellte nach Meinung der verbliebenen ECOS-Mitarbeiter vielmehr eine der größten Schwierigkeiten der Anfangsphase dar. Von einzelnen direkten Vermittlungserfolgen abgesehen (Latentwärmespeicher, EDV-System für Behinderte) wurden sowohl das eigene Know-how, aber auch die Kontakte zu regionalen Unternehmen erst allmählich hergestellt.

Die Unternehmensverbindungen, die ECOS bislang entwickeln konnte, bauten denn auch nicht nur auf der Weitergabe von Produktideen auf, sondern waren zunächst Ergebnis einer umfassenderen Beratungstätigkeit: ECOS ist mittlerweile in der Lage, Existenzgründungsberatungen durchzuführen und begleitet bereits drei Unternehmensneugründungen (aus den Bereichen angepaßte Computersteuerungs- und Meßsysteme sowie Projektierung und Installierung von kleinen und mittleren Blockheizkraftwerken). Der Schwerpunkt der Bemühungen um die betriebliche Ebene lag aber bei der Beratung und Unterstützung von Betriebsräten und Belegschaften bestehender Unternehmenungen. ECOS-Mitarbeiter führten eigene Bildungsveranstaltungen und Seminare durch und waren maßgeblich bei der Gründung eines betrieblichen Arbeitskreises »Neue Produkte« in einem kriselnden Stahlunternehmen, den Vereinigten Schmiedewerken Osnabrück, beteiligt.

Hier gelang es ECOS in mehrjähriger Betreuungsarbeit nicht nur Gewerkschafter, Betriebsräte und Belegschaftsmitglieder, sondern schließlich auch die verschiedenen Managementebenen für Pläne zur Produktdiversifikation zu interessieren. Im Arbeitskreis wurde zunächst eine Bestandsaufnahme der noch vorhandenen betrieblichen Potentiale wie Qualifikationen, Anlagen und Gebäude vorgenommen. Hierauf gestützt wurden mit Hilfe des Produktideenpools bereits erste Vorschläge für neue Produkte entwickelt und in Prototypen umgesetzt (Schwachwindrotor, Einfachstsonnenkollektor, vgl. W. Meemken 1988a). Da dem Unternehmen (mit den Eignern Krupp, Klöckner und Thyssen) weitere Massenentlassungen drohten, wurde flankierend am Konzept für eine Beschäftigungsgesellschaft gearbeitet, die als Arbeitskräftepool einen großen Teil des geplanten Arbeitsplatzabbaus auffangen und gleichzeitig die Grundlage für neue Produktionen am Osnabrücker Standort schaffen sollte. Nach einem längeren Vorlauf von betriebsinternen Gesprächen und Auseinandersetzungen scheiterte die ECOS-Initiative jedoch letztlich an Abstimmungs- und Finanzierungsproblemen zwischen bundesdeutschen Arbeitsamtsstellen, Kapitaleignern und EG (W. Meemken 1988b).

Das vierte Standbein des ursprünglichen ECOS-Konzepts, der Wagnisfinanzierungsfonds, ließ sich ebenfalls nicht als eigene Einrichtung des Entwicklungs-Centrums, sondern nur in breiterer Trägerschaft realisieren. Der Verein »Arbeit und Wissenschaft«, die Stadt Osnabrück, der DGB, die Bank für Gemeinwirtschaft sowie Stadt- und Kreissparkasse gründeten zusammen mit weiteren Partnern[124] den geplanten Fonds, der allerdings nur Bürgschaften bis zu 40.000 DM vergibt. Daß dieser Finanzierungsfonds nach einundhalbjähriger Auseinandersetzung überhaupt geschaffen wurde, war letztendlich wesentlich auf die Fürsprache prominenter Kommunalpolitiker zurückzuführen[125]. Überdies ist die insgesamt zur Verfügung stehende Kapitalsumme mit ca. 150.000 DM so gering, daß allen beteiligten Trägern (insbesondere der Bank und den Kreditinstituten) nur minimale Risiken entstehen. Die Inanspruchnahme der Bürgschaftsgelder kommt daher auch lediglich für Kleinexistenzgründungen in Betracht.

3.3.   ECOS als Beratungsagentur

Auch ECOS wurde damit nicht zum ursprünglich vorgesehenen komplexen Zentrum, das, ähnlich dem Londoner Vorbild GLEB, unmittelbar und in größerem Umfang mittels eigener Ressourcen und eigenständigen Einrichtungen in den ökonomischen Restrukturierungsprozeß der Region intervenieren könnte. Der Verein »Arbeit und Wissenschaft« sowie die ECOS-Mitarbeiter waren vielmehr darauf verwiesen, ihre spezifischen Chancen zur regionalpolitischen Einmischung auf dem Hintergrund der beschränkten Mittelausstattung zu definieren. ECOS verzichtete dabei von

---

124 Weitere Gründungsmitglieder sind das »Netzwerk Selbsthilfe«, der »Ernst-Weber-Fonds« und die »Arbeitslosenabgabe Osnabrück«.

125 U.a. setzten sich der ehemalige Oberbürgermeister der Stadt Osnabrück sowie der örtliche Sozialdezernent für die Gründung des Wagnisfinanzierungsfonds ein.

sich aus weitgehend auf langwierige Auseinandersetzungen um die Erweiterung des eigenen Apparats. Das Entwicklungs-Centrum sah sich selbst mehr in der Rolle der impulsgebenden und koordinierenden *Beratungsinstanz*, die in ihrer Wirkung nicht nur auf externe Kooperationspartner angewiesen ist, sondern bewußt auf die Entfaltung neuer politischer und betrieblicher Initiativen setzt.

Diese Rollendefinition fiel umso leichter, als die Region Osnabrück mit sonstigen Beratungseinrichtungen nicht übersättigt ist und das Zentrum über gute universitäre Kontakte sowie über ein breites, weitgehend akademisch ausgebildetes Umfeld verfügt, das sich zur Mitarbeit auf der Basis von Werkverträgen bzw. ehrenamtlicher Tätigkeit gewinnen läßt (Verein »Arbeit und Wissenschaft«, z.B.). Wie die Palette seiner aktuellen Aktivitäten ausweist, ist ECOS dabei bemüht, den ursprünglich geplanten Ansatz einer integrierten Technik- und Beschäftigungsförderung aufrechtzuerhalten und ihn nicht in seiner Bandbreite auf einen einzelnen Aspekt, etwa ausschließlich den der Qualifizierung, zu reduzieren:

– So wurde auf die Initiative von ECOS hin eine Studie erstellt, die die Möglichkeiten und Potentiale für eine rationelle und dezentrale Energieversorgung in der Region Osnabrück aufzeigt. Dieser Beitrag zur regionalen Politikberatung war das Ergebnis einer vom Zentrum ins Leben gerufenen Arbeitsgruppe mit lokalen Experten, die über ein halbes Jahr lang ehrenamtlich tätig waren. Die Studie will Politikern, Verwaltungen, öffentlichen Versorgungsunternehmen und anderen regionalen Handlungsträgern Anregungen geben, wie sie durch eine entsprechende Ausgabenpolitik bzw. die Schaffung günstiger Rahmenbedingungen selbst erste Einstiegsmärkte für innovative Produkte aus dem Energiesektor schaffen können. Auf ihre regionale Anwendbarkeit wurden dabei u.a. Energieeinsparmöglichkeiten sowie Techniken der Wärmekraftkopplung, der Windenergie, der Wasserkraft, der Sonnenenergie und der Biogasenergie geprüft.

– Insbesondere im Bereich der Energietechnik hat ECOS seine betrieblichen Kontakte ausgebaut. Die konkrete Beratungstätigkeit für regionale Energieanwender macht heute einen wesentlichen Schwerpunkt der Zentrumsarbeit aus und stellt eine der Finanzierungsgrundlagen von ECOS dar.

– ECOS hat darüber hinaus ein Rahmenkonzept für einen Modellversuch »Qualifizierung und Innovation« entwickelt, der Qualifizierungs- und Umschulungsmaßnahmen mit Produktinnovationen kombinieren soll. In einem im Frühjahr 1987 in Zusammenarbeit mit dem Berufsfortbildungswerk des DGB gestarteten Projekt werden im wesentlichen Arbeitslose aus der Metallbranche weiterqualifiziert. Ihre praktische Aufgabe besteht darin, von ECOS gesammelte und aufbereitete Produktideen im Rahmen von Qualifizierungsmaßnahmen zu Prototypen umzusetzen. Dieses Vorhaben wird aus Mitteln des EG-Sozialfonds unterstützt und trägt so zur Zentrumsfinanzierung bei.

Die neuen Initiativen von ECOS verdeutlichen gleichzeitig die veränderten Schwerpunktsetzungen des Projekts: Es geht dem Zentrum heute im wesentlichen darum, konzeptionelle Arbeiten und Umsetzungshilfen in den Feldern Wirtschaftsberatung, Technikgestaltung und Regionalentwicklung zu erbringen, seine eigenen Vorstellungen von dezentraler Innovation und Beschäftigungssicherung in Zusammenarbeit mit anderen Handlungsträgern (in Unternehmen, selbstorganisierten Initiativen wie im politisch-administrativen Bereich) zu realisieren und sich nicht zuletzt über die Entgeltung der entsprechenden Beratungsdienstleistungen zu refinanzieren.

ECOS verzichtete dabei in der Aufbauphase weitgehend darauf, das lokale Kräftefeld durch eine offensive Debatte über die eigene Handlungsphilosophie zu politisieren. Das Zentrum versuchte stattdessen, *Teilöffentlichkeiten* in relevanten Kooperationsbereichen (z.B. Belegschaften, Betriebsräte, verschiedene Managementebenen, Universitätsangehörige etc.) für den eigenen Ansatz zu gewinnen und die Angriffspunkte möglicher Kritiker durch einen schnellen Aufbau der eigenen wissenschaftlichen und technischen Beratungskompetenz zu minimieren[126]. So präsentierte sich ECOS in seiner Selbstdarstellung auch keineswegs als Alternative zu herkömmlichen kommunal- und regionalpolitischen Strategien (oder etwa zum örtlichen Innovations- und Technologiezentrum CEFIT), sondern eher als zusätzlich sinnvolle, eine vorhandene Lücke schließende Ergänzung hierzu. Die Akzeptanz, die sich ECOS aufgrund der schon in den ersten Jahren erreichten Professionalität erworben hat, ist insofern auf die Existenz der eigenen Einrichtung und das hier meist nur mögliche *experimentelle Probehandeln* beschränkt.

Stadt- und Kreispolitik blieben demgegenüber in ihren Grundzügen unverändert und haben im Kern auch nur defensiv, d.h. in der Regel tolerierend bzw. unbeeindruckt, auf den ECOS-Ansatz reagiert:

Während konzeptionelle Vorstellungen zu einer integrativen Gestaltung des »zweiten Arbeitsmarktes« lediglich im Bereich kleinerer Initiativen entwickelt wurden (Verein »Arbeitslosenabgabe« z.B.), folgte die Wirtschaftsförderungspolitik der Stadt Osnabrück weiterhin dem traditionellen Weg. Der Schwerpunkt lag hier nach wie vor auf kapitalorientierter Neuansiedlungs- bzw. Bestandsförderung, wobei nach Meinung der ECOS-Mitarbeiter insbesondere in der Bestandspflege kaum konzeptio-

---

126 ECOS profitierte in diesem Zusammenhang von Anfang an davon, daß sich in seinem Mitarbeiterstab ein Ingenieur sowie ein Wissenschafler mit Arbeitserfahrungen bei GLEB und der Innovationsberatungsstelle der IG Metall in Hamburg befanden.

nelle Anstrengungen zu erkennen waren. Neben dem städtischen Wirtschaftsförderungsamt wurde mittlerweile ein privater »Verein für Wirtschaftsförderung in Osnabrück« ins Leben gerufen, in dem außer der Stadt und der Stadtsparkasse fünf der größten Industrie- und Handelsunternehmen Osnabrücks vertreten sind. Der Verein hat einen Geschäftsführer eingestellt, insgesamt 1 Million DM zusammengetragen und versucht vorwiegend Auslandsakquisition sowie die Ansiedlung von inländischen Zulieferunternehmen im Osnabrücker Raum zu betreiben[127].

Städtische Mittel flossen darüber hinaus in das hauptsächlich durch Landessubventionen unterstützte »Centrum für Innovation und Technologie« (CEFIT). Die Stadt Osnabrück finanzierte die Gebäude von CEFIT und hat einen städtischen Mitarbeiter zur Betreuung der bis vor kurzem noch erst 4 dort angesiedelten Unternehmen abgestellt. Der Gewerbepark, der im bundesweiten Vergleich weder als Technologie- noch als Gründerzentrum gelten kann[128], wird für ansiedlungswillige Unternehmen insbesondere durch den heruntersubventionierten Mietzins (DM 2,50/m^2) attraktiv[129].

Vor diesem Hintergrund blieb ECOS bislang insulär: eine Einrichtung mit ersten Erfolgen, die jedoch nicht in die Stadt- oder Kreispolitik miteinbezogen wird. Wilhelm Meemken, Geschäftsführer des Vereins »Arbeit und Wissenschaft« und Projektleiter bei ECOS, sieht Ansätze wie den des Osnabrücker Entwicklungs-Centrums vielmehr durch die traditionelle Ausrichtung von dezentraler Politik und Verwaltungstätigkeit blokkiert:

»Es fehlt nicht nur an nationalen Umsteuerungen. Auch auf lokaler und regionaler Ebene mangelt es häufig genug an Mut, Kreativität und Kompetenz, um die vorhandenen Spielräume für sozial-ökologische Innovationen wahrzunehmen. Die Umsetzung des Anspruchs, Beschäftigungssicherung und Technikgestaltung zu integrieren, setzt interdisziplinäres Denken und interdisziplinäre Kompetenz voraus, was beides in traditionell organisierten Verwaltungsabteilungen meistens nicht vorhanden ist. Den entscheidenden Politikern und Verwaltungsangestellten erscheint

---

127 Der Hauptgrund für das Interesse der Industrieunternehmen an der Ansiedlung von Zulieferfirmen in räumlicher Nähe dürfte der Versuch sein, »Just-in-time« Produktionsabläufe zu optimieren und eine damit einhergehende Veschiebung der Lagerhaltungskosten auf die Lieferanten zu erreichen.

128 Vgl. hierzu die vergleichende Studie von Sternberg, R. Sternberg 1988, insbes. S. 212 ff.

129 Das Osnabrücker Centrum für Innovation und Technologie (CEFIT) bietet als technologieparkähnliches Zentrum ansiedlungswilligen Unternehmen Räumlichkeiten für DM 2,50/m^2 zuzüglich einer Nebenkostenpauschale von 2 DM/m^2 an. Grundstücke werden zu 35 DM/m^2 inkl. Erschließung angeboten, vgl. CEFIT.

einfach vieles von vornherein unmöglich zu sein, was aus unserer Sicht durchaus realisierbar ist. Dadurch verlängert sich der Zeithorizont für die Durchsetzung jeder neuen Idee und jeder neuen Maßnahme. Ein Projekt wie ECOS könnte mit der entsprechenden Unterstützung erheblich weiter sein« (Interview mit dem Verf.).

4. Das Entwicklungszentrum Dortmund[130]

4.1. Beschäftigungssichernde Kommunalpolitik als Thema der gewerkschaftlichen Diskussion

Zusammen mit dem mittelfränkischen ZATU ist das EWZ das älteste Projekt, das aus der lokalen Diskussion um ein integriertes beschäftigungspolitisches Konzept entstand. Anders als im Fall von ZATU und ECOS war seine Realisierung auch nicht von vornherein durch die Reserviertheit der landes- bzw. kommunalpolitischen Ebene blockiert. In der Stadt Dortmund wie im Bundesland Nordrhein-Westfalen wurde vielmehr während der gesamten 80er Jahre die offensive Bekämpfung der Massenarbeitslosigkeit als vorrangige politische Aufgabe propagiert. Die Wandlungen und Veränderungen, denen das EWZ-Konzept über die Jahre hinweg auch bei zunächst günstiger erscheinenden Realisierungsbedingungen unterlag, weisen daher noch mehr als die Entwicklung der anderen beiden Projekte auf die Hartnäckigkeit traditioneller Orientierungen im konkreten kommunalen Politikprozeß hin.

Als Stadt in einer klassischen »alten Industrieregion« hat Dortmund seit geraumer Zeit besonders unter den Problemen des ökonomischen Strukturwandels zu leiden. Im Zeitraum von 1960-1982 wurde hier (vornehmlich im Bergbau und in der eisenschaffenden Industrie) nahezu jeder zweite industrielle Arbeitsplatz vernichtet. Bis Mitte der 70er Jahre wurde dieser Arbeitsplatzabbau weitgehend durch die Beschäftigungsentwicklung

---

130 Die jüngere Entwicklung des EWZ-Dortmund wurde in Informationsgesprächen mit Wolfgang Köbernik (Geschäftsführer des EWZ) und Dr. Hans-Werner Franz, Mitarbeiter des Landesinstituts »Sozialforschungsstelle Dortmund« und EWZ-Vorstandsmitglied, rekonstruiert. Interviews zur Arbeitsmarkt- und Wirtschaftsförderungspolitik der Stadt Dortmund wurden des weiteren durchgeführt mit Dr. Bockelmann (Leiter des Amtes für Wirtschaftsförderung in Dortmund), Guntram Schneider (DGB-Kreisvorsitzender), Herrn Friedrich (Sozialamtsleiter) sowie dem Sprecher der SPD-Ratsfraktion im Wirtschaftsausschuß, Herrn Kompe. Zu einer Zwischenbilanz der Arbeit des Entwicklungszentrums vgl. auch H.-W. Franz u.a. 1988 sowie W. Mengelkamp 1990 i.E..

im Dienstleistungssektor kompensiert. Danach erlahmte auch die Wachstumsdynamik dieses Sektors, bis sie 1980 erstmals zum Stillstand kam. Seither stieg die Arbeitslosenquote sprunghaft an, von jahresdurchschnittlich 6,2 % 1980 auf 16,3 % 1984 und bewegte sich 1988 mit annähernd 18 %[131] auf noch höherem Niveau.

Vor dem Hintergrund dieser Entwicklung wurde beim DGB-Kreis Dortmund unter Einbeziehung von Gewerkschaftern, Wissenschaftlern und Vertretern von Arbeitsamt und Stadtverwaltung 1983 ein »Arbeitskreis Strukturpolitik« gegründet, der sich in den Folgejahren regelmäßig mit der lokalen Wirtschafts- und Arbeitsmarktsituation befaßte und zusammen mit der örtlichen Kooperationsstelle »Hochschule-Gewerkschaft« wichtige Anstöße für kommunalpolitische Initiativen gab. Darüber hinaus kam es in Dortmund zu einer bis dahin völlig neuartigen Form der Zusammenarbeit zwischen Kommune und überregionaler Gewerkschaftsorganisation. Der DGB-Bundesvorstand (Abteilung Arbeitsmarktpolitik) führte seit Anfang 1984 ein von der Hans-Böckler-Stiftung finanziertes Beratungsprojekt zur regionalen Arbeits- und Beschäftigungspolitik durch und hatte dabei den DGB-Kreis Dortmund (von der Fläche her identisch mit der Stadt Dortmund) als erste Modellregion ausgewählt. Nach Vorgesprächen mit politisch Verantwortlichen aus Rat und Verwaltung forderte der DGB-Kreis wenige Monate später die Stadt Dortmund in einem Antrag auf, einen Zuschuß zu den Sach- und Personalkosten des Projektes zu gewähren. Als Gegenleistung sollte der Projektleiter der Stadt Dortmund zur Beratung in Fragen der regionalen Arbeitsmarkt- und Beschäftigungspolitik für ein Jahr mit einem Teil seiner Arbeitskraft zur Verfügung stehen und im Rahmen dieser Tätigkeit Möglichkeiten zu einer besseren Abstimmung beschäftigungspolitischer Maßnahmen eruieren.

Dieser Vorschlag des örtlichen DGB löste allerdings heftige lokalpolitische Auseinandersetzungen aus. Insbesondere kritisierte der wirtschaftspolitische Sprecher der CDU das Vorhaben mit dem Argument, daß es nicht gerade ein Standortvorteil Dortmunds sei, wenn der DGB mitzuentscheiden hätte, welche Betriebe förderungswürdig seien und welche nicht. Kammervertreter formulierten ebenfalls prinzipielle Einwände gegen eine stärkere gewerkschaftliche Mitwirkung auf kommunaler Ebene und monierten vor allem die nach ihrer Auffassung mit dem Modellvorhaben verbundenen zusätzlichen Mitbestimmungstendenzen, von denen sie negative Auswirkungen auf das unternehmerische Investitionsverhalten befürchteten. Nach diversen lokalpolitischen Aushandlungsprozessen wurde unter

---

131 Nach Angaben des Amtes für Statistik und Wahlen der Stadt Dortmund.

Federführung der Stadtverwaltung ein Kompromiß erzielt, gegen den auch die örtliche Unternehmerschaft keine grundsätzlichen Bedenken mehr erhob. Die Stadt Dortmund beauftragte den Leiter des Modellvorhabens der DGB-Zentrale mit der Erstellung einer Studie, die Erfahrungen mit dezentralen Beschäftigungsinitiativen im europäischen Ausland auswerten und Verbesserungsvorschläge für die Arbeitsmarktberichterstattung und die Weiterbildungsförderung in der eigenen Arbeitsmarktregion unterbreiten sollte (B. Pollmeyer 1985a).

Um den gewerkschaftlichen »Arbeitskreis Strukturpolitik«, die Kooperationsstelle »Hochschule-Gewerkschaft« und das Beratungsprojekt des Bundes-DGB herum hatte sich so eine Gruppe von »lokalen Experten« gebildet, die neue dezentrale Beschäftigungsansätze konzeptionell erarbeiten und initiieren wollte. Gleichzeitig war aber in dem neuen lokalpolitischen Themenfeld das Spannungsverhältnis konfligierender Interessen bereits deutlich geworden. In den damit schon vorgezeichneten politischen Auseinandersetzungen kam den Akteuren der institutionalisierten Stadtpolitik (aus Rat und Verwaltung) offensichtlich von Anfang an eine Schlüsselrolle zu.

Folgende Debatten und Arbeitsschritte waren für die weitere inhaltliche Konzeption eines »integrierten« beschäftigungspolitischen Ansatzes für Dortmund von Belang:

Im strukturpolitischen Arbeitskreis wurde problematisiert, ob die Stadt Dortmund - auch die vorhanden strukturellen Schwierigkeiten in Rechnung gestellt - bereits *alle Handlungsspielräume* für eine beschäftigungssichernde Kommunalpolitik nutzt. So wiesen beispielsweise aus dem Beratungsprojekt heraus entstandene Arbeiten auf durchaus noch verfügbare finanzpolitische Handlungsmöglichkeiten hin. Die städtische Finanzsituation Mitte der 80er Jahre zeigte sich dabei eben nicht nur durch eine chronische und sich im Zeitablauf verschärfende Einnahmeschwäche gekennzeichnet, sondern war ebenso durch eine im interkommunalen Vergleich relativ niedrige Kreditaufnahme und Kreditfinanzierungsquote, leicht unterdurchschnittliche Zinsbelastungen, einen relativ geringen Schuldenstand und eine immerhin noch existente »freie Spitze« charakterisiert. Gleichzeitig lag der Gewerbesteuerhebesatz der Stadt Dortmund unter dem vergleichbarer Städte, auch und gerade innerhalb des Ruhrgebiets. Ließen sich erst auf der Grundlage solcher Analysen gewerkschaftliche Stellungnahmen zur kommunalen Haushaltspolitik formulieren, so lieferten sie gleichzeitig Hintergrundinformationen für weitere konzeptionelle Diskussionen (etwa um Modelle des »zweiten Arbeitsmarktes« und die Einrichtung einer Beschäftigungsgesellschaft).

Das im Rahmen des DGB-Projekts erstellte Gutachten benannte Ansatzpunkte für eine mögliche Weiterentwicklung und Neuausrichtung des lokalen wirtschafts- und arbeitsmarktpolitischen Instrumentariums. So wurde im perspektivischen Teil die Bereitstellung ausreichender kommunaler Finanzmittel (etwa in Form eines jährlichen Sonderprogramms für besonders beschäftigungsfördernde Maßnahmen) gefordert und ein besseres »Finanzmanagement« der städtischen Ämter und Institutionen verlangt. In Abkehr von herkömmlichen Praktiken der lokalen Wirtschaftsförderung plädierte die Studie für eine »prophylaktisch« ausgerichtete Gewerbestandspflege, die vor allem auf die Sicherung und Mobilisierung der örtlichen Potentiale zielen sollte. Mit dem Blick auf unkonventionelle Beschäftigungsinitiativen wurde daneben eine Ausweitung des Adressatenkreises kommunaler Unterstützungsleistungen durch neue lokale Förderprogramme vorgeschlagen. Als wesentlichen »Engpaßfaktor« einer erst noch zu realisierenden integrierten lokalen Beschäftigungspolitik identifizierte die Studie dabei die Struktur des politisch-administrativen Apparates selbst. Neben einer Erweiterung der Analyse- und Beratungskapazitäten wurde eine »positive Koordination« der lokalen beschäftigungsfördernden Aktivitäten gefordert, die ohne einen qualitativen Um- und Ausbau der Kommunalverwaltung nicht zu leisten sei. In diesem Zusammenhang wurde insbesondere die Einrichtung einer ämterübergreifenden Koordinationsstelle für kommunale Arbeitsmarkt- und Beschäftigungspotentiale angeregt (B. Pollmeyer 1985a).

4.2. Das EWZ-Konzept

Darüber hinaus ließ die Diskussion über ABM und »Arbeitskräftepools« sowie die gewerkschaftliche Auseinandersetzung mit traditionellen Maßnahmen der Wirtschaftsförderung erste Überlegungen zum Aufbau eines *dem Faktor Arbeitskraft verpflichteten Entwicklungszentrums* entstehen. Vorläufige Vorstellungen zur Gründung eines solchen Zentrums wurden von der Kooperationsstelle Dortmund erstmals im November 1984 anläßlich einer DGB-Arbeitstagung präsentiert. Die grundlegende Aufgabe des Entwicklungszentrums sollte die Förderung der »sozialen Innovation« in der Region durch die Mobilisierung und Verknüpfung der »endogenen Potentiale« (aber auch der überregionalen Finanzierungsmöglichkeiten) sein. Das Vorhaben sollte ebenso zur Entwicklung sozial- und umweltverträglicher Techniken und Produkte beitragen wie sinnvolle Qualifizierungs- und Beschäftigungsmöglichkeiten generieren. Die Einrichtung war gleichzeitig als Bindeglied zwischen betrieblichen und kommunalpolitischen Initiativen gedacht und sollte die Kooperation mit bislang wenig involvierten Institutionen (wie z.B. Hochschulen, Forschungseinrichtungen, Banken und Sparkassen) initiieren.

Nach intensiven Beratungen in den gewerkschaftlichen Diskussionskreisen wurden die konzeptionellen Vorstellungen zum Aufbau eines »Entwicklungszentrums Dortmund - Modell Östliches Ruhrgebiet« (EWZ) präzisiert und die strategischen Aufgabenfelder des geplanten Zentrums näher definiert. Ähnlich dem Ursprungskonzept der mittelfränkischen ZATU-Initiative und dem des (erst später realisierten) Osnabrücker ECOS sollten die Arbeitsschwerpunkte des EWZ in folgenden Bereichen liegen:

Koordination und Innovation

Das EWZ sollte im lokalen Raum alle Ideen, Ressourcen und Akteure, die Anstöße für sozial- und umweltfreundliche Beschäftigungsmaßnahmen versprachen, zusammenführen.

Qualifizierung und Produktentwicklung

Der EWZ-Konzeption ging es dabei insbesondere auch um die Qualifikationen und Erfahrungen der abhängig Beschäftigten. Das Zentrum sollte einen Beitrag zur Entfaltung dieser Potentiale leisten und (in der eigenen Einrichtung wie im Rahmen externer Angebote) neuartige Qualifizierungsmaßnahmen mit praktischer Projektarbeit kombinieren.

Beratung und Beteiligung

In diesem Aufgabenbereich sollte zunächst die organisatorische wie finanzielle Durchführbarkeit der eigenen Projektvorhaben gesichert werden. Darüber hinaus war geplant, das erworbene Know-how schrittweise in das lokale Feld zu transferieren; nicht zuletzt um den Aufbau einer »alternativen« bzw. ergänzenden Infrastruktur von Unternehmen und Initiativen zu ermöglichen.

Zur schrittweisen Verwirklichung dieses Vorhabens wurde im März 1985 der »Verein zum Aufbau und zur Förderung des Entwicklungszentrums Dortmund – Modell Östliches Ruhrgebiet« e.V. gegründet, der seither im wesentlichen von den örtlichen DGB-Gewerkschaften getragen wird (B. Pollmeyer 1985c; H.-W. Franz u.a. 1988)[132].

---

132 Gründungsmitglieder waren neben der IG Metall u.a. auch die Stadt Dortmund und der Arbeitsdirektor der Hoesch Stahl AG. In den Folgemonaten traten dem Verein weitere Mitglieder bei, so außer dem DGB und den Einzelgewerkschaften IG Bau-Steine-Erden und IG Chemie-Papier-Keramik etwa noch das Arbeitslosenzentrum Dortmund, die vereinigten Kirchenkreise Dortmund, die Bank für Gemeinwirtschaft, das Berufsfortbildungswerk des DGB etc. Vgl. B. Pollmeyer 1986a; EWZ.

Abb. 12: Entwicklungszentrum Dortmund -
Modell Östliches Ruhrgebiet (EWZ)

Aufgabenfelder (Stand: Juli 1985)

Koordination und Innovation	Qualifizierung und Produktentwicklung	Beratung und Beteiligung
• Durchführung von Arbeits- und Fachtagungen, Messen und Ausstellungen zu neuen Produkten, Qualifizierungs- und Beschäftigungsformen • Informationsbeschaffung, Bearbeitung und Weitergabe (Ideenbörse, Produktprüfung, Datenbank) zu neuen Produkt- und Technikentwicklungen • Akquisition und Förderung von arbeitswissenschaftlichen Forschungsprojekten für die Region; insbesondere Verbund- und Umsetzungsprojekte • Förderung von Examensarbeiten, gemeinsamen Lehr- und Weiterbildungsveranstaltungen an den Hochschulen • Prüfung und Abschluß von Kooperationsverträgen • Herausgabe einer Informationsschrift Arbeit – Technik – Bildung	• Aufbau und Förderung von Entwicklungsteams (Betriebliche Arbeitskreise, Ingenieurarbeitskreise, „Ruheständler"-Arbeitskreise usw.) • Aufbau und Erprobung des Modells „Arbeitskräftepool" (betrieblich, überbetrieblich, „Ausbilderpool" usw.) • Förderung integrierter berufsqualifizierender Maßnahmen • Entwicklung und Erprobung von zukunftsorientierten Umschulungs- und Weiterbildungskonzepten Zielgruppen: Entwicklungsteams, Ausbilder, Arbeitslose usw. Themenfelder: Umwelttechnik und Recycling, Produktentwicklung und Beteiligung, Neue Ausbildungsbereiche, Weiterbildung, Gestaltbarkeit neuer Techniken, Kooperation mit anderen Weiterbildungsträgern • Ausbau und Koordinierung der Kooperation mit Arbeitsamt, Arbeitslosenzentrum und Arbeitsloseninitiativen Projekt „Zwischen Arbeit und Ruhestand", Betrieben, Erfindern, Weiterbildungsträgern, Hochschulen und Forschungsinstituten	• in bestehenden Betrieben bei Entwicklung und Einsatz umweltfreundlicher Produkte, sozialverträglicher Technikgestaltung und Beteiligungsformen • gefährdeter Betriebe durch Prüfung der Weiterführungsmöglichkeiten • bei der Gründung von Entwicklungsgesellschaften und Werkstätten, Finanzierung, Organisation, Produktprüfung, Beschäftigung usw. • bei lokalen „unkonventionellen" Beschäftigungsinitiativen • bei der Planung und Durchführung von Arbeitsbeschaffungsmaßnahmen • Kooperation mit Sachverständigen der Kammern und Verbände, der Stadt und des Landes, des KVR, beteiligter Banken/Sparkassen, der Hochschulen, kirchlicher und privater Träger

In der Planung bzw. Vorbereitung des Aufbauvereins des EWZ als Projektträger befinden sich u. a.:

– die Beschäftigung eines Entwicklungsteams (3 ABM-Kräfte) für die Akquisition von zusätzlichen Investitions- und ABM-Einsatzfeldern in gesellschaftlich nützlichen Bereichen

– die Durchführung berufsqualifizierender Maßnahmen und eine Beteiligung am Ausbildungsgang „Ver- und Entsorger" (Praxisteil im EWZ)

– die Einrichtung von Entwicklungswerkstätten („Brauchwassersysteme und andere wassersparende Technologien", „Entwicklung und Einsatz umweltverträglicher Bautechniken", Erprobung und Anwendung von Recycling-Techniken")

– die Beratung sog. unkonventioneller Beschäftigungsinitiativen

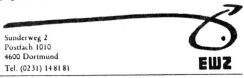

Sunderweg 2
Postfach 1010
4600 Dortmund
Tel. (0231) 14 81 81

EWZ

Quelle: B. Pollmeyer 1985d

4.3. Der praktische Versuch, Entwicklung, Qualifizierung und Beratung zu integrieren

Abstriche an ihren ursprünglichen Vorstellungen hatten die Befürworter des EWZ jedoch schon vor den ersten Realisierungsschritten hinzunehmen:

So war das Zentrum von seinem ursprünglichen Ansatz her als betrieblicher oder betrieblich angebundener Arbeitskräftepool konzipiert, was dem Projekt nicht nur die maschinelle Ausstattung eines bestehenden Produktionsunternehmens, sondern auch das kaufmännische und produktionstechnische Know-how einer noch nicht durch lange Arbeitslosigkeit entmutigten und dequalifizierten Belegschaft gesichert hätte. Eine solche Lösung ließ sich jedoch nicht verwirklichen, da das am Ort dominierende und von Beschäftigungsabbau bedrohte Stahlunternehmen, die Hoesch Stahl AG, zu der erforderlichen Mitfinanzierung zum damaligen Zeitpunkt nicht zu bewegen war. Beim Aufbau der eigenen personellen Kapazitäten war das Entwicklungszentrum insofern von vornherein auf die (BA-finanzierte) befristete Beschäftigung von Langzeitarbeitslosen angewiesen und wurde so in seinem Kernbestandteil zunächst einmal auf eine Einrichtung des »zweiten Arbeitsmarktes« reduziert.

Gleichzeitig wurden dem EWZ in seiner Gründungsphase die beiden aussichtsreichsten Projektideen (Müllsammelbehälterbau mit Sammelversuchen im Hol- und Bringsystem sowie das Ausschlachten und Verwerten von Plastik- und Nicht-Eisen-Metallteilen aus Autos zur Verbesserung der Schrottqualität) zusammen mit den entsprechenden Fachkräften entzogen. Zur Umsetzung dieser beiden Vorhaben gründete die Stadt eigens eine kommunale »Arbeit und Umwelt« GmbH mit annähernd 60 Beschäftigten (53 davon in ABM) und schuf damit eine Doppelstruktur, die letztlich für beide Projekte abträglich war. Die städtische »Riesen-ABM« scheiterte an betriebswirtschaftlichen und arbeitsorganisatorischen Schwierigkeiten, im Grunde genommen jedoch an dem überzogenen Anspruch, ohne integrative Vernetzung und Begleitarbeit innerhalb von zwei Jahren ein rentables Unternehmen mit mindesten 20 Festbeschäftigten aufzubauen (Selbstverpflichtung der Stadt gegenüber dem örtlichen Arbeitsamt).

Nach öffentlichen Investitionen in Millionenhöhe wurde die »Arbeit und Umwelt« GmbH schließlich an einen privaten Interessenten zu einem Betrag von 50.000 DM (Grundkapital) verkauft. Neben dem materiellen Schaden (Vernutzung von Fördermitteln, die auch eine produktivere Verwendung hätten finden können) und der Amputation des EWZ um ertragreiche Projektvorschläge wirkte sich die Entwicklung von »Arbeit und Umwelt« auch atmosphärisch negativ aus. Zum einen wurde das EWZ ungerechtfertigterweise mit den Problemen der städtischen GmbH in Zusammenhang gebracht (so etwa in einer Anfrage der oppositionellen CDU im Stadtparlament). Zum anderen hatte der Niedergang von »Arbeit und Umwelt« die »Experimentierfreude« der Stadt Dortmund erheblich reduziert. Dem gewerkschaftsnahen Zentrum waren dadurch ganz bestimmte Entwicklungswege (perspektivisch bspw. die Umgründung in eine GmbH unter stärkerer kommunaler Beteiligung) bereits von Anfang an weitgehend verbaut.

Der Aufbau des Entwicklungszentrums selbst fand unter den Bedingungen einer äußerst bescheidenen Finanzausstattung statt. Der Verein EWZ verfügte anfangs über kein eigenes Vermögen bzw. Kapital. Sämtliche Aktivitäten des Projektträgers mußten und müssen durch Förderprogramme oder sonstige zusätzliche Fördermittel abgedeckt werden, sofern sie nicht durch Auftragsleistung erwirtschaftet werden können. Da sich die Belegschaft des Zentrums zwar nicht mehr wie zu Anfang ausschließlich, aber immerhin noch zu zwei Dritteln aus ABM-Beschäftigten zusammensetzt, stellen ABM-Mittel der Bundesanstalt nach wie vor das Rückgrat der Zentrumsfinanzierung dar. Unterstützt wurde das EWZ in der Aufbauphase noch durch den Hoesch-Konzern, der die Räumlichkeiten unentgeltlich zur Verfügung stellte und die Stadt Dortmund, die die Büroeinrichtung lieferte. Die darüber hinausreichenden städtischen Zuschüsse für Sachkosten und Personal beliefen sich im Zeitraum von 1985 bis Ende 1988 auf ca. 338.000 DM. Weiterhin ermöglichte das »Stammstellenprogramm« des Landes NRW die befristete Einstellung eines Diplom-Ökonomen (Projektleitung) sowie eines Maschinenbauingenieurs. Erst neuerdings profitiert das Zentrum von Mitteln aus dem Europäischen Sozialfonds, von Geldern aus dem Landesprogramm »Sozialverträgliche Technikgestaltung« (»So-Tech«) sowie von einer Modellförderung aus der ebenfalls landesfinanzierten »Zukunftsinitiative Montanregion« (»ZIM«).

Für die inhaltliche Arbeit des Zentrums kristallisierten sich schon in der Gründungsphase zwei Schwerpunkte heraus: *Umwelttechnik und Recycling«* und »*Natur- und Umweltschutz in der Bauwirtschaft«*. Zum ersten Schwerpunkt sollte eine Projektgruppe aus ABM-Beschäftigten Informationen über Recyclingtechniken (z.B. Brauchwasseraufbereitungssysteme) sammeln und auf ihre Realisierbarkeit hin überprüfen. Zu ihren Aufgaben gehörte es ebenso, nach weiteren Produktideen zu suchen, deren Umsetzung zu konzipieren sowie den Aufbau einer Entwicklungswerkstatt zur modellhaften Erstellung und Erprobung der projektierten Produkte und

Verfahren zu organisieren. Zusammen mit dem Arbeitskreis »Bauen und Umwelt« der IG Bau-Steine-Erden sollte eine andere Projektgruppe die Arbeitsanforderungen des zweiten Schwerpunktes konkretisieren und danach in ähnlicher Weise tätig werden.

Im Sommer 1986 nahm die Entwicklungswerkstatt ihre Arbeit auf, wobei die beiden ABM-Teams um insgesamt 11 zusätzliche ABM-Kräfte ergänzt wurden. Kurz darauf, nach Abschluß der Renovierungs- und Umnutzungsarbeiten an den ehemals anderweitig genutzten Hoesch-Gebäuden, zählte das EWZ bereits 26 Beschäftigte und verfügte über einen neu eingerichteten Bereich für Organisation, Personalverwaltung und Buchführung (Projektmanagement und -koordination). Von da an läßt sich der weitere Fortgang des Entwicklungszentrums im Rahmen eines »Drei-Kreis-Modells« skizzieren (vgl. H.-W. Franz u.a. 1988):

Abb. 13: EWZ - die Weiterentwicklung des Konzepts

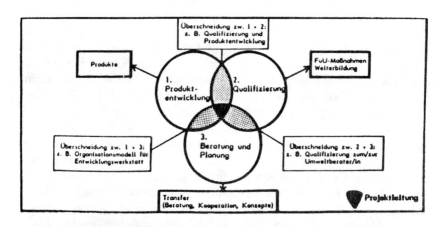

Quelle: H.-W. Franz u.a. 1988

Produkt- und Verfahrensentwicklung
Dieser Arbeitsbereich ging aus der Vorbereitungsarbeit der ersten Projektgruppe hervor und besteht im wesentlichen aus der Entwicklungswerkstatt selbst. Hier wurde nach der Herrichtung der Arbeitsräumlichkeiten 1987 ein (durch »So-Tech« finanziertes) beteiligungsorientiertes

Lern- und Arbeitsprogramm erstellt, in dessen Mittelpunkt die Einführung eines Arbeitsablaufsystems zur Verbesserung der wöchentlichen Arbeitsplanung und Kostenrechnung sowie die gemeinschaftliche Arbeitsvorbereitung und Arbeitseinteilung steht. Sollte diese vorrangig nach innen gerichtete Qualifizierungsmaßnahme den Bedingungen des »zweiten Arbeitsmarktes« Rechnung tragen, so wurde vor diesem Hintergrund auch der Innovationsanspruch des Zentrums neu gefaßt. Es besteht inzwischen ein konzeptioneller Konsens darüber, daß die Innovationschance der Werkstatt weniger in spektakulären Neuentwicklungen denn in einer anwendungsorientierten Technikgestaltung und Produktoptimierung liegt. Die Entwicklungswerkstatt konzentriert sich daher darauf, Know-how-Entwicklung in Bezug auf die Anpassung bzw. Anwendung ressourcenschonender und umweltverträglicher Technologien und Produkte vor allem im Bau- und Installationsbereich zu betreiben.

Im einzelnen wurde dort an folgenden konkreten Projektvorhaben gearbeitet:

– ökologische Farben, Putze und Leichtbauziegel, Arbeitshilfen für das Bauhandwerk (Schwergewicht auf Produktentwicklung)

– Optimierung und Einbindung von Solarkollektoren für energieschonende Warmwasserversorgung verschiedener Nutzungstypen (Produkt- und Verfahrensoptimierung)

– Entwicklung von Techniken und Verfahren für verschiedene integrierte Aufbereitungssysteme der Brauch- und Grauwassernutzung, inkl. Regenwassernutzung und energiesparender Techniken wie solare Warmwasseraufbereitung und Wärmerückgewinnung (in erster Linie Verfahrensinnovation)

In diesem Zusammenhang sind Gebrauchsmusterschutzanmeldungen etwa für ein integriertes Grauwasser-/Warmwassersystem sowie für diverse Arbeitsmittel des Baugewerbes bereits erfolgt. Die Arbeit der Werkstatt zielt dabei sowohl auf die Erweiterung der Qualifikationen der Beschäftigten wie in der Breitenwirkung auf ein handwerklich interessantes Know-how-Angebot für einen in der Region perspektivisch wachsenden Markt. In Fortsetzung dieser Entwicklungsarbeiten wurde unter Beteiligung von EWZ-Beschäftigten ein Unternehmen gegründet (MUTA GmbH), das u.a. die Planung und Ausführung von umweltgerechten Baumaßnahmen übernehmen kann.

Qualifizierung

Neben dem internen projektorientierten Qualifizierungsprogramm in der Entwicklungswerkstatt führt das EWZ seit 1985 Maßnahmen zur beruflichen Weiterbildung durch. Die Weiterbildungsvorhaben beziehen sich dabei auf

- Umwelttechnologien und die Verankerung des Umweltschutzes in verschiedenen Berufsfeldern

- die kritische Auseinandersetzung mit neuen Technologien, insbesondere im Hinblick auf ihre Sozialverträglichkeit und ihren Beitrag zum Umweltschutz

- eine humane Gestaltung der Arbeits- und Lebensbedingungen

- die Aus- und Weiterbildung von Ausbildern

- die Weiterbildung von sozial benachteiligten Gruppen.

In in der Regel arbeitsamtfinanzierten Lehrgängen wurden u.a. folgende Veranstaltungen durchgeführt bzw. sind geplant:

- ein Kurs »umweltschonendes Bauen«, der zum großen Teil langfristig Arbeitslosen neben speziellen Kenntnissen und Fähigkeiten im ökologischen Bauen Fertigkeiten und fachübergreifende Kenntnisse in benachbarten Gewerben vermittelt

- verschiedene Lehrgänge zur Vorbereitung auf die »Ausbildereignungsprüfung«, die Personen in Kontakt mit dem EWZ bringt, die als zukünftige »Multiplikatoren« ihre jeweilige Facharbeit prägen werden

- eine Teilzeitmaßnahme für Einzelhandelskaufleute bzw. Verkäuferinnen und Verkäufer, die deren Fachkompetenz in Umweltfragen erweitern hilft (»Umweltfachkraft im Einzelhandel«)

- eine Qualifizierungsmaßnahme »kommunale Umweltberater und -beraterinnen«, die arbeitslose Hochschulabsolventen auf der Grundlage einer pädagogischen bzw. naturwissenschaftlichen Ausbildung auf entsprechende Tätigkeiten vorbereitet

- Fortbildungsveranstaltungen »umweltschonende und energiesparende Versorgungstechnik«, die insbesondere Handwerker aus Installationsberufen erreichen soll.

Beratung und Planung

In diesem Arbeitsbereich arbeiten vorwiegend Beschäftigte mit akademischen Berufsabschlüssen (aus Raumplanung, Architektur, Landespflege, Ingenieurwesen und Ökonomie), die zu einem großen Teil vorher in den beiden ersten ABM-Gruppen »Umwelttechnik und Recycling« und »Natur und Umweltschutz in der Bauwirtschaft« tätig waren. Neben ABM-finanzierten Arbeitsgruppen und von ehemaligen EWZ-Mitarbeitern mitbetreuten gewerkschaftlichen Arbeitskreisen (»ABM-Einsatz in der Region«, »Ideenwerkstatt«, »Umweltschutz und Beschäftigung in der Abfallwirtschaft« als Arbeitskreis der ÖTV, Arbeitskreis »Bauen und Umwelt« der IG Bau-Steine-Erden) wurden hier insbesondere folgende Vorhaben verfolgt:

– Gemeinsam mit der Kooperationsstelle DGB-Hochschulen, dem Institut für Umweltschutz der Universität Dortmund (INFU) und der Feministischen Organisation von Planerinnen und Architektinnen e.V. (FOPA) wurde am Beispiel Dortmunds ein eigener Konzeptansatz zur kommunalen Umweltberatung entwickelt und veröffentlicht. Hierbei geht es um den Versuch, die vielfältigen Handlungsmöglichkeiten der privaten Haushalte sowie des öffentlichen und privatwirtschaftlichen Bereichs durch ein verbessertes Beratungsangebot zu vernetzen und zu koordinieren.

– In einer Auftragsmaßnahme der Stadt Dortmund führte das EWZ desweiteren über zwei Jahre eine Hofbegrünungs- und Modernisierungsberatung im Stadtteil Hörde durch. Dieses Projekt diente der Optimierung des städtischen Programms zur Wohnumfeldverbesserung und half durch direkte wohngebiets- und bewohnerbezogene Beratung, die vorhandenen Fördermittel zu aktivieren.

Als zukunftsträchtigstes Projekt erwies sich dabei allerding die Umnutzungsplanung für die ehemalige Versuchsanstalt der Fa. Hoesch, den Gebäudekomplex, in dem das EWZ selbst untergebracht ist. Sie schaffte in einer ersten Phase den notwendigen Raum für den Aufbau und Ausbau der eigenen Einrichtung. Darüber hinaus hat das EWZ zusammen mit weiteren Interessenten ein Konzept erstellt, das bis Mitte der 90er Jahre den Umbau des ausgedehnten Geländes (7.000 qm Grundstücksfläche, 9.000 qm Geschoßfläche) zu einem an (stadt-)ökologischen Kriterien orientierten »Gewerbehof« vorsieht. Dieses Unterfangen wird mittlerweile aus dem Landesprogramm »Zukunftsinitiative Montanregion« bezuschußt und von einer im Mai 1988 eigens gegründeten gemeinnützigen GmbH »Union Gewerbehof für umwelt- und sozialverträgliche Techniken« umgesetzt. Vertreten sind neben dem EWZ und einem Projektberater befreundete Firmen und Gruppierungen: die kollektiv geführte »Gesellschaft für menschliche und umweltverträgliche Technik und Arbeit mbH« (MUTA)[133], die mit dem »ÖKO-MARKT« für biologische Baustoffe, dem Handwerksbetrieb »BAUHÜTTE« und dem Installationsunternehmen »MANOMETER« inzwischen drei Zweigbetriebe unterhält, die Firma »COMBI« (Computergestützte Behindertenhilfsmittel und Informatik) sowie eine »Energiegruppe« von Ingenieuren und Handwer-

---

133   Bei der MUTA-GmbH handelt es sich um eine Unternehmensgründung, die unter Beteiligung ehemaliger EWZ-Beschäftigter zustandekam.

kern, die den alternativen Gewerbehof zu einem Demonstrationszentrum für regenerative Energien machen will.

4.4. Die Abhängigkeit von »Fördertöpfen« bleibt bestehen

Als größtes Zentrum dieser Art konnte das EWZ damit, im Unterschied zu ZATU und ECOS, den *Aufbau einer eigenen Entwicklungs- und Fertigungseinrichtung* realisieren. Das EWZ hat sich dabei aber nicht zu einem güterproduzierenden und -vermarktenden Unternehmen entwickelt, sondern blieb »Durchlauferhitzer« für Entwicklungsideen und Qualifizierungen - versehen mit dem Anspruch, beides auf eine Weise zu kombinieren, die sich nicht unmittelbar verwerten *muß*. Bei der unternehmerischen Umsetzung der eigenen Handlungsphilosophie (und konkreter der eigenen Entwicklungsarbeiten) ist das Zentrum aber dadurch auf eine Infrastruktur von befreundeten bzw. kooperationswilligen Betrieben angewiesen, deren Stärkung man sich gerade vom ökologischen Gewerbehof erhofft.

Hier liegt auch am ehesten die Beschäftigungsperspektive für das Gros der Arbeitnehmer im EWZ. Im Durchschnitt der zwei Jahre, die der Aufbauphase folgten, waren 25-30 Personen im Zentrum beschäftigt, wobei auf die Entwicklungswerkstatt mit 11 Arbeitnehmern (allesamt ABM) das größte Kontingent entfiel. Neben bzw. über ABM hinaus konnten 5 unbefristete Arbeitsverhältnisse im EWZ begründet werden. Die Übernahme von 4 bis 5 weiteren Personen stand bei Ende dieser Untersuchung kurz bevor. 2 Kollegen konnten während der ABM-Laufzeit oder kurz danach in eine reguläre Beschäftigung außerhalb des Zentrums wechseln. Mit einer deutlichen Ausweitung von Dauerarbeitsplätzen wird offenbar erst im Zuge der Verwirklichung des Gewerbehofs zu rechnen sein. Hier waren bis Ende 1989 15 kleinere Firmen, Projekte und Vereine tätig (u.a. Ingenieur- und Architekturbüros, Weiterbildungseinrichtungen, Handwerks- und Handelsbetriebe), bei denen bereits über 60 Männer und Frauen (rd. 1/3 in ABM) beschäftigt waren. Sieht man einmal vom gemeinschaftlich betriebenen »Erfolgsprojekt« Gewerbehof ab, so bleibt aber umgekehrt festzuhalten, daß der Beschäftigungseffekt für die Belegschaftsmitglieder des EWZ im großen und ganzen nicht, wie ursprünglich erwartet, über die Verwertung einzelner Produktentwicklungen im Rahmen der eigenen Einrichtung anfällt. Vielmehr sind die meisten befristeten Mitarbeiter und Nutznießer von Weiterbildungsangeboten des EWZ darauf verwiesen, ihren Zugewinn an handwerklichen Qualifikationen und

Verfahrenswissen »nach außen«, in bestehende bzw. noch zu gründende Unternehmen, zu überführen.

Dabei hängt aber auch schon die Möglichkeit einer Weiterführung der bislang existierenden Arbeitsbereiche des Entwicklungszentrums in hohem Maße von der zukünftigen Ausgestaltung der jeweils zugrundeliegenden Finanzierungsmechanismen ab. Im Kern werden in erster Linie Projekte aus den Bereichen »Entwicklung« und »Qualifizierung« zu finanzieren sein, soweit ihnen Förderprogramme von Land, Bund oder EG gegenüberstehen. Da die Entwicklungsvorhaben weniger auf eine direkte Vermarktung durch das EWZ selbst als auf eine Verwertung z.B. durch Betriebe des geplanten und teilweise realisierten Gewerbehofs gerichtet sind, könnte dieser Sektor des Zentrums auch nach dem Auslaufen des zweiten größeren ABM-Kontingents noch am ehesten als gesichert anzusehen sein. Anders verhält es sich mit dem Bereich der »Qualifizierung«, dessen Finanzierung durch die gegenwärtig restriktive Haushaltspolitik der Bundesanstalt für Arbeit (Stop der sog. Qualifizierungsoffensive und neue Kürzungen aufgrund neuerlicher Belastungen seitens des Bundesgesetzgebers) in Frage gestellt wird. Der Arbeitsbereich »Beratung und Planung«, der, jenseits des Gewerbehofs, im wesentlichen auf die Erarbeitung von Konzepten im kommunalen Raum abstellt, wird nach dem Abschluß verschiedener in ABM erstellter Studien wohl nicht weiterzuführen sein. Eine feste Institutionalisierung dieses Aufgabengebiets hätte eine halbwegs kontinuierliche Einwerbung konkreter Folgeaufträge zur Voraussetzung, was aufgrund von Erfahrungen aus der Vergangenheit kaum als sicher angenommen werden kann.

Von schwerwiegender Bedeutung, nicht nur für das letztgenannte Aufgabengebiet des EWZ, ist in diesem Zusammenhang, daß es - rückblickend auf die ersten drei Jahre des Zentrums - nur in äußerst eingeschränktem Umfang zu einer projektorientierten Kooperation mit kommunalen Stellen und Ämtern kam[134]. Eine Zwischenbilanz, die den Stand des Entwicklungszentrums nach diesem Zeitraum aus Sicht seiner Befürworter resümiert, äußert sich zu diesbezüglichen Erwartungen für die Zukunft reserviert:

> »Die besten Ideen und Projekte haben kaum eine Chance, wenn ihre Entwicklung nicht qualifiziert zu finanzieren ist. Auch auf kommunaler Ebene können Modellprojekte, die auf kommunale Aufgaben bezogen sind, nicht durchgeführt werden,

---

134 Eine Ausnahme stellt hier der städtische Auftrag im Rahmen der Wohnumfeldverbesserung Dortmund-Hörde dar. Der Zweijahresvertrag über »Animation und Planungsberatung« zur Unterstützung privater Stadterneuerungsaktivitäten war mit insgesamt 270.000 DM dotiert.

wenn Politik und/oder Verwaltung anderweitige konzeptionelle oder politische Schwerpunkte setzen« (H.-W. Franz u.a. 1988: 24).

Rat und Verwaltung der Stadt Dortmund scheinen diese skeptische Einschätzung zu bestätigen, indem sie das Zentrum eigenen Bekundungen zufolge in den Haushaltsjahren 1987 und 1988 mit einem Sachkostenzuschuß von (insgesamt) 200.000 DM letztmalig förderten.

4.5. Wo Rat und Verwaltung Prioritäten setzen

4.5.1. Aktivitätszuwachs ohne integratives Konzept

In der Tat wurden die Reaktionen der institutionellen Stadtpolitik auf die Krisensituation von anderen Schwerpunktsetzungen bestimmt. Ein integrierter Ansatz dezentraler Beschäftigungsförderung, wie er in den entsprechenden Diskussionen und konzeptionellen Vorschlägen von gewerkschaftlicher Seite aus gefordert wurde, hat sich in Dortmund in der zweiten Hälfte der 80er Jahre nicht realisiert. Zwar wurden die städtischen Aktivitäten in der Wirtschafts- und Arbeitsmarktpolitik erheblich ausgeweitet, doch ist die kommunalpolitische Praxis dabei weiterhin von einem *Nebeneinander verschiedener Teilstrategien* gekennzeichnet, die jeweils mit unterschiedlich großem öffentlichen Aufwand und Mitteleinsatz betrieben werden. Der Ausbau der dezentralen Instrumente scheint hier gerade nicht zum Aufbau eines in sich kohärenten Feldes lokaler Beschäftigungspolitik zu führen, in dem eine an politisch-konzeptionellen Kriterien ausgerichtete Verknüpfung von arbeitskraftbezogenen und produktionsorientierten Eingriffen Priorität erhält. Stattdessen weist die Maßnahmenpalette, die in der eher überdurchschnittlich »aktiven« Stadt Dortmund bis Ende der 80er Jahre entwickelt wurde, Anzeichen einer neuen Polarisierung von einerseits *produktions- und technikpolitischen* und andererseits *arbeitsmarkt- und sozialpolitischen* Interventionen auf.

4.5.2. Das »neue Mix« der unternehmensorientierten Dortmunder Wirtschaftsförderungspolitik

Infolge einer Zuspitzung der wirtschaftlichen Probleme anfangs der 80er Jahre faßte der Rat der Stadt Dortmund im Februar 1981 den Grundsatzbeschluß, der Wirtschaftsförderung bei der Festlegung der kommunalpolitischen Schwerpunkte höchste Priorität einzuräumen. War die städtische

Wirtschaftspolitik noch in den 70er Jahren durch eine traditionell reaktive Förderpraxis gekennzeichnet, so wurde 1983 in einem neuen Wirtschaftsförderungskonzept die Notwendigkeit strukturpolitischer Aktivitäten formuliert. Zum einen ging es darum, bestandspolitische Maßnahmen neben der herkömmlichen Standortpolitik zu intensivieren, zum anderen sollten regionsfremde wie regionseigene Potentiale stärker als bis dahin dazu genutzt werden, sogenannte Zukunftstechnologien in der heimischen Wirtschaftsstruktur zu etablieren[135]. Der für die Dortmunder Wirtschaft mit ihrer stahldominierten industriellen Basis damit zu Recht attestierte Modernisierungs- und Diversifizierungsbedarf wurde allerdings nicht, wie in den gewerkschaftlichen Diskussionsansätzen gefordert, entlang qualitativer Entwicklungskriterien expliziert. Statt die regional aufbrechenden Bedarfsfelder zum Ausgangspunkt der lokalpolitischen Handlungsorientierung zu machen, sollte eine Erneuerung der kommunalen Wirtschaftsförderungspolitik zunächst nur die in der Stadt vorhandenen »Modernisierungsressourcen« (gemeint sind Unternehmen, Hochschulen und Forschungseinrichtungen) ihrem Umfang nach mobilisieren, ohne dabei Fragen der Produktauswahl oder der qualitativen Technikgestaltung von Anfang an miteinzubeziehen. Der »innovative Gehalt« kommunaler Wirtschaftsförderung wurde hauptsächlich in dem Bemühen gesehen, die öffentliche Forschungsinfrastruktur quantitativ auszubauen und den regional zurückbleibenden Anteil an F und E-Kapazitäten zu erhöhen. Insbesondere galt es

- neue öffentliche Forschungs- und Entwicklungseinrichtungen in Dortmund anzusiedeln,

- Einrichtungen für den lokalen bzw. regionalen Technologietransfer zu schaffen,

- die Gründung eines Technologieparks im Umfeld der Universität zu ermöglichen,

- High-Technology-Firmen anzuwerben,

- an ortsansässige Unternehmen heranzutreten, die in Gefahr stehen, Innovationsdefiziten zu erliegen

- sowie technologieorientierte Existenzgründungen zu fördern (G. Hennings u.a. 1988).

In welchem Umfang dabei das wirtschaftspolitische Engagement der Stadt in den 80er Jahren zugenommen hat, wird anschaulich durch die Entwicklung der entsprechenden Haushaltspositionen belegt. Lag der

---

135 Vgl. Beschluß des Rates vom 17.2.1983 zum Konzept für die Wirtschafts- und Strukturförderung, Stadt Dortmund 1983 sowie G. Hennings u.a. 1988.

Mittelaufwand für die kommunale Wirtschaftsförderung 1981 noch bei rd.
4,5 Millionen DM, so stieg dieser Betrag bis 1987 auf knapp 40 Millionen
DM an. Etwa zur Hälfte wird diese Summe für Infrastrukturmaßnahmen
investiert (Straßen- und Kanalbau, Hafenausbau). Weitere Schwerpunkte
sind die Ausgaben für öffentlichen Grunderwerb, sonstige Hilfen (insbesondere Finanzhilfen für private Unternehmen) sowie die Förderung des
1985 gegründeten Dortmunder Technologiezentrums.

Abb. 14:   Stadt Dortmund, Investitionen für die Wirtschaftsförderung
(in TDM)

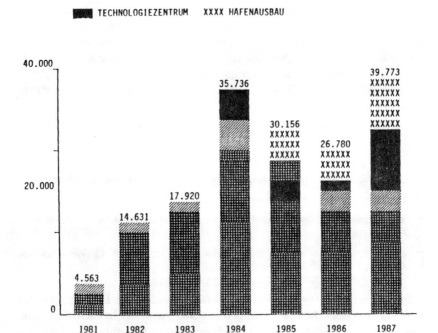

Quelle: Stadt Dortmund, Wirtschaftsförderung, Jahresberichte

256

Die neue Dortmunder Förderstrategie setzt durchaus in verstärktem Maße traditionelle Instrumente der lokalen Wirtschaftsförderung ein. Sie sorgt für eine extensive Erweiterung der unternehmensnahen Infrastruktur, betreibt Flächenbevorratung und -recycling und vergibt Subventionshilfen bei Grundstückserwerb bzw. »Qualifizierungszuschüsse« bei der Neueinstellung von Personal. Im Unterschied zur eher »passiven« Förderpolitik der 70er Jahre versucht sie jedoch auch betriebliche Entwicklungsprobleme zu antizipieren und fallgerechte Unterstützungsleistungen anzubieten. Dieser Anspruch hat sowohl zu einer Ausweitung der öffentlichen Realtransferkapazitäten wie zu einer stärkeren Berücksichtigung von Fragen der Technikanpassung und Technikentwicklung geführt. So wurde die Zahl der Verwaltungsangestellten in der Wirtschaftsförderung innerhalb von 5 Jahren von 10 (1983) auf 30 Beschäftigte (1988) erhöht. Die für die Tätigkeit von externen Mitarbeiterinnen und Mitarbeitern verausgabten Mittel stiegen im gleichen Zeitraum von ca. 50.000 DM auf rd. 500.000 DM an. Wird die Aufgabe der Technologieberatung weit gefaßt (betriebliche Umstrukturierungen, Aufnahme eines neuen Produkts, Markterschließung, Technikberatung im eigentlichen Sinne sowie technologieorientierte Existenzgründungshilfen), so entfallen bereits bis zu 80 % der Stundenleistungen des Amtes für Wirtschaftsförderung auf diesen Bereich[136]. Daneben hat sich die Stadt zusammen mit der Universität erfolgreich um die Einrichtung neuer Forschungsinstitute (Frauenhofer-Institut für Transporttechnik und Warendistribution, Institut für Automatisierung und Robotertechnologie) und Beratungsdienststellen (Technologieberatungsstelle der Universität Dortmund) bemüht.

Ihr besonderes Gewicht gewinnt die Technologiekomponente der städtischen Wirtschaftsförderung darüber hinaus durch die Errichtung des Dortmunder Technologiezentrums (TZD, Gründung 1985), in dem Ende 1987 34 Unternehmen mit den Entwicklungsschwerpunkten Materialflußsysteme/Logistik, Werkstofftechnologie, spanende Fertigungsverfahren, Qualitätskontrolle, Handhabungssysteme, Elektronik und Informatik tätig waren. Dieses bislang größte Technologiezentrum in Nordrhein-Westfalen zeichnet sich dabei im Vergleich zu anderen Projekten dieser Art durch eine überdurchschnittliche Technologieorientierung, ausgelastete Kapazitäten und eine eher im oberen Bereich des ortsüblichen Niveaus gelegene Mietpreisgestaltung aus (R. Sternberg 1988: 207 ff.).

Die Stadt, zusammen mit der IHK, ortsansässigen Banken und einem Zusammenschluß verschiedener Mieterfirmen Gesellschafter der »Tech-

---

136   Nach Angaben des Amtsleiters Dr. Bockelmann, Interview mit dem Verf.

nologiezentrum Dortmund GmbH«, hat die Errichtung des Zentrums mit 10 Millionen DM vorfinanziert und inzwischen weitere 10 Millionen DM für eine zweite Ausbaustufe zur Verfügung gestellt[137]. Da die Aufenthaltsdauer im TZD zeitlich befristet ist (vorgesehen auf drei Jahre), wurden in Universitätsnähe großflächige Erschließungen vorgenommen, die dauerhafte Ansiedlungsmöglichkeiten bieten und das Zentrum zum großangelegten Technologiepark erweitern sollen. Für beide Teilprojekte hat sich die Stadt Dortmund nachhaltig um überregionale Finanzierungsmittel bemüht, womit sie insbesondere beim Land Nordrhein-Westfalen erfolgreich war (Verlustausgleiche von zunächst 3 Millionen DM, spätere Bezuschussung von Erweiterungsvorhaben aus der »Zukunftsinitiative Montanregion« u.ä.m.).

Die Vorteile für die so geförderten Unternehmen liegen auf der Hand: Hierzu zählen die Zusammenarbeit mit wissenschaftlichen Einrichtungen als Spezialisten und Problemlöser unmittelbar vor Ort, der schnelle und unbürokratische Zugriff auf die gesamte Infrastruktur der Universität sowie die umfassenden Beratungs- und Serviceleistungen durch die städtische Wirtschaftsförderung, die IHK und das hauptberufliche Zentrumsmanagement. Die Stadt Dortmund verspricht sich umgekehrt von dieser Form der unternehmensbezogenen Technologieförderung sowohl kurzfristige Ansiedlungserfolge durch Neugründungen und Ausgründungen aus bereits bestehenden Unternehmen (»Spin-offs«) wie mittelfristige Modernisierungseffekte bezogen auf die gesamte Breite des Wirtschaftspotentials am Ort.

Inwieweit diese Zielsetzungen auf dem beschrittenen Weg erreichbar sind, läßt sich allerdings auch unter den relativ günstigen Dortmunder Bedingungen (ingenieurwissenschaftlich-technische Schwerpunkte der Universität, Existenz überregional relevanter Forschungseinrichtungen) nur schwerlich kalkulieren. Die unmittelbare Beschäftigungswirkung, die in einer vergleichenden Technologiepark-Studie bei 28 TZD-Unternehmen auf 124 Arbeitsplätze beziffert wird (insgesamt auf 309 Arbeitsplätze geschätzt, vgl. R. Sternberg 1988: 220), errechnet sich auf der Grundlage von haupt- *und* nebenberuflichen Tätigkeiten und stellt somit kaum einen zuverlässigen Indikator für den wirklichen regionalwirtschaftlichen Zugewinn dar. Bei der Struktur der im TZD angesiedelten Unternehmen fällt

---

137 Nach Angaben aus dem Wirtschaftsförderungsausschuß sind die städtischen Investitionsmittel für die erste Ausbaustufe so auf den Mietzins umgelegt worden, daß sie sich nach rd. 10 Jahren amortisieren.

zudem auf, daß es sich zum Untersuchungszeitpunkt[138] zu 71 % um Zweigbetriebsgründungen handelt, was für bundesdeutsche Technologieparks äußerst ungewöhnlich ist und auf einen überproportional hohen Anteil an kurzzeitig verlagerten F und E-Kapazitätten schließen läßt. Aus unternehmerischer Sicht zeigt eine solche Betriebszusammensetzung aber gleichzeitig ein hohes Maß an regionsexterner Direktionsbefugnis an, woraus die Gefahr entsteht, daß die in Dortmund öffentlich subventionierten Forschungs- und Entwicklungsleistungen letztendlich nicht in der Region verbleiben, sondern andernorts zur Nutzanwendung kommen.

In Teilen der gewerkschaftlichen Diskussion wurde das Technologiezentrum insbesondere in der Anfangsphase aber noch grundsätzlicher kritisiert. So machte etwa die ÖTV in einem Brief an den Oberstadtdirektor geltend, daß es den Gewerkschaften nicht gleichgültig sein könne, was im TZD erarbeitet wird; zumal hier offenbar die zukünftige Automatisierung und Computerisierung eines Großteils der heimischen Dienstleistungsarbeitsplätze in Planung sei. Die Stadtverwaltung vertrat demgegenüber die Notwendigkeit einer Förderung von Spitzentechnologien jenseits der jeweiligen Produktionsziele und der konkreten Gestaltung der entsprechenden Technologien. Eine Folgenabschätzung und Folgenbegrenzung im Sinne höherer Sozialverträglichkeit könne nicht so sehr in der Entwicklungsphase der Techniken als vielmehr im Zusammenhang mit ihrer betrieblichen Einführung erfolgen. Daher empfahl die Stadt den Gewerkschaften, sich der Auswirkungen der neuen Technologien am Einsatzort, über Tarifverträge und Betriebsvereinbarungen, anzunehmen. Im übrigen bliebe es der gewerkschaftlichen Debatte unbenommen, eine gesetzliche Erweiterung der Mitbestimmungsbefugnisse einzufordern und auf diesem Weg eine stärkere Technikfolgenbegrenzung durchzusetzen. Hier vorhandene mögliche Mängel könnten jedoch nicht auf der örtlichen Ebene zur Korrektur anstehen (B. Pollmeyer 1986b).

So wurde im Zuge einer Ausweitung des »harten Kerns« der traditionellen wie der technikorientierten Wirtschaftsförderung von einem gleichzeitigen Ausbau qualitativer Steuerungsmechanismen weitgehend abgesehen. Der gewerkschaftlichen Forderung nach einer Erweiterung des Adressatenkreises kommunaler Wirtschaftshilfen wurde insofern Rechnung getragen, als daß die Stadt inzwischen 100.000 DM p.a. für unkon-

---

138 Die Datenerhebung für die zitierte Untersuchung wurde zwischen Dezember 1985 und September 1986 durchgeführt. Sternberg zählt zu diesem Zeitpunkt 7 verlagerte Unternehmen und 17 Zweigbetriebsgründungen im TZD, vgl. R. Sternberg 1988: 6, 209.

ventionelle Beschäftigungsinitiativen zur Verfügung stellt[139]. In diesem Bereich hat gleichzeitig der Anspruch auf eine bessere Verzahnung der Verwaltungsarbeit noch am ehesten praktische Gestalt gewonnen. Die geforderte »Koordinierungsstelle zur Beschäftigungsförderung« wurde allerdings nicht als ämterübergreifende Einrichtung geschaffen, sondern vorläufig mit 4 Mitarbeitern[140] auf der Basis von Zeitverträgen im Rahmen des Amtes für Wirtschaftsförderung (insgesamt 30 Mitarbeiter) installiert. In den Zuständigkeitsbereich dieser Stelle fallen die Akquisition überregionaler Fördermittel, die Beratung örtlicher Initiativen, die Bearbeitung von Förderanträgen sowie die interne Koordination von Arbeitsbeschaffungsmaßnahmen bei der Stadt. Die Grenzen von Kooperation und Koordination sind jedoch auch hier eng gesteckt. Amtsintern findet etwa zwischen der »klassischen Wirtschaftsförderung« und der neuen Beratungsinstanz für unkonventionelle Projekte keine weiterführende organisatorische Zusammenarbeit statt[141]. Eine Entscheidung über die Zukunft der »Koordinierungsstelle« nach Ablauf der Zeitvertragsdauer war bei Abschluß der vorliegenden Untersuchung noch nicht gefällt.

4.5.3. Die Förderung des »Faktors Arbeit« bleibt zurück

Wurde auf die unternehmensorientierte Reorganisation der lokalen Wirtschaftsförderung noch konzeptionelle Energie verbracht, so hat sich der »zweite Arbeitsmarkt« in Dortmund dagegen weitgehend »selbstläufig« strukturiert.

Das Instrumentarium der Arbeitsbeschaffung nach AFG wurde im Vergleich zu anderen Regionen nur unterdurchschnittlich in Anspruch genommen. Zwar stieg die Zahl der Teilnehmer an Arbeitsbeschaffungsmaßnahmen von 290 im Jahre 1982 auf rd. 1.700 in 1987 an, doch lag der Anteil der ABM-Beschäftigten damit im Verhältnis zur Gesamtzahl der Dortmunder Arbeitslosen unter dem Bundes-, dem Landes- und auch

---

139 Zu den Förderkonditionen vgl. Stadt Dortmund 1987a; zu den Arbeitserfahrungen der »Koordinierungsstelle« vgl. Stadt Dortmund 1987b.

140 Eine Stelle wird dabei als Pilotprojekt zur Förderung der Beratung von örtlichen Beschäftigungsinitiativen durch das Land Nordrhein-Westfalen bzw. die Europäische Gemeinschaft finanziert.

141 Nach Angaben des zuständigen Amtsleiters gibt es keine Kooperationsbeziehungen, »die über das zwischen verschiedenen Verwaltungsabteilungen übliche Maß hinausreichen«, Interv. mit dem Verf.

dem Ruhrgebietsdurchschnitt[142]. Vergleichende Studien machen darüber hinaus, insbesondere was Zielgruppenorientierung, Qualifizierungsanteile und Tätigkeitsfelder anbelangt, erhebliche qualitative Defizite bei der Maßnahmengestaltung aus. Sind arbeitslose Akademiker in Dortmund beispielsweise weit überproportional in AB-Maßnahmen vertreten, so ist das Gegenteil bei arbeitslosen Ausländern, bei Personen ohne bzw. mit betrieblicher Berufsausbildung und bei Langzeitarbeitslosen insgesamt der Fall[143]. Vergleicht man die Personalstruktur mit den vorhandenen Aufgabenfeldern, so fällt weiterhin auf, daß die Unterrepräsentanz bestimmter Personengruppen mit einer eher einseitigen Auswahl von Arbeitsgebieten korrespondiert. Während tendenziell höher qualifizierte Dienstleistungstätigkeiten dominieren (soziale Dienste; Bildung, Berufsausbildung, Weiterbildung; Wissenschaft und Forschung) fehlen vorliegenden Untersuchungen zufolge Beschäftigungsmöglichkeiten für Langzeitarbeitslose und Arbeitslose ohne Berufsausbildung insbesondere im handwerklich-baulichen Bereich. Dabei werden durchaus entwicklungsfähige Aufgabengebiete wie die »Erhaltung und Verbesserung der Umwelt« mit nur rd. 2,4 % aller ABM-Stellen weitgehend vernachlässigt (H. Beckmann/F. Neukirchen-Füsers 1988; H. Heinelt 1988)[144].

---

142 Angaben nach Jahresdurchschnittszahlen, vgl. H. Beckmann/F. Neukirchen-Füsers 1988: 14. Der von Heinelt berechnete »ABM-Entlastungskoeffizient«

$$\frac{\text{ABM-Beschäftigte}}{\text{registrierte Arbeitslose + ABM-Beschäftigte}}$$

bestätigt dieses Ergebnis bezogen auf den Bundesdurchschnitt. Danach liegt der stadtspezifische Entlastungseffekt der Inanspruchnahme von ABM für Dortmund im Quartalsdurchschnitt des Jahres 1986 bei einem Wert von 3,4, bundesweit bei 4,3, vgl. H. Heinelt 1988: 12a.

143 Nach einer Befragung von Beckmann/Neukirchen-Füsers stehen einem Akademikeranteil bei den Dortmunder Arbeitslosen von 3,9 % 43,9 % akademisch ausgebildete Beschäftigte in AB-Maßnahmen gegenüber. Auf ausländische Arbeitnehmer (11,1 % der Arbeitslosen) entfallen dagegen nur 4 % der geförderten Maßnahmen, auf Personen ohne abgeschlossene Berufsausbildung (rd. 50 % aller registrierten Arbeitslosen) nur 17,9 % und auf Arbeitslose mit abgeschlossener betrieblicher Ausbildung (42,9 %) 22,3 %. Personen, die länger als ein Jahr arbeitslos sind, machen insgesamt 44,2 % der Dortmunder Arbeitslosenpopulation aus; ihnen kommen jedoch nur 35,4 % der geförderten Maßnahmen zugute. Bezogen auf diesen Personenkreis beträgt der Dortmunder ABM-Entlastungskoeffizient lediglich 2,8 %, vgl. H. Beckmann/F. Neukirchen-Füsers 1988: 21 ff.; H. Heinelt 1988: 13a. Der Anteil wurde im Rahmen einer Umfrage ermittelt.

144 Die durchgeführte Befragung von (rd. 1.300) ABM-Stelleninhabern sah zur Kennzeichnung der jeweiligen Tätigkeit die Möglichkeit von Doppelnennungen vor, so daß Umweltschutzaspekte in traditionellen Arbeitsfeldern (wie z.B. Bau- und Sanierungsarbeiten) zum Ausdruck hätten kommen können. Gefragt wurde nach den Bereichen »Entwicklung neuer Umwelttechnologien« bzw. »Sonstiger Umweltschutz«, vgl. H. Beckmann/F. Neukirchen-Füsers 1988: 24.

Dieser Befund wird im wesentlichen auf die Vakanzen und Qualifikationsanforderungen der großen Dortmunder Maßnahmenträger (städtische Stellen, Landesbehörden, etablierte Wohlfahrtsverbände) zurückgeführt. Dahinter zeigt sich jedoch noch ein grundlegenderes Problem der lokalen Implementation von ABM. Ist das Ziel von ABM, die vorhandenen Trägerinteressen »zu bedienen« oder gar neue und sinnvolle Arbeitsbereiche zu erschließen, so verlangt dies den Teilnehmern in der Regel bestimmte Qualifikationen ab; Voraussetzungen, die aber gerade bei sogenannten Problemgruppen nicht (oder nicht mehr in ausreichendem Maße) vorhanden sind. Wird gleichzeitig auf eine stärkere Vermittlung von am Arbeitsmarkt marginalisierten Gruppen abgestellt, besteht zwischen beiden Zielen zunächst ein grundsätzlicher Konflikt.

Einerseits ist das Angebot anspruchsvoller Arbeiten als eine der wenigen Möglichkeiten zur Verbesserung der individuellen Arbeitsmarktchancen und zum experimentellen Aufbau neuer Tätigkeitsfelder (etwa im Bereich der sozialen Dienste) gerade zu goutieren. Bleiben relativ qualifizierte Arbeitsfelder aber ausschließlich den Gestaltungsinteressen der beteiligten Träger überlassen und verfährt eine solche ABM-Politik damit insgesamt zufällig und ohne zugrundeliegendes Konzept, so setzen sich die am »ersten Arbeitsmarkt« wirksamen Selektionsprozesse notwendig auch im »zweiten Arbeitsmarkt« fort (»Besten-Vermittlung« oder »Creaming-Effekt«, vgl. H. Heinelt 1988). Um langfristige Spaltungsprozesse zu verhindern, ist der Ausweg aus diesem Dilemma aber auch gerade nicht - wie ein Hinweis von Beckmann/Neukirchen-Füsers auf den in Dortmund ebenfalls unterrepräsentierten »Grünbereich« mißverstanden werden könnte[145] - in einer grundsätzlichen »Absenkung« von Tätigkeitsprofilen und Qualifizierungsanforderungen zu sehen. Stattdessen kann nur die stärkere Qualifizierung der Teilnehmer *in der Maßnahme* selbst und die Kombination von ABM und anderen Integrationshilfen und Weiterbildungsangeboten die auch im »zweiten Arbeitsmarkt« angelegten Segmentierungstendenzen schrittweise überwinden helfen.

Eine solche Strategie der systematischen Verknüpfung von Arbeitsbeschaffung und Qualifizierung wurde aber in Dortmund nicht vorrangig verfolgt. Ausgesprochene »Kombi-Maßnahmen« wie »Arbeiten und Lernen«[146] wurden zwar zum Teil bereits während der 70er Jahre eingeführt,

---

145 Vgl. H. Beckmann/F. Neukirchen-Füsers 1988: 42.
146 Mit »Arbeiten und Lernen« werden kombinierte Maßnahmen bezeichnet, die arbeitslosen Jugendlichen neben einer Teilzeitbeschäftigung in ABM auch die Möglichkeit bieten, während des Beschäftigungszeitraums Bildungsabschlüsse, bspw. den Hauptschulabschluß nachzuholen.

in den 80er Jahren aber nicht dem wachsenden Handlungsbedarf entsprechend ausgebaut. Der Anteil dieser speziellen Maßnahmeart lag in Dortmund (1986) bei 5,9 %, bundesweit bei 9,9 % (H. Heinelt 1988: 17a). Insgesamt vermissen die vorliegenden vergleichenden Studien für Dortmund einen gezielten und »planvollen« Ausbau von ABM. Der Handlungsbedarf einer zielgruppenorientierten Qualifizierung und die Notwendigkeit einer Verbindung des ABM-Instrumentariums mit anderen qualifizierenden und berufsqualifizierenden Maßnahmen wird danach in anderen Problemregionen stärker erkannt und berücksichtigt[147].

Parallel zu dieser eher selektierenden Praxis von ABM wurde das zweite Standbein des »zweiten Arbeitsmarktes«, die Hilfe zur Arbeit nach BSHG, in den letzten Jahren im wesentlichen auf der Grundlage von »Einfacharbeiten« ausgebaut. Die Stadt Dortmund setzte anfangs der 80er Jahre zunächst die Mehraufwandsentschädigungsvariante ein (Hilfe zum Lebensunterhalt + 1 DM pro abgeleisteter Arbeitsstunde, § 19 II 2. Alt. BSHG) und stieg erst im Zuge der Förderung durch das nordrhein-westfälische Landesprogramm (ab 1984) auf die Entgeltvariante in der Form des § 19 II 1. Alt. BSHG um. Die Arbeitshilfe gegen Mehraufwandsentschädigung nach § 19 II 2. Alt. BSHG wurde 1988 noch in ca. 10 % der Förderfälle als »Probephase« (6-8 Wochen) praktiziert. Die Zahl der Entgeltverträge stieg von 89 (1984) bis 1988 auf rund 500 drastisch an, womit Dortmund (was die absoluten Zahlen anbetrifft) zu den eher aktiven Anwendern des Instrumentariums der »Hilfe zur Arbeit« in NRW gehörte.

Zu den bevorzugten Adressaten der Arbeitsangebote zählen jugendliche Sozialhilfeempfänger, Frauen und lebensältere Familienväter. Besonders schwer am »ersten Arbeitsmarkt« vermittelbare Personen ohne abgeschlossene Schul- bzw. Berufsausbildung sollen dabei mit Priorität vermittelt werden. Inhaltliche Kriterien für die Auswahl der Beschäftigungsträger und Arbeitsfelder sind, jenseits der von § 19 II BSHG geforderten »Gemeinnützigkeit« und »Zusätzlichkeit«, kaum zu erkennen. Die Verwaltung hat vielmehr eigenen Angaben zufolge sehr massiv um die Kooperationswilligkeit der Träger werben müssen und von daher auch nahezu »jedes Angebot und jede Bereitschaft aufgegriffen«. Gut 75 % der Arbeitsplätze entfallen auf in der Regel einfache Tätigkeiten bei den großen Wohlfahrtsverbänden (insbesondere Diakonisches Werk), sonstigen »freien Trägern« und Sportvereinen. Die Stadt selbst hält Einsatzfel-

---

147 Vgl. zur neueren Dortmunder Entwicklung auch H. Beckmann/F. Neukirchen-Füsers 1989 sowie H. Arenz 1989 a, b.

der vornehmlich im Grünflächenbereich, in Krankenhäusern, Schulen (»Hausmeistergehilfen«), Altenwohnheimen und Kindertagesstätten vor. Typisch für die Ausweitung städtischer Arbeitsgelegenheiten scheint etwa eine 1987 mit ca. 70 Stellen beim Grünflächenamt eingerichtete Maßnahme zu sein. Hier pflegten »schwerst vermittelbare« jugendliche Sozialhilfeempfänger zwischen 17 und 23 Jahren die Parkanlagen der Stadt. Zur Arbeitshilfe begleitende Qualifizierungen wurden von kommunaler Seite aus nicht durchgeführt. Städtische Stellen übten auch keinen diesbezüglichen Einfluß auf die Praxis anderer Beschäftigungsträger aus. Stattdessen fanden Einzelfallberatungen durch zwei städtisch angestellte Sozialpädagogen statt, die jugendliche Sozialhilfeempfänger über bestehende Bildungs- und Weiterbildungsangebote informierten und darüber hinaus auch Hilfestellungen bei der Vermittlung leisteten. Diese Beratungseinrichtung kann inzwischen auf eine erfolgreiche Tätigkeitsbilanz verweisen und stellt eine wichtige Integrationshilfe dar[148], doch wird die Anzahl der vorhandenen qualifizierten Ausbildungs- und Arbeitsplätze dadurch nicht grundsätzlich vermehrt.

Für Dortmund zeichnet sich so insgesamt die Gefahr einer *Spaltung* und *Hierarchisierung* des öffentlich geförderten Arbeitsmarktes ab. Während einzelne noch relativ qualifizierte Arbeitslose zu AFG-Bedingungen in einem zahlenmäßig stagnierenden ABM-Markt unterkommen können, ist ein expandierender Sektor von Einfachsttätigkeiten im Rahmen der Arbeitshilfe nach BSHG für randständige »Problemgruppen« vorgesehen. Die Stadt Dortmund hat mit der Ausweitung des »zweiten Arbeitsmarktes« zwar die Zahl der Förderfälle vervielfacht, dabei aber die vom »ersten Arbeitsmarkt« vorgegebenen sozialen Ausdifferenzierungen reproduziert. Sie hat ihr Aktivitätsniveau deutlich erhöht und das Beratungsangebot auch für besonders benachteiligte Krisenbetroffene verstärkt. Bei der Organisation und inhaltlichen Gestaltung der Arbeitsbeschaffung blieb sie jedoch im wesentlichen beim »Maßnahmenvollzug« stehen, ohne die damit verbundenen qualitativen Restriktionen durch eine Steigerung der Fallzahlen überwinden zu können.

Das Angebot an Arbeits- und Qualifizierungsmöglichkeiten ist nach wie vor abhängig von den Interessen der vorhandenen Träger bzw. den ohnehin anfallenden Einfachsttätigkeiten im öffentlichen Bereich. Zur schritt-

---

148 Durch die Arbeit der Beratungsstelle konnten zwischen September 1986 und September 1987 insgesamt 360 junge Hilfeempfänger in Ausbildungs- und Bildungsmaßnahmen vermittelt werden. Bei 217 Fällen handelte es sich jedoch um Vermittlungen in typische »Warteschleifen-Maßnahmen«, lediglich 143 Personen erhielten einen Ausbildungsplatz, vgl. Stadt Dortmund 1987c.

weisen Auflösung der Segmentierungen innerhalb der Arbeitslosenpopulation fehlen Qualifizierungsangebote, die *als Bestandteile* der befristeten
Beschäftigung unterbreitet werden. Um die Palette der Arbeitsgelegenheiten nach inhaltlichen Kriterien zu erweitern, wären *verändernde Eingriffe* in die vorhandenen Produktions- und Dienstleistungsstrukturen erforderlich, die allerdings nur unter Zuhilfenahme von wirtschaftsfördernden Instrumenten möglich wären (Bedarfsplanung, systematischer Ausbau
von Eigenbetriebskapazitäten, Gründung von Beschäftigungsgesellschaften etc.).

Trotz des vergrößerten Umfangs des »zweiten Arbeitsmarktes« in
Dortmund bleibt die gestaltende (nicht nur beratende) Rolle der administrativen Instanzen bezeichnenderweise eher defensiv. Die »Koordinierungsstelle« der Wirtschaftsförderung ist neben der Beratung unkonventioneller Beschäftigungsinitiativen auch noch mit der Abwicklung von
Arbeitsbeschaffungsmaßnahmen in städtischen Ämtern befaßt. Außer
Stellungnahmen zu vorliegenden Anträgen abzugeben, versucht sie, den
zuständigen Stadtämtern ergänzende Maßnahmenvorschläge zu offerie-
ren. Die Durchsetzung einer konzeptionell angeleiteten und auf den gesamten Stadtbereich bezogenen Arbeitsbeschaffungspolitik wird jedoch
von einer mit Zeitvertragsangestellten besetzten Verwaltungsstelle »im
Schatten« der dominierenden klassischen Wirtschaftsförderungspolitik
kaum zu leisten sein. Zudem ist die Planung der Arbeitshilfe nach BSHG
entlang der traditionellen Zuständigkeitsverteilung in der Sozialverwaltung angesiedelt. Neben dem Aufgabenfeld der sozialpädagogischen Betreuung werden hier von zwei weiteren Sachbearbeitern im wesentlichen
ohne konzeptionelle Vorgaben Arbeitsgelegenheiten akquiriert. Eine
weiterführende ämterübergreifende Abstimmung über den Gesamtbe-
reich der lokalen Arbeitsbeschaffungspolitik wird nicht praktiziert.

Ähnlich der Wirtschafts- und Technologiepolitik in Dortmund ist diese
Form der lokalen Arbeitsbeschaffungspolitik inzwischen von einem breiten stadtpolitischen Konsens gedeckt. Entsprechende Vorlagen passieren
den Rat weitgehend unbehelligt und in der öffentlichen Debatte ist das
Thema bereits wieder entpolitisiert. Zu grundsätzlichen Auseinandersetzungen kam es dagegen in den Jahren 1984/85, als Teile der Verwaltung
und der SPD-Mehrheitsfraktion erwogen, eine Beschäftigungs-GmbH
nach Hamburger Vorbild ins Leben zu rufen. Sowohl die CDU-Opposi-
tion wie auch die lokalen Vertreter von Handwerk und Industrie wandten
sich seinerzeit gegen die Gründung eines solchen Unternehmens und sahen in dem Vorhaben die Gefahr des Verdrängungswettbewerbs gegen
private Firmen am Ort. Erst als die Idee fallengelassen wurde, kam es zu

einer Entspannung in der lokalpolitischen Diskussion. Als nachwirkendes Ergebnis der kritischen Anmerkungen werden aber beispielsweise bis heute im Rahmen des Dortmunder »zweiten Arbeitsmarktes« kaum Arbeiten im Bereich des Bau- oder Baunebengewerbes durchgeführt. Kommunalpolitische Strategien zur Förderung des Faktors Arbeitskraft waren insofern schon im vorhinein um einen Ausgleich mit den vorhandenen Unternehmensinteressen bemüht und blieben so ein von Anfang an der unternehmensorientierten Wirtschaftsförderung nachgeordneter Bereich.

4.6. Das EWZ als Randprojekt der Dortmunder Modernisierungspolitik?

Die in Dortmund zur Krisenabwehr ergriffenen Strategien folgten damit weniger einem *»integrierten«* und qualitativ orientierten Beschäftigungskonzept als den Prinzipien einer *»additiven«* kommunalen Modernisierungspolitik. Vorrangig wird eine Modernisierung (im Sinne von Automatisierung und Computerisierung) des örtlichen Produktions- und Dienstleistungsapparats versucht, ohne daß man diesen hauptsächlich auf privatwirtschaftlicher Ebene zu leistenden Anpassungsprozeß mit qualitativen Zielvorgaben »überlasten« will. Die »endogenen Potentiale« der Region (u.a. Bildungs- und Forschungskapazitäten, Arbeitskräfteangebot) sind hier insofern von Belang, als daß sie aus unternehmerischer Sicht zu regionalen Standortvorteilen werden könnten. Arbeitskraftförderung wird zum einen als Anpassungsqualifizierung und flexible Reintegration einer zahlenmäßig kleinen, noch relativ gut ausgebildeten »Reservearmee« betrieben, während auf der anderen Seite für einen Teil des wachsenden Heeres an besonders schwer vermittelbaren Arbeitslosen ein Kontingent an nicht qualifizierten und nicht qualifizierenden Einfacharbeiten zur Verfügung steht.

Im Unterschied zum Gros vergleichbarer Kommunen besteht die »sozialdemokratische Handschrift« dieser erneuerten Stadtpolitik in erster Linie in einem insgesamt signifikant erhöhten wirtschafts- und arbeitsmarktpolitischen Aktivitätsniveau. Keineswegs unbeachtlich ist in diesem Zusammenhang auch, daß das Arbeitsangebot für besonders benachteiligte Gruppierungen ausgeweitet, mit sozialpädagogischen Hilfestellungen flankiert und zu nichtrepressiven Bedingungen unterbreitet wird. Die interne Schwerpunktsetzung der kommunalen Modernisierungspolitik bleibt davon jedoch unberührt. Die Zukunft des »Wirtschaftsstandorts Dortmund« wird im wesentlichen kapitalorientiert gestaltet und in der Hauptsache als Angelegenheit der vermeintlich kompetenten Akteure aus Management, Forschung und städtischer Verwaltung angesehen. Demgegenüber hat das in der Vergangenheit verstärkte gewerkschaftliche Engagement auf lokaler Ebene nicht zu einer strukturellen Erweiterung kommunaler Handlungsoptionen oder zu einer grundlegenden Machtverschiebung zugunsten des »Faktors Arbeitskraft« geführt. Weder in der Verwaltungsorganisation noch bei der Ausrichtung der wirtschafts- und arbeitsmarktpolitischen Strategien hat sich der Integrationsanspruch der frühen gewerkschaftlichen Debatte durchgesetzt.

In Dortmund wurde stattdessen eine spezifische Mischung aus (nach unternehmerischen Kriterien) »modemer« und »flexibler« Wirtschaftsförderung und (nachrangig) ausgeweiteter öffentlicher Arbeitsbeschaffung realisiert. Die dabei entstandene *Mixtur kommunaler Modernisierungspolitik* kann sich inzwischen einer breiten und weitgehend oppositionslosen Unterstützung sicher sein. So verweisen die Meinungsführer von Administration, SPD-Mehrheitsfraktion und DGB-Kreisorganisation übereinstimmend auf den mittlerweile hohen Grad an grundsätzlichem Konsens unter den wichtigsten Handlungsträgern der Stadtpolitik *(»Dortmund-Koalition«).*

Der *Sprecher* und »führende Kopf« *der SPD im Wirtschaftsausschuß* unterstreicht die praktische Notwendigkeit einer Trennung von technikfördernden und arbeitskraftqualifizierenden Handlungsansätzen und sieht die Sicherung der Akzeptanz für beide lokale Teilstrategien als eigentlich kommunalpolitisch bedeutsame Leistung an. Voraussetzung hierfür sei ein Kreis von Personen, der sich über die Grundrichtung der Wirtschafts- und Strukturförderung geeinigt hat und auch über die Parteigrenzen hinweg miteinander kooperiert (Interview mit dem Verf.). Der *DGB-Kreisvorsitzende* bejaht die Grundzüge der in Dortmund praktizierten Wirtschaftsförderungs- und Technologiepolitik als alternativlosen Weg aus der Krise und mahnt als weitestgehende Neuerung eine Institutionalisierung der Zusammenarbeit aller handlungsrelevanten Akteure unter ständiger Einbeziehung der Gewerkschaften an (»Dortmund-Konferenz«, DGB-Kreis Dortmund o.Jg.). Die strategisch wichtigste Verwaltungsinstanz, das *Amt für Wirtschaftsförderung,* verfolgt seinerseits konsequent die eigenen pragmatischen Vorstellungen stadtpolitischer Modernisierung und setzt dabei auf eine Politik der wechselnden (und faktisch asymmetrischen) Interessenberücksichtigung:

»Stehen Grundsatzdiskussionen über die Arbeit des Amtes im Wirtschaftsförderungsausschuß an, so werden unsere Tätigkeitsfelder seitens der Mitglieder vom Grad der Zustimmung her jeweils gefordert, inhaltlich unterstützt oder sozusagen geduldet. Wir erwarten nicht von der IHK, daß sie in jedem Einzelfall die Sinnhaftigkeit von AB-Maßnahmen oder die Förderung von Beschäftigungsinitiativen inhaltlich so mit stützt wie etwa die Technologieförderung, sondern sie muß das Gesamtpaket unseres Amtes und die gesamten Tätigkeitsfelder mittragen, und das gelingt uns auch. Umgekehrt muß der DGB nicht alle Einzelaktivitäten im Bereich der Technologieförderung mit akzeptieren. Wir diskutieren also nicht über Einzelmaßnahmen, sondern über das Gesamtpaket der Wirtschaftsförderung, das auch so bei den anderen Akteuren außerhalb der Verwaltung konsensfähig ist« (der Amtsleiter in einem Interview mit dem Verf.).

Vor diesem Hintergrund konnte das EWZ auch nicht zur zentralen Einrichtung einer integrierten lokalen Beschäftigungspolitik avancieren. Die politische Unterstützung, die der Aufbau des Modellprojektes in der SPD-Mehrheitsfraktion und auf gewerkschaftlicher Seite fand, blieb in ihrer Reichweite durchaus zeitlich und inhaltlich begrenzt. Im Unterschied zur Antikrisenpolitik der britischen Städte bezog der politische Konsens etwa nie eine weiterführende Umorientierung der institutionalisierten Stadtpolitik mit ein. Zu keinem Zeitpunkt war beispielsweise an eine, dem Londoner GLEB vergleichbare, Bündelung und Neuausrichtung der städtischen Interventionskapazitäten gedacht. Aus Sicht der kommunalpolitischen Entscheider wurde das EWZ vielmehr zu einem *partiell zu stützenden Projekt unter vielen* und konnte so, gemessen am ursprünglichen Anspruch seiner Initiatoren, auch nur »konzeptionell überfrachtet« sein. Die Rolle, die dem Zentrum nach den Vorstellungen von Verwaltung und Ratsmehrheit zukünftig zukommen soll, dokumentiert deutlich diese Tendenz zur »realpolitischen Reduktion«. Sowohl im Amt für Wirtschaftsförderung wie bei den wirtschaftspolitisch maßgeblichen Teilen der SPD-Fraktion sieht man das EWZ mit seinen Arbeitsfeldern »Entwicklung« und »Planung/Beratung« als überfordert an. Eine sinnvolle Perspektive der Einrichtung kann diesen Einschätzungen zufolge lediglich im Bereich der »Qualifizierung« liegen. Die Aufgabe des EWZ bestünde danach im wesentlichen in einer Ergänzung der Bildungs- und Weiterbildungsangebote im Rahmen des »zweiten Arbeitsmarktes«.

Die Initiatoren des EWZ sind ihrerseits bemüht, den überhöhten Erwartungsdruck auf das Zentrum zu reduzieren. Einen Vergleich mit weitaus umfangreicher geförderten Hochtechnologie-Projekten lehnen sie unter Verweis auf die kärgliche Mittelausstattung und die ABM-Basis der Arbeit in der eigenen Einrichtung ab[149]. Das Entwicklungszentrum hat

---

149 So entsprechen die im städtischen Haushalt 1988 für Begrünungsmaßnahmen im Technologiepark Dortmund (zweite Ausbaustufe des Technologiezentrums) einge-

sich dabei auf die vorherrschenden politischen Rahmenbedingungen eingestellt, versucht sie aber weiter durch die eigenen Arbeitsergebnisse zu
beeinflussen. Wolfgang Köbernik, Geschäftsführer des EWZ, hebt drei
auf kürzere Sicht realisierbare Zielsetzungen hervor: Der geplante und
teilweise bereits realisierte Umweltgewerbehof wird als Projekt mit
Modellcharakter für einen sinnvollen Umgang mit brachliegender indu-
striell-gewerblicher Infrastruktur betrachtet, das gleichzeitig einer Vielzahl von Arbeitslosen und ABM-Beschäftigten konkrete Qualifizierungs-
und Arbeitsperspektiven bieten kann. Zum zweiten könnten die Erfahrungen des EWZ und anderer örtlicher Beschäftigungsinitiativen dazu dienen,
den gesamten Arbeitsbeschaffungsmarkt in der Stadt Dortmund nach qualitativen Gesichtspunkten neu zu organisieren. Als drittes und weitrei-
chendstes Teilziel wird die Weiterentwicklung der gewerkschaftlichen Debatte um die Schaffung neuer Arbeitsplätze und die Chancen einer innovationsorientierten Produktpolitik auf betrieblicher Ebene genannt. Hier
sieht Köbernik die Chance, die betrieblichen Diskussionen durch Ent-
wicklungs- und Produktvorschläge aus der eigenen Arbeitspraxis anzurei-
chern und dadurch auf mittlere Frist auch eine Aufweichung der risiko-
scheuen Haltung ortsansässiger Unternehmen zu erreichen (Interview mit
dem Verf.).
   Auch unter dem Druck, in kürzester Zeit finanziell »auf eigene Füße zu
kommen«, hat das EWZ damit weder seine sozial- und arbeitsmarktpolitischen Ziele (Zielgruppenorientierung) noch seine technik- und strukturpolitischen Anliegen (exemplarische Verwirklichung eines beschäftigungswirksamen und sozial- wie umweltverträglichen Strukturwandels)
aufgegeben. Der integrierte Handlungsansatz wurde jedoch auf die
zunächst schmalen Realisierungsbedingungen hin modifiziert. Trotz der
widrigen Voraussetzungen kann sich das EWZ dabei zugute halten, daß
seine bisherige Arbeit die von der favorisierten »High-Tech-Schiene« ver-
nachlässigten Potentiale der regionalen Strukturentwicklung stärker ins
Blickfeld gerückt hat. Das Zentrum steht in Dortmund als Beispiel dafür,
wie man aus der lokalen Misere heraus noch mit *phantasievollen Problemlösungen experimentieren* kann. Durch seine Offenheit ist es inzwischen zu
einer Anlaufstelle für ganz unterschiedliche Gruppen geworden und stellt
einen der wenigen *stadtpolitischen »Brückenköpfe« zwischen alternativem
Spektrum und traditionell orientierter Arbeitnehmerschaft* dar. Nichtzuletzt
deshalb ist aus Sicht der Zentrumsinitiatoren klar, daß der Weg einer pro-

---

setzten 300.000 DM bereits in etwa der finanziellen Förderung, die das EWZ seit
seinem Bestehen insgesamt von kommunaler Seite aus erfahren hat.

blemorientierten und bedarfsangemessenen Stadtpolitik nicht an der Institution EWZ oder am EWZ-Konzept vorbeiführen kann. Ob die Handlungsphilosophie des Entwicklungszentrums aber in einer sich möglicherweise noch verschärfenden Krisensituation wirklich kommunalpolitisch an Boden gewinnt, oder ob sie in Zukunft abschließend zwischen die Mühlen anderweitig ausgerichteter Modernisierungs- und Abfederungsstrategien gerät, scheint gegenwärtig noch nicht ausgemacht.

5. Konzeptioneller Anspruch und kommunalpolitische Realität - Erfahrungen aus der ersten Phase lokaler Auseinandersetzungen

Die gewerkschaftlich inspirierten *Entwicklungszentren der »ersten Generation«* fanden so jeweils unterschiedliche kommunal- und regionalpoliti sche Voraussetzungen vor. Sie wurden je nach der lokal vorhandenen politischen Konstellation in unterschiedlichem Ausmaß durch kommunale Verwaltungen und Parlamente unterstützt. Bei ihrem Versuch, Qualifizierung und Arbeitsbeschaffung mit Technik- und Produktentwicklung auf dezentraler Ebene zu verknüpfen, stießen sie jedoch weitgehend unabhängig von den vorherrschenden parteipolitischen Mehrheitsverhältnissen letztlich allesamt auf Widerstand. Im Unterschied zur kommunalpolitischen Debatte in Großbritannien gelang es in dieser ersten Phase lokalpolitischer Auseinandersetzungen in der Bundesrepublik kaum, die Handlungsphilosophie eines integrierten beschäftigungspolitischen Ansatzes auf die *»harten Kernbereiche«* der Stadtpolitik auszudehnen. Die institutionalisierte Kommunalpolitik verharrte vielmehr bei einer Trennung von wirtschaftsfördernden und arbeitsmarktpolitischen Strategien und sah die weiterhin vornehmlich gewerkschaftsgetragenen Initiativen als mehr oder weniger förderungswürdige Einzelprojekte an. Die Entwicklungszentren selbst konnten ihren integrierten Wirkungsanspruch unter diesen Handlungsbedingungen nicht in vollem Umfang realisieren. Sie hatten stattdessen, gemessen an ihren ursprünglichen Intentionen, erhebliche Verkürzungen hinzunehmen:

- Das *Nürnberger ZATU* wurde bereits in seiner Gründungsphase von seiten der bayerischen Staatsregierung bzw. der ebenfalls CSU-dominierten Mittelbehörde blockiert. Daß das Zentrum seine regionalpolitischen Ambitionen zunächst lediglich als »Denkstatt« für Qualifizierungskonzepte einlösen konnte, ist aber auch auf die nur verhaltene Unterstützung durch die Befürworter-Kommunen zurückzuführen.

– Das *Osnabrücker ECOS* hatte von Anfang an die geringste kommunalpolitische Rückendeckung zu erwarten und verzichtete von daher darauf, sich mit eigenen Fertigungsstätten und Qualifizierungseinrichtungen zu etablieren. Erst die Nähe zum universitären Umfeld und der eher unterdurchschnittlich ausgebaute Forschungs- und Wissenstransfer am Ort ermöglichten es diesem Zentrum, sich insbesondere als Beratungsinstanz mit sozialwissenschaftlichem und technischem Knowhow für betriebliche und regionsbezogene Initiativen zu profilieren.

– Das *EWZ in Dortmund*, als größte und älteste Einrichtung dieser Art äußerlich unter den günstigsten Rahmenbedingungen gestartet, versucht noch am längsten, die drei Arbeitsbereiche Produktion/Entwicklung, Qualifizierung, Planung/Beratung mit eigenen Ressourcen zu realisieren. Die offizielle Stadtpolitik tendiert jedoch auch hier dazu, das Projekt zwischen kapitalorientiert modernisierter Wirtschaftsförderung und einer unsystematisch ausgeweiteten Arbeitsmarktpolitik zu isolieren.

Auf Akzeptanz stießen die gewerkschaftsnahen Projekte noch am ehesten mit ihren Angeboten im Bereich der Ausbildung[150] und Weiterqualifikation. Sie traten hier, meist in der Zusammenarbeit mit anderen Maßnahmenträgern und privaten Unternehmen, als Ideenlieferanten auf und bekamen ihre Leistungen aus nichtstädtischen Kassen (Bundesanstalt für Arbeit, EG-Sozialfonds etc.) finanziert. Auch die Kommunen, die den Zentrumsgründungen wohlwollend gegenüberstehen, sehen diesen Arbeitsschwerpunkt als deren eigentliches Tätigkeitsfeld an: Hier können die Projekte ergänzend zum in der Regel qualifikationsarmen »zweiten Arbeitsmarkt« wirken bzw. im noch relativ »weichen« Markt von FuU-Anbietern konkurrieren.

Je weniger damit der Anspruch auf eine gebrauchswertorientierte Umgestaltung der vorhandenen Produktions- und Dienstleistungsstruktur verbunden wird, um so leichter wird die Arbeit der Entwicklungszentren auch im Feld konfligierender lokalpolitischer Interessen toleriert. So folgte den zumeist harten stadtpolitischen Auseinandersetzungen in der Gründungsphase der Projekte jeweils eine Periode der »Entpolitisierung«, in der ihre Gestaltungsansprüche bereits »zurückgeschnitten« waren. Was leitenden Projektmitarbeitern einesteils zu Recht als allmählich wach-

---

150 Für die Erstausbildung gilt dies nur insofern, als die Entwicklungszentren darauf verzichteten, selbst Ausbildungsträger zu sein, und dadurch eine mögliche Konkurrenzsituation mit ortsansässigen Unternehmen vermieden wurde.

sende Akzeptanz aufgrund der bereits erreichten Zentrumsleistungen erscheint, spiegelt so andererseits auch ein Ergebnis der kommunalpolitischen Auseinandersetzungen in der zweiten Hälfte der 80er Jahre wider: Den dominierenden Interessenträgern am Ort gelang es *zunächst einmal*, die aus ihrer Sicht zentralen stadtpolitischen Handlungsfelder gegenüber den umfassenden Herausforderungen eines neuen Paradigmas lokaler und regionaler Entwicklung zu immunisieren.

Moderiert wurde dieses »Vor« und »Zurück« zwischen der Aufnahme neuer regionalpolitischer Ansätze und ihrer verkürzten Einpassung in das »Set« an lokal vorhandenen »Policies« im Rahmen der institutionalisierten Stadtpolitik, in Verwaltung und kommunalem Parlament. Der Einfluß der Befürworter der Zentrumsidee in Parteien und Administrationen reichte zu Anfang soweit hin, hier Mehrheiten für eine grundsätzliche Unterstützung der Projekte zu formieren. Über die konkrete Ausgestaltung dieser Unterstützung und die Abstimmung mit anderen kommunalen Handlungsstrategien wurde danach in einem widersprüchlichen Politikprozeß entschieden, der meist die lokale Verwaltung (insbesondere die Wirtschaftsabteilungen) in der dominanten Rolle sah. Hier setzte sich die Sachzwanglogik von machtstrukturell geprägten »Handlungserfordernissen« durch. Die Entscheider in Politik und Verwaltung waren in erster Linie bestrebt, Anschluß an einen *überregional wirksamen* privatwirtschaftlichen Modernisierungsschub zu halten, der jedoch ohne politische Steuerungs- und Übersetzungsleistungen nicht mit dem *regional aufbrechenden* qualitativen Entwicklungsbedarf kompatibel war. Sie griffen auf traditionelle Handlungsmuster zurück (Osnabrück) oder versuchten, in Kooperation mit Wissenschaft und Unternehmen »moderne« unternehmensnahe Förderstrukturen zu generieren (insbesondere Dortmund), ohne den regionalwirtschaftlichen Entwicklungsprozeß dabei einer *qualitativen Zielsteuerung* zu unterziehen. Die Förderung des »Faktors Arbeitskraft« erfolgte davon separiert, wurde von einzelnen Sachbearbeitern in eigenen Unterabteilungen betrieben oder blieb der unkoordinierten Bearbeitung durch die Personal- bzw. Sozialverwaltung überlassen.

Daß hier keine konzeptionelle Integration im Sinne einer neuen Bündelung der verfügbaren Ressourcen »von unten« gelang, ist als das eigentliche kommunalpolitische Innovationsdefizit anzusehen. Dem breiten Wirkungsanspruch der Entwicklungszentren gegenüber blieb die kommunale Behörden- und »Policystruktur« vielmehr parzelliert und konnte somit gar nicht auf die komplexen Handlungsanforderungen der gewerkschaftlichen Diskussionen reagieren. Mit ihren Arbeitsvorhaben der Ursprungskonzepte mußten die Zentren vielmehr »quer« zu diesen administrativen Organisations- und Handlungsmustern liegen. So nahm die institutionalisierte Stadtpolitik auch nicht die von der neuen Handlungsphilosophie ausgehenden Herausforderungen auf, sondern belieβ es im wesentlichen dabei, die gewerkschaftsnahen Projekte, ähnlich den Vorhaben »freier Träger«, in ihrer Grundausstattung (Räumlichkeiten, Personalkosten, Sachmittel) mitzufinanzieren. Dortmund und die sozialdemokratisch geführten Kommunen der Region Mittelfranken unterschieden sich dabei vom konservativ regierten Osnabrück weniger im grundsätzlichen Umgang mit ihren Zentren als im Ausmaß der jeweiligen Bezuschussung.

Im Gegensatz zur lokalpolitischen Entwicklung in Großbritannien zeigt sich hier die Hartnäckigkeit der bundesdeutschen kommunalen Politikstruktur. Die Vorstöße für eine integrierte, reproduktionssichernde und die Produktionsstrukturen innovierende Beschäftigungspolitik wurden hierzulande in kleinen wissenschaftlichen und gewerkschaftlichen »Expertengruppen« konzipiert, jedoch nicht von der Breite der gewerkschaftlichen und parteipolitischen Gliederungen aufgenommen und popularisiert. Ohne daß sie von einem entsprechenden Druck lokalpolitischer Auseinandersetzung dazu ermuntert worden wären, verzichteten die »Politikentscheider« in Parlament und Verwaltung aber weitgehend auf strukturelle Neuerungen und beließen es dabei, lediglich die vertrauten arbeitsmarkt- und wirtschaftspolitischen Strategien verstärkt zu nutzen bzw. zu modifizieren. In der Bundesrepublik gelang es daher zunächst nur in äußerst groben Umrissen, die Vorbildfunktion einer neuen Beschäftigungspolitik »von unten« zu demonstrieren. Der kommunalpolitische »Mainstream« verwies die gewerkschaftsnahen Ansätze im Rahmen der gesamten Stadtpolitik vielmehr auf eine Randposition und blieb gegenüber ihrer Handlungsphilosophie zu distanziert, als daß auf kommunaler Ebene bereits der Unterbau eines möglichen, gesamtgesellschaftlichen Gegenentwurfs zu erkennen gewesen wäre.

Ähnliches gilt für die politisch-kulturelle Funktion lokaler Beschäftigungsstrategien. Die gewerkschaftlichen Entwicklungszentren nahmen in den Städten, in denen sie gegründet wurden, die Rolle von beratenden und kooperationsstiftenden Instanzen ein. Sie wurden hier zu Anlaufstellen ganz unterschiedlicher gesellschaftlicher Gruppierungen: von Belegschaften und gewerkschaftlichen Vertretungen, Arbeitsloseninitiativen und kritischen Wissenschaftlern, bis zu interessierten Ingenieuren, Erfindern und einzelnen Unternehmern hin. Diese Impulse reichten jedoch dennoch kaum aus, die lokale Innovations- und Beschäftigungsförderung zum zentralen Lern- und Austauschfeld einer sozial-kulturell und politisch in Diffusion befindlichen Arbeitnehmerschaft zu definieren. Um diesen Effekt herzustellen, wurde der Bereich der lokalen Beschäftigungsinitiativen von den örtlichen Partei- und Gewerkschaftsorganisationen nicht offensiv genug besetzt. Hierzu wäre eine kommunalpolitische Strategie erforderlich gewesen, die nicht nur an die Konsensfähigkeit der lokalen Macht- und Entscheidungsträger appelliert (»Dortmund-Koalition«), sondern, tiefgreifender, *eine inzwischen pluralistisch ausdifferenzierte Stadtbevölkerung entlang der subjektiv wahrgenommenen Defizite ihrer jeweils konkreten (und dabei unterschiedlichen) Arbeits- und Lebenssituation für qualitative Umbauziele mobilisiert.* Ein solches Niveau lokalpolitischer Auseinandersetzung, das für wachsende Bevölkerungsteile die Wünschbarkeit *und* Praktikabilität einer sozial-ökologischen Neuverknüpfung von brachliegendem Arbeitsvermögen und unbefriedigten Bedarfsfeldern erweisen kann, wurde allerdings in den bundesdeutschen Kommunen bislang kaum erreicht.

6. Programm und Perspektiven einer dezentralen Innovations- und Beschäftigungsstrategie

6.1 Vor einer neuen Etappe des Konflikts

Dennoch hat die Zuspitzung der ökonomischen und sozialen Probleme seit Anfang der 80er Jahre auf lokaler Ebene erstmals zu grundlegenden Kontroversen in den vormals noch weitgehend konsensualen Bereichen der Arbeitsmarkt- und Wirtschaftsförderungspolitik geführt. Unter Krisenbedingungen ließen sich die verschiedenen Anliegen von Arbeitgebern, Gewerkschaften und öffentlicher Hand zunehmend schwerer in ein konfliktfreies Modell kommunaler Aufgabenwahrnehmung integrieren. Unternehmer und Kammervertreter forderten allerorten eine Forcierung und Modernisierung der kommunalen Wirtschaftsförderungspolitik, während kritische Stimmen insbesondere aus den Reihen von Sozialdemokraten, Grünen, Gewerkschaften und Initiativen immer stärker an einer interventionistischen und qualitativ steuernden Stadtpolitik gelegen war.

Wo sich in der zweiten Hälfte der 80er Jahre die Forderungen nach einer inhaltlichen Neuausrichtung der Kommunalpolitik verdichteten, verhielten sich die Verwaltungen und »Politikentscheider« der Parteien in der Regel zunächst abwartend und versuchten, die sozial-ökologische Kritik entweder nur partiell in die bisher betriebene Politik einzubeziehen oder aber kritische Gruppierungen von »sensiblen« Politikfeldern weitgehend fernzuhalten (vgl. auch F. Maier 1988). Da es in der lokalen Administration vorwiegend bei einer formalen Zuständigkeitsverteilung blieb, verfügte die institutionalisierte Stadtpolitik zudem kaum über zusätzliche planerische Kompetenz. In der Mehrzahl der Kommunen entstand vor diesem Hintergrund jene *Mischung aus kapitalorientierter Wirtschaftsförderungs- und unsystematisch ausgeweiteter Arbeitsbeschaffungspolitik*, deren praktische Umsetzung wiederum Rückwirkungen auf die lokal vorhandenen Kräftekonstellationen hat.

So wurde der für erforderlich erachtete Koordinierungsbedarf mit verwaltungsexternen Partnern vor allem technokratisch-funktional bestimmt. Die stadtpolitisch Verantwortlichen neigten dazu, die gesellschaftlichen Akteure lediglich in den für sie angeblich relevanten Belangen zu involvieren: Konkretere Fragen der »harten« zukünftigen Wirtschafts- und Dienstleistungsstruktur blieben häufig der Diskussion mit Banken, Kammern und Unternehmern vorbehalten, während Gewerkschaften und neu gegründete Projekte nicht selten nur in unverbindlichere Gespräche über »weiche« und weniger umfangreiche Sondermaßnahmen (Förderung alternativer Unternehmen, einzelne Qualifizierungsmaßnahmen, ABM-Entwicklung im öffentlichen Dienst etc.) eingebunden waren. Eine auf diese Art und Weise vollzogene »Aktivierung aller regionalen Handlungsträger« hat aber schon vorher existierende *asymmetrische Formen der Beteiligung und Willensbildung* eher noch verstärkt.

Deutet sich damit Anfang der 90er Jahre bereits die neuerliche Eindämmung und Kanalisierung eines zwischenzeitlich erhöhten lokalen Politisierungsdruckes an? Auch in den meisten Kommunen, deren Stadtregierungen den Kurs der zentralstaatlichen Ebene ansonsten kritisieren, fand in der ersten Runde der Auseinandersetzung um lokale Beschäftigungsstrategien seit Mitte der 80er Jahre kein konzeptioneller Durchbruch statt. Wo aus dem kritischen Parteien- und Gewerkschaftslager neue programmatische Ansätze entwickelt wurden, reichte der lokalpolitische Elan oft nicht hin, relevante Bereiche der Stadtpolitik umzuorientieren. Vielmehr tendiert eine Vielzahl auch von »aktiven« Städten und Gemeinden dazu, mit einer konzeptionslosen Ausweitung ihres Instrumenteneinsatzes die unter Status-quo-Bedingungen gegebene Verteilung von Marktmacht und politischem Einfluß zu reproduzieren. Kommunalpolitische Mehrheiten, die in Opposition zum Bonner Regierungsbündnis stehen, scheinen in diesem Zusammenhang keineswegs eine hinreichende Garantie für lokale Gegenmachtpolitik zu sein. Auch sozialdemokratisch oder rot-grün geprägte kommunalpolitische Instanzen stehen in der Gefahr, die *Aufspaltung in eine kapitalrationale Modernisierung des Produktionsapparates und dem »Faktor Arbeitskraft« gewidmete Nachsorgestrategien* nachzuvollziehen.

Doch handelt es sich andererseits bei der Auseinandersetzung um die Durchsetzung integrierter lokaler Beschäftigungsstrategien um einen gesellschaftlich *noch offenen Prozeß*. Als Gegentendenz zu den Hauptlinien der etablierten Kommunalpolitik wurden in den letzten Jahren die kritischen inhaltlichen Diskussionen insbesondere in grünen und sozialdemokratischen Parteigruppierungen intensiviert. Wie die große Zahl selbst in ländlichen Regionen vorgenommener oder geplanter Neugründungen belegt, hat auch die Handlungsphilosophie der Entwicklungszentren über gewerkschaftliche »Insider-Kreise« hinaus inzwischen eine weite Verbreitung erfahren. Ob diesen neuen Handlungsansätzen in einer *zweiten* Phase lokaler Auseinandersetzungen eine stärkere Umorientierung der »Mainstream«-Kommunalpolitik gelingt, wird nicht zuletzt davon abhängen, inwieweit die Protagonisten einer integrierten Beschäftigungsförderung von den Erfahrungen der *ersten* Runde profitieren.

Die zukünftig auf kommunaler Ebene zu lösende Aufgabe läßt sich dabei nach zwei Seiten hin definieren: Zum einen geht es der Sache nach darum, den *kommunalen Ressourceneinsatz* und auch die Beeinflussung der *betrieblichen Entwicklungen* in der Region durchgängig an einem *Konzept der qualitativen Beschäftigungssicherung* zu orientieren. Dies erfordert inhaltliche Rahmenvorgaben durch kommunale und regionale Entwicklungspläne wie eine Intensivierung der regionsinternen Austauschbeziehungen und Koordinierungsleistungen durch eine verbesserte ämter- und unternehmensübergreifende Kooperation. Zum anderen wird das volle Potential der endogenen Entwicklungskräfte nur fruchtbar zu machen sein, wenn sich der Streit um lokale Beschäftigungsförderung und qualitative Umbauprogramme nicht auf inneradministrativ oder rein parlamentarisch ausgetragene Konflikte reduziert. Bemühungen um eine dezentrale Innovations- und Beschäftigungsförderung versickern offensichtlich leicht zwischen widerständigen kommunalpolitischen und betrieblichen Interessen, wenn sie nicht gleichzeitig mit wirkungsvollen und anhaltenden *Demokratisierungsprozessen* verbunden werden.

6.2.   Den lokalen Handlungsbedarf ermitteln und seine fachpolitische Umsetzung organisieren

Im Mittelpunkt einer *integrierten lokalen Beschäftigungspolitik* muß der Versuch stehen, die Schaffung von Arbeitsplätzen und die Verbesserung der Arbeits-, Umwelt- und Lebensbedingungen konkret aufeinander zu beziehen. Wo das schrittweise gelingt, beginnt die lokale Ebene eine Gegenkraft zum zentralstaatlich gesteuerten Mix aus kapitalrationaler Modernisierungsförderung und sozialer Ausgrenzungspolitik zu sein und wirkt im Sinne qualitativer Veränderungen auf die gesamtstaatlich verfolgten Politikstrategien zurück. Dazu ist die in der kommunalen Praxis äußerst stabile Grenzziehung zu überwinden, nach der die Modernisierung des vorhandenen Produktions- und Dienstleistungsapparates in aller Regel nur über kapitalfördernde Ansätze betrieben wird, während der Faktor Arbeitskraft lediglich unter der Bedingung bereits eingetretener Arbeitslosigkeit Gegenstand von Nachsorge- und Nothilfemaßnahmen ist. Dies verlangt nach einer Kommunalpolitik, die in einem umfasssenderen Sinne alle verfügbaren Ressourcen für qualitative regionale Entwicklungsziele mobilisiert und dabei zu einer sinnvollen Verknüpfung von *gemeindepolitischen* und *betrieblichen* Handlungsansätzen führt.

Augenfällig ist zunächst, daß für eine konzeptionell angeleitete Antikrisenpolitik auf dezentraler Ebene die verfügbare *Informationsbasis* verbessert werden muß. In den meisten Städten und Gemeinden fällt die Datenlage zur örtlichen Wirtschafts- und Arbeitsmarktstruktur bis heute äußerst dürftig aus. Eine erste Voraussetzung zur Erstellung lokaler und regionaler Entwicklungskonzepte wäre der Aufbau einer jährlich fortzuschreibenden *Wirtschafts-, Beschäftigungs-* und *Arbeitsmarktberichterstattung*, die auch mittelfristige Trendaussagen möglich macht. Quellen für einen solchen jährlichen Wirtschafts- und Arbeitsmarktbericht können die Statistiken der Arbeitsämter sowie die von den Kommunen und Regierungsbezirken regelmäßig erhobenen Einzeldaten sein. Ergänzt werden müßte diese öffentliche Datenerfassung durch Informationen zur betrieblichen Entwicklung, die etwa über Befragungen von ortsansässigen Unternehmen und Belegschaftsvertretungen zu gewinnen wären. Einzubeziehen wären ebenfalls regelmäßige Berichte über lokale Förderungsmaßnahmen, da die eingesetzten Instrumente nur auf einer solchen Grundlage beurteilt, in ihrer Wirkung eingeschätzt und gegebenenfalls verbessert werden können.

Von entscheidender Bedeutung scheint hierbei insgesamt zu sein, daß es nicht nur zu einer technisch verstandenen Informationsanhäufung, sondern zu einer breiten Thematisierung der zugrundeliegenden regionalwirtschaftlichen Entwicklung kommt. Insofern besteht Bedarf an *öffentlicher Partizipation* bei der Informationsgewinnung wie bei ihrer Darbietung. So kann etwa die Beteiligung von Arbeitnehmern und Gewerkschaften bei der Aufarbeitung der regionalökonomischen Situation ebenso wie bei perspektivischen Diskussionen im Rahmen regelmäßig stattfindender *Wirtschafts-* und *Arbeitsmarktkonferenzen* zu völlig neuartigen Lageeinschätzungen führen. Während die von kommunaler Seite angeregten oder durchgeführten Untersuchungen zur lokalen Wirtschafts- und Arbeitsmarktsituation bislang noch beispielhafte Ausnahmefälle darstellen[151], können die Gewerkschaften hier mit ihren im Rahmen der Studienförderung der Hans-Böckler-Stiftung angefertigten Regionalanalysen denn auch bereits auf einige Vorarbeiten zurücksehen (Hans-Böckler-Stiftung 1985).

Die qualitative Substanz einer bedarfswirtschaftlich ausgerichteten Beschäftigungspolitik besteht im wesentlichen darin, den *sozialen* und *ökologischen Entwicklungsbedarf* der Region zu definieren, ihn in operationalisierbaren *Programmvorrat* zu transformieren und seine etappenweise *Umsetzung* zu organisieren. Da lokale Beschäftigungsstrategien aber auf eine Vielzahl von (verschieden einflußreichen) Akteuren mit jeweils unterschiedlichen Teilzielen und Handlungsorientierungen treffen, gelingt eine solche Politik notwendig nur als widersprüchlicher Prozeß. Hier kommt es in einer zweiten Phase lokaler Auseinandersetzungen entscheidend darauf an, daß der Ansatz einer dezentralen Innovations- und Beschäftigungsförderung für die Kernsektoren der betrieblichen und öffentlichen Investitionstätigkeit Gestaltungskraft gewinnt und nicht letztendlich zwischen privatwirtschaftlichen Gewinnmotiven und bürokratisch-administrativen Verkrustungen zerrinnt. Insbesondere solange noch keine demokratisch legitimierten Gremien zur dezentralen Investitions- und Wirtschaftslenkung existieren (Wirtschafts- und Sozialräte), fällt den Kommunen sowie den ersten regionsbezogenen betrieblichen Initiativen dabei eine Schlüsselrolle zu. Kommunale und gewerkschaftliche Handlungsansätze können aber die institutionell gegebenen Spielräume nur vollständig nutzen und erweitern, wenn sie sowohl bei der Bedarfsermittlung wie bei der Maßnahmengestaltung die Interessen und Ideen der Arbeitnehmer, Verbraucher und Quartiersbewohner als Innovationsressourcen aktivieren.

Die Kommunen selbst sind in vielen Bereichen in der Lage, Initiativfunktionen zu übernehmen. So fehlen für fast alle stadtpolitischen Berei-

---

151 Vgl. etwa Stadt Wiesbaden 1986; für die Ebene der Landkreise bspw. U. Bohnenkamp/H. Bontrup/J. Eisbach 1987 (Kreis Lippe).

che in der Regel *qualifizierte fachpolitische Konzepte,* auf deren Grundlage ein längerfristiger Entwicklungs- und Investitionsbedarf erst zu ermitteln ist. Programmvorrat fällt hier in nahezu allen Feldern der stofflichen Produktion und der personenbezogenen Dienstleistungen an: in der *Wohnungspolitik* (A. Evers/H.-G. Lange/H. Wollmann (Hrsg.) 1983) wie bei einer ressourcenschonenden Umstellung der *Energieversorgung* (P. Hennicke u.a. 1985), bei den vielfältigen Aufgaben des *Umweltschutzes* (J. Hucke 1984; J. Welsch 1985) wie beim Ausbau der *sozialen Dienste* und der stadtteilbezogenen *sozialen Infrastruktur* (J. Krüger/E. Pankoke (Hrsg.) 1985; für das neuerdings expandierende Gebiet der Alterssozialpolitik vgl. P. Gitschmann 1987).

Im Bereich der *lokalen Umweltpolitik* läßt sich etwa exemplarisch zeigen, wie die Rolle der Kommunen in einem dezentral vorangetriebenen Umbauprozeß ausgestaltet werden kann. Es geht darum, reaktive kommunale Politikmuster zu überwinden, entlang inhaltlicher Entwicklungsvorstellungen planvoll zu intervenieren und dabei die überörtlichen Ressourcen wie die Handlungspotentiale der dezentralen Akteure im Interesse der qualitativen Zielvorgaben zu kombinieren.

6.3.   Die kommunalen Ressourcen umfassend mobilisieren

Um eine solche offensive und qualitativ ausgerichtete Beschäftigungsstrategie verfolgen zu können, müssen die Kommunen zunächst den Einsatz ihrer eigenen Handlungsressourcen neu strukturieren.

Erforderlich ist eine *selektiv steuernde Haushaltspolitik,* die weder pauschale Kürzungen vornimmt, noch die Budgetgestaltung an den lokal vorhandenen ökonomischen Einflußlinien orientiert. Hier ist insbesondere der eng gezogene Kreis der Entscheidungsträger zu problematisieren. Die kommunale Budgetpolitik wird fast überall von wenigen »Experten« dominiert, die sich in der Regel mehr einer kameralistischen Haushaltslogik als stadtpolitischen Entwicklungszielen verpflichtet sehen. So tun sich selbst in strukturell benachteiligten Kommunen zumeist nach kritischen Diskussionen noch finanzielle Handlungsspielräume auf. Während die Belastungsgrenzen bei den Gebühren und Entgelten für städtische Dienstleistungen weitgehend erreicht sein dürften und hier eher kundenfreundliche Tarifgestaltungen vielversprechend sind (höhere Fahrgastziffern und Auslastungsquoten durch preisgünstige Umweltkarten im ÖPNV bspw.), kommt einer Anhebung der Gewerbesteuerhebesätze nach vorliegenden Untersuchungen kaum eine entscheidende Bedeutung bei der Kosten-

Abb. 15: Beschäftigungswirksame Handlungsmöglichkeiten beim Umweltschutz

Umweltschutz-aufgabe	Maßnahmenart	Hauptinvestor	Handlungsmöglichkeiten der		positive Beschäftigungseffekte in den Branchen
			Kommunalverwalt.	Komm. Unternehmen	
Luftreinhaltung	Sanierung emittierender Anlagen	Schwerindustrie, Energiewirtschaft	eigene Kontrolltrupps, Messungen	Energieversorgungsunternehmen, Stadtreinigung (Müllverbrennung)	Anlagen- und Apparatebau, Meß- und Regelungstechnik
	Bleifreies Benzin, Katalysator-Kfz	Private Haushalte	Tankstellen, Dienstfahrzeuge	Tankstellen, Fahrzeuge	Apparatebau
	Ersatz stark emittierender und energieverbrauchender Heizungssysteme (örtliche und regionale Versorgungskonzepte)	Energieverteilung: Versorgungsunternehmen, -verwendung: Hauseigentümer, u.U. Mieter	Entwicklung von Versorgungskonzepten (Planung), Festlegung von Vorranggebieten, Beratung	Energieversorgungsunternehmen	Eisen- und Stahl-, Baustoffindustrie, Tiefbau, Ausbaugewerbe
Lärmschutz	Sanierung von Industrieanlagen	Generell Industrie, Gewerbe	eigene Kontrolltrupps	alle, soweit betroffen	Baustoffindustrie
	Kfz-Lärmminderung an der Quelle	Private Haushalte, Nutzfahrzeughalter	Planung von Benutzervorteilsgebieten	alle, soweit Kfz-Halter	Apparatebau, Dämmstoffindustrie
	passiver Schallschutz (Schallschutzfenster, -wände, -wälle)	Hauseingentümer, u.U. Mieter; Verkehrswegeträger (öfftl.)	Schallschutzwälle, -wände	Schallschutzwälle, -wände	Glasindustrie, Baustoffindustrie, Tiefbau, Ausbaugewerbe
	Verkehrsberuhigung	Kommunen	Tempo 30, verkehrsberuhigte Zonen, Radwege	Angebotsverbesserung ÖPNV	Tiefbau
Gewässerschutz	Frischwasserverbrauchsminderung	wasserverbrauchende Industrie, Hauseigentümer	Tarifgestaltung; Einsparung bei öff. Gebäuden	Wasserwerke: Beratung, doppelte Leitungen; alle, soweit Verbrauch	Anlagen- und Apparatebau, Baustoffindustrie, Tiefbau, Ausbaugewerbe
	Verbesserung der Abwasserreinigung (Kanalisation, Kläranlage, Schlammbeseitigung)	Kommunen; industrielle Direkt- und Indirekteinleiter	eigene Kontrolltrupps	Stadtentwässerung: Investitionen, Tarifgestaltung	Anlagen- und Apparatebau, Baustoffindustrie, Tiefbau
Abfallwirtschaft	getrennte Müllsammlung	Kommunen	Anschluß- und Benutzungszwang. Tarife	Stadtreinigung	Stadtreinigung
	Kompostierung von Haus- und Gartenabfällen	Kommunen	Anschluß- und Benutzungszwang. Tarife	Gartenbauamt, Stadtreinigung	Gartenbauamt, Stadtreinigung
	Recycling	private Sekundärrohstoffverwerter, Kommunen	Abnahmeverträge	Stadtreinigung	Anlagen- und Apparatebau, Verwertungsbetriebe
	Energetische Nutzung	Versorgungsunternehmen	Abnahmeverträge	Energieversorger	Anlagen- und Apparatebau

Umweltschutz- aufgabe	Maßnahmenart	Handlungsmöglichkeiten der			positive Beschäftigungseffekte in den Branchen
		Hauptinvestor	Kommunalverwalt.	Komm. Unternehmen	
Umwelt- chemikalien	Verbraucher- und Anwenderberatung	Kommunen	Beratungsstellen		Kommunen
	Lebensmittelüberwachung	Staat, Kommunen	Untersuchungsämter		öff. Verwaltung
	Beschränkung des Dünge- und Schädlingsbekämpfungsmitteleinsatzes (Entwicklung "natürlicher" Methoden)	Landwirtschaft	Beratungsstellen	Stadtreinigung, Gartenbau, sonstiger Unterhaltungsträger	jeweiliger Investor, Kommunen
Bodenschutz	Tausalzfreier Straßenwinterdienst	Kommunen	Satzung	Stadtreinigung	Stadtreinigung, Baustoffindustrie
	Erfassung und Überwachung kontaminierter Flächen	Staat, Kommunen	eigene Kontrolltrupps		Kommunen, Meßtechnik
	Sanierung kontaminierter Flächen	Eigentümer, Kommunen	u.U. Bauleitplanung	alle Betroffenen, z.B. Gaserzeugung	Tiefbau, Gartenbau
	Entsiegelung von Flächen	Eigentümer, Kommunen	öff. Flächen		Tiefbau, Gartenbau
Innerstädtisches Grün	Ausbau und Unterhaltung öffentlicher Grünflächen	Kommunen	Bauleitplanung, Flächenerwerb	Gartenbauamt	Gartenbauamt
	Wohnfeldverbesserung (Hof- u. Dachbegrünung)	Hauseigentümer, Kommunen	Bauleitplanung, öff. Gebäude und Flächen	Gartenbauamt	Gartenbauamt
Naturschutz, Landschaftspflege	Erfassung und Überwachung von Biotopen	Staat, Kommunen	eigene Erhebungsprogramme, Kontrolltrupps		Investor, Ökologie
	Erstellung roter Listen	Staat, Kommunen	eigene Erhebungsprogramme		Investor, Ökologie
	Klimauntersuchungen	staatl. Kommunen	eigene Erhebungsprogramme		Investor, Ökologie
	Herrichtung von Biotopen (Flächensicherung, Anpflanzungen, Bodenprofiländerungen, Renaturierung von Gewässern usw)	Staat, Kommunen, Eigentümer, Landwirtschaft	eigene Flächen, Flächenerwerb	Gartenbauamt	Tiefbau, Gartenbau
Umweltbewußt- sein	Umweltforschung	Staatl. Unternehmen	eigene Aufträge, Beteiligung an Modellvorhaben	eigene Aufträge, Beteiligung an Modellvorhaben	Ökologie i.w.S
	Informationsschriften	Staat	eigene		Medien
	Veranstaltungen in Schulen, Volkshochschulen, Einzelveranstaltungen	Kommunen	eigene Veranstaltungen	Volkshochschulen	Investor, Pädagogik
	Umweltinformationsstelle, Umwelttelefon	Kommunen	eigene Verwaltungsstelle		Kommunen

Quelle: J. Hucke 1985; J. Welsch 1985

belastung der Unternehmen zu[152]. Übliche Sondertarife für Großabnehmer etwa beim Energieverbrauch sind weder unter ökonomischen noch unter ökologischen Gesichtspunkten als sinnvoll anzusehen und sollten daher zurückgenommen werden. Unterschiedliche Spielräume bestehen aufgrund der auseinanderfallenden Haushaltssituation sicherlich, was die Fähigkeit zur kommunalen Kreditaufnahme anbelangt. Doch auch in finanzschwachen Kommunen läßt sich häufig das Schulden- bzw. Finanzierungsmanagement noch optimieren (Umschuldungen, Verschiebung der Verschuldung auf Eigenbetriebe und -gesellschaften etc.).

Insgesamt sind gerade in besonders krisenbetroffenen Regionen die Fachverwaltungen in die Lage zu versetzen, alle extern verfügbaren Ressourcen zu akquirieren und die örtliche Finanzpolitik primär an möglichen Struktur- und Beschäftigungseffekten zu orientieren. Das Ergebnis einer in diesem Sinne erneuerten lokalen Budgetpolitik wird aber kaum nur auf dem Wege verwaltungsinterner Reformmaßnahmen zu erzielen sein. Für Umorientierungen in diesem »harten Kernbereich« der kommunalen Politik sind vielmehr anstoßgebende und begleitende Auseinandersetzungen erforderlich, wie sie von vereinzelten gewerkschaftlichen Gruppierungen in der Vergangenheit bereits ansatzweise betrieben worden sind (vgl. ÖTV-Kreis Frankfurt 1984).

Insbesondere gilt es, die *kommunale Investitions-* und *Beschaffungspolitik* nach beschäftigungspolitischen Kriterien zu reorganisieren. Die lokalen Arbeitsplatzeffekte können sehr unterschiedlich ausfallen, je nachdem ob regionsexterne Großbetriebe oder ortsansässige Unternehmen mit entsprechenden Liefer- und Leistungsverflechtungen bevorzugt werden. Bei in der Region angesiedelten Unternehmen bietet sich auch am ehesten die Möglichkeit, die Auftragsvergabe mit qualitativen Auflagen zu versehen und die Einhaltung gegebener Zusagen zu kontrollieren. So könnten unter Beachtung des geltenden Vergaberechts besonders solche Unternehmen

---

152 Bei der absoluten Belastungshöhe der Unternehmen wird häufig mit dem Anteil der Gewerbesteuern am Gewinn bzw. Ertrag argumentiert. Diese Größenrelation hat jedoch nur wenig Aussagegehalt. Zum einen werden die Gewerbesteuerzahlungen bei der Einkommen- bzw. Körperschaftsteuerveranlagung als Betriebsausgaben abgesetzt, so daß die wirkliche Gewinnbelastung deutlich niedriger liegt. Zum anderen dürfte für das Standortwahlverhalten der Unternehmen nicht der Anteil der Gewerbesteuer am Unternehmensgewinn, sondern der Anteil der Gewerbesteuer an den betrieblichen Gesamtkosten als angemessene Bezugsgröße anzusehen sein. Hier liegen die Belastungen, vorliegenden Untersuchungen zufolge, bei 85 % aller Branchen zwischen 0 und 1,5 %. Nur 1 % der Branchen wird mit mehr als 2,5 % seiner betrieblichen Ausgaben belastet, vgl. D. Hotz/D. Hillersheim 1985: 187. Demnach stellen die Gewerbesteuerhebesätze eher einen äußerst marginalen Faktor für das reale betriebliche Standortverhalten dar.

berücksichtigt werden, die sich um qualifizierte Ausbildung bemühen, am Arbeitsmarkt benachteiligte Gruppen zum Beispiel durch eine Kombination mit Arbeitsbeschaffungsmaßnahmen dauerhaft integrieren oder über vorbildliche Mitbestimmungsregelungen verfügen.

Gleichzeitig kommt es darauf an, bei der Auswahl der Investitionsfelder die kurzfristigen Finanzierungsanreize staatlicher Zweckzuweisungen zu relativieren. Der Einsatz der vorhandenen Investitionsmittel muß sich vielmehr auf die örtlichen Bedarfsbereiche konzentrieren und vorrangig eine Verbesserung der erwünschten lokalen Infrastruktur (Umnutzung, Umbau, erhaltende Erneuerung im Gebäudebestand, Wohnumfeldverbesserungen, öffentlicher Nahverkehr etc.) im Auge haben. Eine besondere Rolle fällt hier auch der kommunalen Beschaffungspolitik zu. Das insgesamt erhebliche öffentliche Nachfragepotential läßt sich zielgerichtet für eine Einführung umweltfreundlicher Produkte und Verfahren nutzen, wodurch innovativen Erzeugnissen aus regionsansässigen Betrieben auch der breitere Marktzugang erleichtert werden kann (D. Eißel 1985; G. P. Radtke/W. Schulz 1986).

Die Kommunen werden diesen neuen Aufgabenstellungen nur nachkommen können, wenn sie ihre eigenen *Planungs-* und *Beratungskapazitäten* drastisch erhöhen. Gerade für finanzschwache Städte, Kreise und Gemeinden ist eine *selektive Aufstockung* des *Personalbestandes* dabei nicht als »unproduktive« Ausgabensteigerung anzusehen. Sie schafft vielmehr erst die Voraussetzungen dafür, auf eine sich in Zukunft noch verschärfende »Drucklage« mit angemessenen lokalen Antikrisenstrategien zu reagieren. Neben einer generell erforderlichen Ausweitung von Planstellen in zentralen Feldern des öffentlichen Bedarfs (Krankenhäuser, Kindergärten und Tagesstätten, ambulante Dienste, Altenhilfe, soziale Beratungsdienststellen u.v.m.) geht es insbesondere darum, die »Brain-trust«-Funktionen und Interventionskompetenzen der lokalen Verwaltung auszubauen. Die Kommunen müssen dazu neue Stabsstellen einrichten (wie bspw. in der Frauenförderung), neue Ämter schaffen bzw. bestehende Ämter um qualifizierte Stellen erweitern (Umweltamt, Amt für Stadtentwicklung) sowie »Querschnittsaufgaben« gemäß den zunehmend komplexeren Handlungsanforderungen ämterübergreifend koordinieren. Eine Intensivierung der administrationsinternen Kooperation muß vor allem darauf hinauslaufen, die beschäftigungspolitischen und entwicklungspolitischen Verantwortlichkeiten stärker organisatorisch zu bündeln und die zuständigen Instanzen mit größeren Zugriffschancen auf die beteiligten Ressorts auszustatten.

Für die Konzeption und Durchsetzung einer integrierten beschäftigungspolitischen Strategie kann insbesondere die Einrichtung eines eigenen *Amtes für Beschäftigungsförderung* notwendig sein, das die bisherigen Tätigkeiten der Wirtschaftsförderungsdienststellen sowie die bislang von den Personal- bzw. Sozialämtern wahrgenommenen Aufgaben der Arbeitsbeschaffung nach neuen Zielvorgaben zusammenfaßt. Ein solches Querschnittsamt könnte gleichzeitig federführend für die Erstellung von Bedarfs- und Branchenanalysen zuständig sein, »strategische Entwürfe« konzipieren und sie in konkrete Teilmaßnahmen übersetzen. Ihm würde es obliegen, Kontakte zu den verwaltungsexternen Akteuren (Arbeitsamt, Unternehmen, Gewerkschaften, Hochschulen) herzustellen und eine Vernetzung der insgesamt vorhandenen Handlungspotentiale um das zugrundeliegende stadtpolitische Konzept herbeizuführen. In einzelnen »Vorreiter-Städten« wurde in diesem Sinne bereits damit begonnen, zersplittete Verwaltungsstrukturen zu integrieren (Bielefeld, Wiesbaden z.B.).

Eine umfassende beschäftigungspolitische Neuorientierung muß auch die häufig »schlummernden« Ressourcen der *Eigenbetriebe* und *Gesellschaften unter kommunalem Einfluß* einbeziehen. Die wirtschaftliche und rechtliche Selbständigkeit der betreffenden Unternehmen macht diesen Teil des öffentlichen Sektors zu einem nur schwer zugänglichen und zumeist auch wenig politisierten Bereich, für dessen Geschäftspolitik noch immer vorwiegend betriebswirtschaftliche Kalkulationen ausschlaggebend sind. Im Gegensatz zur privaten Wirtschaft besteht hier jedoch grundsätzlich uneingeschränkte öffentliche Steuerungskompetenz. Auch einer stärkeren gewerkschaftlichen Einwirkung sind keine prinzipiellen Grenzen auferlegt. Die bei den öffentlichen Unternehmen vorhandenen Betriebs- und Ausbildungseinrichtungen bieten sich vielmehr geradezu für qualitative beschäftigungspolitische Modellvorhaben an.

Den kommunalen Versorgungsunternehmen kommt dabei aufgrund ihres Investitions- und Nachfragepotentials aber insbesondere mit der Ausgestaltung ihrer Leistungsangebote eine entscheidende Bedeutung für den ökologischen Umbau auf dezentraler Ebene zu. Die Umstellung auf eine umwelt- und bedarfsgerechte regionalisierte Energiepolitik, die Ausweitung des öffentlichen Nahverkehrs, eine Verstärkung des kommunalen Wohnungsbaus sowie eine vorbildhafte Abfall- und Wasserwirtschaftspolitik würden gleichzeitig auch positive regionale Beschäftigungseffekte in erheblichem Umfang produzieren.

Unausgeschöpfte Handlungsspielräume weist ebenso das öffentlich kontrollierte *Sparkassenwesen* auf. Hier können die kommunalen Gewährträger über Vorgaben des Verwaltungsrates bzw. entsprechende Satzungsänderungen dafür sorgen, daß Arbeitsplatz- und Umweltschutzbelange bei der Kreditvergabe vorrangig beachtet werden. Öffentliche und private Investitionsvorhaben, die sich mit den Zielen der regionalen Entwicklungsplanung decken, wären danach zu günstigeren Konditionen zu kreditieren. Aus entstandenen Sparkassengewinnen, die ohnehin nach Rücklagenbildung[153] den Gewährträgern respektive gemeinnützigen Zwecken zuzuführen sind, ließen sich gleichfalls regionalpolitische Modellprojekte finanzieren. Sparkassenbeteiligungen, wie sie bisher an diversen »Venture-Capital«-Gesellschaften existieren, sollten nur zur Finanzierung von Fonds eingegangen werden, deren Vergabepraxis an qualitativen Kriterien ausgerichtet ist.

6.4.   Wirtschafts- und arbeitsmarktpolitische Strategien zusammenführen

Vor dem Hintergrund einer solchen umfassenden Mobilisierung der eigenen beschäftigungspolitischen Handlungsmöglichkeiten wären die Kommunen auch in der Lage, die bislang auseinanderfallenden wirtschafts- und arbeitsmarktpolitischen Teilstrategien stärker aufeinander zu beziehen.

Das unternehmensbezogene *wirtschaftspolitische Instrumentarium* der lokalen Ebene ist für integrierte Beschäftigungsstrategien keineswegs als unbeachtlich anzusehen. Kommunale Beschäftigungspolitik kann vielmehr ohne den Einsatz von Maßnahmen zur Entwicklung und Förderung der örtlichen Wirtschaft kaum aussichtsreich betrieben werden. Im Interesse einer bedarfsgerechten regionalwirtschaftlichen Entwicklung muß es allerdings in diesem Bereich in erster Linie darum gehen, die einseitige Kapitalorientierung der traditionellen wie der modernisierten Förderansätze zu überwinden und den Mitteleinsatz strikt an den regionalpolitisch ausgewiesenen Zielsetzungen zu orientieren.

So sind zunächst systematische Untersuchungen der ortsansässigen Betriebe im Hinblick auf Konkurs- und Arbeitsplatzrisiken vorzunehmen. Bei konkursgefährdeten Unternehmen und unausgelasteten betrieblichen Kapazitäten sollten Konzepte zu einer bedarfsgerechten Weiterentwick-

---

153   Dabei ist auch bei den Sparkassen davon auszugehen, daß beträchtliche Teile des tatsächlichen Jahresgewinns in die »stille Reserve« überführt werden. Für das Jahr 1984 wurde dieser Betrag im gesamten Sparkassensektor auf rd. 753 Millionen DM geschätzt, vgl. A. Buchholz 1985: 90 f.

lung der Produktionspalette erarbeitet werden, wobei die kommunale Seite durch planerische Vorgaben, aber auch durch einen Ausbau ihrer Realtransfereinrichtungen (Beratungsdienstleistungen für Finanzierung, Wirtschaftlichkeit, Marketing und Technologieentwicklung z.B.) Unterstützung leisten kann. Großbetriebe und Konzernunternehmen mit standort- und regionsprägendem Stellenwert müssen in die Schaffung von Ersatzarbeitsplätzen und in die regionale Entwicklungsplanung miteinbezogen werden. Eine adressatengerechte Erweiterung der Wirtschaftsförderungsinstrumente verlangt aber auch gerade nach verstärkten Beratungs- und Dienstleistungsangeboten für Belegschaften sowie für kleinere und mittlere Unternehmen am Ort. Betriebe, die eine demokratische Binnenstruktur aufweisen und alternative Produktionsziele verfolgen (Alternativprojekte, unkonventionelle Beschäftigungsinitiativen, Arbeitnehmergesellschaften) sollten im Gegensatz zur heutigen kommunalpolitischen Praxis besonders günstige Förderbedingungen erfahren. Kommunale Finanzierungshilfen, etwa im Rahmen einer konsequenten Bestandssicherungspolitik oder bei sinnvollen Neuansiedlungen, kommen ansonsten nur mit zielgerichteten und verbindlichen Auflagen in Betracht (zusätzliche Einrichtung von Arbeits- und Ausbildungsplätzen, ökologische Umstrukturierung des Produktionsapparates etc.).

Von entscheidender Bedeutung für die Neuausrichtung der lokalen Förderinstrumente ist dabei, daß der technologische Innovationsprozeß in der Region nicht nur unternehmerischem Kalkül überlassen bleibt, sondern den »Entwicklungsfaktor Arbeit«, also die Phantasie und Kreativität der Arbeitnehmer, nutzbar macht. Hierzu dient beispielsweise die Unterstützung von betrieblichen Arbeitskreisen, die sich um die Entwicklung neuer Produkte bzw. humaner und ökologischer Fertigungsverfahren bemühen, die Einrichtung von Erfinderkontaktstellen und Werkstätten für Prototypenfertigung, wie sie in den Ursprungskonzepten der gewerkschaftlichen Entwicklungszentren vorgesehen sind, sowie die Organisation von Technologie- und Wissenstransfer unter Einschluß von Arbeitnehmervertretungen, örtlichen Hochschulen und Forschungsabteilungen.

Um einer zusätzlichen Erosion des Arbeitsmarktes »von unten« entgegenzuwirken und dabei dennoch alle Chancen der lokalen Beschäftigungsförderung auszuschöpfen, müssen befristete Arbeitsangebote in integrierte kommunale Handlungsstrategien eingebunden werden. Sinnvolle Ansätze eines »zweiten Arbeitsmarktes« werden sich daher immer als Bestandteil umfassender lokaler Antikrisenstrategien verstehen.

Unglaubwürdig wird die Einrichtung von zeitlich befristeten Arbeitsverhältnissen als Teil lokaler Beschäftigungspolitik vor allem dann, wenn die Beschäftigungsträger parallel dazu die Zahl der Dauerstellen reduzieren. Die kommunale Koordination lokaler Arbeitsbeschaffung hat deshalb zunächst dafür zu sorgen, daß möglichst keine »Mitnahmeeffekte« und Substitutionsprozesse zwischen Dauerarbeitsplätzen und zeitlich befristeter Beschäftigung entstehen. Befristete Arbeitsangebote müssen gleichzeitig den vollen arbeits- und sozialrechtlichen Schutz sowie tarifgerechte Arbeitsbedingungen und Vergütungen gewähren. Nur so ist eine rechtliche oder ökonomische Zweitklassigkeit des temporären Ersatzarbeitsmarktes zu vermeiden, und nur so können negative »Sogeffekte« auf die Ausgestaltung von Dauerarbeitsverhältnissen verhindert werden. Im Interesse der befristet Beschäftigten muß eine breite Palette von sinnvollen Berufsfeldern und Qualifizierungsmöglichkeiten angeboten werden, während von qualifikationsmindernden Arbeitseinsätzen abzusehen ist. Tätigkeitsfelder und Beschäftigungsträger sind so auszuwählen, daß eine Identifikation mit sinnstiftender Arbeit in einem emanzipativen Kontext für die betroffenen Arbeitslosen (wieder) möglich wird. Dies verlangt insbesondere auch Formen der innerbetrieblichen Organisation, die die Beschäftigten des »zweiten Arbeitsmarktes« in die Lage versetzen, über ihre eigenen Arbeitsbedingungen mitzubestimmen. Hierbei kann die Einmischung von Personalvertretungen und Gewerkschaften schon im Vorfeld der Maßnahmendurchführung hilfreich sein.

Von entscheidender Wichtigkeit ist im Bereich des »zweiten Arbeitsmarktes«, daß die planenden und koordinierenden Instanzen Inhalt und Umfeld der lokalen Arbeitsbeschaffung *mitgestalten* und nicht lediglich vorhandene Finanzierungsinstrumente abrufen oder einen nur technisch-administrativen Maßnahmenvollzug organisieren. Hier kommt es darauf an, daß eine Verbindung zwischen Arbeitsförderung und Strukturveränderung im lokalen Produktions- und Dienstleistungsapparat gelingt. So ist etwa keinesfalls zwingend, daß sich der Einsatz der Arbeitsuchenden bereits aus der zufällig am Ort vorhandenen Trägerauswahl und den damit schon häufig festgelegten Arbeitsfeldern ergibt. Kleine stadtteilorientierte Träger und lokale Beschäftigungsgesellschaften können gegründet werden, wenn ihre Existenz wie in vielen Beispielsfällen bessere Arbeitsbedingungen und sinnvollere Tätigkeitsprofile verspricht. Angemessene Trägerkonstruktionen und ausbaufähige Arbeitsfelder lassen sich ohnehin am ehesten vor dem Hintergrund des stadtpolitisch erhobenen Programmbedarfs eruieren.

Befristete Arbeitsverhältnisse sollten dabei durch die Verknüpfung mit Qualifizierungsangeboten stärker zum Vehikel von Ausbildung und Weiterqualifizierung werden und - auch angesichts lokal nicht wegzudefinierender Probleme - auf eine dauerhafte Integration in unbefristete Beschäftigung gerichtet sein. Eine wesentliche kommunale Aufgabe besteht deshalb darin, durch eine Kombination von sozialpolitischen mit wirtschaftsfördernden Instrumenten mögliche Perspektiven für die Zeit nach Ablauf der befristeten Beschäftigung vorzubereiten. Neben dem Aufbau individueller »Förderkarrieren« durch personenbezogene Angebote (»Arbeit und Lernen«, Erstausbildung, ABM, FuU etc.) kommen hierfür beispielsweise Existenzgründungshilfen (u.a. nach § 30 BSHG) sowie projektbezogene Förderungen durch kommunale Finanzierungshilfen und Realtransferleistungen in Betracht.

6.5. Betrieb und Kommune politisieren

Unabdingbar für die Konzeption und Umsetzung einer umfassenden beschäftigungspolitischen Strategie ist weiterhin der organisatorische Aufbau und die dauerhafte Finanzierung »intermediärer Einrichtungen«, die, wie die gewerkschaftsnahen Entwicklungszentren, Ideen sammeln, an neuen Produkten und Verfahren arbeiten, neuartige Qualifizierungsleistungen anbieten sowie wissenschaftliche und technische Beratungsleistungen übernehmen. Sie stellen die geeigneten verwaltungsexternen Partner einer kommunalen Beschäftigungspolitik dar, die in der Lage sind, konzeptionelle Arbeiten mit praktischen Modellversuchen zu kombinieren. Sie können gleichzeitig als Anlaufstellen für unterschiedliche Initiativen und gesellschaftliche Gruppierungen dienen und »Scharnierfunktionen« bei der Vermittlung von betriebspolitischen und kommunalen Handlungsansätzen wahrnehmen.

Will eine qualitativ orientierte Beschäftigungspolitik auf dezentraler Ebene in den ökonomischen Restrukturierungsprozeß eingreifen, so kommt der Ebene betrieblicher Auseinandersetzungen ein besonderer Stellenwert zu. Beschäftigungssichernde und arbeitsplatzschaffende Produktinnovationen und Diversifizierungen können nur durchgesetzt werden, wenn sich Belegschaften und Arbeitnehmervertretungen über die Produktpalette ihrer Unternehmen Gedanken machen und deren Zukunftschancen antizipieren. Sie müssen Forderungen zur Arbeit der betrieblichen Fachabteilungen entwickeln, ihrerseits Ideen für neue Fertigungen einbringen und zugleich konkrete Umsetzungsschritte konzipieren. Dabei geht es darum, ein inhaltliches Konfliktniveau zu erreichen, unter dem sich die vorhandenen Mitbestimmungs- und Beteiligungsrechte mit praxisfähigen Vorschlägen füllen lassen und ein darüber hinauswirkender politischer Handlungsdruck auf unternehmerische Entscheidungen entsteht. Dies erfordert die Einbeziehung breiter Belegschaftsgruppen (Arbeiter, kaufmännische Angestellte, Ingenieure) in den gewerkschaftlichen Arbeits- und Diskussionszusammenhang. Wie das Beispiel zahlreicher Arbeitskreise zur Rüstungskonversion und zum Aufbau alternativer Fertigung belegt, kann eine solche betriebsbezogene Politisierung gleichzeitig zu einem Kompetenzzuwachs der Beschäftigten wie zur Ausbildung eines neuen Begriffs von sinnstiftender und problemlösender Facharbeit führen (M. Cooley 1982; K. Mehrens (Hrsg.) 1985; P. Wilke 1986).

Ein solcher Anspruch hat aber auch Konsequenzen für die Organisation und Ausrichtung gewerkschaftlicher Politik. Innergewerkschaftliche Strukturen von Willensbildung und Kompetenzverteilung, die unter den Bedingungen des prosperierenden »Fordismus« weitgehend zentralisiert wurden, müßten einer stärker dezentralen Orientierung weichen. Ohne die »organisatorische Schlagkraft« für zentrale Konfliktaustragungen zu mindern, wären gewerkschaftliche Zielvorstellungen wie die des »qualitativen Wachstums« für die regionale Ebene zu konkretisieren. Wie erste Diskussionsansätze in der IG Metall zeigen, könnte gerade die Aufgabe einer bedarfswirtschaftlichen und regionalspezifischen Weiterentwicklung der vorhandenen Produktionsbasis als gemeinsamer Orientierungspunkt für strukturpolitische, branchenbezogene und betriebspolitische Initiativen dienen (IG Metall 1987).

In den Kreisen und Kommunen ist dazu eine Intensivierung der innergewerkschaftlichen Zusammenarbeit erforderlich, die nicht zuletzt auch zu einem besseren Erfahrungsaustausch zwischen Betriebs- und Personalräten einerseits und den Arbeitnehmervertretern in den lokalen Selbstverwaltungsorganen (Verwaltungsausschüsse der Arbeitsämter, Berufsbildungsausschüsse bei den Kammern) auf der anderen Seite führt. Geeignetes Bindeglied hierfür kann die flächendeckende Einrichtung *strukturpolitischer Arbeitskreise* sein. Die regionsbezogene gewerkschaftliche Debatte könnte damit ein Forum stärker nutzen, das zum einen den eigenen lokalpolitischen Kenntnisstand verbessert und zum anderen die politisch-institutionelle Kommunalpolitik einer permanenten kritischen Begleitung unterzieht. Der Zielhorizont gewerkschaftlicher Politik, der sich während der »fordistischen« Phase auf Lohnkonflikte zu verkürzen drohte, würde durch eine breitere Thematisierung der regionalen Arbeits-, Wohn- und Lebensbedingungen eine entscheidende qualitative Erweiterung erfahren; Voraussetzung dafür, daß die Dimension einer *ganzheitlichen Entfaltung*

»lebendiger Arbeit« wieder in den Mittelpunkt gewerkschaftlicher Kämpfe und Auseinandersetzungen rückt.

Die *Politik* in *Städten, Kreisen* und *Gemeinden* müßte über die Ausschöpfung ihrer eigenen Ressourcen hinaus breite Bevölkerungskreise zur Mitarbeit an qualitativen Entwicklungsstrategien motivieren. Dazu wäre erforderlich, daß die bundesdeutsche Kommunalpolitik ihre Erstarrungen überwindet, die »Kernbereiche« lokaler Ressourcensteuerung einer breiteren Debatte zugänglich macht und gerade hier dezentrale Umsteuerungen initiiert. Sie dürfte außerparlamentarische, gewerkschaftliche und selbstorganisierte Initiativen nicht lediglich *»auf Antrag hin«* bescheiden, sondern hätte, im Gegenteil, bewußt Raum für deren Aktivitäten zu schaffen und sie *offensiv* in ein Gesamtkonzept lokaler Umbaupolitik einzubeziehen. Eine Übersetzung des britischen »Popular-planning«-Ansatzes auf die gegenwärtigen Bedingungen in der Bundesrepublik würde bedeuten, sowohl die Hauptbetroffenen der Krise *wie auch* gesicherte soziale Gruppen in ihren Eigenschaften als *Produzenten, Wohnbürger* und *Konsumenten* für gemeinsame Entwicklungsziele zu mobilisieren. Vor dem Hintergrund sich ausdifferenzierender Lebensstile und Lebenslagen ließen sich dann - aber eben auch erst dann - von der kommunalen Ebene aus neue tragfähige Allianzen für einen *notwendig pluralistischen Gegenentwurf* zum neokonservativen Herrschaftsmodell formieren.

Die lokale Innovations- und Beschäftigungspolitik bietet sich auch nach der ersten Phase lokalpolitischer Auseinandersetzungen noch als zentrales Lern- und Austauschfeld einer solchen Politisierungsstrategie an. Sie kann auf breiter Basis konkrete Verbesserungen der Arbeits-, Wohn- und Lebensbedingungen bewirken und für spezielle Gruppen lokale Einkommenssicherung betreiben. Sie ist in der Lage, besonders Betroffenen sinnvolle Arbeit und Qualifizierung zu vermitteln, und kann dabei die örtliche Produktions- und Dienstleistungsstruktur im mehrheitlichen Interesse auf die Felder des sozial-ökologischen Bedarfs hin orientieren. Die Auseinandersetzung um lokale Beschäftigungsstrategien weist so mehr potentielle Anknüpfungspunkte für eine breite Identifikation und Solidarisierung auf als die vielfach mittelschichtzentrierten Konflikte der vorhergehenden lokalen Politisierungskonjunktur. Allerdings geht es diesmal auch um mehr; nicht *nur* um die *Verhinderung* von Stadtzerstörung und ausuferndem Individualverkehr, sondern *auch* um *konkrete Konstruktionsarbeit*: um den beharrlichen Aufbau von Beschäftigungsprojekten gegen vielfachen Widerstand wie letztlich um die langwierige Durchsetzung einer völlig neuen regionalen Entwicklungskonzeption.

Die Konflikte sind komplexer und auf den ersten Blick weniger überschaubar als seinerzeit; hartnäckiger, weil dichter an den Grundlinien gesellschaftlicher Auseinandersetzung, und bedürfen zur konkreten Einmischung deshalb häufig einer thematischen Einarbeitung im Detail. Daher wird im Zuge künftiger lokaler Kontroversen auch kaum auf das Auftreten einheitlicher Unterstützungsgruppen, etwa *der* Arbeitnehmerschaft oder *der* Bürgerinitiativen zu rechnen sein. Eine mögliche soziale Basis kommunaler Gegenmachtpolitik bedarf in der »nachfordistischen« Umbruchphase vielmehr *selbst der Rekonstruktion*. Sie kann nur das Ergebnis einer bewußten politischen »Vernetzungsarbeit« sein, die unterschiedliche Betroffenengruppen entlang ihrer verschiedenen, aber sich eben auch *überschneidenden*, Lebens- und Arbeitsinteressen involviert: ein zunehmend kritisches Potential an Technikern und Ingenieuren, denen an alternativen Produkt- und Verfahrensentwicklungen liegt, Wissenschaftler mit strategischer Beratungskompetenz, Stadtteilgruppen mit quartiersbezogenen Interessen, alternative Gruppen und Projekte, die für eigensinnige Lebens- und Arbeitszusammenhänge streiten, ebenso wie Belegschaftsvertreter und Arbeitsloseninitiativen mit Bindungen an das traditionelle Arbeitermilieu.

Die institutionalisierte Stadt- und Kreispolitik hat hier dafür zu sorgen, daß dieses Potential an lokalen Akteuren umfassend zur Geltung kommen kann und der Aufbau des neuen Politikfeldes nicht zu einem »von oben« in Szene gesetzten technokratischen Programm gerät. Dazu sind Beteiligungsformen zu entwickeln, die möglichst große Teile der Bevölkerung bereits bei der Bedarfsermittlung und Ideenfindung, aber auch bei der Maßnahmengestaltung miteinbeziehen (vgl. für einen ersten Ansatz Stadt Marburg 1985a, b). Eine neue Diskussion um angemessene Planungsbeteiligung auf lokaler Ebene könnte auf die Erfahrungen der zurückliegenden und inzwischen bereits weithin vergessenen Partizipationsdebatte rekurrieren. In ihrem Ergebnis hätte sie jedoch im Gegensatz zur stadtpolitischen Praxis seinerzeit den Zugang zum kommunalen Politikprozeß auch über den Kreis der ohnehin »sozial aktiven Schichten« hinaus zu demokratisieren.

Den politisch-institutionellen Trägern einer sozialreformerischen kommunalen Politik fällt dabei eine gewichtige Rolle zu. Insbesondere sozialdemokratische und grüne Parteigruppierungen hätten sich stärker als in der Vergangenheit um neue fachpolitische Konzepte im »harten Kernbereich« und um konkrete Schritte zu einer Öffnung des etablierten kommunalen Politikterrains zu mühen. Sie könnten damit die Durchsetzungsbedingungen für einen *arbeitsorientierten gesellschaftlichen Entwicklungstyp* verbessern, *der die volle Entfaltung der sozialen Produktivkräfte mit einem Mehr an materieller Sicherheit und persönlicher Gestaltungsfreiheit kombiniert.* Wenn an der Frage der dezentralen Beschäftigungsförderung eine breite Mobilisierung passivierter Bevölkerungsteile und ein politisch-kultureller »Brückenschlag« zwischen auseinandertreibenden Gruppierungen und Bewegungen gelingt, bliebe die Perspektive offen, die Kommune als »*Strukturtyp*« einer wirklich sozietären und bedarfsgerechten »*politischen Produktion*« (R.-R. Grauhan) zu profilieren: als Vorgriff auf eine historisch bereits angelegte Vergesellschaftungsform, in der sich die Träger der »*lebendigen Arbeit*« zur Gestaltung ihrer Arbeits- und Lebensbedingungen als »*Verein freier Menschen*« (K. Marx) assoziieren.

Literatur

ADAMY, WILHELM, 1987: Beschäftigungsförderungsgesetz - Brücke zu Arbeit oder zu Arbeitslosigkeit?, in: Soziale Sicherheit, H. 6

ADAMY, WILHELM, 1988: Deregulierung des Arbeitsmarktes, Zwischenbilanz des Beschäftigungsförderungsgesetzes, in: WSI-Mitteilungen, H. 8

ADAMY, WILHELM/BOSCH, GERHARD, 1990: Arbeitsmarktprojektion - Wegweiser für Beschäftigungspolitik?, in: MittAB, H.1

ADAMAY, WILHELM/POLLMEYER, BERNHARD, 1985: Regionale Bildungs- und Beschäftigungspolitik - Chancen und Möglichkeiten, in: Gewerkschaftliche Bildungspolitik, H. 10

ADAMY, WILHELM/STEFFEN, JOHANNES, 1983: Sozialabbau und Umverteilung in der Wirtschaftskrise, in: WSI-Mitteilungen, H. 10

AFHELDT, HEIK u.a., 1983: Frankfurt im Jahr 2000 - Eine Horrorvision, in: Frankfurter Rundschau v. 31.12.

AGLIETTA, MICHEL, 1987 (1979): A Theory of Capitalist Regulation. The US Experience, London, New York

ALBER, JENS, 1986: Der Wohlfahrtsstaat in der Wirtschaftskrise - Eine Bilanz der Sozialpolitik in der Bundesrepublik seit den frühen siebziger Jahren, in: PVS, H. 1

ALBRECHT, ERNST, 1985 (1983): Zehn Thesen zum Problem der Arbeitslosigkeit, in: B. Klees/H. Motz (Hrsg.), Sozialreader, Braunschweig

ALTVATER, ELMAR, 1986: Lebensgrundlage (Natur) und Lebensunterhalt (Arbeit). Zum Verhältnis von Ökologie und Ökonomie in der Krise, in: E. Altvater/E. Hickel/J. Hoffmann u.a., Markt, Mensch, Natur, Hamburg

ALTVATER, ELMAR/HÜBNER, KURT/STANGER, MICHAEL, 1983: Alternative Wirtschaftspolitik jenseits des Keynesianismus, Opladen

ANBA: Amtliche Nachrichten der Bundesanstalt für Arbeit, versch. Jge., Nürnberg

ANBA - ARBEITSSTATISTIK, Jahreszahlen, versch. Jge., Nürnberg

ARBEITSGRUPPE ALTERNATIVE WIRTSCHAFTSPOLITIK (Hrsg.): Memorandum, versch. Jge., Köln

ARBEITSGRUPPE »ARMUT UND UNTERVERSORGUNG«, 1985: Fachpolitische Stellungnahme, hrsgg. vom Institut für Sozialarbeit und Sozialpädagogik, Frankfurt/M.

ARENZ, HORST, 1990a: Gnadenbrot für Dauerarbeitslose?,
hrsgg. von der Kooperationsstelle Wissenschaft-Arbeitswelt
Dortmund, Dortmund

ARENZ, HORST, 1989b: Kommunalpolitik im Wirtschaftsboom -
Beschäftigungs- und Umweltpolitik am Beispiel Dortmund,
Dortmund i.E.

ARNDT, RUDI, 1983: Am Beispiel Frankfurt: Die Regierbarkeit der
Städte, in: P. Klein (Hrsg.), Sozialdemokratische Kommunalpolitik im Schatten Bonns, Bonn

AW-MITTEILUNGEN: Mitteilungen des Vereins Arbeit + Wissenschaft
e.V., versch. Ausg., versch. Jge., Osnabrück

BÄCKER, GERHARD, 1987: Sozialhilfe - Hilfen zum Lebensunterhalt,
in: Soziale Sicherheit, H. 6

BALSEN, WERNER, u.a., 1984: Die neue Armut, Köln, 2. Aufl.

BASSETT, KEITH, 1984: Labour, Socialism and Local Democracy,
in: M. Boddy/C. Fudge (ed.), Local Socialism? Labour Councils
and New Left Alternatives, London

BAUER, RUDOLPH, 1975: Analyse lokaler Konflikte im Produktions-
und Reproduktionsbereich als Interessenkämpfe der Gesell-
schaftsklassen und Klassenfraktionen, in: R.-R. Grauhan
(Hrsg.), Lokale Politikforschung, Bd. 1, Frankfurt/M.

BBJ-CONSULT, 1986: Programm zur Beschäftigung und Qualifizierung
von Langzeitarbeitslosen und Sozialhilfeempfängern, Berlin

BECK, ULRICH, 1986: Risikogesellschaft - Auf dem Weg in eine andere
Moderne, Frankfurt/M.

BECKMANN, H./NEUKIRCHEN-FÜSERS, F.: Arbeitslosigkeit und
Arbeitsbeschaffungsmaßnahmen in einer Krisenregion.
Zusammenfassung wichtiger Arbeitsergebnisse einer Studie
über den Einsatz von AB-Maßnahmen im Arbeitsamtsbezirk
Dortmund, Universität Dortmund, Fachbereich Raumplanung,
Arbeitspapier Nr. 1

BECKMANN, H./NEUKIRCHEN-FÜSERS, F., 1989: AB-Maßnahmen
im Kontext lokaler Beschäftigungsprogramme, Dortmund

BERGER, JOHANNES, 1983: Die Wiederkehr der Vollbeschäftigungs-
lücke - Entwicklungslinien des wohlfahrtsstaatlichen Kapitalismus, in: J. Matthes, Krise der Arbeitsgesellschaft, Frankfurt/M.,
New York

BERGER, JOHANNES/OFFE, CLAUS, 1984: Die Zukunft des
Arbeitsmarktes. Zur Ergänzungsbedürftigkeit eines versagen-
den Allokationsprinzips, in: C. Offe, »Arbeitsgesellschaft«.
Strukturprobleme und Zukunftsperspektiven, Frankfurt/M.,
New York

BIEDENKOPF, KURT H., 1985: Die neue Sicht der Dinge, München

BINSWANGER, HANS CHRISTOPH/FRISCH, HEINZ/ NUTZINGER, HANS, G., 1983: Arbeit ohne Umweltzerstörung. Strategien einer neuen Wirtschaftspolitik, Frankfurt/M., 2. Aufl.

BISPINCK, REINHARD/HELFERT, MARIO, 1987: Technischer Wandel und gewerkschaftliche Arbeitspolitik, in: WSI-Mitteilungen, H. 6

BLANKE, BERNHARD/EVERS, ADALBERT/WOLLMANN, HELLMUT (Hrsg.), 1986: Die zweite Stadt. Neue Formen lokaler Arbeits- und Sozialpolitik, Opladen

BLANKE, BERNHARD/HEINELT, HUBERT/MACKE, CARL-WILHELM, 1986a: Handlungsfelder kommunaler Politik gegen Arbeitslosigkeit in einer »normalen« Stadt. Das Beispiel Hannover, in: B . Blanke/A. Evers/H. Wollmann (Hrsg.), Die zweite Stadt, Opladen

BLANKE, BERNHARD/HEINELT, HUBERT/MACKE, CARL-WILHELM, 1986b: Großstadtregion und Arbeitslosigkeit am Beispiel des Arbeitsamtsbezirks Hannover, Hannover

BLESSING, KARLHEINZ, 1987: Die Zukunft des Sozialstaats, Opladen

BLOCH, ERNST, 1959: Das Prinzip Hoffnung, Frankfurt/M.

BMA: Der Bundesminister für Arbeit und Sozialordnung, Die Standortwahl der Industriebetriebe in der Bundesrepublik Deutschland und Berlin (West), Bonn, div. Jge.

BMA, BESCHÄFTIGUNGSHILFEN, 1989: Der Bundesminister für Arbeit und Sozialordnung, Aktion Beschäftigungshilfen für Langzeitarbeitslose, Bonn

BODDY, MARTIN, 1984a: Local Councils and the Financial Squeeze, in: M. Boddy/C. Fudge (ed.), Local Socialism? Labour Councils and New Left Alternatives, London

BODDY, MARTIN, 1984b: Local Economic and Employment Strategies, in: M. Boddy/C. Fudge (ed.), Local Socialism? Labour Councils and New Left Alternatives, London

BODDY, MARTIN/FUDGE, COLIN, 1984: Labour Councils and New Left Alternatives, in: M. Boddy/C. Fudge (ed.), Local Socialism? Labour Councils and New Left Alternatives, London

BÖGENHOLD, DIETER, 1987: Der Gründerboom. Realität und Mythos der neuen Selbständigkeit, Frankfurt/M., New York

BOHNENKAMP, ULRIKE/BONTRUP, HEINZ/EISBACH, JOACHIM, 1987: Wirtschaftliche Entwicklung und Infrastrukturausstattung im Kreis Lippe, Ms., Bielefeld

BOSCH, GERHARD/GABRIEL, HANS/SEIFERT, HARTMUT/WELSCH, JOHANN, 1987: Beschäftigungspolitik in der Region, Köln

BOSCH, GERHARD/LOBODDA, GERD, 1984: Grundig: Statt Entlassungen ein Beschäftigungsplan, in: Gewerkschaftliche Bildungspolitik, H. 10

BOURGETT, JÖRG/BRÜLLE, HEINER, 1986: Auf dem Weg zu einer punktgesteuerten kommunalen Beschäftigungspolitik. Das Beispiel Wiesbaden, in: U. Bullmann/M. Cooley/E. Einemann (Hrsg.), Lokale Beschäftigungsinitiativen, Marburg

BOYER, ROBERT, 1987: Die Schaffung oder Zerstörung von Beschäftigungsmöglichkeiten durch neue Techniken hängt vom Ensemble der institutionellen Arrangements ab, in: E. Matzner/J. Kregel/A. Roncaglia (Hrsg.), Über ökonomische und institutionelle Bedingungen erfolgreicher Beschäftigungs- und Arbeitsmarktpolitik, Berlin

BRÄUNLING, GERHARD/PETER, GERD, 1986: Am Technologiewettlauf können sich nur noch die Großen beteiligen (I u. II), in: Frankfurter Rundschau vom 19.7. u. 21.7.

BRAVERMAN, HARRY, 1977: Die Arbeit im modernen Produktionsprozeß, Frankfurt/M., New York

BRÖDNER, PETER, 1985: Fabrik 2000. Alternative Entwicklungspfade in die Zukunft der Fabrik, Berlin

BRUCHE, GERT/REISSERT, BERND, 1985: Die Finanzierung der Arbeitsmarktpolitik, Frankfurt/M., New York

BRUDER, WOLFGANG/ELLWEIN, THOMAS, 1982: Innovationsorientierte Regionalpolitik, Opladen

BRUDER, WOLFGANG (Hrsg.), 1986: Forschungs- und Technologiepolitik in der Bundesrepublik Deutschland, Opladen

BRUMLOP, EVA, 1987: Erweiterte Spielräume für Politik? - Kritische Anmerkungen zur Diskussion um »Neue Produktionskonzepte«, in: H. Abromeit/B. Blanke (Hrsg.), Arbeitsmarkt, Arbeitsbeziehungen und Politik in den 80er Jahren, Opladen

BRUNOWSKY, RALF-DIETER/WICKE, LUTZ, 1984: Der Öko-Plan, München, Zürich

BUCHHOLZ, ANGELIKA, 1985: Umwelt- und beschäftigungsorientierte Kreditpolitik durch die Reorganisation des Sparkassensektors, hrsgg. v. Progress-Institut für Wirtschaftsforschung (PIW), 2. Aufl., Bremen

BUCI-GLUCKSMANN, CHRISTINE/THERBORN, GÖRAN, 1982: Der sozialdemokratische Staat, Hamburg

BÜCHTEMANN, CHRISTOPH F., 1984: Massenarbeitslosigkeit und »aktive Arbeitsmarktpolitik«, in: WSI-Mitteilungen, H. 10

BULLETIN der Bundesregierung, versch. Ausg., vesch. Jge., Bonn

BULLMANN, UDO, 1985: Rot-grüne Politik von unten ?, in: U. Bullmann/P. Gitschmann (Hrsg.), Kommune als Gegenmacht, Hamburg

BULLMANN, UDO/COOLEY, MIKE/EINEMANN, EDGAR (Hrsg.), 1986: Lokale Beschäftigungsinitiativen, Marburg

BULLMANN, UDO/GITSCHMANN, PETER, 1985: Kommune als Gegenmacht. Überlegungen zu einer notwendigen Diskussion, in: U. Bullmann/P. Gitschmann (Hrsg.), Kommune als Gegenmacht, Alternative Politik in Städten und Gemeinden, Hamburg

BULLMANN, UDO/GITSCHMANN, PETER, 1987: Renaissance des Kommunalen? Zum Stand alternativer Kommunalpolitik und -wissenschaft, in: Das Argument 163

BUNDESBANK: Monatsberichte der Deutschen Bundesbank, versch. Jge.

BUNDESBERICHT FORSCHUNG 1984: Drucksache des Deutschen Bundestages, 10/1543.

BUNDESSOZIALHILFEGESETZ, LPK 1985: Lehr- und Praxiskommentar, Weinheim, Basel

CASTELLS, MANUEL, 1977 (1973): Die kapitalistische Stadt, Hamburg

CASTELLS, MANUEL, 1983: The City and the Grassroots, London

CEFIT: Centrum für Innovation und Technologie Osnabrück, Selbstdarstellungsbroschüre o. Jg., Osnabrück

COCKBURN, CYNTHIA, 1977: The Local State: Management of Cities and People, London

COOLEY, MIKE, 1982: Produkte für das Leben statt Waffen für den Tod. Arbeitnehmerstrategien für eine andere Produktion. Das Beispiel Lucas Aerospace, Reinbek b. Hamburg

COOLEY, MIKE, 1986: Politik für mehr Beschäftigung und Lebensqualität. Der strategische Gesamtansatz in London, in: U. Bullmann/M. Cooley/E. Einemann (Hrsg.), Lokale Beschäftigungsinitiativen, Marburg

CORIAT, BENJAMIN/ZARIFIAN, PHILIPPE, 1986: Tendenzen der Automatisierung und Neuzusammensetzung der industriellen Lohnarbeit, in: ProKla, H. 62

CRAMER, ULRICH/KOLLER, MARTIN, 1988: Gewinne und Verluste von Arbeitsplätzen in Betrieben - der »Job-Turnover«-Ansatz, in: Mitteilungen aus der Arbeitsmarkt- und Berufsforschung, H. 3

CZADA, ROLAND, 1987: Wirtschaftlicher Strukturwandel und Arbeitslosigkeit, in: H. Abromeit/B. Blanke (Hrsg.), Arbeitsmarkt, Arbeitsbeziehungen und Politik in den 80er Jahren, Opladen

DAHRENDORF, ROLF, 1982: Die Arbeitsgesellschaft ist am Ende,
Die Zeit v. 26.11. und 3.12.

DELORME, ROBERT, 1987: Wohlfahrtsstaat und Beschäftigungsniveau.
Empirische Argumente aus der Sicht der französischen Regulie-
rungstheorie, in: E. Matzner/J. Kregel/A. Roncaglia (Hrsg.),
Über ökonomische und institutionelle Bedingungen erfolgreicher Beschäftigungs- und Arbeitsmarktpolitik, Berlin

DER SPIEGEL: Versch. Ausg., versch. Jge.

DEUTSCHER STÄDTETAG (Hrsg.), 1984: Kommunale Aktivitäten im
Bereich Arbeitslosigkeit, Köln

DEUTSCHER VEREIN, 1984: Gemeinnützige und zusätzliche Arbeit in
der Sozialhilfe. Bericht über eine Fachtagung des Deutschen
Vereins für öffentliche und private Fürsorge vom 13. bis 15.
Dezember 1983 in Frankfurt/Main, Frankfurt/M.

DEUTSCHER VEREIN, 1988: Die »Hilfe zur Arbeit« im Spannungsfeld
von Sozialhilfe und lokalen Beschäftigungsinitiativen, zusam-
mengestellt und bearbeitet von Claus Reis, Frankfurt/M.

DGB, 1977: Deutscher Gewerkschaftsbund (Hrsg.), Vorschläge des DGB
zur Wiederherstellung der Vollbeschäftigung, Düsseldorf

DGB, 1980: Deutscher Gewerkschaftsbund (Hrsg.), Die gewerkschaftliche
Forderung Arbeitszeitverkürzung, Düsseldorf

DGB, 1984: Deutscher Gewerkschaftsbund (Hrsg.), Defizite öffentlicher
Investitionspolitik auf regionaler und kommunaler Ebene.
Ergebnisse einer Umfrage bei DGB-Landesbezirken und DGB-
Kreisen, bearb. v. Hartmut Tofaute, Düsseldorf

DGB, 1985: Deutscher Gewerkschaftsbund (Hrsg.), Bekämpfung der
Arbeitslosigkeit und Beschleunigung des qualitativen Wachstums durch Umweltschutz, Düsseldorf

DGB-KREIS DORTMUND, o. Jg.: Vorschlag des DGB-Kreis Dortmund
zur abgestimmten und kontrollierten Bewältigung des
wirtschaftlichen Strukturwandels, Dortmund

DGB-KREISE MITTELFRANKEN (Hrsg.), 1985: ZATU. Eine DGB-
Initiative für die Industrieregion Mittelfranken, Nürnberg

DIECKMANN, HELMUT/MÜNDER, JOHANNES/POPP, WULF,
1987: »Hilfen zur Arbeit« in Hessen, hrsgg. v. Institut für
Sozialarbeit und Sozialpädagogik (ISS), Frankfurt/M.

DIE GRÜNEN, 1983: Sinnvoll arbeiten - solidarisch leben.
Gegen Arbeitslosigkeit und Sozialabbau, Bonn

DIE GRÜNEN, 1983: Umbau der Industriegesellschaft, Bonn

DIFU, 1980: Deutsches Institut für Urbanistik (Hrsg.),
Kommunaler Investitionsbedarf bis 1990. Grundlagen -
Probleme - Perspektiven, Berlin

DIFU, 1985: Deutsches Institut für Urbanistik (Hrsg.), Der kommunale
Investitionsbedarf Mitte der 80er Jahre, bearb. v. Michael
Reidenbach unter Mitarb. v. Christa Knopf, Berlin

DIHT, 1985: Deutscher Industrie- und Handelstag, Technologieparks,
Orientierungshilfe zur Gestaltung, bearb. v. Ulf Hahne, Bonn

DIW-WOCHENBERICHT: Versch. Ausg., versch. Jge.

DOHSE, KNUTH/JÜRGENS, ULRICH/MALSCH, THOMAS, 1985:
Fertigungsnahe Selbstregulierung oder zentrale Kontrolle -
Konzernstrategien im Restrukturierungsprozeß der Automo-
bilindustrie, in: F. Naschold (Hrsg.), Arbeit und Politik,
Frankfurt/M.

DRUCKSACHEN DES BAYERISCHEN LANDTAGS, 10/9540

DÜCKERT, THEA, 1984: Arbeitsbeschaffungsmaßnahmen - ein
beschäftigungspolitisches Instrument?, Frankfurt/M., New York

DUNCAN, SIMON S./GOODWIN, MARK, 1985a (1982): Der lokale
Staat und die Umstrukturierung gesellschaftlicher Beziehungen:
Theorie und Praxis, in: J. Krämer/R. Neef (Hrsg.), Krise und
Konflikte in der Großstadt im entwickelten Kapitalismus, Basel,
Boston, Stuttgart

DUNCAN, SIMON S./GOODWIN, MARK, 1985b: The Local State and
Local Economic Policy: Why the Fuss?, in: Policy and Politics,
Vol. 13 No. 3

DUNCAN, SIMON S./GOODWIN, MARK/HALFORD, SUSAN, 1987:
Politikmuster im lokalen Staat: Ungleiche Entwicklung und
lokale soziale Verhältnisse, in: ProKla, H. 68

DUNCAN, SIMON S./GOODWIN, MARK, 1988: The Local State and
Uneven Development, Cambridge

DUNLEAVY, PATRICK, 1984: The Limits to Local Government, in: M.
Boddy/C. Fudge (ed.), Local Socialism? Labour Councils and
New Left Alternatives, London

EHRENBERG, HERBERT/FUCHS, ANKE, 1980: Sozialstaat und
Freiheit. Von der Zukunft des Sozialstaats, Frankfurt/M.

EINEMANN, EDGAR/LÜBBING, EDO, 1984: Politische Alternativen
in London. Beispielhafte Ansätze einer mobilisierenden Regionalpolitik zur Bekämpfung der Arbeitslosigkeit, Reihe Arbeits-
papiere der Kooperationsstelle Universität/Arbeiterkammer
Bremen, Bremen

EISBACH, JOACHIM, 1985: Gründer- und Technologiezentren als Sackgassen kommunaler Wirtschaftsförderung, PIW-Studien Nr. 1, Bremen

EISBACH, JOACHIM, 1988: Technologieparks - Fortsetzung der Bürgermeisterkonkurrenz, in: N. Dose/A. Drexler (Hrsg.), Technologieparks, Opladen

EISSEL, DIETER, 1984: Kommunale Haushaltspolitik in den 80er Jahren: Überkonsolidierung statt Beschäftigungsimpulse, in: WSI-Mitteilungen, H. 12

EISSEL, DIETER, 1985: Alternative Kommunalpolitik zur Sicherung von qualitativer Beschäftigung und Umwelt, in: U. Bullmann/P. Gitschmann (Hrsg.), Kommune als Gegenmacht, Hamburg

EISSEL, DIETER, 1986a: Antithesen zum bürokratischen Kapitalismus, in: U. Bullmann/M. Cooley/E. Einemann (Hrsg.), Lokale Beschäftigungsinitiativen, Marburg

EISSEL, DIETER, 1986b: Regionale Technologie- und Innovationspolitik, in: A. Brandt u.a. (Hrsg.), Wende gegen Bonn, Hamburg

EISSEL, DIETER, 1988: Herausforderungen und Möglichkeiten einer kommunalen Arbeitsmarktpolitik, in: Aus Politik und Zeitgeschichte, H. 38

ENGELS, WOLFRAM, 1985: Über Freiheit, Gleichheit und Brüderlichkeit. Kritik des Wohlfahrtsstaates, Bad Homburg

ESCHENBURG, THEODOR, 1966: Mythos und Wirklichkeit der kommunalen Selbstverwaltung, in: ders., Zur politischen Praxis in der Bundesrepublik Bd. II, München

ESSER, JOSEF/FACH, WOLFGANG/SIMONIS, GEORG, 1980: Grenzprobleme des »Modells Deutschland«, in: ProKla, H. 40

ESSER, JOSEF/HIRSCH, JOACHIM, 1984: Der CDU-Staat: Ein politisches Regulierungsmodell für den »nachfordistischen« Kapitalismus, in: ProKla, H. 56

ESSER, JOSEF/HIRSCH, JOACHIM, 1987: Stadtsoziologie und Gesellschaftstheorie, in: W. Prigge (Hrsg.), Die Materialität des Städtischen, Basel, Boston

EVERS, ADALBERT, 1978: Kritische Ansätze in der lokalen Politikforschung der Bundesrepublik Deutschland - Thesen zur Frage ihres Gebrauchswertes, in: P. Kevenhörster/H. Wollmann (Hrsg.), Kommunalpolitische Praxis und lokale Politikforschung, Berlin

EVERS, ADALBERT/LANGE, HANS-GEORG/WOLLMANN, HELLMUT (Hrsg.), 1983: Kommunale Wohnungspolitik, Basel, Boston, Stuttgart

FAKTENBERICHT 1986: Faktenbericht 1986 zum Bundesbericht For-
    schung, Drucksache des Deutschen Bundestages 10/5298
FRANZIUS, VOLKER/KEITER, HARALD/KNAUER, PETER, 1986:
    Kostenschätzungen und Beschäftigungseffekte der Altlasten-
    sanierung, in: Informationen zur Raumentwicklung, H. 8
FASSBINDER, HELGA, 1975: Preisbildung, Monopol und Spekulation
    beim städtischen Boden, in: R.-R. Grauhan (Hrsg.), Lokale
    Politikforschung Bd. 1, Frankfurt/M.
FEUERSTEIN, STEFAN, 1981: Aufgabenfelder und Informationsbedarf
    kommunaler Wirtschaftsförderungspolitik, München
FIEDLER, JOBST, 1988: Maßnahmen und Instrumente lokaler Beschäf-
    tigungspolitik, in: Deutscher Verein, Die »Hilfe zur Arbeit« im
    Spannungsfeld von Sozialhilfe und lokalen Beschäftigungsinitia-
    tiven, Frankfurt/M.
FIEDLER, WERNER/HOFFMANN, REINER, 1986: Das Londoner
    GLEB-Modell - ein dezentraler Ansatz regionaler Beschäfti-
    gungspolitik, in: Die Mitbestimmung, H. 5
FINANZBERICHT: Versch. Jge., hrsgg. v. Bundesministerium der
    Finanzen, Bonn
FORSTHOFF, ERNST, 1932: Die Krise der Gemeindeverwaltung im
    heutigen Staat, Berlin
FRANZ, HANS-WERNER u.a., 1988: Entwicklungszentrum Dortmund -
    Modell Östliches Ruhrgebiet e.V. Eine kritische Zwischenbilanz
    nach drei Jahren des Aufbaus, Ms., Dortmund
FRICKE, WERNER/SEIFERT, HARTMUT/WELSCH, JOHANN
    (Hrsg.), 1986: Mehr Arbeit in die Region, Bonn
FRÖBEL, FOLKER/HEINRICHS, JÜRGEN/KREYE, OTTO, 1984:
    Die Dritte Welt in der Krise, in: Das Argument 145
FÜRST, DIETRICH/HESSE, JOACHIM JENS, 1978: Zentralisierung
    oder Dezentralisierung politischer Problemverarbeitung? Zur
    Krise der Politikverflechtung in der Bundesrepublik, in: J.J.
    Hesse (Hrsg.), Politikverflechtung im föderativen Staat,
    Baden-Baden
FÜRST, DIETRICH/HESSE, JOACHIM JENS/RICHTER,
    HARTMUT 1984: Stadt und Staat, Baden-Baden
GATZWEILER, HANS-PETER, 1985: Die Entwicklung in den Regionen
    des Bundesgebiets, in: J. Friedrichs (Hrsg.), Die Städte in den
    80er Jahren, Opladen
GDP, 1985: Gewerkschaft der Polizei (Hrsg.), Forum »Polizei und
    Umwelt«. Dokumentation des GdP-Forums »Polizei und
    Umwelt«, Hilden

GENSCHER, HANS-DIETRICH, 1984: Die technologische Herausforderung, in: Außenpolitik, H.1

GENSCHER, HANS-DIETRICH, 1985: Der politische Liberalismus
rückt wieder in das Zentrum, in: Frankfurter Rundschau v. 4.5.

GEORGE HAIMO, 1985 (1983): Eine Analyse der wichtigsten Ursachen
der Arbeitslosigkeit und Vorschläge zur Eindämmung, in: B.
Klees/M. Motz (Hrsg.), Sozialreader, Braunschweig

GERSTENBERGER, HEIDE, 1981: Von der Armenpflege zur Sozialpolitik, in: Leviathan, H.1

GITSCHMANN, PETER, 1987: Alterssozialpolitik auf kommunaler
Ebene - Rahmenbedingungen und Strukturen, Berlin

GLASTETTER, WERNER/PAULER, RÜDIGER/SPÖREL,
ULRICH, 1983: Die wirtschaftliche Entwicklung in der Bundesrepublik Deutschland 1950-1980, Frankfurt/M., New York

GLC, 1982: Greater London Council, Industry & Employment
Committee, Report 9/9/82 by the Chief Economic Adviser

GLC, 1983a: Greater London Council, Economic Policy Group, Jobs for a
Change

GLC, 1983b: Greater London Council, Industrieal Development Unit,
Early Warning ... to Save Jobs Before it's too Late

GLC, 1983c: Greater London Council, Economic Policy Group, Energy
Economy - Building Employment by Investing in the Rational
Use of Energy, Strategy Document No. 5

GLC, 1983d: Greater London Council, Economic Policy Group, The
Housing Stock - Employment Through Improving Condition
and Halting Decay, Strategy Document No. 6

GLC, 1983e: Greater London Council,Economic Policy Group, Office
Work and Information Technologies, Strategy Document No. 10

GLC, 1983f: Greater London Council, Economic Policy Group,
Restructuring for Labour - The GLC's Defence of Jobs, in: ders.
Jobs for a Change (preview)

GLC, 1983g: Greater London Council, Economic Policy Group, Behind
the High Street-Draft GLC Policy on Shops and Warehouses in
London, Strategy Document No. 11, 2nd ed.

GLC, 1983h: Greater London Council, Economic Policy Group,
Knowledge is Power - Local Research and Ressource Units, in:
ders. Jobs for a Change (preview)

GLEB, 1983: Greater London Enterprise Board, Saving Jobs ... Shaping
the Future - An Introduction to Enterprise Planning

GÖBEL, J. 1986: Kursbestimmung in der Wirtschaftspolitik; Die Parteien zur Bundestagswahl 1987; Synoptische Darstellung der Programmaussagen, in: Der Arbeitgeber, H. 24/38

GOODWIN, MARK: Locality and Local State: Sheffield's Economic Policy, University of Sussex, Urban and Regional Studies, Working Paper 52

GOODWIN, MARK/DUNCAN, SIMON S., 1986: The Local State and Local Economic Policy: Political Mobilisation or Economic Regeneration, in: Capital + Class, No. 27

GORZ, ANDRE, 1980: Abschied vom Proletariat, Frankfurt/M.

GORZ, ANDRE, 1983: Wege ins Paradies, Berlin

GORZ, ANDRE, 1989: Kritik der ökonomischen Vernunft, Berlin

GRÄTZ, CHRISTIAN, 1983: Kommunale Wirtschaftsförderung - Kritische Bestandsaufnahme ihrer Funktionen und Organisation, Bochum

GRANDKE, GERHARD, 1986: Beschäftigungspolitische Initiativen und Mitbestimmungsmöglichkeiten der Betroffenen in Offenbach, in: U. Bullmann/M. Cooley/E. Einemann (Hrsg.), Lokale Beschäftigungsinitiativen, Marburg

GRAUHAN, ROLF-RICHARD (Hrsg.): Lokale Politikforschung Bd. 1 und Bd. 2, Frankfurt/M.

GRAUHAN, ROLF-RICHARD, 1978: Kommune als Strukturtyp politischer Produktion, in: R.-R. Grauhan/R. Hickel (Hrsg.), Krise des Steuerstaates? Leviathan, Sonderheft 1

GROTTIAN, PETER/NELLES, WILFRIED (Hrsg.), 1983: Großstadt und neue soziale Bewegungen, Basel, Boston, Stuttgart

GRYMER, HERBERT, 1974: Zum Verhältnis von Zentralstaat und Kommunen, in: R. Emenlauer u.a. (Hrsg.), Die Kommune in der Staatsorganisation, Frankfurt/M.

GYFORD, JOHN, 1985: The Politics of Local Socialism, London

HÄUSLER, JÜRGEN/HIRSCH, JOACHIM, 1987: Regulation und Parteien im Übergang zum »Postfordismus«, in: Das Argument 165

HÄUSSERMANN, HARTMUT/SIEBEL, WALTER, 1986: Restrukturierung der Produktion und die Konsequenzen für die Städte, in: H.-G. Thien/H. Wienold (Hrsg.), Herrschaft, Krise, Überleben, Münster

HÄUSSERMANN, HARTMUT/SIEBEL, WALTER, 1987: Polarisierte Stadtentwicklung, in: W. Prigge (Hrsg.), Die Materialität des Städtischen, Basel, Boston

HANESCH, WALTER, 1985a: »Hilfe zur Arbeit« statt Beschäftigungspolitik?, in: WSI-Mitteilungen, H. 7

HANESCH, WALTER, 1985b: Armutspolitik und neue Beschäftigungs-
formen. Perspektiven jenseits des Arbeitszwangs, in: S.
Leibfried/F. Tennstedt (Hrsg.), Politik der Armut und die
Spaltung des Sozialstaats, Frankfurt/M.

HANS-BÖCKLER-STIFTUNG, 1985: Regionalanalysen in der Studienförderung, Düsseldorf

HARTMANN, HELMUT, 1984: Die Praxis der Hilfe zur Arbeit nach
dem Bundessozialhilfegesetz - eine empirische Untersuchung
über den Arbeitseinsatz von Sozialhilfeempfängern gem. § 18 ff
BSHG, hrsgg. v. Institut für Sozialforschung und Gesellschaftspolitik, Köln

HAUFF, VOLKER/SCHARPF, FRITZ W., 1975: Modernisierung der
Volkswirtschaft, Köln, Frankfurt/M.

HEGNER, FRIEDHART, 1986: Handlungsfelder und Instrumente
kommunaler Beschäftigungs- und Arbeitsmarktpolitik,
in: B. Blanke/A. Evers/H. Wollmann (Hrsg.), Die Zweite Stadt,
Opladen

HEINELT, HUBERT, 1988: Arbeitsbeschaffungsmaßnahmen (ABM) als
Instrument lokaler Arbeitsmarktpolitik. Ein Vergleich des Einsatzes von ABM in den Arbeitsamtsbezirken Bremen, Dortmund, Göppingen, Hannover, Leer, Marburg, München und
Schwandorf, Universität Hannover, Institut für Politische Wissenschaft, Diskussionspapiere und Materialien aus dem For-
schungsschwerpunkt Sozialpolitik 22

HEINELT, HUBERT/MACKE, CARL-WILHELM, 1986: Kommunale
Maßnahmen, in: K.-H. Balon/J. Dehler/B. Hafeneger (Hrsg.),
Arbeitslosigkeit. Wider die Gewöhnung an das Elend,
Frankfurt/M.

HELLMICH, ANDREA, 1982: Arbeitsmarkt- und sozialpolitische
Effekte von Arbeitsbeschaffungsmaßnahmen, in: WSI-Mitteilungen, H.2

HENNICKE, PETER/JOHNSON, JEFFREY P./KOHLER,
STEPHAN/ SEIFRIED, DIETER, 1985:
Die Energiewende ist möglich, Frankfurt/M.

HENNICKE, MARTIN/TENGLER, HERMANN, 1986: Industrie- und
Gewerbeparks als Instrument der kommunalen Wirtschaftsförderung, Stuttgart

HENNINGS, GERD, u.a., 1988: Möglichkeiten und Formen der
Berücksichtigung und Eingliederung von gewerbepolitischen
Förderstrategien in die Städtebaupolitik und Stadtentwicklung -
Fallstudie Dortmund, hrsgg. v. Bundesminister für Raumord-
nung, Bauwesen, Städtebau, Bonn

HESSE, JOACHIM JENS (Hrsg.), 1978:Politikverflechtung im förde-
rativen Staat, Baden-Baden

HESSE, JOACHIM JENS, 1983: Stadt und Staat - Veränderungen der
Stellung und Funktion der Gemeinden im Bundesstaat?, in: J.J.
Hesse/H. Wollmann (Hrsg.), Probleme der Stadtpolitik in den
80er Jahren, Frankfurt/M., New York

HESSISCHES MINISTERIUM FÜR UMWELT, 1983: Der Hessische
Minister für Landesentwicklung, Umwelt, Landwirtschaft und
Forsten (Hrsg.), Arbeit und Umwelt. Grundlinien für ein ökolo-
gisch orientiertes Wirtschafts- und Arbeitsplatzprogramm,
Wiesbaden

HEUER, HANS, 1985a: Die veränderte ökonomische Basis der Städte, in:
J. Friedrichs (Hrsg.), Die Städte in den 80er Jahren, Opladen

HEUER, HANS, 1985b: Instrumente kommunaler Gewerbepolitik, hrsgg.
v. Deutschen Institut für Urbanistik (DIFU), Stuttgart, Berlin,
Köln, Mainz

HICKEL, RUDOLF, 1985: Programmvorrat als Voraussetzung nachfra-
georientierter Arbeitsmarkt- und Beschäftigungspolitik, in:
F. Buttler/J. Kühl/B. Rahmann (Hrsg.), Staat und Beschäftigung. Angebots- und Nachfragepolitik in Theorie und Praxis,
Nürnberg

HICKEL, RUDOLF, 1987a: Ein neuer Typ der Akkumulation?, Hamburg

HICKEL, RUDOLF, 1987b: Technologische Arbeitslosigkeit oder langfristiger Aufschwung?, in: WSI-Mitteilungen, H.6

HICKEL, RUDOLF/PRIEWE, JAN, 1985: Ineffiziente Instrumente oder
unzureichende Anwendung? Die Finanzpolitik von 1970-1984
auf dem Prüfstand, PIW-Studie Nr. 3, Bremen

HICKEL, RUDOLF/PRIEWE, JAN, 1986: Die Finanzpolitik seit 1974
auf dem Prüfstand. Argumente für ein umweltorientiertes Lang-
zeit-Beschäftigungsprogramm, in: Aus Politik und Zeitgeschichte, H.36

HILPERT, ULRICH, 1987: Innovationsdruck und lokale Technologieparks. Technologisch-industrielle Innovation durch High Tech-
orientierte endogene Entwicklung?, in: Technik und Gesellschaft, Jahrbuch 4, hrsgg. v. G. Bechmann u. W. Rammert,
Frankfurt/M., New York

HIRSCH, JOACHIM, 1980: Der Sicherheitsstaat, Frankfurt/M.

HIRSCH, JOACHIM, 1985: Fordismus und Postfordismus. Die gegenwärtige gesellschaftliche Krise und ihre Folgen, in: Politische
Vierteljahresschrift, H.2

HIRSCH, JOACHIM/ROTH, ROLAND, 1986: Das neue Gesicht des
Kapitalismus, Hamburg

HLAWATY, PETER, 1987: Empirische Untersuchungen über die Wirkungen des Beschäftigungsförderungsgesetzes, in: Die Mitbestimmung, H.10

HÖHNEN, WILFRIED, 1982: Das DGB-Investitionsprogramm zur Sicherung der Beschäftigung durch qualitatives Wachstum: Ansätze zur Konkretisierung seiner Schwerpunktbereiche, in: WSI-Mitteilungen, H.10

HOFFMANN, JÜRGEN, 1986: Die Arbeitskraft als »Teil des Kapitals«. Über die Schwierigkeiten der Arbeiterbewegung, mit der Technik- und Ökologiefrage produktiv umzugehen, in: E. Altvater/E. Hickel/J. Hoffmann u.a. (Hrsg.), Markt, Mensch, Natur, Hamburg

HOFFMANN, JÜRGEN, 1987: Von der Vollbeschäftigungspolitik zur Politik der Deregulierung, in: H. Abromeit/B. Blanke (Hrsg.), Arbeitsmarkt, Arbeitsbeziehungen und Politik in den 80er Jahren, Opladen

HOPPENSACK, HANS-CHRISTOPH/WENZEL, GERD, 1985: Hilfe zur Arbeit und Arbeitszwang. Sozialhilfe und administrative »Normalisierung« von Lohnarbeit, in: S. Leibfried/F. Tennstedt (Hrsg.), Politik der Armut und die Spaltung des Sozialstaats, Frankfurt/M.

HUCKE, JOCHEN, 1984: Kommunale Umweltpolitik als Kommunale Beschäftigungspolitik, in: M. Zimmermann/J. Hucke (Hrsg.), Umweltschutz - was können die Gemeinden tun?, Basel, Boston, Stuttgart

HUSTER, ERNST-ULRICH, 1985: Politik gegen die Armut oder Politik gegen die Armen?, in: U. Bullmann/P. Gitschmann (Hrsg.), Kommune als Gegenmacht, Hamburg

HUTTER, ANDREAS, 1983: Neue Arbeit GmbH: Im Mittelpunkt des Wirtschaftens steht der Mensch. Projekte von Kirche und Diakonie gegen die Arbeitslosigkeit, in: M. Bolle/P. Grottian (Hrsg.), Arbeit schaffen - jetzt!, Reinbek b. Hamburg

IFO-SCHNELLDIENST: Versch. Ausg., versch. Jge., hrsgg. v. Ifo-Institut für Wirtschaftsforschung e.V., München

IG BAU-STEINE-ERDEN, 1985: Bauen und Umwelt. Dokumentation, Frankfurt/M.

IG METALL, 1986: Thesen um Umweltschutz, in: Der Gewerkschafter Nr. 1 Januar, Frankfurt/M.

IG METALL, 1987: Strukturpolitische Alternativen zur gesellschaftlichen Arbeitslosigkeit: Programmatischer Rahmen und praktische Ansätze. - Ein strukturpolitisches Memorandum der Industriegewerkschaft Metall -, Ms., Frankfurt/M.

IG METALL, 1988: Die andere Zukunft: Solidarität und Freiheit, Köln

IG METALL, 1989: Die Zukunft gestalten, Entschließungen des IG Metall Gewerkschaftstages 1989 in Berlin, Frankfurt/M.

»INTERN«: Informationsdienst der SPD, versch. Ausg., versch. Jge., hrsgg. v. SPD-Parteivorstand u. SPD-Bundestagsfraktion, Bonn

JÄGER, MICHAEL, 1983: Kommunismus kommt von Kommunal, in: Argument, Sonderband 100

JAHRESWIRTSCHAFTSBERICHT, 1985: Jahreswirtschaftsbericht 1985 der Bundesregierung, Drucksache des Deutschen Bundestages 10/2817

JESSOP, BOB, 1986: Der Wohlfahrtsstaat im Übergang vom Fordismus zum Postfordismus, in: ProKla, H.65

JESSOP, BOB, 1988: Postfordismus. Zur Rezeption der Regulationstheorie bei Hirsch, in: Das Argument 169

JUNNE, GERD, 1979: Internationalisierung und Arbeitslosigkeit, in: Leviathan, H.1

JUNNE, GERD, 1987: Beschäftigungskrise, internationale Konkurrenz und Innovation - Unternehmensstrategien und staatliche Technologiepolitik zur Bewältigung der technologischen Herausforderung, in: S. Bleicher (Hrsg.), Technik für Menschen. Dokumentation der Technologiepolitischen Konferenz des DGB 1985 Bonn, Köln

KALECKI, MICHAEL, 1973: Politische Theorie der Vollbeschäftigung, in: B. Frey/S. Meißner, Zwei Ansätze der Politischen Ökonomie - Marxismus und ökonomische Theorie der Politik, Frankfurt/M.

KAPP, K. WILLIAM, 1979: Soziale Kosten der Marktwirtschaft, Frankfurt/M.

KARRENBERG, HANNS/MÜNSTERMANN, ENGELBERT: Gemeindefinanzbericht, versch. Jge., jeweils in: Der Städtetag H.2

KASSEBAUM, BERND, 1990: Entwicklung und Perspektiven betrieblicher Technologiepolitik - Arbeitsgestaltung in der Politik der IG Metall, Frankfurt/m. i.E.

KELLER, BERNDT, 1989: Ein Irrweg der Deregulierung: Das Beschäftigungsförderungsgesetz, in: WSI-Mitteilungen, H.5

KIELMANSEGG, PETER GRAF, 1977: Demokratieprinzip und Regierbarkeit, in. W. Hennis/P.G. Kielsmansegg/U. Matz (Hrsg.), Regierbarkeit Bd. 1, Stuttgart

KITSCHELT, HERBERT, 1985: Materiale Politisierung der Produktion, in: Zeitschrift für Soziologie, H.3

KLAUDER, WOLFGANG, 1990: Auswirkungen der politischen und wirtschaftlichen Entwicklung seit 1989 auf die Arbeitsmarktperspektiven. Ein quantitatives Szenario bis 2000 unter veränderten
Rahmenbedingungen, in: MittAB, H.1

KLAUDER, WOLFGANG/SCHNUR, PETER/THON, MANFRED,
1985: Arbeitsmarktperspektiven der 80er und 90er Jahre.
Neue Modellrechnungen für Potential und Bedarf an
Arbeitskräften, in: Mitteilungen aus der Arbeitsmarkt- und
Berufsforschung, H.1

KLEIN, RICHARD R. 1986: Stadtfinanzen am Ende oder kommunal-
finanzpolitische Wende?, in: J.J. Hesse (Hrsg.), Erneuerung der
Politik »von unten«?, Opladen

KLEIN, RICHARD R./MÜNSTERMANN, ENGELBERT 1979:
Gemeindefinanzbericht, in: Der Städtetag, H.2

KLEIN, THOMAS, 1987: Sozialer Abstieg und Verarmung von Familien
durch Arbeitslosigkeit, Frankfurt/M., New York

KLOSE, HANS-ULRICH, 1975: Die Unregierbarkeit der Städte, in: Aus
Politik und Zeitgeschichte, H.41

KOMMUNALVERBAND RUHRGEBIET (Hrsg.): Dokumentation
regionaler Initiativen gegen Arbeitslosigkeit (DORIA), Essen

KOLLER, MARTIN, 1987: Regionale Lohnstrukturen, in: Mitteilungen
aus der Arbeitsmarkt- und Berufsforschung, H.1

KOLLER, MARTIN, 1988: Lohnstruktur und Lohnflexibilität - eine
empirische Analyse, in: WSI-Mitteilungen, H.10

KOLLER, MARTIN/KRIDDE, HERBERT, 1986: Beschäftigung und
Arbeitslosigkeit in den Regionen, in: Mitteilungen aus der
Arbeitsmarkt- und Berufsforschung, H.3

KRÄMER, JÜRGEN/NEEF, RAINER (Hrsg.), 1985: Krise und Konflikte in der Großstadt im entwickelten Kapitalismus, Basel,
Boston, Stuttgart

KRÄTKE, STEFAN/SCHMOLL, FRITZ, 1987: Der lokale Staat -
»Ausführungsorgan« oder »Gegenmacht«?, in: ProKla, H.68

KRONBERGER KREIS, 1986: Mehr Markt im Arbeitsrecht,
Bad Homburg

KRÜGER, JÜRGEN/PANKOKE, ECKART (Hrsg.):
Kommunale Sozialpolitik, München, Wien

KRUMMACHER, MICHAEL/WIENEMANN, MARIANNE, 1985:
Resteverwertung oder Renaissance durch Neue Technologien?,
in: M. Krummacher u.a. (Hrsg.), Regionalentwicklung zwischen
Technologieboom und Resteverwertung, Bochum

KUBICEK, HERBERT/ROLF, ARNO, 1986: Mikropolis. Mit Computernetzen in die »Informationsgesellschaft«, 2. Aufl., Hamburg

KUDA, RUDOLF/SCHMIDT, NIKOLAUS, 1990: Stellungnahme zur IAB/Prognos-Projektion »Arbeitslandschaft bis 2010«, in: MittAB, H.1

KÜHL, JÜRGEN, 1988: 15 Jahre Massenarbeitslosigkeit - Aspekte einer Halbzeitbilanz, in: Aus Politik und Zeitgeschichte, B. 38

KUJATH, HANS JOACHIM, 1988: Reurbanisierung? - Zur Organisation von Wohnen und Leben am Ende des städtischen Wachstums, in: Leviathan, H.1

KUNERT-SCHROTH, HEIDRUN/RAUCH, NIZAN, 1985: Lokale Arbeitsmarktprobleme. Fallstudie in vier Städten (Vorstudie), hrsgg. v. Deutschen Institut für Urbanistik (DIFU), DIFU-Materialien 3/85, Berlin

KUNERT-SCHROTH, HEIDRUN/RAUCH, NIZAN/SIEWERT, H.-JÖRG, 1987: Jugendarbeitslosigkeit - lokale Ausprägungen und kommunale Strategien. Eine empirische Untersuchung in zehn Städten, hrsgg. v. Deutschen Institut für Urbanistik, Berlin

KUTSCHER, EGON, 1987: Wirtschaftskrise, Wirtschaftspolitik und Gewerkschaften, Köln

LAFONTAINE, OSKAR, 1989: »Das Lied vom Teilen«, Hamburg

LAMBSDORFF, OTTO, 1985 (1982): Konzept für eine Politik zur Überwindung der Wachstumsschwäche und zur Bekämpfung der Arbeitslosigkeit, in: B. Klees/H. Motz (Hrsg.), Sozialreader, Braunschweig

LECHER, WOLFGANG, 1987: Deregulierung der Arbeitsbeziehungen, in: Soziale Welt, H.2

LEIBFRIED, STEFAN/HANSEN, ECKHARD/HEISIG, MICHAEL, 1984: Politik mit der Armut, in: ProKla, H.56

LEIBFRIED, STEFAN/TENNSTEDT, FLORIAN, 1985a: Die Spaltung des Sozialstaats und die Politik der Armut, in: dies. (Hrsg.), Politik der Armut und die Spaltung des Sozialstats, Frankfurt/M.

LEIBFRIED, STEFAN/TENNSTEDT, FLORIAN, 1985b: Armenpolitik und Arbeiterpolitik, in: dies. (Hrsg.), Politik der Armut und die Spaltung des Sozialstats, Frankfurt/M.

LEIPERT, CHRISTIAN, 1985: Sozialkosten in der Industriegesellschaft, in: M. Opielka (Hrsg.), Die ökosoziale Frage, Frankfurt/M.

LEIPERT, CHRISTIAN, 1987: Folgekosten der industriegesellschaftlichen Produktions- und Konsumweise, in: M. Opielka/I. Ostner (Hrsg.), Umbau des Sozialstaats, Essen

LEMINSKY, GERHARD, 1972: Die Zukunft der Gewerkschaften in der Wohlstandsgesellschaft, in: Aufgabe Zukunft: Qualität des Lebens, Bd. 9 (Zukunft der Gewerkschaften), Frankfurt/M.

LIPIETZ, ALAIN, 1985: Akkumulation, Krisen und Auswege aus der Krise: Einige methodische Überlegungen zum Begriff »Regulation«, in: ProKla, H. 58

LIVINGSTONE, KEN, 1984: Local Socialism: The Way Ahead (Interview), in: M. Boddy/C. Fudge (ed.), Local Socialism? Labour Councils and New Left Alternatives, London

LOBODDA, GERD/PFÄFFLIN, HEINZ, 1986: Gewerkschaftliche Regionalpolitik im Raum Nürnberg, in: U. Bullmann/M. Cooley/E. Einemann (Hrsg.), Lokale Beschäftigungsinitiativen, Marburg

LOHMÜLLER, JÜRGEN/PFÄFFLIN, HEINZ, 1987: Erfahrungen bei der Durchsetzung eines Ansatzes arbeitsorientierter Regionalpolitik im Raum Nürnberg: Das ZATU oder die Angst des Kapitals vor einem »Konzern«

LOJKINE, JEAN, 1977: Big Firms' Strategies, Urban Policy and Urban Social Movements, in. M. Harloe (ed.), Captive Cities, Chichester, New York, Brisbane, Toronto

LOJKINE, JEAN, 1984: The Working Class and the State. The French Experience in Socialist and Communist Municipalities, in: I. Szelenyi (ed.), Cities in Recession, London

LUTZ, BURKHARD, 1984: Der kurze Traum von der immerwährenden Prosperität, Frankfurt/M., New York

MAIER, FRIEDERIKE, 1983: Handlungsmöglichkeiten lokaler Arbeitsmarktpolitik, Wissenschaftszentrum Berlin, discussion papers

MAIER, FRIEDERIKE, 1988: Beschäftigungspolitik vor Ort, Berlin

MAIER, HANS E., 1982: Arbeitsbeschaffungsmaßnahmen als Instrument offensiver Arbeitsmarktpolitik, Wissenschaftszentrum Berlin, discussion papers

MAIER, HANS E./WOLLMANN, HELLMUT (Hrsg.): Lokale Beschäftigungspolitik, Basel

MANAGEMENT WISSEN: Versch. Ausg., versch. Jge.

MANDEL, ERNST, 1987: Die Krise. Weltwirtschaft 1974-1986, Hamburg

MANSKE, FRED, 1987: Ende oder Wandel des Taylorismus?, in: Soziale Welt, H.2

MARCUSE, HERBERT, 1983: Konterrevolution und Revolte, Frankfurt/M.

MARX, KARL, 1969: Resultate des unmittelbaren Produktionsprozesses, Frankfurt/M.

MARX, KARL: Marx-Engels-Werke (MEW), versch. Bde., Berlin-Ost

MATTHÖFER, HANS, 1978: Für eine menschliche Zukunft, 2. Aufl., Düsseldorf, Wien

MATZ, ULRICH, 1977: Der überforderte Staat: Zur Problematik der heute wirksamen Staatszielvorstellungen, in: W. Hennis/P.G. Kielmansegg/U. Matz, Regierbarkeit Bd. 1, Stuttgart

MATZ, ULRICH, 1979: Über politische Untugenden als Hemmnisse des Regierens im demokratischen Verfassungsstaat, in: W. Hennis/P.G. Kielmansegg/U. Matz, Regierbarkeit Bd. 2, Stuttgart

MAYER, MICHAEL, 1988: Gründer- und Technologiezentren in der Bundesrepublik Deutschland, in: N. Dose/A. Drexler (Hrsg.), Technologieparks, Opladen

MAYER, UDO, 1987: Flexibilisierungsstrategien in den USA, in: Die Mitbestimmung, H. 10

MEEMKEN, WILHELM, 1988a: Das EntwicklungsCentrum Osnabrück (ECOS). Ein Instrument regionaler Beschäftigungs- und Wirtschaftsförderung, Ms., Osnabrück

MEEMKEN, WILHELM, 1988b: Modell einer Beschäftigungsgesellschaft bei Vereinigte Schmiedewerke GmbH (Osnabrück), Ms., Osnabrück

MEHRENS, KLAUS (Hrsg.), 1985: Alternative Produktion. Arbeitnehmerinitiativen für sinnvolle Arbeit, Köln

MENG, RICHARD (Hrsg.), 1987: Modell Rot-Grün?, Auswertung eines Versuchs, Hamburg

MENGELKAMP, WINFRIED, 1990: Das Entwicklungszentrum Dortmund (EWZ) - Eine Wirksamkeitsuntersuchung, hrsgg. v. d. Sozialforschungsstelle Dortmund, i.E.

MITTAB: Mitteilungen aus der Arbeitsmarkt- und Berufsforschung, hrsgg. v. Institut für Arbeitsmarkt- und Berufsforschung (IAB), versch. Ausg., versch. Jge.

MOOSER, JOSEF, 1983: Abschied von der »Proletarität«. Sozialstruktur und Lage der Arbeiterschaft in der Bundesrepublik in historischer Perspektive, in: W. Conze/M.R. Lepsius (Hrsg.), Sozialgeschichte der Bundesrepublik Deutschland, Stuttgart

MÜNDER, JOHANNES/BIRK, ULRICH-ARTHUR, 1985: Sozialhilfe und Arbeitslosigkeit. Möglichkeiten der Ämter-Gegenwehr der Betroffenen, Neuwied, Darmstadt

MÜNDER, JOHANNES/HOFMANN, HANS-JÜRGEN, 1987: Sozialpolitische Gestaltung durch die Kommunen - Mythos oder Realität, in: Soziale Welt, H.3

MÜNDER, JOHANNES/HOFMANN, HANS-JÜRGEN/WAHLIG,
MICHAEL, 1985: Abschlußbericht der Evaluationsstudie zum
Landesprogramm zur Schaffung von Arbeitsgelegenheiten für
arbeitslose Sozialhilfeempfänger/innen (»Arbeit statt Sozialhilfe«), hrsgg. v. Institut für soziale Arbeit (ISA), Münster

NASCHOLD, FRIEDER, 1980: Die 'Humanisierung' entpuppt sich zu oft
als Rationalisierung, in: Frankfurter Rundschau v. 13.3.

NASSMACHER, HILTRUD, 1987: Wirtschaftspolitik »von unten«,
Basel, Boston, Stuttgart

NASSMACHER, KARLHEINZ, 1977: Kommunaler Sozialismus oder
Kommunalisierung der Sozialdemokratie?, in: ders. (Hrsg.),
Kommunalpolitik und Sozialdemokratie, Bonn

NAUBER, HANS, 1986: Arbeitsbeschaffungsprogramme und Qualifizie-
rungsprojekte am Beispiel Hamburg, in: U. Bullmann/M.
Cooley/E. Einemann (Hrsg.), Lokale Beschäftigungsinitiativen,
Marburg

NEGT, OSKAR, 1984: Lebendige Arbeit, enteignete Zeit, Frankfurt/M.
New York

NEGT, OSKAR, 1986: Krise, Politik und Utopie, in: P. Alheit/G.
Lobodda/J. Wollenberg (Hrsg.), Wie wir leben wollen,
Hamburg

NEGT, OSKAR, 1987: Über die Zukunft der industriellen Arbeitsgesellschaft, in: Ästhetik und Kommunikation, H. 65/66

NEUE ARBEIT SAAR: Selbstdarstellungsbroschüre der Neue Arbeit
Saar GmbH, o.Jg., Saarbrücken

NEUSÜSS, CHRISTEL, 1980: Der »freie Bürger« gegen den
Sozialstaat?, in: ProKla, H.39

O'CONNOR, JAMES, 1974: Die Finanzkrise des Staates, Frankfurt/M.

ÖTV, 1985: Umweltschonende und rohstoffsichernde Abfallwirtschaft,
Stuttgart

ÖTV-KREIS FRANKFURT, 1984: Anmerkungen zum Haushalt '84 der
Stadt Frankfurt, vorgelegt von einer Arbeitsgruppe des
Bereichsvorstandes Gemeinden, Frankfurt/M.

OFFE, CLAUS, 1972: Bürgerinitiativen und Reproduktion der Arbeitskraft im Spätkapitalismus, in: C. Offe, Strukturprobleme des
kapitalistischen Staates, Frankfurt/M.

OFFE, CLAUS, 1975: Zur Frage der »Identität der kommunalen
Ebenen«, in: R.-R. Grauhan (Hrsg.), Lokale Politikforschung
Bd. 2, Frankfurt/M.

OFFE, CLAUS, 1984a: Perspektiven auf die Zukunft des Arbeitsmarktes. »Orthodoxie«, »Realismus« und »dritter Weg«, in: ders., »Arbeitsgesellschaft« Strukturprobleme und Zukunftsperspektiven, Frankfurt/M., New York

OFFE, CLAUS, 1984b: »Arbeitsgesellschaft« Strukturprobleme und Zukunftsperspektiven, Frankfurt/M., New York

PETERS, ARIBERT, B., 1986: Neue abfallwirtschaftliche Konzepte und ihre Beschäftigungseffekte, in: Informationen zur Raumentwicklung, H.8

PETERS, ARIBERT, B./SCHMID, GÜNTHER, 1982: Aggregierte Wirkungsanalyse des arbeitsmarktpolitischen Programms der Bundesregierung für Regionen mit besonderen Beschäftigungsproblemen: Analyse der Beschäftigungswirkungen, Wissenschaftszentrum Berlin, discussion papers

PFÄFFLIN, HEINZ/RICHTER, GERHARD, 1985: Konzept und Aufbau des Zentrums Arbeit, Technik, Umwelt - ZATU - für die Industrieregion Mittelfranken, in: G. Lobodda/G. Richter, Antworten auf den »Späth-Kapitalismus«, München

PIORE, MICHAEL J./SABEL, CHARLES F., 1985: Das Ende der Massenproduktion, Berlin

POLLMEYER, BERNHARD, 1985a: Strategien der Arbeitsplatzbeschaffung auf lokaler/regionaler Ebene im europäischen Ausland und Verwertungsmöglichkeiten in Dortmund, Gutachten des Deutschen Gewerkschaftsbundes im Auftrag der Stadt Dortmund, hrsgg. v. der Stadt Dortmund, Schriftenreihe zur Stadtentwicklung, H.3

POLLMEYER, BERNHARD, 1985b: Gewerkschaftsinitiative zur Arbeitsplatzbeschaffung: das Entwicklungszentrum Dortmund - Modell östliches Ruhrgebiet, in: DGB-Forum Info-Dienst v. 21.5., Düsseldorf

POLLMEYER, BERNHARD, 1985c: Lokale Beschäftigungspolitik und gewerkschaftliche Interessenvertretung am Beispiel Dortmund, Ms., Düsseldorf

POLLMEYER, BERNHARD, 1985d: Entwicklungszentrum Dortmund - Modell Östliches Ruhrgebiet, in: Gewerkschaftliche Bildungspolitik, H.10

POLLMEYER, BERNHARD, 1986a: Gewerkschaftliche Konzeptionen für eine aktive Beschäftigungspolitik am Beispiel Dortmund, in: U. Bullmann/M. Cooley/E. Einemann (Hrsg.), Lokale Beschäftigungsinitiativen, Marburg

POLLMEYER, BERNHARD, 1986b: Lokale Beschäftigungspolitik und gewerkschaftliche Interessenvertretung am Beispiel Dortmund, in. W. Fricke/H. Seifert/J. Welsch (Hrsg.), Mehr Arbeit in die Region, Bonn

PREUSS, ULRICH K., 1973: Kommunale Selbstverwaltung im Strukturwandel der politischen Verfassung, in: Stadtbauwelt, H.39

PRIGGE, WALTER (Hrsg.), 1987: Die Materialität des Städtischen, Basel, Boston

PUHLMANN, MICHAEL, 1989: Bekämpfung der Langzeitarbeitslosigkeit, Ms., Rüsselsheim

RADTKE, GERD P./SCHULZ, WOLFGANG, 1986: Umweltorientierte Bewertung von Gemeinde- und Kreishaushaltsplänen; Studie im Auftrag des Bundes für Umwelt- und Naturschutz Deutschland, Landesverband Schleswig-Holstein, Kiel

RAUCH, NIZAN/SCHULZ ZUR WIESCH, JOCHEN, 1986: Wie Gemeinden mit der Arbeitslosigkeit umgehen, in: H.-E. Maier/H. Wollmann (Hrsg.), Lokale Beschäftigungspolitik, Basel, Boston, Stuttgart

REIDENBACH, MICHAEL, 1987: Von der Quantität zur Qualität? Zum Wandel des kommunalen Investitionsbedarfs, in: Archiv für Kommunalwissenschaften: Kommunaler Investitionsbedarf in der zweiten Hälfte der 80er Jahre, Sonderband

REISSERT, BERND, 1986: Finanzielle Spielräume für kommunale Beschäftigungspolitik?, in: H.E. Maier/H. Wollmann (Hrsg.), Lokale Beschäftigungspolitik, Basel, Boston, Stuttgart

REISSERT, BERND, 1988: Wie Münchhausen aus dem Sumpf? Finanzieren sich kommunale Beschäftigungsinitiativen für arbeitslose Sozialhilfeempfänger selbst?, in: Deutscher Verein, Die »Hilfe zur Arbeit« im Spannungsfeld von Sozialhilfe und lokalen Beschäftigungsinitiativen, Frankfurt/M.

REISSERT, BERND/SCHARPF, FRITZ W./SCHETTKAT, RONALD, 1986: Eine Strategie zur Beseitigung der Massenarbeitslosigkeit, in: Aus Politik und Zeitgeschichte, H.23

RIBHEGGE, WILHELM, 1976: Die Systemfunktion der Gemeinden. Zur deutschen Kommunalgeschichte seit 1918, in: R. Frey (Hrsg.), Kommunale Demokratie, Bonn

RIEDMÜLLER, BARBARA, 1986: Lokale Beschäftigungspolitik. Entwicklungstendenzen und Hindernisse am Beispiel München, in: B. Blanke/A. Evers/H. Wollmann (Hrsg.), Die Zweite Stadt, Opladen

ROBINSON, JOAN, 1973: Die zweite Krise der ökonomischen Theorie, in: W. Voigt (Hrsg.), Seminar Politische Ökonomie. Zur Kritik der herrschenden Nationalökonomie, Frankfurt/M.

RODENSTEIN, MARIANNE, 1975: Konflikte zwischen Bund und Kommunen, in: R.-R. Grauhan (Hrsg.), Lokale Politikforschung Bd. 2, Frankfurt/M.

RONGE, VOLKER, 1986: Die Forschungspolitik im politischen Gesamtprozeß, in W. Bruder (Hrsg.), Forschungs- und Technologiepolitik in der Bundesrepublik Deutschland, Opladen

ROTH, BERNHARD, 1985: Reform der Kommunalfinanzen, PIW-Forschungsberichte Nr. 2, Bremen

ROTH, WOLFGANG (Hrsg.), 1971: Kommunalpolitik - für wen? Arbeitsprogramm der Jungsozialisten, Frankfurt/M.

ROTHSCHILD, KURT W., 1986: »Left« and »Right« in »Federal Europe«, in: Kyklos, Vol. 39 - Fasc. 3

RÜGEMER, WERNER, 1985: Neue Technik - alte Gesellschaft, Silicon Valley, Köln

RWI, 1983: Rheinisch-Westfälisches Institut für Wirtschaftsforschung (RWI), Strukturbericht 1983, Essen

RYLL, STEFAN, 1986: Arbeitspolitische Gestaltung der Fertigungsautomation, in: H.-H. Hartwich (Hrsg.), Politik und Macht der Technik, Tagungsbericht des Jahreskongresses der DVPW 1985 in Bochum, Opladen

SAAGE, RICHARD, 1985: Technik und Gesellschaft im Neokonservatismus, in: Gewerkschaftliche Monatshefte, H.9

SAAGE, RICHARD, 1986: Zur Aktualität des Begriffs »Technischer Staat«, in: Gewerkschaftliche Monatshefte, H.1

SABEL, CHARLES, 1986: Struktureller Wandel der Produktion und neue Gewerkschaftsstrategien, in: ProKla, H.62

SACHSSE, CHRISTOPH/TENNSTEDT, FLORIAN, 1980: Geschichte der Armenfürsorge in Deutschland, Stuttgart

SACHVERSTÄNDIGENRAT: Sachverständigenrat zur Begutachtung der gesamtwirtschaftlichen Entwicklung, Jahresgutachten, versch. Jge., Stuttgart, Mainz

SALDERN, ADELHEID VON, 1977: Sozialdemokratische Kommunalpolitik in wilhelminischer Zeit. Die Bedeutung der Kommunalpolitik für die Durchsetzung des Reformismus in der SPD, in: K. Naßmacher (Hrsg.), Kommunalpolitik und Sozialdemokratie, Bonn

SAUNDERS, PETER, 1984: Rethinking Local Politics, in: M. Boddy/C. Fudge (ed.), Local Socialism? Labour Councils and New Left Alternatives, London

SAUNDERS, PETER, 1985 (1984): Raum, Stadt und Stadtsoziologie, in:
J. Krämer/R. Neef (Hrsg.), Krise und Konflikte in der Großstadt im entwickelten Kapitalismus

SAUNDERS, PETER, 1987 (1981): Soziologie der Stadt, Frankfurt/M.

SCHÄFER, CLAUS, 1986: Auch bei Wachstum bleibt die Bekämpfung
der Arbeitslosigkeit bis zum Jahre 2000 eine politische Aufgabe,
in: WSI-Mitteilungen, H.3

SCHARPF, FRITZ, W., 1987: Sozialdemokratische Krisenpolitik in
Europa. Das »Modell Deutschland« im Vergleich,
Frankfurt/M., New York

SCHARPF, FRITZ W. u.a.: Politikverflechtung. Theorie und Empirie des
kooperativen Föderalismus in der Bundesrepublik, Kronberg

SCHILLE, PETER, 1985: Die dreckige Arbeit am sauberen Chip, in: Der
Spiegel Nr. 33

SCHMID, GÜNTHER, 1976: Die Konzeption einer aktiven Arbeitsmarktpolitik, in: M. Bolle (Hrsg.), Arbeitsmarkttheorie und
Arbeitsmarktpolitik, Opladen

SCHMIDT, KLAUS-DIETER u.a., 1984: Im Anpassungsprozeß
zurückgeworfen. Die deutsche Wirtschaft vor neuen Herausforderungen, Kieler Studien 185, Tübingen

SCHMIDT, MANFRED G., 1978: Die »Politik der inneren Reformen« in
der Bundesrepublik Deutschland 1969-1976, in: Politische
Vierteljahresschrift, H.2

SCHMIDT, MANFRED G., 1983: Arbeitslosigkeit und Vollbeschäftigungspolitik. Ein internationaler Vergleich, in: Leviathan, H.4

SCHMIDT, MANFRED G., 1987: Einleitung: Politikwissenschaftliche
Arbeitsmarktforschung, in: H. Abromeit/B. Blanke (Hrsg.),
Arbeitsmarkt, Arbeitsbeziehungen und Politik in den 80er
Jahren, Opladen

SCHMITT, CARL, 1931: Der Hüter der Verfassung, Tübingen

SCHNEIDER, ROLAND, 1985: Technologie, in: M. Kittner (Hrsg.),
Gewerkschaftsjahrbuch 1985, Köln

SCHNEIDER, ROLAND, 1987: Technologie, in: M. Kittner (Hrsg.),
Gewerkschaftsjahrbuch 1987, Köln

SCHNEIDER, WERNER (Hrsg.), 1986: Arbeit und Umwelt. Gewerkschaftliche Umweltpolitik, Hamburg

SCHULTE, BERND, 1984: Sozialhilfe und Arbeit, in: Deutscher Verein,
Gemeinnützige und zusätzliche Arbeit in der Sozialhilfe,
Frankfurt/M.

SEIFERT, HARTMUT, 1984: Öffentliche Arbeitsmarktpolitik in der
Bundesrepublik Deutschland, Köln

SIMONIS, GEORG, 1979: Die Bundesrepublik und die neue internationale Arbeitsteilung, in: Leviathan, H. 1

SOLTWEDEL, RÜDIGER, 1984: Mehr Markt am Arbeitsmarkt, München, Wien

SPÄTH, LOTHAR, 1985: Wende in die Zukunft, Reinbek b. Hamburg

SPD-PARTEIVORSTAND (Hrsg.), 1975a: Das kommunalpolitische Grundsatzprogramm der SPD, Bonn

SPD-PARTEIVORSTAND (Hrsg.), 1975b: Ökonomisch politischer Orientierungsrahmen für die Jahre 1975-1985, Bonn

SPD-PARTEIVORSTAND (Hrsg.), 1984: Sondervermögen Arbeit und Umwelt, Bonn

SPD-PARTEIVORSTAND (Hrsg.), 1986: Nürnberger Aktionsprogramm, Bonn

SPD-PARTEIVORSTAND (Hrsg.), 1989: Grundsatzprogramm der SPD, Bonn

SPI, 1986: Soziale Arbeit und Arbeitsmarkt, hrsgg. v. Sozialpädagogischen Institut Berlin Walter May, Berlin

SPIES, BERND-GEORG, 1984: Beschäftigungs- statt Wirtschaftsförderung. Lokale Strategien zur Bekämpfung der Massenarbeitslosigkeit in Großbritannien, in: WSI-Mitteilungen, H.10

SPIES, BERND-GEORG, 1986a: Beschäftigungsauflagen, sektorale Investitionspolitik und Ausweitung industrieller Demokratie - Grundzüge arbeitnehmerorientierter Kommunalpolitik in Großbritannien, in: W. Fricke/H. Seifert/J. Welsch (Hrsg.), Mehr Arbeit in die Region, Bonn

SPIES, BERND-GEORG, 1986b: Mitbestimmungsrechte, Beschäftigungsimpulse und soziale Technikentwicklung als Elemente der Kommunalpolitik - Der Ansatz des Greater London Council (GLC), in: DGB Landesbezirk NRW, Technologieberatungsstelle (Hrsg.), Gründer- und Technologiezentren. Bewertung und alternative Konzepte, Oberhausen

SPIES, BERND-GEORG, 1988: Chancen und Grenzen regionaler Beschäftigungspolitik, Köln

SPITZNAGEL, EUGEN, 1985: Arbeitsmarktpolitische Maßnahmen: Entlastungswirkung und Kostenvergleiche, in: Mitteilungen aus der Arbeitsmarkt- und Berufsforschung, H.1

STADT DORTMUND, 1983: Stadt Dortmund, Beschluß des Rates vom 17.2.1983 zum Konzept für die Wirtschafts- und Strukturförderung

STADT DORTMUND 1987a: Stadt Dortmund, Vergabegrundsätze zum Fonds zur Förderung von Beschäftigungsinitiativen (Beschluß des Rates v. 2.7.87)

STADT DORTMUND, 1987b: Stadt Dortmund, Tätigkeitsbericht der Koordinierungsstelle für beschäftigungspolitische Initiativen

STADT DORTMUND 1987c: Stadt Dortmund, »Hilfe zur Arbeit«, Erfahrungs- und Sachstandsbericht über das Beschäftigungsprogramm für arbeitslose Sozialhilfeempfänger unter besonderer Berücksichtigung der sozialpädagogischen Betreuung

STADT DORTMUND WIRTSCHAFTSFÖRDERUNG, JAHRESBERICHTE: versch. Jge.

STADT MARBURG, 1985a: Ideenwettbewerb. Neue Arbeitsplätze - aber wie?, Teilnehmerunterlage, Marburg

STADT MARBURG, 1985b: Amt für Wirtschaftsförderung, Ideenwettbewerb. Neue Arbeitsplätze - aber wie?, Konzeption, Marburg

STADT WIESBADEN, 1986: Materialien zur lokalen Beschäftigungspolitik in Wiesbaden

STATISTISCHES JAHRBUCH: Hrsgg. v. Statistischen Bundesamt Wiesbaden, versch. Jge., Stuttgart, Mainz

STERNBERG, ROLF, 1988: Technologie- und Gründerzentren als Instrument kommunaler Wirtschaftsförderung, Dortmund

STRASSER, JOHANO/TRAUBE, KLAUS, 1984: Die Zukunft des Fortschritts, Bonn

STRÖBELE, WOLFGANG, 1980: Energiepolitik am Scheideweg?, in: WSI-Mitteilungen, H.3

STURM, ROLAND, 1987: Zentralismus und lokale Autonomie: Die britische Kommunalverwaltung in der Krise?, in: H. Döring/D. Grosser (Hrsg.), Großbritannien. Ein Regierungssystem in der Belastungsprobe, Opladen

SUND, OLAF, 1986: Wirtschafts- und Arbeitsmarktpolitik - Die Funktion der Kommunen bei der Bewältigung des ökonomischen Strukturwandels, in: J.J. Hesse (Hrsg.), Erneuerung der Politik »von unten«, Opladen

SZELL, GYÖRGY/MEEMKEN, WILHELM, 1986: Arbeit und Wissenschaft e.V. - Arbeitnehmerorientierte Regionalförderung in Osnabrück, in: U. Bullmann/M. Cooley/E. Einemann (Hrsg.), Lokale Beschäftigungsinitiativen, Marburg

TENNSTEDT, FLORIAN, 1981: Sozialgeschichte der Sozialpolitik in Deutschland, Göttingen

TENNSTEDT, FLORIAN, 1983: Vom Proleten zum Industriearbeiter. Arbeiterbewegung und Sozialpolitik in Deutschland 1800 bis 1914, Köln

THERBORN, GÖRAN, 1985: Arbeitslosigkeit. Strategien und Politikansätze in den OECD-Ländern, Hamburg

THERBORN, GÖRAN, 1987: Nationale Politik der internationalen Arbeitslosigkeit. Der Fall Bundesrepublik im Lichte der OECD-Daten von 1973-1985, in: H. Abromeit/B. Blanke (Hrsg.), Arbeitsmarkt, Arbeitsbeziehungen und Politik in den 80er Jahren, Opladen

THIEME, WERNER, 1981: Die Gliederung der deutschen Verwaltung, in: Handbuch der kommunalen Wissenschaft und Praxis Bd. 1, hrsgg. v. G. Püttner, Berlin, Heidelberg, New York

THOSS, RAINER, 1984: Potentialfaktoren als Chance selbstverantworteter Entwicklung der Regionen, in: Informationen zur Raumentwicklung, H.1-2

TOFAUTE, HARTMUT, 1986: Öffentliche Investitionsdefizite auf regionaler und kommunaler Ebene, in: WSI-Mitteilungen, H.1

ULLRICH, OTTO, 1986: Modernisierung oder Entindustrialisierung? Überlegungen zur Technologiepolitik, in: Projektgruppe Grüner Morgentau (Hrsg.), Perspektiven ökologischer Wirtschaftspolitik, Frankfurt/M.

VÄTH, WERNER, 1984: Konservative Modernisierungspolitik - ein Widerspruch in sich? Zur Neuausrichtung der Forschungs- und Technologiepolitik der Bundesregierung, in: ProKla, H.56

VÄTH, WERNER, 1985: Lokale Politikforschung, in: PVS-Literatur, H.2

VOBRUBA, GEORG, 1985: Arbeiten und Essen. Die Logik im Wandel des Verhältnisses von gesellschaftlicher Arbeit und existentieller Sicherung im Kapitalismus, in: S. Leibfried/F. Tennstedt (Hrsg.), Politik der Armut und die Spaltung des Sozialstaats, Frankfurt/M.

WACKER, ALI, 1976: Arbeitslosigkeit. Soziale und psychische Voraussetzungen und Folgen, Frankfurt/M.

WACKER, ALI (Hrsg.), 1978: Vom Schock zum Fatalismus? Soziale und psychische Auswirkungen der Arbeitslosigkeit, Frankfurt/M., New York

WAHSNER, RODERICH, 1986: Das Arbeitsrecht ist in Gefahr, in. A. Oppolzer/H. Wegener/U. Zachert (Hrsg.), Flexibilisierung - Deregulierung. Arbeitspolitik in der Wende, Hamburg

WARD, MICHAEL, 1981: Job-Creation by the Council: Local Government and the Struggle for Full Employment, Institute for Workers' Control (IWC), Pamphlet No. 78, Nottingham

WELSCH, JOHANN, 1985: Umweltschutz und regionale Beschäftigungspolitik, in: WSI-Mitteilungen, H.12

WELSCH, JOHANN, 1986a: Gewerkschaftliche Programme und dezentrale Alternativen in der Besschäftigungs- und Technologiepolitik, in: U. Bullmann/M. Cooley/E. Einemann (Hrsg.), Lokale
Beschäftigungsinitiativen, Marburg

WELSCH, JOHANN, 1986b: Kommunale Wirtschaftsförderung zwischen
Ansiedlungskonkurrenz und Beschäftigungspolitik, in: WSI-
Mitteilungen, H.11

WELZER, HARALD/WACKER, ALI/HEINELT, HUBERT, 1988:
Leben mit der Arbeitslosigkeit, in:
Aus Politik und Zeitgeschichte, H. 38

WELZK, STEFAN, 1986: Boom ohne Arbeitsplätze, Köln

WICKE, LUTZ, 1986: Die ökologischen Milliarden, München

WILKE, PETER, 1986: Alternativen zur Rüstungsproduktion: Betriebliche und regionale Ansätze, in: U. Bullmann/M. Cooley/E.
Einemann (Hrsg.), Lokale Beschäftigungsinitiativen, Marburg

WIRTSCHAFT UND STATISTIK: Versch. Ausg., versch. Jge.

WIRTSCHAFTSWOCHE: Versch. Ausg., versch. Jge.

WISSENSCHAFTLICHER BEIRAT, 1982: Wissenschaftlicher Beirat
beim Bundesministerium der Finanzen, Gutachten zur Reform
der Gemeindesteuern, Bonn

WOLF, FOLKWIN, 1985: Die Bedeutung beruflicher Fortbildung und
Umschulung für Arbeitslose als Instrument regionaler Arbeitsmarktpolitik, in: Neue Praxis, H.5

WOLLMANN, HELLMUT, 1983: Implementation durch Gegenimplementation von unten?, in: R. Mayntz (Hrsg.), Implementation
politischer Programme II, Opladen

WROBEL, BERND, 1979: Organisation und Aufgaben kommunaler
Wirtschaftsförderungsdienststellen und -gesellschaften, hrsgg. v.
Deutschen Institut für Urbanistik, Berlin

ZATU e.V., 1985: Gemeinnütziger Verein zur Förderung des wirtschaftlichen und sozialen Wohls der Bevölkerung durch ein Zentrum
Arbeit, Technik, Umwelt, Vereinssatzung, Nürnberg

ZILL, GERDA, 1981: Kommunale Wirtschaftsförderung in
Großbritannien und in der Bundesrepublik Deutschland, in:
R. Mayntz (Hrsg.), Kommunale Wirtschaftsförderung, Berlin

ZINN, KARL GEORG, 1987a: Amerikanische und deutsche Wirtschaftspolitik, in: Gewerkschaftliche Monatshefte, H.1

ZINN, KARL GEORG, 1987b: Zukunftsentwurf und Arbeiterbewegung,
in: WSI-Mitteilungen, H.8